Das
bayerische Fischereigesetz
vom 15. August 1908

nebst der

Landesfischereiordnung vom 23. März 1909 und den sonstigen Vollzugsvorschriften.

Handausgabe mit Erläuterungen

von

Joseph Bleyer,

K. II. Staatsanwalt in München, verw. im Staatsministerium der Justiz.

Zweite vermehrte Auflage.

1912

München und **Berlin.**

J. Schweitzer Verlag (Arthur Sellier).

Druck: Dr. F. P. Datterer & Cie., München und Freising.

Vorwort zur 1. Auflage.

Die vorliegende Handausgabe soll den Justiz- und Verwaltungsbeamten die Anwendung des manche Schwierigkeiten bietenden Gesetzes und der Landesfischereiordnung erleichtern. Sie verfolgt auch den Zweck, den vielen Interessenten einen zuverlässigen Führer zum Verständnisse des neuen Rechtes zu bieten. Die Landesfischereiordnung ist neben dem Gesetze selbständig erläutert. Die sonstigen für die Auslegung des Gesetzes wichtigeren Vollzugsvorschriften schließen sich jeweils der gesetzlichen Bestimmung an, zu der sie erlassen sind. Die Anwendung des Gesetzes wird dadurch sehr erleichtert. Der Anhang enthält einen Auszug aus dem Wassergesetze und alle für die Behörden und die Fischereiberechtigten bedeutsamen älteren Vorschriften, durch die das Fischereigesetz ergänzt wird, sowie sonstige Behelfe. Soweit erforderlich, wurden auch sie durch kurze Anmerkungen erläutert. Die Einleitung bringt einen Überblick über das bisher geltende Fischereirecht und das Verhältnis des Fischereigesetzes zum Wassergesetze.

München, im April 1909. **Bleyer.**

Vorwort zur 2. Auflage.

Die Handausgabe wurde nach dem neuesten Stande berichtigt und ergänzt. Für Anregungen aus der Praxis bin ich stets dankbar.

München, im Herbste 1911. **Bleyer.**

Inhaltsverzeichnis.

	Seite
Vorwort	III
Inhaltsverzeichnis	IV
Abkürzungen	VI
Einleitung. I. Geschichtliches	1
A. Die Grundlagen des bisherigen Privatrechts über Fischerei	1
B. Die Fischerei und die Wassergesetze vom 28. Mai 1852	5
II. Das Fischereigesetz und das Wassergesetz vom 23. März 1907	8
A. Allgemeines	8
B. Die Stellung der Fischereiberechtigten im Wassergesetze	9
III. Die Entstehung des Fischereigesetzes	14
A. Allgemeines	14
B. Der Fundort der Materialien	15
IV. Zur Terminologie des Gesetzes	15
A. Das Fischereigesetz für das Königreich Bayern vom 15. August 1908.	
Abteilung I. **Allgemeines.** Art. 1—2	19
Abteilung II. **Fischereiberechtigung.** Art. 3—17	27
Abteilung III. **Ausübung der Fischereirechte.** Art. 18—71	57
Abschnitt 1. Räumliche Einschränkung. Art. 18—23	57
Abschnitt 2. Koppelfischerei. Art. 24—29	64
Abschnitt 3. Ausübung von Fischereien durch Gemeinden und Stiftungen. Art. 30	73
Abschnitt 4. Pachtverträge, Erlaubnisscheine. Art. 31—36	76
Abschnitt 5. Öffentliche Fischereigenossenschaften. Art. 37—63	87
Abschnitt 6. Fischerkarten und Ausweise. Art. 64—68	120
Abschnitt 7. Bezeichnung der zum Fischen ausliegenden Fischerzeuge. Art. 69	130
Abschnitt 8. Uferbenützungsrecht. Art. 70—71	131
Abteilung IV. **Schutz der Fischerei gegen Schädigungen.** Art. 72—85	135
Abschnitt 1. Allgemeine Schutzvorschriften. Art. 72—79	135
Abschnitt 2. Laichschonstätten. Art. 80—83	151
Abschnitt 3. Winterlager der Fische. Art 84	156
Abschnitt 4. Schädliche Tiere. Art. 85	156
Abteilung V. **Aufsicht. Pfändung.** Art. 86—87	163
Abteilung VI. **Zuständigkeit und Verfahren.** Art. 88—99	170
Abteilung VII. **Strafbestimmungen.** Art. 100—107	188
Abteilung VIII. **Übergangs- und Schlußbestimmungen.** Art. 108—113	202
B. Kgl. Verordnung vom 18. März 1909 über den Vollzug des Fischereigesetzes für das Königreich Bayern vom 15. August 1908	207

Seite

C. Ministerialvorschriften.

1. Bekanntmachung vom 19. März 1909 über den Vollzug des Fischereigesetzes usw. 208
2. Bekanntmachung vom 15. März 1909 über die Eintragung der Fischereirechte in das Grundbuch und in das Hypothekenbuch 223
3. Bekanntmachung vom 19. März 1909 über die Abmarkung der Fischereirechte 232
4. Bekanntmachung vom 23. März 1909: **Landesfischereiordnung** 234
5. Bekanntmachung vom 15. Juni 1909 über den Vollzug des Fischereigesetzes (schriftliche Ausweise; Erlaubnisscheine) 251
6. Bekanntmachung vom 17. Juni 1909 über den Vollzug des Fischereigesetzes, hier die Fischereirechte des Staates . . 252
7. Bekanntmachung vom 22. Juni 1910 über den Vollzug des Fischereigesetzes (Begriff „Gewerbsfischer") 264
8. Bekanntmachung vom 7. Oktober 1911 über den Vollzug des Fischereigesetzes (Art. 104) 264
9. Bekanntmachung vom 25. Oktober 1911 über den Vollzug des Wassergesetzes und des Fischereigesetzes (Pläne) . . 264

D. Anhang.

1. Vertrag zwischen Deutschland, den Niederlanden und der Schweiz, betr. die Regelung der Lachsfischerei im Stromgebiete des Rheins, vom 30. Juni 1885 265
2. Bekanntmachung vom 30. Januar 1887, die Landesfischereiordnung betr. 268
3. Oberpolizeiliche Vorschriften vom 15. März 1894, Zeit und Art des Fischfanges im Bodensee betr. 269
4. Oberpolizeiliche Vorschriften vom 6. November 1897 gleichen Betreffs 273
5. Oberpolizeiliche Vorschrift vom 4. Dezember 1910 gleichen Betreffs 274
6. Bekanntmachung vom 14. Februar 1900, Hebung der Flußfischerei betr. 274
7. Bekanntmachung vom 23. März 1902, Fischpässe betr. 276
8. Bekanntmachung vom 30. Januar 1899, den Konsulenten für Fischerei betr. 277
9. Bekanntmachung vom 11. Februar 1901, die Kgl. biologische Versuchsstation für Fischerei betr. 279
10. Kgl. Verordnung vom 11. Juli 1900, die jagdbaren Tiere betr. 282
11. Verzeichnis der öffentlichen Flüsse in Bayern 283
12. Verzeichnis der im Eigentum des Kgl. Staatsärars stehenden Seen (und größeren Weiher) in Bayern 287
13. Auszug aus dem Wassergesetze vom 23. März 1907 . . 293
14. Auszug aus den Vollzugsvorschriften zum Wassergesetze 298
15. Bekanntmachung vom 13. Dezember 1909 über die Fischereischule in Starnberg (nicht abgedruckt) 299
16. Bekanntmachung vom 22. Juni 1910 über die Gewährung staatlicher Unterstützungen zur Förderung der Fischzucht (nicht abgedruckt) 299

E. Sachregister 300

Verzeichnis von Abkürzungen.

AG. = Ausführungsgesetz.
BAKA. = Bericht des VII. (besonderen) Ausschusses der Kammer der Abgeordneten über den Entwurf eines Fischereigesetzes für das Königreich Bayern.
BayZfR. = Zeitschrift für Rechtspflege in Bayern.
Becher = Das rechtsrhein.-bayer. Landeszivilrecht ꝛc. v. H. Becher, 2 Bände, München 1896.
Begr. = Begründung zum Entwurf eines Fischereigesetzes für das Königreich Bayern.
BGB. = Bürgerliches Gesetzbuch.
BlfRA. = Blätter für Rechtsanwendung.
Brenner = Das Wassergesetz für das Königreich Bayern vom 23. März 1907, bearbeitet von Ministerialrat G. Brenner, München 1908.
BRKR. (auch RKR.) = Bericht des Reichsrates Ritter v. Thelemann an den besonderen Ausschuß der Kammer der Reichsräte zur Beratung des Entwurfs eines Fischereigesetzes für das Königreich Bayern.
EG. = Einführungsgesetz.
Eymann = Das Wassergesetz für das Königreich Bayern vom 23. März 1907, erläutert von Otto Eymann, 2 Bde., Ansbach 1908.
F. = Fischerei; auch in Zusammensetzungen wie FRecht = Fischereirecht, FGast = Fischereigast, fberechtigt = fischereiberechtigt.
FG. = Fischereigesetz vom 15. August 1908.
Frank = Das Strafgesetzbuch für das Deutsche Reich, erläutert von Reinhard Frank, 5. bis 7. Aufl., Tübingen 1908.
FSchG. = Feldschadengesetz.
GebG. = Bayerisches Gebührengesetz in der Fassung vom 13. Juli 1910.
GBO. = Grundbuchordnung.
GemO. = Gemeindeordnung.
GrundbB. = Bekanntmachung vom 15. März 1909 über die Eintragung der Fischereirechte in das Grundbuch ꝛc. (JMBl. S. 236).
GVBl. = Gesetz- und Verordnungsblatt.
GVG. = Gerichtsverfassungsgesetz.
Harster-Cassimir = Kommentar zum Bayerischen Wassergesetze vom 23. März 1907 von Dr. Theodor Harster u. Dr. Joseph Cassimir. München 1908.
HGB. = Handelsgesetzbuch.
JMBl. = Justizministerialblatt.

Kahr = Bayer. Gemeindeordnung für die Landesteile diesseits des Rheins von Dr. Gustav v. Kahr. München 1896.
KO. = Konkursordnung.
KrABl. = Kreisamtsblatt.
LFO. = Landesfischereiordnung.
Löwe = Die Strafprozeßordnung für das Deutsche Reich; Kommentar von Löwe-Hellweg, Berlin, 12. Aufl. 1907.
MABl. = Amtsblatt der Kgl. Staatsministerien des Kgl. Hauses und des Äußern und des Innern.
Malsen-Hofer = Das bayerische Fischereirecht, erläutert von Conrad Frhr. v. Malsen-Waldkirch und Professor Dr. Bruno Hofer, München 1910.
MS. = Mustersatzung.
Nagler = Vergleichende Darstellung des deutschen und ausländischen Strafrechts. Besonderer Teil VIII. Band S. 497 f. Die Fischwilderei; bearbeitet von Professor Dr. J. Nagler in Basel. Berlin 1906.
Oertmann = Bayerisches Landesprivatrecht von Dr. Paul Oertmann, Halle a. S. 1903.
ObLG. (ObGH.) in ZS. = Sammlung von Entscheidungen des Bayer. Obersten Landesgerichts (obersten Gerichtshofs) in Zivilsachen.
ObLG. in ZS. (n. F.) = Sammlung von Entscheidungen des Bayer. Obersten Landesgerichts in Zivilsachen (neue Folge).
ObLG. in St. = Sammlung von Entscheidungen des Bayer. Obersten Landesgerichts in Strafsachen.
OLGMünchenSt. = Sammlung von Entscheidungen des Oberlandesgerichts München in Gegenständen des Strafrechts und Strafprozesses.
Olshausen = Kommentar zum Strafgesetzbuch für das Deutsche Reich von Olshausen-Zweigert. 8. Aufl. Berlin 1910.
Planck = Bürgerliches Gesetzbuch nebst EG., erläutert von Dr. G. Planck usw., 3. Aufl. Berlin 1906.
ProtAKR. = Protokolle des besonderen Ausschusses der Kammer der Reichsräte zur Beratung des Fischereigesetzentwurfs.
PStGB. = Polizeistrafgesetzbuch.
Reger = Entscheidungen der Gerichte und Verwaltungsbehörden. Ausgabe von Reger.
Reger-Dyroff = Regers Handausgabe des Verwaltungsgerichtsgesetzes, in 4. Aufl. herausgegeben von Dr. Anton Dyroff, Ansbach 1908.
RGZ. = Entscheidungen des Reichsgerichts in Zivilsachen.
RGSt. = Entscheidungen des Reichsgerichts in Strafsachen.
RGBl. = Reichs-Gesetzblatt.
Riedel-Sutner = Dr. Frhr. v. Riedels Kommentar zum Polizeistrafgesetzbuch, 7. Auflage herausgegeben von C. A. v. Sutner, München 1907.
Schmitt = Das Fischereigesetz vom 15. August 1908; Handausgabe von Bezirksamtsassessor H. O. Schmitt, Stuttgart 1909.
Seydel = Bayerisches Staatsrecht von Max v. Seydel (zitiert nach der 1. und der 2. Aufl.).
Staudinger = J. v. Staudingers Kommentar zum Bürgerl. Gesetzbuch und dem EG., 5./6. Aufl., München 1911.
Staudinger Fischereischutz = Der Fischereischutz durch die Strafgesetzgebung von Dr. Julius Staudinger, Nördlingen 1881.
StGB. = Strafgesetzbuch für das Deutsche Reich.
StPO. = Strafprozeßordnung für das Deutsche Reich.

ÜbergG. = Gesetz, Übergangsvorschriften zum Bürgerl. Gesetzbuche betr., vom 9. Juni 1899.
VGHG. = Gesetz vom 8. August 1878 über die Errichtung eines Verwaltungsgerichtshofs.
VGH. = Sammlung von Entscheidungen des Verwaltungsgerichtshofs.
VollzB. = Bekanntmachung vom 19. März 1909 über den Vollzug des Fischereigesetzes (GVBl. S. 252).
VollzVO. = Kgl. Verordnung vom 18. März 1909 über den Vollzug des Fischereigesetzes (GVBl. S. 245).
VB. z. WG. = Bekanntmachung vom 3. Dezember 1907 über den Vollzug des Wassergesetzes vom 23. März 1907 (GVBl. S. 876).
WG. = Wassergesetz vom 23. März 1907.
ZPO. = Zivilprozeßordnung.
ZVG. = Gesetz über die Zwangsversteigerung und die Zwangsverwaltung vom 24. März 1897.

Einleitung.

I. Geschichtliches.

A. Die Grundlagen des bisherigen Privatrechts über Fischerei.

Das BGB. vom 18. August 1896 hat sich der Regelung des Fischereirechts im allgemeinen enthalten. Nach Art. 69 EG. sind die landesgesetzlichen Vorschriften über Fischerei unberührt geblieben. Das BGB. hat jedoch seinen § 958 Abs. 2 als zwingendes Recht erklärt. Danach wird entgegen der Regel des § 958 Abs. 1 das Eigentum an einer herrenlosen Sache durch Besitzergreifung nicht erworben, „wenn die Aneignung gesetzlich verboten ist, oder wenn durch die Besitzergreifung das Aneignungsrecht eines anderen verletzt wird". Die früher viel umstrittene Frage, ob der Wilderer (der Fischfrevler) an den gefrevelten herrenlosen Tieren Eigentum für sich oder als „unfreiwilliger Repräsentant" für den Berechtigten erwirbt, ist damit für die herrschende Meinung abgetan, die die Frage nach beiden Richtungen verneint. Freilich gibt es einzelne Schriftsteller, die dem klaren Wortlaute des Gesetzes zuwider das Gegenteil behaupten. Nicht so klar ist das Gesetz, wenn es den Erwerb des Eigentums für die Fälle ausschließt, in denen die Aneignung gesetzlich verboten ist. Es ist bestritten, ob die Uebertretung der fischereipolizeilichen Vorschriften über Fangverbote, Schonzeiten u. dgl. außer der etwaigen Straffolge die zivilrechtliche Wirkung hat, daß an den verbotswidrig gefangenen Fischen auch seitens des Inhabers des FRechts Eigentum nicht erworben wird. Hier haben sich unter dem Einflusse Staudingers — BlfRA. Bd. 63 S. 291 — in der Literatur Ansichten geltend gemacht, deren Haltlosigkeit und Undurchführbarkeit der Verfasser in der BayZfR. 1908 S. 450 f. nachzuweisen versuchte. M. E. hindert die Verletzung der polizeilichen Vorschriften über Fangverbote und Fangbeschränkungen nicht, daß der Berechtigte Eigentümer der verbotswidrig gefangenen Wassertiere wird, denn das FG. enthält ein Verbot der Aneignung oder eine Ermächtigung zur Erlassung dieses Verbots nicht (s. auch Pollwein BlfRA. Bd. 75 S. 27).

Einen weiteren zwingenden Satz enthält das BGB. im § 960 Abs. 1: „Fische in Teichen oder anderen geschlossenen Privatgewässern sind nicht herrenlos". Auch hier herrscht in der Literatur bei der Auslegung, die für das Zivilrecht und das Strafrecht von Bedeutung ist, große Unklarheit. Der Verfasser hat seine Meinung a. a. O. S. 449 f. näher dargelegt (s. auch Bem. 1 zu Art. 2).

Der bayerische Gesetzgeber ist an die Aufgabe, das FRecht auf eine neue Grundlage zu stellen, zunächst nicht herangetreten. Der Art. 1 AG. z. BGB. vom 9. Juni 1899 hat die bürgerlichrechtlichen Normen jeder Art auch aus der Zeit vor der Erlassung der Verfassungsurkunde vom 26. Mai 1818 aufrechterhalten, soweit sie Vorschriften über die Fischerei enthielten. Auch das Gewohnheitsrecht wurde aufrechterhalten. Damit wurde die

Unsicherheit des bisherigen Rechtszustandes auf unbestimmte Zeit verlängert. Denn es fehlte schon für die Grundfragen an klaren Rechtsquellen. Mit den dadurch bedingten Schwierigkeiten hatte auch der Strafrichter zu kämpfen, da sich die Strafgesetze (§§ 296, 370 Nr. 4 StGB.) darauf beschränken, wegen der FBerechtigung auf das Landesrecht zu verweisen. Nicht einmal eine einheitliche, die Lücken der Rechtsbildung ausfüllende Gerichtspraxis konnte sich einbürgern, und Fragen des FRechts, wie sie das Leben in Fülle bot, ging der Jurist, wie schon zu Zeiten Kreittmayrs (Anm. z. BL. II 3 N. 32) ängstlich aus dem Wege. Kein Wunder, daß die Literatur gerade auf diesem Gebiete versagt und eine große Lücke aufweist. Es fehlt zwar nicht an verdienstvollen Einzelarbeiten, unter denen die Schriften und Aufsätze v. Staudingers, des unermüdlichen Vorkämpfers für die berechtigten Interessen der F., hervorragen, aber eine umfassende Bearbeitung des FRechts muß man vermissen. Die folgenden kurzen Bemerkungen sollen selbstverständlich die Lücke nicht ausfüllen, sondern von dem früheren Rechte nur so viel wiedergeben, als zum Verständnisse des Werdegangs des neuen Rechtes erforderlich ist.

Das FG. hat in Art. 111 Abs. 1 das bisher geltende Privatrecht über Fischerei aufgehoben. Zur Beurteilung der vor dem 1. April 1909 entstandenen Rechtsverhältnisse muß aber auf die älteren Rechtsquellen zurückgegriffen werden, soweit dies nicht Art. 15 FG. überflüssig macht (s. unten S. 5). Bei der Anwendung des älteren geschriebenen Rechtes ist folgendes zu beachten:

a) Die Statutarrechte u. dgl. enthalten auch öffentlichrechtliche (strafrechtliche, polizeiliche) Vorschriften über Fischerei, die längst veraltet sind und nur geschichtliches Interesse bieten;

b) die darin behandelten wasserrechtlichen Vorfragen, besonders die Einteilung der Gewässer in öffentliche und private, die Eigentumsverhältnisse an den Gewässern, waren schon im Wasserbenützungsgesetze vom 28. Mai 1852 und sind jetzt im Wassergesetze vom 23. März 1907 einheitlich geregelt;

c) die zivilrechtlichen Bestimmungen der Partikularrechte betreffen in der Regel nur die eine oder andere Einzelfrage des FRechts. Eine einigermaßen umfassende und zusammenhängende Darstellung des FRechts geben nur das Allg. Preuß. Landrecht und die Kreittmayrschen Anmerkungen zum Bayr. Landrechte. Soweit die besonderen Vorschriften versagen, müssen die allgemeinen Grundsätze des örtlich in Geltung gewesenen Zivilrechts herangezogen werden;

d) der Art. 111 Abs. 1 beseitigt zwar das früher geltende Gewohnheitsrecht (objektives Recht), nicht aber die auf besonderen Rechtsverhältnissen beruhenden Rechte (subjektive Rechte), die in einigen Artikeln des FG. (z. B. Art. 3, 4, 70) ausdrücklich aufrechterhalten sind. Es wird im einzelnen Falle nicht immer leicht sein, festzustellen, ob eine Berechtigung im Gewohnheitsrechte (Herkommen) wurzelt oder durch Ersitzung (Verjährung) entstanden (untergegangen) ist.

Als **geschriebenes Recht** kam hauptsächlich in Betracht:

a) im rechtsrheinischen Bayern:

1. Das Bayerische Landrecht II 3 § 3 (hiezu die Kreittmayrschen Anmerkungen II 3 N. 32 bis 45),

2. das Preußische Landrecht I 9 §§ 170 bis 192, II 15 §§ 73 bis 78,

3. Nürnberger Recht (Nürnberg. Reformation Tit. XXIV Ges. 1), s. Weber, Darstellung der sämtlichen Provinzial- und Statutarrechte des Königreichs Bayern 2. Bd. S. 839,

4. Dinkelsbühler Stadtrecht II. B. Tit. XVII, s. Weber a. a. O. 2. Bd. S. 1025,

5. Würzburger Recht, s. Weber a. a. O. 3. Bd. S. 318 mit Quellenangaben,

6. Vorderösterreichisches Recht, s. Weber a. a. O. 4. Bd. S. 1340,

7. Fuldaisches Recht (Aalfang der Müller!), s. Weber a. a. O. Bd. 3 S. 977, 979.

b) für das linksrheinische Bayern (s. Geibs Handbuch für die Gemeindebehörden der Pfalz 3. Aufl. 1. Bd. S. 700 f., Siebenpfeiffers Handbuch der Verfassung usw. Rheinbayerns 4. Bd. S. 267 f., Henle-Schneider 1. Aufl. Anm. 6 zu Art. 1 AG. z. BGB.) verweist der Art. 715 code civil auf die besonderen Gesetze über Fischerei. Als solche sind zu nennen:

1. die ordonnance des eaux et forêts vom 13. August 1669,

2. die Gesetze vom 25. August 1792, 6. Juli 1793, 30. Juli 1793, durch die die ausschließliche Fischereigerechtsame als feudal abgeschafft wurde,

3. Tit. V Art. 12, 13, 14 des Ges. vom 14. Floréal X über die indirekten Steuern des Jahres XI (bei Geib),

4. dazu arrêté vom 17. Nivose XII, relatif à la pêche sur les fleuves et rivières navigables,

5. Gutachten des Staatsrats vom 30. Pluviose XIII, relatif au droit de pêche des rivières non navigables (bei Geib).

Das Bayerische Landrecht:

Die F. in öffentlichen Gewässern (Flüssen und Seen) ist Regal des Landesherrn (Recht des Staates). Die F. in Privatgewässern steht dem Eigentümer des Gewässers zu. Das FRecht der Adjazenten als solcher ist ausdrücklich abgelehnt („Adjazenten dürfen sich keine F. anmaßen, sofern sie kein anderes Fundament als ihre bloße Adjazenz hiezu haben"). Ebenso ist gegen die Anmaßung des FRechts durch die Müller Stellung genommen. Es wird vermutet, daß in öffentlichen Gewässern der Landesherr (der Staat), in Privatgewässern der Eigentümer fischereiberechtigt ist. Nimmt ein Dritter das FRecht in Anspruch, so hat er das besondere Rechtsverhältnis zu beweisen, auf dem seine Befugnis ruht (bei einem öffentlichen Gewässer gnadenweise oder auf lästigem Rechtsgeschäfte — Kauf, Tausch u. a. — beruhende Verleihung durch den Landesherrn [den Staat] oder Verjährung, bei einem Privatgewässer insbesondere „Geding, letzten Willen, Verjährung"). Gegenstand des FRechts sind Fische, Krebse und Schildkröten (Anm. 36). Ein allgemeines Uferbenützungsrecht des FBerechtigten ist nicht anerkannt. Nur zur Herstellung der Verbindung mit einem Altwasser darf der FBerechtigte als solcher fremde Grundstücke betreten (Anm. 37). Die Anm. 37, 38 behandeln weiter den „Ort der Fischerei" (im Altwasser darf der im Hauptlaufe Berechtigte fischen) und das Fischen auf Überschwemmungsgebiet.

Das Preußische Landrecht:

Die F. in öffentlichen Strömen ist Regal. In den Privatflüssen steht sie regelmäßig den Uferbesitzern, jedem bis zur Mitte des Flusses, zu (s. Dernburg, Preuß. Privatrecht 5. Aufl. 1. Bd. S. 551 f.). Die in geschlossenen Gewässern befindlichen Fische gehören dem Eigentümer des Gewässers. Geschlossene *öffentliche* Gewässer kennt das Preuß. LR. nicht (Bleyer, BayZfR. 1908 S. 450). Hat ein Dritter durch Verleihung oder Ersitzung das FRecht in einem öffentlichen Flusse, so spricht (nach *Dernburg*) die Vermutung für die Ausschließlichkeit des Rechtes; dagegen hat das FRecht eines Dritten in einem Privatflusse nicht die Vermutung der Ausschließlichkeit für sich, vielmehr wird die geringere Beschränkung des Rechtes des Anliegers vermutet.

Die F. erstreckt sich auf Fische und andere nutzbare Wassertiere, soweit sie nicht Gegenstand des Jagdrechts sind, insbesondere auf Krebse, Muscheln, Austern, u. U. auch auf jagdbare Zugvögel.

Das pfälzische Recht:

Die F. in den (schiffbaren) *öffentlichen Flüssen* steht dem Staate, die F. in den (nicht schiffbaren) *fließenden Privatgewässern* steht den *Anliegern* als solchen zu; die Fische in *geschlossenen Privatgewässern* gehören den Eigentümern der Gewässer. In den öffentlichen Flüssen darf jedoch jedermann mit der Handangel fischen. Die F. kann an Dritte im Wege der Verpachtung oder der besonderen Erlaubnis vergeben werden. Die außer den Fischen als Gegenstand des FRechts in Betracht kommenden Wassertiere waren nicht ausdrücklich bestimmt. Daß jedenfalls die *Krebse* den Fischen gleichgestellt waren, scheint die pfälzische Praxis nicht in Zweifel gezogen zu haben.

Die **FRechte in fremden Gewässern** *können und konnten auch nach früherem Rechte im allgemeinen persönliche oder dingliche Natur haben.*

Das *persönliche FRecht* beruht darauf, daß der FBerechtigte einer bestimmten Person gestattet, die F. auszuüben. Das zugrundeliegende Rechtsgeschäft kann sein ein Pachtvertrag oder ein pachtähnlicher Vertrag (s. jetzt Art. 35 FG.) oder ein anderer obligatorischer Vertrag; die Erlaubnis kann auch auf beliebigen Widerruf erteilt sein (namentlich an FGäste). Die nach den älteren Rechten entstandenen Berechtigungen dieser Art bieten der Beurteilung keine besonderen Schwierigkeiten. Die Art. 108, 109 FG. enthalten einige Uebergangsvorschriften.

Dagegen ist (s. aber Art. 15 FG.) die rechtliche Natur der früher entstandenen *dinglichen FRechte* bestritten. Sie wurden bald als Dienstbarkeiten (Grunddienstbarkeiten, persönliche Dienstbarkeiten) oder servitutähnliche Rechte, bald als grundstücksähnliche Nutzungsrechte an fremder Sache behandelt. In der *Pfalz* traten diese Schwierigkeiten allerdings nicht zutage, denn der code civil kennt ein selbständiges *dingliches FRecht* in fremden Gewässern überhaupt nicht (RG. JW. 1885 S. 338 Nr. 32). Die den Ufereigentümern in Gewässern der Gemeinden und anderer Rechtssubjekte zustehenden FRechte waren Ausfluß des Eigentums am Ufer.

Im Gebiete des *Bayerischen Landrechts* wurden die dinglichen FRechte, zunächst die FRechte in fremden *Privat*gewässern und dann immer entschiedener auch die auf Grund der Regalität (vom Staate) verliehenen FRechte vorwiegend als Servituten oder servitutähnliche Rechte aufgefaßt (s. Kreittmayr Anm. a. a. O. N. 34, ObLG. (ObGH.) in ZS. 1[4], 4[482], 9[102], 15[88], 17[189], n. F. 6[634], *Staudinger*, BlfRA. XI. ErgBd. S. 390 f.).

Für das *gemeine Recht* hat das RG. JW. 1901 S. 41 in dem dort behandelten *Einzelfalle* erklärt, daß das FRecht ein Nutzungsrecht an einer fremden Sache sei, das zwar den Charakter der Servitut darin teile, daß ein praedium serviens gegeben sei, sich aber von der Servitut dadurch unterscheide, daß es weder an ein Grundstück geknüpft noch auf Lebensdauer des Berechtigten eingeschränkt sei. S. ferner ObLG. in ZS. n. F. 10[119], [120] („deutschrechtliche Dienstbarkeit").

Für das Gebiet des **Preußischen Landrechts** rechnen **Förster-Eccius**, Preuß. Privatrecht, 7. Aufl. 4. Bd. S. 513 zu den selbständigen Gerechtigkeiten, die den Grundstücken gleichstehen, die FGerechtsame in regalen Gewässern; die FRechte in Privatgewässern seien Grundgerechtigkeiten oder persönliche Gebrauchsrechte.

An zuverlässigen **gesetzlichen** Handhaben für die Bestimmung der Rechtsnatur der FRechte an fremden Gewässern hat es freilich gefehlt. Nach § 3 Bayer. HypG. vom 1. Juni 1822 konnte eine Hypothek bestellt werden auf „jenen fruchtbringenden dinglichen Rechten, welche von den Gesetzen den Immobilien gleichgeachtet sind und mit dem Tode des Berechtigten nicht erlöschen". Man hat dazu die vererblichen und selbständig veräußerlichen FRechte an fremden Gewässern gerechnet (s. **Gütl-Henle** 5. Aufl. Anm. 2 zu § 3 und **Regelsberger-Henle**, Hypothekenrecht 3. Aufl. § 46; s. ferner Art. 2 Nr. 2 SubhO. vom $\frac{\text{23. Februar 1879}}{\text{29. Mai 1886}}$ und dazu den Kommentar von **Ortenau-Henle** 3. Aufl. N. 1). Damit war für die Beantwortung der Frage nach der rechtlichen Natur des dinglichen FRechts nur wenig gewonnen, da das HypG. in dieser Hinsicht auf das Zivilrecht zurückverwies. Auch der Art. 17 AG. z. GBO. u. ZVG. hat der Streitfrage kein Ende bereitet.

Erst der Art. 15 FG. hat dem Streite im allgemeinen die Bedeutung genommen. Er bestimmt, daß am 1. April 1909 die bestehenden FRechte, die nach dem bisherigen Rechte Dienstbarkeiten (oder den Dienstbarkeiten ähnliche Rechte) waren, sich in FRechte nach Art. 10 FG. (subjektivdingliche oder subjektivpersönliche FRechte) **verwandeln**. Seit dem 1. April 1909 gibt es demnach in fremden Gewässern außer den persönlichen Berechtigungen nur noch die im Fischereigesetze geregelten drei Arten von selbständigen FRechten. Auf das ältere Recht und seine Streitfragen braucht man nur zurückzugehen, soweit es sich um die **Entstehung** und um die Natur der dinglichen Berechtigungen **vor** dem 1. April 1909 handelt. Bei der Beurteilung älterer Entscheidungen über das Verhältnis des FBerechtigten zu anderen Wasserberechtigten, zu den Ufereigentümern u. a. muß berücksichtigt werden, welche Haltung der Richter zu der Frage nach der Natur des FRechts eingenommen hat. Denn je nach der Beantwortung dieser Frage konnten sich wegen des Schutzes des Rechtes und seiner Stellung gegenüber anderen Rechten verschiedene Ergebnisse herausstellen.

B. Die Fischerei und die Wassergesetze vom 28. Mai 1852.

Die Interessen des Fischers geraten vielfach in Widerstreit mit den Interessen anderer Wasserberechtigter. Die Ausgleichung der Interessen ist eine schwierige Aufgabe des Gesetzgebers. Unter der Herrschaft der Wassergesetze von 1852 war die Rechtslage nichts weniger als klar. Ihre Entwirrung wurde von der selbst unsicheren Rechtsprechung der Gerichte und der der F. ungünstig gesinnten Verwaltungspraxis nur wenig gefördert. Es handelt sich hier darum, von dem früheren Zustande und der Entwickelung der Dinge soviel zu sagen, als zum Verständnisse der neuen Verhältnisse erforderlich ist.

Das WBG. von 1852 hatte in Art. 104 Abs. 2 „die in Betreff der Ausübung der Fischerei bestehenden Gesetze, Verordnungen und Rechtsverhältnisse" aufrechterhalten. In Art. 57 war bestimmt, daß dem FBerechtigten kein Widerspruch gegen „Anlagen zur Wasserbenützung" zustehe vorbehaltlich der gerichtlichen Geltendmachung der ihm etwa zustehenden Entschädigungsansprüche. In Art. 58 war die Benützung des Wassers zu Maßnahmen, die eine schädliche Veränderung des Wassers bewirken, an behördliche Bewilligung geknüpft unter Vorbehalt „etwaiger Entschädigungsansprüche Dritter". Die Art. 57, 58 standen in dem Abschnitt über Privatflüsse. Damit sind die hauptsächlichen Vorschriften des WBG., die für die F. Bedeutung hatten, erschöpft. Sie reichten nicht hin, in die mannigfaltigen Beziehungen des FBerechtigten zu den an der Benützung des Wassers interessierten Landwirten, Gewerbetreibenden und Industriellen Ordnung zu bringen.

Am klarsten war die Stellung der Gerichte bei Schadensersatzklagen der FBerechtigten wegen schädlicher Immissionen. In der oberstrichterlichen Entscheidung Bd. 8[446] wurde der Unternehmer einer Schleifmühle für verpflichtet erklärt, dem FBerechtigten den Schaden zu ersetzen, der durch die Verunreinigung des Fischwassers mit Abfällen verursacht wurde. Dem FBerechtigten stehe in solchen Fällen nach Art. 58 WBG. ein Ersatzanspruch kraft Gesetzes zu; ein schuldhaftes widerrechtliches Verhalten des Unternehmers sei zur Begründung dieses Anspruchs nicht erforderlich. Später (Bd. 15[87]) wurde der Anspruch des FBerechtigten auf Ersatz des Schadens, der durch die Verunreinigung des Wassers eines öffentlichen Flusses mit Fabrikabwässern entstanden war, unter Heranziehung der actio confessoria als begründet erklärt; die auf den Gemeingebrauch und die gewerbepolizeiliche Genehmigung gestützten Einwendungen des beklagten Teiles wurden zurückgewiesen.

Anderseits führt das ObLG. Bd. 10[178] mit Entschiedenheit aus, daß aus der Aufführung eines Steindammes zum Uferschutz durch den Grundeigentümer, wodurch im gegebenen Falle günstige Laichplätze u. dgl. beseitigt worden waren, der in dem benachbarten Gewässer zur F. Berechtigte keinen Ersatzanspruch ableiten dürfe. Der Ufereigentümer sei gesetzlich nicht gehalten, auf die Interessen der F. Rücksicht zu nehmen, wenn er sein Eigentumsrecht ausübe. Finde er es gut, die Uferstrecke zunächst in einem Zustande zu lassen, der für die Fischhege günstig sei, so könne der FBerechtigte aus diesem rein tatsächlichen Zustande kein Recht auf dessen Fortdauer oder auf Schadloshaltung ableiten. Damit ist zu vergleichen die Entscheidung in Bd. 4[482], daß der FBerechtigte die Errichtung eines Dammes in einem seiner Berechtigung unterliegenden Altwasser nicht zu dulden habe, wenn es sich nicht um eine Betätigung des Uferschutzes, sondern um einen anderen zunächst privatwirtschaftlichen Zweck handle.

Schon das letztgenannte Urteil hatte die Frage gestreift, ob und unter welchen Umständen sich der FBerechtigte Korrektionen des Flußbettes gefallen lassen müsse, und gemeint, daß der FBerechtigte zwar kein Recht habe, den in sein Recht eingreifenden, jedoch im allgemeinen Interesse liegenden Regulierungen des Flußlaufes zu widersprechen, daß er aber hieraus Entschädigungsansprüche ableiten könne. Später (Bd. 17[189]) stellte sich jedoch das ObLG. auf einen für den FBerechtigten ungünstigeren Standpunkt. Es erklärte, daß der in einem öffentlichen Flusse FBerechtigte kein Widerspruchsrecht gegen Flußkorrektionen habe. Aber auch ein Entschädigungsanspruch stehe ihm nur dann zu, wenn die Korrektion einen nachteiligen Einfluß auf das Wasser und die darin befindlichen Fische äußere, denn nur dann werde in die FBerechtigung eingegriffen und nur dann müsse der Staat Ersatz leisten auf Grund des Rechtssatzes, daß er entschädigungspflichtig sei, wenn er aus Gründen des öffentlichen Wohles in Privatrechte eingreife. Mangels besonderer Rechtsverhältnisse liege ein Eingriff in das FRecht nicht vor, wenn für die Ausübung des Rechtes günstige Verhältnisse, wie Altwasser, beseitigt würden; der FBerechtigte habe kein Recht auf den unveränderten Fortbestand des Flußbettes und der Ufer, vielmehr bemesse sich der Umfang des FRechts nach dem jeweils tatsächlich bestehenden Zustande des Flusses.

Um dieselbe Zeit fällte das Reichsgericht für das gemeine Recht eine Entscheidung (ZS. Bd. 41[142]), die in einem wichtigen Gegensatze zu dem gerade behandelten Urteile des ObLG. steht. Der Staat sei zur Entschädiguug verpflichtet, wenn durch die im öffentlichen Interesse von der Strombauverwaltung im Fischwasser errichteten Anlagen die Ausübung des im Flusse bestehenden selbständigen FRechts ganz oder zum größten Teile unmöglich gemacht werde. Es sei Gewohnheitsrecht, daß der Staat Ersatz leisten müsse, wenn rechtmäßige, im staatlichen Interesse erfolgende Maßnahmen der staatlichen Verwaltung die Aufhebung oder tatsächliche Beseitigung von Eigentums- oder anderen dinglichen Rechten zur Folge hätten.

Der Standpunkt des RG. war für die F. insoferne günstiger, als er die FBerechtigten nicht auf die jeweils vorhandene Wassermasse in dem nach dem jeweils herrschenden Interesse gestalteten Flußbette verwies, sondern das Recht der FBerechtigten auf das Flußbett als den „Fischereigrund" erstreckte.

Diese Stellungnahme des RG. hat auch zu dem Umschwunge der Meinung beigetragen, der sich in dem Urteile des ObLG. n. F. Bd. 6[610] geltend machte. Der Schadensersatzanspruch der in der Donau fberechtigten Kläger gegen 15 Gemeinden, die auf Anregung und unter Leitung der staatlichen Behörden und mit staatlichen Geldmitteln unterstützt im Bereiche des Fischwassers Hochwasserdämme errichtet und dadurch die Fischerei beeinträchtigt hatten, wurde dem Grunde nach berechtigt erklärt. In den Wassergesetzen von 1852 sei die Frage der Entschädigung für den Fall der Kollision von Rechten nicht erschöpfend geregelt. Die obrigkeitliche Erlaubnis zur Vornahme einer Handlung, die einen andern schädige, nehme der Handlung allerdings die Rechtswidrigkeit. Aber der Grundsatz des römischen Rechtes „ohne Verschulden keine Ersatzpflicht" gelte im gemeinen Rechte nicht ausnahmslos. In Kollisionsfällen dieser Art müsse das niedriger gewertete rechtliche Interesse hinter dem höher gewerteten rechtlichen Interesse zurücktreten; es dürfe aber nicht ohne Entschädigung des Verletzten völlig oder teilweise vernichtet werden. Es entspreche einem allgemeinen Rechtssatze, daß ein wohlerworbenes Privatrecht nicht ohne Entschädigung entzogen oder geschmälert werden dürfe. Die negatorische oder konfessorische Klage sei in solchen Fällen nicht ausgeschlossen; sie verliere nur einen Teil ihres Inhalts; der Anspruch auf Wiederherstellung des früheren Zustands und Unterlassung künftiger Störungen falle weg; die Klage sei auf den Schadensersatzanspruch beschränkt.

Damit habe das ObLG. die nach den Umständen notwendigen Folgen aus der Eigenschaft der FRechts als eines Rechtes an einer fremden Sache, dem mit Wasser bedeckten Flußbette, gezogen und die in der Entsch. in Bd. 17 entwickelten Rechtsgrundsätze teilweise preisgegeben, denn die Bemerkung in den Gründen der neueren Entscheidung, daß die Frage der Ersatzpflicht drs Staates wegen des unter gleichen Umständen durch rechtmäßige Ausübung der Staatsgewalt verursachten Schadens offen gelassen werde, bedeutet nur eine Deckung des Rückzugs.

Zu einer Kritik der Rechtsprechung besteht hier kein Anlaß (s. die freilich wenig überzeugenden Einwendungen Eymanns Bd. 2 S. 195, ferner Harster-Cassimir Anh. z. Art. 81, Staudinger BlfRA. XI. ErgBd. S. 385, Mayer BlAdmPr. 46 S. 385, Graf v. Hirschberg BlAdmPr. 53 S. 68). Die Entscheidungen haben das alte Wasserrecht und das alte Zivilrecht zur Grundlage. Das neue Wassergesetz hat manche Fragen geklärt, und ob das Bürgerliche Gesetzbuch den allgemeinen Grundsatz anerkennt, daß der Staat für die Entziehung oder Schmälerung von Privatrechten haftet, die eine Folge der rechtmäßigen Ausübung der Staatsgewalt ist, dürfte zweifelhaft sein. Der V. Zivilsenat des Reichsgerichts hat es allerdings wiederholt als einen nach dem BGB. „zweifellos“ geltenden allgemeinen Rechtssatz bezeichnet, daß der Eigentümer, der durch Maßnahmen der Staatsgewalt, insbesondere durch Erteilung staatlicher Konzessionen, von der Verfolgung seines vollen negatorischen Anspruchs nach § 1004 BGB. ausgeschlossen wird, gegen den Störer einen Anspruch auf Ersatz des durch die zu duldende Störung verursachten Schadens auch dann hat, wenn den Störer kein Verschulden trifft (Bd. 58[184], 63[376]). Gilt dieser Satz für den Eigentümer, so würde er nach Art. 9 Abs. 2 FG. an sich auch für den Inhaber des selbständigen FRechts gelten. Es ist aber noch die Frage zu prüfen, ob hier die Anerkennung dieses Rechtssatzes nicht deshalb ausgeschlossen ist, weil die Entschädigungsansprüche des FBerechtigten durch das in erster Linie (Art. 65, 69 EG. z. BGB.) geltende Landeswasserrecht erschöpfend geregelt wurden. Darüber s. S. 13, 14.

II. Das Fischereigesetz und das Wassergesetz vom 23. März 1907.

A. Allgemeines.

Das Wassergesetz und das Fischereigesetz bilden zusammen die derzeit geltende wasserrechtliche Landesgesetzgebung. Die Verhältnisse der Fischerei bestimmen sich zunächst nach dem Fischereigesetze (lex specialis) und in Ermangelung besonderer Vorschriften nach dem Wassergesetze (lex generalis). Die rechtlichen Beziehungen der FBerechtigten zu den übrigen Wasserinteressenten sind teilweise in dem Fischereigesetze, teilweise in dem Wassergesetze geregelt. Das FG. enthält im Interesse der F. Einschränkungen von Befugnissen, die das WG. einräumt, vielfach auch zugunsten der FBerechtigten die genauere Bestimmung von Verpflichtungen, die das WG. nur in allgemeinen Sätzen ausspricht.

Bei der Beurteilung des Verhältnisses der FBerechtigten zu den übrigen Wasserinteressenten ist auszugehen von dem Inhalt und der Natur des Fischereirechts. Das FRecht umfaßt nach Art. 1 FG. die Befugnis des Berechtigten, in dem Fischwasser die dem FRechte unterworfenen Wassertiere zu hegen und sich anzueignen. Soweit die Berechtigung reicht,

reicht auch der Schutz des Rechtes. Wird der FBerechtigte in der Ausübung der Fischhege oder des Fischfangs gestört, so kann er von jedem Störer die Beseitigung der Beeinträchtigung verlangen und bei Befürchtung weiterer Beeinträchtigungen auf Unterlassung klagen (§ 1004 BGB., Art. 9 Abs. 2 FG.). Auch des possessorischen Schutzes entbehrt der FBerechtigte nicht (Art. 16 FG. u. Bem. 1 dort).

Der Schutz des FRechts hat aber durch die gesetzliche Berücksichtigung berechtigter widerstreitender Interessen eine erhebliche Einschränkung erfahren. Insbesondere hat das Gesetz nicht selten den Anspruch des FBerechtigten auf Beseitigung und Unterlassung von Störungen auf einen Entschädigungsanspruch wegen der Störung eingeschränkt und dem FBerechtigten eine Verpflichtung zur Duldung der Störung gegen Entschädigung auferlegt. Der Anspruch auf Beseitigung der Störung und auf Unterlassung ist regelmäßig dann ausgeschlossen, wenn dem Störenden ein Recht zur Vornahme der störenden Handlung zusteht, das ihm das Gesetz oder auf Grund des Gesetzes die Behörde eingeräumt hat, oder wenn er sogar zur Vornahme der Handlung verpflichtet ist. In anderen Fällen hat das Gesetz versucht, die Ausübung der verschiedenen am Wasser nebeneinander bestehenden Berechtigungen unter billiger Ausgleichung der Interessen zu regeln. Die dadurch bedingten Beschränkungen in der Ausübung der Fischerei muß sich der FBerechtigte gefallen lassen; sein zivilrechtlicher Anspruch auf Beseitigung (Unterlassung) der Störung ist auch hier ausgeschlossen, soweit er zu deren Duldung nach den wasserrechtlichen Vorschriften verpflichtet ist (vgl. § 1004 S. 3 BGB.). Einen Anspruch auf Entschädigung kann der FBerechtigte in solchen Fällen in der Regel nur geltend machen, wenn Zuwiderhandlungen gegen die wasserrechtlichen Vorschriften erfolgen. Nach Art. 78 FG. ist z. B. das Schlämmen von Fischwassern zugunsten des FBerechtigten zeitlich eingeschränkt. Erfolgt das Schlämmen durch die dazu berechtigte Person in der freigegebenen Zeit oder außerhalb derselben mit der erforderlichen behördlichen Erlaubnis, so kann der FBerechtigte nicht schon aus der Tatsache der Beeinträchtigung seines Rechtes einen Schadensersatzanspruch ableiten. Er muß nachweisen, daß das Verhalten des Schlämmenden aus besonderen Gründen widerrechtlich und schuldhaft war (§ 823 Abs. 1 BGB.). Die Abgrenzung der Fälle, in denen der Schadensersatzanspruch des FBerechtigten auch ohne Verschulden des Schädigenden besteht, ist nicht immer leicht (s. später S. 13, 14).

B. Die Stellung der Fischereiberechtigten im Wassergesetze.

Es kommen folgende zum Teile im Anhang abgedruckte Vorschriften des WG. in Betracht:

Art. 4 Abs. 3: Entschädigung des FBerechtigten bei der Umwandlung eines Privatflusses in einen öffentlichen Fluß. Näher bestimmt in Art. 3 Abs. 2 FG.

Art. 11: Möglichkeit der Berücksichtigung der durch Flußregulierungen geschädigten FBerechtigten bei der Verteilung der Verlandungen an öffentlichen Flüssen.

Art. 18: Entschädigung des FBerechtigten bei Aufhebung oder Beeinträchtigung seines Rechtes durch Anordnung oder Genehmigung einer dem Art. 17 widersprechenden Zuleitung, Wegleitung oder Abwendung des Wassers aus Gründen des Gemeinwohls.

Art. 19 Abs. 3—5: Entschädigung desjenigen, der seit mindestens 30 Jahren selbst oder durch seine Rechtsvorgänger ununterbrochen die Fischerei ausgeübt hat, durch den Unternehmer einer erheblich schädigenden Zutageförderung oder Ableitung von Grund- oder Quellwasser.

Art. 25: Zu den Beteiligten, die bei natürlicher Veränderung des Laufes eines Privatflusses den früheren Zustand herstellen dürfen, gehören die FBerechtigten.

Art. 26, 27, 28: Der Gemeingebrauch (im weitesten Sinne) an den öffentlichen Gewässern und an den Privatflüssen und Bächen darf nur in der Weise ausgeübt werden, daß dadurch nicht die Ausübung des FRechts gefährdet oder ausgeschlossen wird. Der Eigentümer eines Privatflusses ist (vorbehaltlich der besonderen Vorschriften des FG.) zur Entnahme von Eis, Sand, Kies, Schlamm u. dgl. nur befugt, soweit es ohne Nachteil für den FBerechtigten geschehen kann. Entsteht durch die Entnahme von Wasser aus dem Fischgewässer in Fällen gemeiner Gefahr dem FBerechtigten ein unverhältnismäßiger Schaden so hat ihn die Gemeinde schadlos zu halten, soweit „die Billigkeit nach den Umständen eine Schadloshaltung erfordert". Weitere Beschränkungen: Art. 78, 81, 84 FG.

Art. 31, 35: Für die Beeinträchtigung seines Rechtes durch die Erklärung des Fischwassers zum Triftgewässer kann der FBerechtigte Ersatz verlangen. Wer die Trift ausübt, ist für Beschädigungen ersatzpflichtig, die dem FBerechtigten durch die Ausübung der Trift unmittelbar verursacht werden. Verschulden des Triftenden oder seiner Hilfskräfte ist nicht Voraussetzung der Entschädigungspflicht (s. auch Art. 36).

Art. 37 f., 109: 1. Bei Strafe im Falle der Zuwiderhandlung (Art. 202 Ziff. 1) dürfen a) öffentlichen Gewässern, b) Privatflüssen und Bächen, c) solchen geschlossenen Privatgewässern, in denen ein anderer fberechtigt ist, Flüssigkeiten oder andere nicht feste Stoffe, die eine schädliche Veränderung der Eigenschaften des Wassers zur Folge haben, nur mit Erlaubnis der Verwaltungsbehörde zugeführt werden. Die Erlaubnis ist widerruflich. Sie ist zu versagen oder an einschränkende Bedingungen zu knüpfen, wenn und soweit durch die Zuführung eine erhebliche Schädigung der Fischerei zu besorgen ist, und wenn in diesem Falle der von der Zuführung zu erwartende Vorteil von geringerer wirtschaftlicher Bedeutung ist als der durch die Zuführung entstehende Nachteil. Der FBerechtigte hat in dem Verfahren Anspruch auf rechtliches Gehör; seine Interessen sind möglichst zu berücksichtigen. Einvernahme von FSachverständigen: § 97 Abs. 2 VB. z. WG. Wird durch die Zuführung das FRecht beeinträchtigt, so hat der Unternehmer der Zuführung dem Berechtigten den vollen Vermögensschaden zu ersetzen. Ein die Erlaubnis der Zuführung hinderndes Widerspruchsrecht hat der FBerechtigte nicht; er kann auch nicht auf Beseitigung der konzessionierten Zuführung klagen. Gegenüber einer von der Verwaltungsbehörde nicht erlaubten Zuführung steht dem davon betroffenen FBerechtigten, abgesehen von dem Anspruch auf Schadensersatz (§ 823 BGB.), der volle negatorische Anspruch nach § 1004 BGB. zu.

Fberechtigt im Sinne des Art. 37 ist nicht derjenige, der nur obligatorisch zur Ausübung der F. berechtigt ist (z. B. der Pächter, die FGenossenschaft). Ist also die F. in dem in Betracht kommenden geschlossenen Privatgewässer (im Sinne des WG.) verpachtet, so ist der Eigentümer des Gewässers, der das FRecht verpachtet hat, bei der

Zuführung der in Art. 37 bezeichneten Stoffe an die behördliche Erlaubnis nicht gebunden. Der Pächter kann sich gegen die störende Zuführung mit den ihm zustehenden Rechtsbehelfen (Vertragsklage; u. U. Besitzstörungsklage, Klage nach Art. 16 FG. usw.) wehren. Dagegen hat der Wassereigentümer die Erlaubnis zu erholen, wenn das FRecht in dem Gewässer ihm und einem Dritten gemeinschaftlich zusteht, oder wenn an dem Gewässer neben seinem Eigentümer=FRecht ein — wenn auch beschränktes (Art. 11 FG.) — FRecht eines anderen besteht (Koppelfischerei: Art. 24).

Anspruch auf rechtliches Gehör nach Art. 109 Abs. 1 hat neben dem Inhaber des Rechtes die zur Ausübung des FRechts im eigenen Namen und im eigenen Interesse berechtigte Person oder Personengemeinschaft, die den Inhaber des Rechtes von der Ausübung des Rechtes regelmäßig ausschließt (der Pächter, der Nießbraucher, der Nutznießer, unter Umständen die FGenossenschaft ꝛc.). Der Schadensersatzanspruch nach Art. 109 Abs. 2 steht dagegen nur dem Inhaber des durch die Zuführung beeinträchtigten FRechts zu. Es ist zwar nicht zu leugnen, daß die Zuführung neben der dauernden Minderung des Wertes des FRechts eine davon unabhängige Schädigung der Personen bewirken kann, die ihre FBerechtigung von dem Inhaber des Rechtes ableiten, nach dem Wortlaute des Gesetzes („das FRecht") ist jedoch die Beschränkung des Ersatzanspruchs auf den Inhaber des Rechtes geboten. Der Anspruch auf prozessuale Beteiligung (Abs. 1) schließt demnach nicht den Anspruch auf Schadloshaltung (Abs. 2) in sich. Ob und wie der Inhaber des FRechts den Pächter und die anderen Personen zu entschädigen hat, die die F. rechtmäßig ausgeübt haben, bestimmt nicht das WG., sondern das allgemeine Zivilrecht je nach dem vorliegenden Rechtsverhältnisse (s. § 4 des Musterpachtvertrags im Anhang).

2. Bei Strafe im Falle der Zuwiderhandlung (Art. 202 Ziff. 1) ist die Einbringung von festen Stoffen in die in Nr. 1 bezeichneten Gewässer verboten, soferne sie die Eigenschaften des Wassers in schädlicher Weise verändern; z. B. das Einwerfen von Tierleichen, das Einlegen von Flachs oder Hanf (Art. 38). Von der Verwaltungsbehörde können Ausnahmen zugelassen werden. Wegen des Anspruchs der FBerechtigten auf rechtliches Gehör, der möglichsten Berücksichtigung ihrer Interessen und der Verpflichtung des Unternehmers zum Schadensersatz (Art. 109) sowie der Geltendmachung des negatorischen Anspruchs gilt das gleiche wie in Nr. 1.

3. Entsteht den FBerechtigten durch den Betrieb einer am 1. Januar 1908 schon bestehenden Anlage zur Zuführung von Flüssigkeiten oder anderen nicht festen Stoffen oder zur Einbringung von festen Stoffen ein Schaden, so bleiben ihnen die Schadensersatzansprüche, die sie nach dem früheren Rechtszustande hatten, gewahrt (s. S. 6). Die FBerechtigten können ferner, wenn sie erheblich geschädigt sind, beantragen, daß die Verwaltungsbehörde den Unternehmer zu Aenderungen der Anlage anhält. Näheres Art. 40 Abs. 2.

Art. 42, 43, 44, 46, 50, 51, 109: Die Eigentümer der Anliegerprivatflüsse dürfen das Wasser nur unter Berücksichtigung der Interessen der FBerechtigten benützen (Art. 44). Wer in einem öffentlichen Gewässer oder in einem Privatfluß oder Bach, der im Eigentume des Staates steht, eine in Art. 42 bezeichnete Wasserbenützungsanlage errichten will, hat damit zu rechnen, daß ihm die Verwaltungsbehörde Bedingungen im Interesse der Fischerei auflegt. Dazu gehört besonders die Auflegung der Herstellung von Fischleitern und Fischpässen (Art. 43 Abs. 2). In dem Verfahren über die Genehmigung einer Stauanlage an einem öffent=

lichen Gewässer oder an einem Staatsprivatfluß oder =Bache kann die Verwaltungsbehörde die gleichen Bedingungen zugunsten der Fischerei stellen (Art. 51 Abs. 1). Aber auch wenn eine Stauanlage an einem Anliegerfluß oder an einem Flusse im Eigentum eines Dritten errichtet werden soll, ist die Verwaltungsbehörde befugt, die Genehmigung unter Bedingungen zu erteilen, die das Interesse der FBerechtigten wahren (Art. 51 Abs. 2, Art. 44, 109). (Wegen der Stauanlagen an geschlossenen Privatgewässern s. Art. 57). Die FBerechtigten haben einen Anspruch, vor der Erteilung der Erlaubnis oder Genehmigung zu der Wasserbenützungsanlage gehört zu werden; ihre Interessen sind von der Verwaltungsbehörde möglichst zu berücksichtigen. Ein Recht zum Widerspruche gegen die Erlaubnis oder Genehmigung haben sie nicht. Wird durch die Anlage das FRecht beeinträchtigt, so hat der Unternehmer dem Inhaber des FRechts den Schaden zu ersetzen (Art. 109 Abs. 1 und 2; s. oben S. 11). Art. 109 WG. wird ergänzt durch Art. 75 FG., der die Unternehmer von Wasserwerken unter den dort bezeichneten Voraussetzungen zur Anlegung und Unterhaltung von Fischwegen verpflichtet, und durch Art. 76 FG., der die Eigentümer von Triebwerken zur Herstellung und Unterhaltung von Schutzvorrichtungen (Schutzgittern) verpflichtet.

Art. 65 f.: Das Ausgleichsverfahren bei Nutzungen an Privatflüssen und Bächen ist von großer Bedeutung für die Fischerei. Es bezweckt die Ausgleichung der Interessen der wasserberechtigten Landwirte, Industriellen, Gewerbetreibenden und FBerechtigten, falls das vorhandene Wasser für die Bedürfnisse aller Berechtigten nicht zureicht (VB. z. WG. §§ 156 f.). In dem Ausgleichsverfahren kann z. B. zugunsten der FBerechtigten den Wässerungsberechtigten eine Einschränkung ihrer Wässerungen nach Zeit und Menge auferlegt werden. Durch die von der Verwaltungsbehörde im Ausgleichsverfahren auszuübenden Zwangsrechte (Art. 70) ist es möglich, Besitzern von Grundstücken, die nicht am Flusse liegen, gegen vorgängige Leistung voller Entschädigung das von den Berechtigten nicht benützte Wasser eines Privatflusses zuzuweisen, wenn der beabsichtigte Gebrauch einen erheblichen Nutzen für die Fischteichwirtschaft mit hoher Wahrscheinlichkeit erwarten läßt (Art. 157). Die Verwaltungsbehörde kann ferner unter den gesetzlichen Voraussetzungen den Eigentümer eines fremden Grundstücks anhalten, zu Zwecken der Teichwirtschaft die ober= oder unterirdische Zu= oder Ableitung des Wassers über seine Grundstücke zu dulden (Art. 160). Die Eröffnung des Ausgleichsverfahrens kann auch der Fischereipächter beantragen.

Die Vorschriften des WG. werden ergänzt durch Art. 77 FG., der bei Streitigkeiten zwischen dem zur Ableitung des Wassers Berechtigten und dem FBerechtigten das Ausgleichsverfahren zuläßt, auch wenn es sich um die Benützung eines öffentlichen Gewässers handelt (a. M. Malsen=Hofer S. 354).

Art. 74 f., Art. 109: Zur Instandhaltung der Gewässer (Reinigung und Räumung des Flußschlauchs, Freihaltung, Schutz und Unterhaltung der Ufer, Ausführung und Unterhaltung von Flußregulierungen, Dammbauten, Wildbachverbauungen) sind die FBerechtigten nicht beitragspflichtig, weil sie von der Instandhaltung eher Nachteile als Vorteile haben. Die drohende Schädigung soll soweit als möglich dadurch ferngehalten werden, daß bei der Vorbereitung und Ausführung der Instandhaltungsarbeiten an öffentlichen Gewässern und Privatflüssen, insbesondere bei

Flußregulierungen und Flußräumungen auf die Interessen der Fischerei besondere Rücksicht genommen wird: § 189 VV. z. WG., MinBek. vom 14. Februar 1900, die Hebung der Flußfischerei betr., MABl. S. 169. Ueber das Schlämmen von Fischwassern usw. sind besondere Vorschriften in den Art. 78 (s. auch Art. 77 Abs. 1), Art. 81, 84 FG. enthalten.

Vor der Erteilung der Erlaubnis zu Regulierungsbauten, unter denen nach der Begr. d. WGEntw. (Art. 73) Korrektionen im weitesten Sinne zu verstehen sind (s. Art. 77 WG.; Harster-Cassimir Anm. 5 zu Art. 74, Eymann II. Bd. S. 16, Brenner S. 230), sind die FBerechtigten zu hören. Bei der Erteilung der Erlaubnis sind ihre Interessen möglichst zu berücksichtigen. Wird ein Regulierungsbau durch den Staat oder den Kreis ausgeführt, so können die FBerechtigten nach § 231 VV. z. WG. gehört werden. Eine besondere Auflage zugunsten der F., die auch Bauten des Staates und der Kreisgemeinden belastet, enthält Art. 5 Abs. 2 FG. Wird durch den Regulierungsbau das FRecht beeinträchtigt, so hat der Unternehmer — auch der Staat oder die Kreisgemeinde — dem Berechtigten den daraus entstehenden Schaden zu ersetzen. Auf Beseitigung des staatlich erlaubten oder vom Staate oder vom Kreise errichteten Regulierungsbaues kann der FBerechtigte nicht klagen. Ueber die Legitimation zur Beteiligung im Verfahren einerseits, zur Erhebung des Ersatzanspruchs anderseits s. oben S. 11.

Art. 109: Auf den Inhalt dieses Artikels, der einzigen Vorschrift der die Ueberschrift „Fischerei" tragenden Abteilung IV des WG., ist schon bei der Besprechung der in Frage kommenden sonstigen Vorschriften verwiesen worden. Seine positive Bedeutung beruht im wesentlichen darin, daß er a) dem FBerechtigten im weiteren Sinne in den in Abs. 1 bezeichneten Fällen einen Anspruch auf rechtliches Gehör gibt, b) dem Inhaber des FRechts in den im Abs. 2 bezeichneten Fällen einen Schadensersatzanspruch einräumt, dessen einzige Voraussetzung die Beeinträchtigung des FRechts durch die Wasserbenützungsanlage, die Zuführung oder den Regulierungsbau ist.

Eine negative Bedeutung hat Art. 109 insofern, als er von den Instandhaltungsmaßnahmen nur die Regulierungsbauten und insbesondere nicht die Uferschutzbauten und die Dammbauten aufführt. Die FBerechtigten haben demnach keinen Anspruch auf rechtliches Gehör vor der Erteilung der Erlaubnis zu Uferschutz- und Dammbauten (Art. 77). Dies schließt die Verpflichtung der Behörden zur besonderen Rücksichtnahme auf die fischereilichen Interessen (§ 189 VV. z. WG.) nicht aus. Auch ein Anspruch auf Schadensersatz bei Beeinträchtigung des FRechts durch solche Bauten ist dem FBerechtigten im Wassergesetze nicht eingeräumt. Die Kommentare zum WG. von Eymann (II. Bd. S. 201, 204, 208) und Harster-Cassimir (Anm. 9 zu Art. 109) nehmen deshalb an, daß der FBerechtigte wegen Schädigung seines Rechtes durch einen Dammbau u. dgl. nur unter den Voraussetzungen des § 823 BGB., also bei Verschulden des Unternehmers, Schadensersatz beanspruchen könne. Eymann führt zur Begründung an, daß die Fälle, in denen der FBerechtigte wegen Beeinträchtigung seines Rechtes schlechthin Schadensersatz beanspruchen dürfe, im WG. (u. im FG.) erschöpfend geregelt seien. Hierfür bietet jedoch der Wortlaut der Gesetze, die dann wohl eine ausdrückliche Bestimmung aufgenommen hätten, keinen Anhalt. Aus der Entstehungsgeschichte des Art. 109 geht zudem deutlich hervor, daß man mit der Anerkennung des Ersatzanspruchs bei Regulierungen nur den bisherigen unsicheren

Rechtszustand insoweit beseitigen, keineswegs aber dem FBerechtigten anderweitige Ersatzansprüche nehmen wollte. Aehnlich liegt die Sache hinsichtlich der Ersatzansprüche der Ufereigentümer bei Regulierungen, denen man Entschädigungsansprüche auf Grund der allgemeinen bürgerlichen Normen auch ohne deren ausdrückliche Aufrechterhaltung im WG. wahren wollte (s. die Begr. des WGEntw. zu Art. 72, BAKA. Beil. Bd. III 1906 S. 182 f., Verh. d. K. d. R. Nachsession 1907 Anhang z. BeilBd. S. 32, 96, 217 f.).

Aus dem Schweigen des WG. ist danach nur zu schließen, daß bei der Beeinträchtigung des FRechts durch Dammbauten u. dgl. der Schadensersatzanspruch nicht auf das Wassergesetz gestützt werden kann, sondern nach dem allgemeinen bürgerlichen Rechte begründet sein muß. Von ausschlaggebender Bedeutung ist dabei, wie man sich zu der oben S. 8 wiedergegebenen Anschauung des Reichsgerichts stellt, nach der in den dort bezeichneten Fällen der Anspruch auf Entschädigung ohne Rücksicht auf ein Verschulden des Störers gegeben ist. Jedenfalls beweist der in der Entsch. d. ObLG. (n. F.) Bd. 6[619] mitgeteilte Sachverhalt, daß die Entschädigung des FBerechtigten ohne Rücksicht auf ein Verschulden des Störers ein durch Billigkeitsgründe gerechtfertigtes Bedürfnis auch dann sein kann, wenn der Schaden nicht gerade durch Regulierungsbauten verursacht wurde (s. auch Malsen-Hofer S. 5 f.).

Im Anschluß an die Rechtsprechung des Reichsgerichts hat das OLG. München mit Urteil vom 23. Juni 1910 (BlfRA. 1911 S. 367) in einem Falle, in dem das FRecht durch den Einbau eines Dammes in das Fischwasser gestört war und dem Störer die Genehmigung der Verwaltungsbehörde zur Seite stand, dem FBerechtigten zwar die Befugnis versagt, die Beseitigung der Beeinträchtigung zu fordern, aber einen Schadensersatzanspruch ohne Nachweis eines Verschuldens des Störers zugebilligt.

Schadensersatzansprüche des FBerechtigten wegen schädigender Reinigung und Räumung des Fischwassers, dann wegen schädigender Wasserentziehung sind jedenfalls dann begründet, wenn die in Anspruch genommene Person den in dieser Hinsicht zum Schutze des FBerechtigten erlassenen Vorschriften polizeilicher Natur, besonders des FG. (Art. 77, 78, 81, 84, 101 Nr. 6, 7, 8), vorsätzlich oder fahrlässig zuwidergehandelt hat: § 823 Abs. 2 BGB. Ebenso Eymann Bd. II S. 204. S. oben S. 9.

Art. 157, 160: Auf diese Zwangsrechte (Wasserzuweisung zur Förderung der Teichwirtschaft; Wasserleitung über fremde Grundstücke zu dem gleichen Zwecke) wurde schon oben S. 12 hingewiesen. Die Ansprüche können auch außerhalb des Ausgleichsverfahrens verfolgt werden.

III. Die Entstehung des Fischereigesetzes.

A. Allgemeines.

Der Entwurf eines FG. für das Königreich Bayern wurde am 27. September 1907 von der Regierung an den Landtag und zwar zunächst an die Kammer der Abgeordneten gebracht und dort einer Vorberatung durch den VII. (besonderen) Ausschuß unterzogen. Das Referat führte der Abgeordnete Freiherr von Malsen, Korreferent war der Abgeordnete

Berdel. Von einschneidenden Aenderungen des Entwurfs wurde Abstand genommen. Der Bericht des Ausschusses liegt gedruckt vor. Das Plenum der Abgeordnetenkammer nahm nach zweitägiger Beratung am 26. März 1908 den Gesetzentwurf einstimmig an. In der Reichsratskammer wurde dem Reichsrate Ritter von Thelemann das Referat, dem Reichsrate Grafen von Moy das Korreferat übertragen. Der Referent und der Korreferent erstatteten schriftliche Berichte an den besonderen Ausschuß. Der Ausschuß veröffentlichte über seine Beratungen gedruckte Protokolle. Die Vollversammlung der Kammer der Reichsräte stimmte am 22. Juli 1908 dem Gesetzentwurf in der Fassung der Ausschußbeschlüsse einhellig zu. Die Kammer der Abgeordneten trat in der Sitzung vom 4. August 1908 dem so geänderten Entwurfe — wieder einstimmig — bei. Es war sonach Gesamtbeschluß erzielt. Das Gesetz wurde am 15. August 1908 sanktioniert und in der am 24. August 1908 ausgegebenen Nr. 55 des GVBl. veröffentlicht.

B. Der Fundort der Materialien.

1. Regierungsentwurf Beil. zu den Verhandlungen der AbgK. 1907 Bd. I S. 327 f.
2. BAKA. Beil. zu den Verhandlungen der AbgK. 1908 Bd. II S. 703 f.
3. Stenographische Berichte über die Verhandlungen der bayer. AbgK. Bd. IV 1908 Nr. 108, 109 S. 95 f., Bd. VI 1908 Nr. 177 S. 573 f.
4. BRKR. Verhandlungen der Kammer der Reichsräte des bayer. Landtags 1907/08 BeilBd. II S. 235 f.
5. Korreferat des Reichsrates Grafen von Moy an den gleichen Ausschuß a. a. O. S. 384 f.
6. I. bis V. Protokoll des gleichen Ausschusses a. a. O. S. 474 f.
7. Stenographischer Bericht über die Verhandlungen der Kammer der Reichsräte Bd. I 1908 Nr. 19 S. 481 (499 f.).

IV. Zur Terminologie des Gesetzes.

(Der Fischereiberechtigte. — Der zur Ausübung der Fischerei Berechtigte.)[1]

Das FG. enthält in einer Reihe von Artikeln Vorschriften über subjektive Rechte, Ansprüche und Verbindlichkeiten, die im Streitfalle Gegenstand der Entscheidung der Zivilgerichte, der Verwaltungsgerichte oder der Verwaltungsbehörden sind und nicht selten vom Strafrichter als Vorfragen seiner Entscheidung gewürdigt werden müssen. Es ist im einzelnen Falle nicht immer leicht, den Träger des Rechtes festzustellen und zu bestimmen, wer zur Sache legitimiert ist, d. h wer den Anspruch erheben kann und wer die Verbindlichkeit erfüllen muß, oder prozeßrechtlich genommen, wer der richtige Kläger und wer der richtige Beklagte ist. Der Auslegung des Gesetzes muß die Auseinandersetzung über einige Grundbegriffe vorausgehen, die das Gesetz bei der Aufstellung seiner Vorschriften verwendet hat.

Das Gesetz bezeichnet als die Person, der eine Befugnis (ein Anspruch) zusteht oder die eine Verbindlichkeit erfüllen soll, regelmäßig den

[1] S. Bleyer, Einige Fragen des neuen Fischereirechts, BayZfR. 1908 S. 473 f.

„Fischereiberechtigten". Bisweilen wird von den „Inhabern der Fischereirechte" oder den „Berechtigten" schlechthin gesprochen (s. Art. 5, 17). Davon unterscheidet das Gesetz den „zur Ausübung der Fischerei Berechtigten" (Art. 1 Abs. 4, Art. 70 Abs. 1 und 2), den „zur Ausübung der Fischerei Befugten" — „in dem betreffenden Gewässer zum Fischen Befugten" (Art. 103 Nr. 1 und 2). Der zur Ausübung der Fischerei Berechtigte ist nicht immer identisch mit der Person, die „das Fischereirecht ausübt" (Art. 16), oder dem „Fischer" (Art. 69). Von dem Berechtigten ist ferner zu unterscheiden sein „Vertreter" oder „Stellvertreter" (Art. 65 Nr. 2, Art. 103 Nr. 2). Die Fälle, in denen der Berechtigte einen Vertreter aufstellen kann, sind im Gesetze nicht erschöpfend aufgeführt. Besonderer Untersuchung bedürfen später die Fälle der vom Gesetz angeordneten Vertretung (Art. 25 Abs. 2, Art. 27 Abs. 1). Als Personen, die die Fischerei ausüben, bezeichnet das Gesetz weiter die „besonders aufgestellten Fischer" (Art. 20 Abs. 1 Nr. 1, Art. 30), das Hilfs- (und Aufsichts-) Personal (Art. 65 Nr. 1, Art. 67 Abs. 3, Art. 70, 86), die „nicht selbständigen Familienangehörigen" des Fischereiberechtigten (Art. 65 Nr. 2). Besondere Behandlung hat in mancher Hinsicht erfahren die rechtliche Stellung des Pächters und Unterpächters, des Inhabers eines Erlaubnisscheins (Art. 35), des Genossenschaftsvorstands.

A. Unter dem „Fischereiberechtigten" versteht das Gesetz zunächst den Inhaber des (dinglichen) Fischereirechts. Dieser ist in der Regel der Eigentümer des Gewässers (Art. 3); besteht das FRecht als selbständiges dingliches Nutzungsrecht an einem fremden Gewässer (Art. 9 Abs. 1), so ist er ein anderer als der Eigentümer.

Der Inhaber des FRechts ist nicht immer fähig, das Recht auszuüben. Der geschäftsunfähige Inhaber ist unfähig, die bei der Ausübung erforderlichen Willenserklärungen abzugeben (§ 105 BGB.). Die juristische Person des öffentlichen oder des Privatrechts (Körperschaft, Stiftung oder Anstalt) entbehrt der natürlichen Handlungsfähigkeit. Durch welche Organe sie sich bei der Ausübung vertreten lassen muß, bestimmt das Gesetz im allgemeinen nicht (s. Art. 27 Abs. 2, Art. 30; anderseits Art. 31 Abs. 1). Die Ausübung erfolgt in dem Umfange, wie sie entsprechendenfalls der natürlichen Person zustünde, durch die Personen, deren Willen als der Wille der juristischen Person gilt (z. B. den Vorstand oder den anderen verfassungsmäßig berufenen Vertreter des eingetragenen Vereins, den Vorstand der Aktiengesellschaft, den Geschäftsführer der GmbH.). Die bezeichneten Organe gelten, soweit es sich um die Ausübung des FRechts handelt, als „Fischereiberechtigte". Zur Sache legitimiert bleibt aber die juristische Person. Die Willensorgane der juristischen Personen bedürfen demnach zur Ausübung der F. für die juristische Person keines Erlaubnisscheins nach Art. 35, ebensowenig des schriftlichen Ausweises nach Art. 68, Art. 1 Abs. 4.

Der Inhaber des FRechts ist nicht immer berechtigt, das Recht auszuüben. In die Berechtigung der Ausübung hat das Gesetz besonders in der Abteilung III eingegriffen. Der Inhaber des Rechtes kann sich auch durch Vertrag mit einem Dritten von der Ausübung des Rechtes ausschließen. Der praktisch wichtigste Fall ist die Verpachtung des Rechtes, durch die der Inhaber verpflichtet wird, dem Pächter die Ausübung seines Rechtes zu gewähren und — in der Regel — sich der Ausübung des Rechtes zu enthalten. Indem der Pächter das FRecht des andern im eigenen Namen ausübt, erscheint auch er als „Fischereiberechtigter". Seine Berechtigung umfaßt aber nur die Ausübung des Rechtes. Diesem Ergebnisse trägt das Gesetz Rechnung. Es vermeidet zwar, von obligatorischen FBerechtigungen zu sprechen, versteht aber überall da, wo es sich um Rechte und Pflichten hinsichtlich der Ausübung des Rechtes handelt, unter dem FBerechtigten außer dem Inhaber des Rechtes auch den Pächter (s. die Begr. des Reg.-Entw. S. 346, 351). Dem Pächter steht in der Ausübung des Rechtes der Nießbraucher des Rechtes gleich, ebenso der Nutznießer des Rechtes kraft ehelichen Güterrechts oder elterlicher Gewalt, so verschieden sonst ihre rechtliche Stellung von der des Pächters ist.

Ob die öffentliche Fischerei-Genossenschaft, vertreten durch ihren Vorstand, zu den „Fischereiberechtigten" gerechnet werden darf, bemißt sich nach den Umständen. Rechtsnachfolgerin der Genossen ist sie nicht, denn die Rechte gehen nicht auf sie über. Nur die Ausübung der Rechte geht auf sie über und diese nur soweit, als es der Zweck der Genossenschaft fordert. Das Gesetz erwähnt die Genossenschaft wiederholt neben dem FBerechtigten (z. B. in Art. 17, 35, 80, 86). An anderen Stellen führt es nur den FBerechtigten an, wo es diesem die ausübungsberechtigte Genossenschaft zweifellos gleichstellen will (z. B. in Art. 79, 85). Die Genossenschaft wird danach den Inhabern der FRechte in der Ausübung der Rechte auch ohne besondere gesetzliche Erwähnung soweit gleichstehen, als nach ihrem Zwecke und ihrer Satzung die Ausübung auf sie übergegangen ist. Den nach Art. 37 Nr. 2 zur gemeinsamen Bewirtschaftung und Nutzung der Fischwasser gebildeten Genossenschaften wird in der Regel die gesamte Ausübung der einbezogenen Rechte in der Weise zustehen, daß die selbständige Ausübung der Rechte durch die Genossen ausgeschlossen ist.

Es ist nicht unzweifelhaft, wer in dem gemeinschaftlichen Fischereibetriebe mit mehr als zwei Beteiligten hinsichtlich der Ausübung als „Berechtigter" zu gelten hat, wenn die F. auf Rechnung der Beteiligten durch besonders aufgestellte Fischer betrieben wird (Art. 20). Die Inhaber der einzelnen Rechte sind zur Ausübung nicht mehr befugt. Der aufgestellte Fischer ist Hilfsperson bei der Ausübung (darüber später). Man wird die Beteiligten in der Gesamtheit als Berechtigte hinsichtlich der Ausübung betrachten müssen.

Das Ergebnis läßt sich in folgenden Sätzen zusammenfassen:

Soweit es sich um den Bestand des dinglichen FRechts, besonders den Erwerb und den Verlust, den Inhalt und den Umfang des Rechtes handelt, ist der Inhaber des Rechtes als der „Fischereiberechtigte" zur Sache legitimiert. Soweit das Gesetz Ansprüche und Verbindlichkeiten hinsichtlich der Ausübung des Rechtes regelt, ist der „Fischereiberechtigte" 1. der Inhaber des Rechtes, 2. an seiner Stelle die zur Ausübung des Rechtes im eigenen Namen und im eigenen Interesse berechtigte Person oder Personengemeinschaft, die den Inhaber des Rechtes von der Ausübung des Rechtes ausschließt. Ist der Inhaber des Rechtes (oder die sonstige andere Person, aus deren Rechte die Befugnis der Ausübung abgeleitet wird) ausnahmsweise daneben zur Ausübung berechtigt (z. B. der Rechtsurheber behält sich als Verpächter die eigene Ausübung vor), so sind die mehreren nebeneinander „Fischereiberechtigte".

B. Die „zur Ausübung der Fischerei Berechtigten" bilden einen größeren Kreis als die Fischereiberechtigten. Die Fischerei darf vorbehaltlich besonderer Beschränkungen außer von dem FBerechtigten von allen Personen ausgeübt werden, die von dem FBerechtigten hierzu ermächtigt werden. Diese weite Fassung legt das Gesetz dem Art. 103 Nr. 1 und 2 zugrunde. Von der dort angedrohten Bestrafung sind alle Personen ausgenommen, die zur Ausübung der F. irgendwie materiellrechtlich befugt sind z. B. kraft zulässigen Auftrags oder kraft zulässiger Erlaubnis des FBerechtigten (Bem. 2 zu Art. 103). Im übrigen muß der Kreis der Personen, die zu den zur Ausübung Berechtigten gehören, enger gezogen werden. Darauf deutet der Wortlaut des Art. 70, der neben dem zur Ausübung der FBerechtigten ausdrücklich dessen Hilfs- und Aufsichtspersonal nennt. Zu den „zur Ausübung der Fischerei Berechtigten" gehören in der Regel nicht

1. die Personen, die im Namen und Auftrage des FBerechtigten die F. in der Weise ausüben, daß sie den auf die Ausübung sich beziehenden Weisungen des Berechtigten Folge leisten müssen — das (Hilfs- und Aufsichts-)Personal mit Einschluß der besonders aufgestellten Fischer und der nicht selbständigen, d. h. der im Brote des FBerechtigten stehenden, von ihm also wirtschaftlich abhängigen Familienangehörigen (Bem. 1, 2 zu Art. 65);
2. die Personen, denen der FBerechtigte die Ausübung der F. dem gemeinrechtlichen precarium entsprechend auf beliebigen Widerruf überlassen hat — die Fischereigäste.

Dagegen werden zu den Ausübungsberechtigten zu zählen sein die Personen, die außer dem FBerechtigten die F. im eigenen Namen ausüben, nämlich die nach Art. 27 Abs. 2 berechtigten Innungsmitglieder, die Inhaber eines Erlaubnisscheins nach Art. 35.

Das Gesetz spricht an mehreren Stellen (s. o.) von dem Vertreter des FBerechtigten, läßt aber in Zweifel, wen es darunter versteht. Häufig wird der Vertreter Hilfsperson ohne Vertretungsmacht sein. Z. B. der Gutsbesitzer, dem ein FRecht zusteht, läßt die F. durch seinen Verwalter tatsächlich ausüben. Wenn der Vertreter Vertretungsmacht hat, wirken die Rechtshandlungen, die er innerhalb der Vertretungsmacht im Namen des Vertretenen vornimmt, unmittelbar für und gegen den Vertretenen. Für Willenserklärungen spricht dies der § 164 Abs. 1 BGB. aus; der Grundsatz muß aber auch für sonstige Rechtshandlungen wie die Besitzergreifung an herrenlosen Wassertieren, die Ausübung des Uferbenützungsrechts nach Art. 70, die Ausübung des Fang- und Tötungsrechts nach Art. 85 gelten. Die auf die Ausübung des FRechts sich beziehenden Ansprüche und Verbindlichkeiten entstehen demnach regelmäßig unmittelbar in der Person des Vertretenen.

Zweifelhaft ist die Stellung der im Gesetze besonders vorgesehenen Vertreter, die den Berechtigten oder die Berechtigten von der Ausübung der F. tatsächlich ausschließen (Art. 25 Abs. 2, Art. 27 Abs. 1). Aber auch sie sind nicht die zur Ausübung der F. Berechtigten im Sinne des Gesetzes, denn sie handeln in fremdem Namen und Auftrag und auf fremde Rechnung und berechtigen und verpflichten unmittelbar die vertretenen Personen.

Die Vertretung durch einen anderen bei der Ausübung der F. berührt deshalb die Sachlegitimation des Berechtigten nicht. Ansprüche und Verbindlichkeiten des Vertreters, die mit der Ausübung der F. zusammenhängen, bedürfen einer besonderen rechtlichen Grundlage. Der Vertreter haftet z. B. dem Dritten wegen einer unerlaubten Handlung.

Folgt man diesen Abgrenzungen, so kommt man in der Regel zu angemessenen Ergebnissen bei der Auslegung des Gesetzes. Immerhin ist es erforderlich, bei jeder Bestimmung den Inhalt und den Zusammenhang mit anderen Vorschriften genau zu erforschen.

A. Das Fischereigesetz für das Königreich Bayern

vom 15. August 1908
(GVBl. S. 527).

Im Namen Seiner Majestät des Königs.
Luitpold,
von Gottes Gnaden Königlicher Prinz von Bayern,
Regent.

Wir haben nach Vernehmung des Staatsrats mit Beirat und Zustimmung der Kammer der Reichsräte und der Kammer der Abgeordneten und in Ansehung der Art. 4, 6, 17, 18, 19, 20, 21, 22, 25, 27, 30, 31, 32, 39, Art. 41 Abs. 1, Art. 50 Abs. 2, Art. 70, 71, 75 Abs. 1, 2, 3, 6, Art. 76, 80, 81 unter Beobachtung der in Titel X § 7 der Verfassungsurkunde vorgeschriebenen Formen beschlossen und verordnen, was folgt:

Abteilung I. Allgemeines.

Vorbemerkung.

1. Das FG. befaßt sich nicht mit der Frage, ob und wann an den Wassertieren Eigentum besteht und wem es zusteht. Nach § 960 Abs. 1 BGB. sind wilde Tiere herrenlos, solange sie sich in der Freiheit befinden. Fische und Krebse sowie nach den Umständen andere dort gehaltene Wassertiere in Teichen oder anderen geschlossenen Privatgewässern (über den Begriff s. Bem. 1 zu Art. 2) sind nicht herrenlos; wem sie gehören, sagt das Gesetz nicht. Sie gehören in der Regel dem Eigentümer des Gewässers, können aber Gegenstand besonderer Rechte sein. Die Fische anderer Gewässer werden vorbehaltlich besonderer gesetzlicher Verbote (Vorbem. 2) dadurch Eigentum, daß sie der Aneignungsberechtigte in Eigenbesitz nimmt. Es genügt, daß der Berechtigte mittelbarer Eigenbesitzer wird (§§ 868, 872 BGB.), während sein Vertreter unmittelbaren (Fremd-)Besitz erlangt. Der Berechtigte wird im Augenblicke der Besitzergreifung durch den Vertreter Eigenbesitzer und damit Eigentümer, auch wenn er von der Besitzergreifung im konkreten Falle nichts weiß. Ein unberechtigter Dritter wird durch die Besitzergreifung nicht Eigentümer, namentlich nicht der Fischfrevler (§ 958 BGB.). Er erwirbt auch nicht Eigentum für den Berechtigten. Der Fisch bleibt herrenlos. Eigentumserwerb durch einen gutgläubigen Dritten: §§ 932 f. BGB. Über die Bedeutung der Eigentumsfrage auf strafrechtlichem Gebiete s. Vorbem. vor Art. 100.

2. Das Eigentum wird nicht erworben, wenn die Aneignung gesetzlich verboten ist (§ 958 Abs. 2 a. a. O.). Die fischereipolizeilichen Vorschriften verbieten den Fang von Fischen, die der Schonzeit unterliegen (weibliche Krebse müssen das ganze Jahr geschont werden), den Fang von Fischen und Krebsen, die nicht das vorgeschriebene Mindestmaß haben, den Fang von Fischen mit verbotenen Fangarten und Fanggeräten (s. bes. §§ 3, 8 LFO.). Die Streitfrage, ob an Fischen u. a., die unter Verletzung dieser Verbote gefangen werden, Eigentum erworben werden kann, kehrt in ähnlicher Weise im Jagdrechte wieder (Staudinger, BlfRA. Bd. 63 S. 285 f., Oertmann S. 380 mit Literatur, I. Prot. AKR. S. 476 unten). M. E. hindert die Verletzung dieser polizeilichen Vorschriften nicht, daß der Berechtigte Eigentümer der verbotswidrig gefangenen Wassertiere wird, weil das FG. ein Verbot der Aneignung oder eine Ermächtigung zur Erlassung dieses Verbots nicht enthält. Der entgegengesetzten Meinung fehlt nicht nur die juristische Begründung, sondern auch die praktische Durchführbarkeit (näheres Bleyer, BayZfR. 1908 S. 450 f.).

Art. 1.

Das Fischereirecht gibt die Befugnis, in einem Gewässer Fische, Krebse und andere nutzbare Wassertiere, soweit sie nicht Gegenstand des Jagdrechtes sind, zu hegen und sich anzueignen.

Abs. 2. Wo in diesem Gesetze der Ausdruck: „Fische" gebraucht ist, sind darunter die im Abs. 1 bezeichneten Tiere begriffen.

Abs. 3. Welche Tiergattungen außer den Fischen und Krebsen Gegenstand des Fischereirechts sind, wird durch Königliche Verordnung bestimmt.

Abs. 4. Frösche dürfen in Gewässern, die zur Fischerei benützt werden, nur von den zur Ausübung der Fischerei Berechtigten und von Personen gefangen werden, welche von dem Fischereiberechtigten die schriftliche Bewilligung hiezu erhalten haben. Wer den Froschfang ausübt, ohne sich in Begleitung des Fischereiberechtigten zu befinden, hat den schriftlichen Ausweis über die Bewilligung des Fischereiberechtigten bei sich zu führen.

Abs. 5. Bezüglich der Perlfischerei bewendet es bei den Vorschriften des Art. 26 Abs. 3 des Wassergesetzes.

Vollzugsverordnung.

„**Gegenstände des Fischereirechtes.**

§ 1. Außer den Fischen und Krebsen sind Gegenstand des Fischereirechts die Schildkröten."

Vollzugsbekanntmachung.

„**§ 1.** Das Fischereigesetz vom 15. August 1908 befaßt sich mit der Regelung der fischereirechtlichen Bestimmungen sowohl vom

Standpunkt des bürgerlichen als des öffentlichen Rechtes und will in ersterer Beziehung an Stelle der verschiedenen bisher in Geltung gestandenen partikularrechtlichen Bestimmungen eine einheitliche Zusammenfassung der bürgerlichrechtlichen Fragen geben, in letzterer Beziehung aber der Fischerei im Hinblick auf ihre hohe volkswirtschaftliche Bedeutung die entsprechende Förderung und den erforderlichen Schutz sichern.

Auch das Wassergesetz für das Königreich Bayern vom 23. März 1907 hat eine Reihe von Bestimmungen über die Fischerei getroffen, um in allen Fällen, in welchen das Fischereirecht mit den übrigen Arten der Wasserbenützung in Berührung kommt, die notwendigen Grenzlinien der beiderseitigen Rechte, Interessen und Pflichten zu ziehen.

So sind zu den in Art. 4, 11, 26 Abs. 2, 28 Abs. 2, 35 Abs. 1, 40 Abs. 2, 168 des Wassergesetzes genannten Berechtigten, Beteiligten und Geschädigten auch die Fischereiberechtigten zu rechnen. Andrerseits enthält das Wassergesetz auch eine Reihe von Vorschriften, welche unmittelbar den Schutz und die Förderung der Fischerei bezwecken (Art. 19 Abs. 3, 37 Abs. 1, 43 Abs. 2, 109, 157 Nr. 1, 160).

§ 2. Durch die Bekanntmachung vom 18. August 1908 (MABl. S. 407) sind die Distriktsverwaltungsbehörden angewiesen worden, über Bestand und Umfang der in ihrem Bezirke vorhandenen Fischereiberechtigungen Erhebungen zu pflegen.

Wenn zum Vollzuge des Fischereigesetzes erforderlich ist, festzustellen, ob und in welchem Umfang Fischereirechte bestehen, so haben sich die Distriktsverwaltungsbehörden mit den Amtsgerichten (Grundbuchämtern), Rentämtern, und bei Gewässern, welche innerhalb oder an der Grenze von Staatswaldungen verlaufen, auch mit den Forstämtern ins Benehmen zu setzen."

1. Das Aneignungsrecht ist die andere ausschließende Befugnis, dem Fischfange nachzugehen (den Fischen nachzustellen, sie zu fangen) und an den Fischen Eigentum zu erwerben, soweit sie dem Berechtigten nicht schon nach den allgemeinen bürgerlichrechtlichen Vorschriften gehören (Vorbem. 1). Auch tote Fische sind übrigens Gegenstand des ausschließlichen Aneignungsrechts, solange sie nach ihrer körperlichen Beschaffenheit im Einzelfalle noch als „Fisch" angesehen werden können (OLGMünchenSt. 9[184]), ebenso der Laich und die Brut.

2. Das Hegerecht gibt die ausschließliche Befugnis, Maßnahmen zur Züchtung und Erhaltung eines angemessenen Fischbestandes zu treffen (s. ObLG. in ZS. [n. F.] 6[635]) und andere von schädigenden Handlungen abzuhalten (s. ObLG. in ZS. [n. F.] 4[12]). Dazu gehört auch die Befugnis, das Einsetzen schädlicher Fische zu verhindern.

3. Die Befugnis (Bem. 1 u. 2) ist in dem Gewässer auszuüben. Der FBerechtigte ist vorbehaltlich entgegenstehender Rechtsverhältnisse (z. B. Vertrag mit dem Eigentümer) berechtigt, in Ausübung der Befugnisse das Wassergrundstück zu betreten und das Gewässer zu befahren, soweit es ohne rechtswidrige Benutzung fremder Grundstücke geschehen kann (s. auch Bem. 1 zu Art. 70; RKR. S. 257; BAKA. S. 709, 728; Begr. S. 334). Soweit der FBerechtigte das FRecht außerhalb des Gewässers unter Eingriff in eine fremde Rechtssphäre ausüben will, bedarf er dazu des Nachweises einer besonderen gesetzlichen oder sonstigen Ermächtigung (Fischen im Überschwemmungsgebiet: Art. 6, Uferbenützungsrecht: Art. 70, Fangen und Erlegen schädlicher Tiere: Art. 85). Ob Fische, die auf das Trockene geraten sind, noch dem ausschließlichen Aneignungsrechte des FBerechtigten unterliegen, und wie dieser die Aneignung bewirken kann, ist Frage des Einzelfalles. Besondere Rechte sind dem FBerechtigten für diesen Fall nicht eingeräumt. War der Fisch vorher in einem geschlossenen Gewässer gefangen gehalten, so ist § 960 Abs. 2 BGB. zu beachten. § 960 Abs. 2 setzt voraus, daß der Fisch die seinen Lebensverhältnissen entsprechende natürliche Freiheit erlangt hat. Der Verlust des Eigentums wird demnach in der Regel eintreten, wenn der gefangen gehaltene Fisch in ein freies Gewässer entkommt, nicht aber schon, wenn er auf das Trockene gerät (s. auch ObLG. in StS. 1 [209]).

4. Wegen einer Ausnahme von Abs. 2 s. Bem. 1 zu Art. 64. Abs. 2 gilt auch nicht für die Auslegung der LFO.

5. Der Abs. 1 ist im Zusammenhange mit dem Abs. 3 zu verstehen. Wassertiere, die Gegenstand des Jagdrechts sind, können auch durch Kgl. VO. nicht Gegenstand des FRechts werden. Die jagdbaren Wassertiere sind bezeichnet in der durch die Kgl. VO. vom 19. Oktober 1908 (GVBl. S. 965) geänderten Kgl. VO. vom 11. Juli 1900, die jagdbaren Tiere betr. (GVBl. S. 693) — abgedruckt im Anhange. Insbesondere sind die Biber, Fischotter und die jagdbaren Wasservögel nicht Gegenstand des FRechts. Dem FRecht sind weiter nicht unterworfen die Frösche (Bem. 6), Salamander, Blutegel, Wasserinsekten, Wasserschlangen, Wassermäuse u. dgl., ferner die Perlmuschel (Bem. 8).

6. Frösche außerhalb von Gewässern oder in Gewässern, die zwar Fische beherbergen, aber nicht zur F. benützt werden, unterliegen keinem ausschließenden Aneignungsrecht und können von jedem gefangen werden (besondere Verhältnisse sind möglich: s. § 960 Abs. 2 BGB., der nicht nur für Fische gilt). Auch die in geschlossenen und anderen Fischwassern sich aufhaltenden Frösche sind nicht Gegenstand des FRechts; die Vorschriften des FG. über den Fischfang (z. B. über die Fischerkarte) sind nicht anwendbar. Der Froschfänger als solcher hat kein Uferbenützungsrecht. Der Fang der Frösche unterliegt aber im Interesse der Fischhege besonderen Beschränkungen.

Wegen der Berechtigung zur Ausübung und Erlaubnis des Froschfangs können sich verwickelte rechtliche Verhältnisse ergeben. Der FBerechtigte bedarf zum Froschfang ebensowenig eines Ausweises über seine materielle Berechtigung wie zum Fischfange (s. Art. 68). Er darf aber, obwohl der Froschfang nicht Ausübung des Fischereirechts ist, dem Froschfange nur nachgehen, wenn er zur Ausübung der Fischerei berechtigt ist. Dies folgt aus dem Abs. 4 S. 1. Ist er von der Ausübung der Fischerei ausgeschlossen, so darf er grundsätzlich anderen den Froschfang nicht erlauben. Hat er das Recht verpachtet, so ist in der Regel nur der Pächter zum Froschfang und zur Gestattung des Froschfangs berechtigt. Ist eine öffentliche Genossenschaft ausübungsberechtigt, so übt sie diese Rechte durch den Vorstand aus. Ist ein gemeinschaftlicher Betrieb (Art. 19) gebildet, so bedarf der besonders aufgestellte Fischer wie zum Fischfang auch zum Froschfange der schriftlichen Erlaubnis der Gesamtheit oder ihres Vertreters. Die Bewilligung zum Froschfange kann er deshalb anderen nur als Beauftragter der Gesamtheit erteilen. Die Gesamtheit ist berechtigt, auch anderen den Froschfang zu gestatten. Der einzelne Berechtigte kann die Fischerei im eigenen Namen nicht mehr ausüben. Er darf also dem Froschfang auch im eigenen Gewässer nur mit schriftlicher Bewilligung der Gesamtheit oder ihres Vertreters nachgehen. Auch die nach Art. 25 Abs. 2 und Art. 27 Abs. 1 ständig bestellten Vertreter bedürfen zum Froschfange des Ausweises. Die Vertreter können im Namen der Vertretenen anderen den Froschfang erlauben. Diese Befugnis bleibt aber auch den Vertretenen, da sie nur von der Ausübung der Fischerei in Person ausgeschlossen sind. — Nach solchen Erwägungen ist auch zu entscheiden, ob die Begleitung des Fischereiberechtigten zur Legitimation des Froschfängers ausreicht. Des schriftlichen Ausweises bedürfen nur die Personen nicht, die den Fischereiberechtigten begleiten, der den Froschfang erlauben kann. Hierzu kommen nach Abs. 4 S. 1 die Personen, die außer dem Fischereiberechtigten zu den „zur Ausübung der Fischerei Berechtigten" gehören, also die nach Art. 27 Abs. 2 berechtigten Berufsfischer und die Inhaber eines Erlaubnisscheines. — Wer durch Begleitung des Berechtigten legitimiert ist, braucht eine schriftliche Bewilligung nicht zu besitzen. Er ist nicht bloß von der Pflicht befreit, den Ausweis bei sich zu führen (vgl. Art. 68). Eine besondere Form ist für den Ausweis nicht vorgeschrieben. Volljährigkeit, Geschäftsfähigkeit der begünstigten Person ist nicht erforderlich. Verpflichtung zur Vorzeigung und Abgabe des Ausweises: Art. 105 Nr. 2. Weitere Strafbestimmungen: Art. 101 Nr. 7, Art. 107.

7. Auf Grubenwasser findet das Gesetz keine Anwendung (Art. 110).

8. Die Perlfischerei ist dem Staate vorbehalten, soweit das Recht hierauf nicht Dritten zusteht (Art. 26 Abs. 3 WG.). Wer unbefugt die Perlfischerei ausübt, wird nach Art. 203 Ziff. 8 WG. gestraft, nicht nach § 370 Nr. 4 StGB. Die Vorschriften des FG. werden auf die Perlfischerei nicht angewendet.

9. Die mit dem FRecht tatsächlich vielfach verbundene Streu- oder Grasberechtigung (s. ObGH. in ZS. 7 [262]) ist nicht Ausfluß des FRechts, sondern ein selbständiges Recht. Auch die Eisnutzung ist nicht Ausfluß des FRechts: nimmt sie der FBerechtigte in Anspruch, so muß er ein Recht hiezu nachweisen (s. ObLG. in ZS. [n. F.] 4 [4], Art. 26 Abs. 2 WG.). Das gleiche gilt für die Entnahme von Schlamm, Sand, Steinen und anderen Nutzungen.

10. Der Fischfang und die Fischzucht fällt nicht unter die GewO. (§ 6 dort: Landmann, GewO. 6. A. Anm. 3 zu § 6). Der Verkauf selbstgewonnener, d. h. in eigener Berechtigung gewonnener Erzeugnisse der F. ist nicht als Gewerbe anzusehen: zum Verkaufe solcher Erzeugnisse im Umherziehen ist ein Wandergewerbeschein nicht erforderlich (§ 59 Abs. 1 Ziff. 1, s. auch § 42 b Abs. 3 GewO.).

Art. 2.

Geschlossene Gewässer im Sinne des Gesetzes sind:

1. alle künstlich angelegten Fischteiche und Fischbehälter, mögen sie mit einem natürlichen Gewässer in Verbindung stehen oder nicht,
2. die lediglich zum Zwecke der Fischzucht oder Fischhaltung künstlich hergestellten und ständig abgesperrten Rinnsale, soweit sie ausschließlich diesem Zwecke dienen,
3. mit Ausnahme der Altwässer alle anderen Gewässer, denen

es an einer für den Wechsel der Fische geeigneten regelmäßigen Verbindung mit einem anderen natürlichen Gewässer fehlt.

Abs. 2. **Ob ein geschlossenes Gewässer vorliegt, entscheidet die Verwaltungsbehörde.**

Vollzugsbekanntmachung.

„**§ 3.** Das Fischereigesetz trägt vorwiegend einen wirtschaftlichen Charakter. Es strebt die Förderung der Fischwirtschaft sowohl in freien (nicht geschlossenen) Gewässern als in der Teichwirtschaft an.

Die Abgrenzung des Begriffs dieser beiden Gruppen von Gewässern ergibt sich aus Art. 2 des Gesetzes, welcher die einzelnen Arten der geschlossenen Gewässer näher aufführt. Unter diesen sind die Teiche von besonderer Bedeutung. Hinsichtlich der Teichwirtschaft geht das Gesetz von dem Grundsatze der möglichsten Bewegungsfreiheit aus. Deshalb findet auch eine Reihe von Bestimmungen auf die geschlossenen Gewässer und insbesondere auf die Teichwirtschaft überhaupt keine oder nur eine beschränkte Anwendung. Es kommen hier hauptsächlich in Betracht die Vorschriften in Art. 4 Abs. 1, Art. 18—22, 24—28, 35 Abs. 1, Art. 64 Abs. 3, Art. 69, 73, 74, 75, 78 Abs. 2, Art. 80—85 des Fischereigesetzes.

Der Begriff des geschlossenen Gewässers ist im Fischereigesetz ein anderer als der Begriff des geschlossenen Gewässers nach dem Wassergesetze.

Zu den geschlossenen Gewässern im Sinne des FG. zählt Art. 2 neben den Teichen, welche der Fischzucht und Fischhaltung dienen, die Fischbehälter, welche hauptsächlich den Zweck haben, die Fische zur Verwertung bereit zu halten und aufzubewahren.

Zu den in Art. 2 Nr. 2 des FG. erwähnten künstlich hergestellten Rinnsalen gehören Werkkanäle, z. B. Mühlgräben nicht, auch wenn sie abgesperrt sind, weil solche Werkkanäle nicht lediglich zum Zwecke der Fischzucht oder Fischhaltung hergestellt sind. Dagegen ist bei fließenden Gewässern, wenn sie als geschlossene Gewässer im Sinne des Art. 2 Nr. 2 gelten sollen, Voraussetzung, daß sie durch ein Gitter oder eine sonstige ständige Vorrichtung abgeschlossen sind, welche den Wechsel der Fische, zu deren Aufzucht das Rinnsal angelegt ist, nach Möglichkeit ausschließt, andererseits aber genügt, um die zum Zweck des Laichens aufsteigenden im Hauptwasser vorherrschenden Nutzfische am Eindringen zu verhindern.

Die Altwässer d. h. die Gewässer, welche früher einen Bestandteil des Hauptflusses gebildet haben, jetzt aber in der Regel nicht mehr oder nur bei besonders hohen Wasserständen oberirdisch mit dem Hauptfluß zusammenhängen, sollen nach Art. 2 Abs. 1 Nr. 3 des Fischereigesetzes nicht zu den geschlossenen Gewässern gehören, auch wenn sie infolge des Abschlusses der Verbindung mit dem Hauptflusse einen regelmäßigen Wechsel der Fische zum und vom Hauptgewässer nicht mehr ermöglichen.

Dagegen sind gemäß Art. 2 Abs. 1 Nr. 3 des Fischereigesetzes die sogenannten Himmelteiche und diejenigen natürlichen

Seen geschlossene Gewässer, deren Verbindung mit anderen natürlichen Gewässern nur durch für Fische unübersteigbare Wasserfälle oder durch Sicherungen hergestellt wird.

Die in Art. 2 Abs. 2 der Distriktsverwaltungsbehörde vorbehaltene Entscheidung hat nach vorheriger Einvernahme von Sachverständigen und nach Anhörung der Beteiligten, z. B. der angrenzenden Fischereiberechtigten zu erfolgen. Sie ist durch Art. 96 des Fischereigesetzes unter verwaltungsrechtlichen Schutz gestellt."

1. Der Begriff „geschlossenes Gewässer" kommt vor im FG., im WG. und im BGB. Er hat in jedem Gesetz eine andere Bedeutung.

a) Das Wasserrecht unterscheidet zwischen geschlossenen öffentlichen (Art. 1 Abs. 2) und geschlossenen Privatgewässern (Art. 16).

b) Der bürgerlichrechtliche Begriff (§ 960 Abs. 1) kann allgemein nicht bestimmt werden, da es an feststehenden Unterscheidungsmerkmalen fehlt. Es kommt darauf an, ob im einzelnen Falle nach der Größe und Lage des Gewässers angenommen werden kann, daß die darin lebenden Tiere gefangen, d. h. ohne besondere Besitzergreifung der Verfügungsgewalt (Besitz und Eigentum) unterworfen sind. Hiezu wird man in erster Linie fordern müssen, daß es dem Gewässer an einer für den Wechsel der Fische geeigneten regelmäßigen Verbindung mit einem freien Gewässer fehlt. Nicht ausschlaggebend darf sein, ob das Gewässer natürlich oder künstlich ist, oder ob es mit einer Ablaßvorrichtung versehen ist. (Vgl. auch ObLG. in StS. 1[269]; näheres Bleyer, BayZfR. 1908 S. 449f.).

c) Die Begriffsbestimmung des FG. soll nach dessen ausdrücklicher Vorschrift („im Sinne des Gesetzes") nur angewendet werden, soweit es sich um die Auslegung des FG. und der Vollzugsvorschriften hiezu handelt. Für die Abgrenzung im FG. war das Bedürfnis maßgebend, die Anwendung einer Reihe von Vorschriften auf gewisse Arten von Gewässern auszuschließen (Bem. 9).

2. Gegensatz der geschlossenen Gewässer im Sinne des FG. sind die nicht geschlossenen (freien, offenen) Gewässer. Der in Art. 18 (s. auch Art. 4) verwendete Unterschied der „stehenden" Gewässer und der „fließenden" Gewässer (Harster-Cassimir Anm. 1 Ziff. 1 zu Art. 1) ist damit nicht identisch.

3. Fischbehälter (Nr. 1) sind die künstlichen unbeweglichen Herrichtungen, die dem Zwecke der Fischzucht oder Fischhaltung dienen, dem Sprachgebrauche nach aber nicht als Teiche bezeichnet werden. Auf das Herstellungsmaterial kommt es nicht an. An Fischkästen, Transportfässer, Bottiche u. dgl. ist hier nicht gedacht. Strafrechtlicher Schutz der Fischteiche und Fischbehälter („Bauwerke" § 305 StGB.): RGSt. 15[263].

4. Selbstverständlich beseitigt auch die Verbindung des Teiches oder Behälters (Nr. 1) mit einem anderen künstlich angelegten Gewässer seinen Charakter als geschlossenes Gewässer nicht.

5. Nr. 2 war im Regierungsentwurf nicht enthalten. Man wollte durch ihre Einfügung zweifelfrei feststellen, daß auch die in der Teichwirtschaft verwendeten künstlich hergestellten Rinnsale (Gräben) mit fließendem Wasser als geschlossene Gewässer zu betrachten sind, solange sie ständig abgesperrt gehalten werden und ausschließlich dem Zwecke der Fischzucht oder Fischhaltung dienen. Die Absperrung (von natürlichen Gewässern) kann durch Gitter, Rechen u. a. erfolgen. Sie muß „ständig" angebracht sein. Zufällige Überflutung bei Hochwasser wird aber die rechtliche Geschlossenheit des Wassers nicht aufheben. Mühlgräben und andere Werkkanäle, die zum Zwecke der Fischzucht oder Fischhaltung durch Rechen u. a. abgesperrt sind, fallen nicht unter Nr. 2, denn sie dienen auch einem gewerblichen Zwecke. Übrigens kommt es nicht auf den Zweck des Rinnsals bei der Herstellung, sondern nur darauf an, daß das künstlich hergestellte Rinnsal lediglich zum Zwecke der Fischzucht oder Fischhaltung benützt wird (s. Malsen-Hofer S. 146 o.).

Im Ausschusse der AbgK. wurde im Einverständnisse mit der Staatsregierung festgestellt:

a) daß die Absperrungen zum Zwecke der Abfischung und Instandhaltung der Rinnsale zeitweilig beseitigt werden dürfen,
b) daß als Absperrung eine Vorrichtung erforderlich und genügend ist, die das Einbringen der Laichfische zur Zeit ihres Aufsteigens verhindert (StenB. AbgK. 1908 Bd. VI S. 575).

6. Unter Nr. 3 fallen besonders Teiche, Weiher, die auf natürliche Weise entstanden sind (Himmelteiche), Seen jeder Größe, wenn eine für den Wechsel der F. geeignete regelmäßige (nicht bloß vorübergehende, s. auch Bem. 5) Verbindung mit einem anderen natürlichen Gewässer fehlt (Absperrung durch Land, durch Wasserfall, Wehre, feststehende Gitter, Rechen u. a.). Nach dem Wortlaute des Gesetzes ist anzunehmen, daß zwei miteinander verbundene, gegen einander nicht abgesperrte Weiher u. dgl. nicht geschlossene Gewässer sind, auch wenn sie dem gleichen Eigentümer gehören, sie müßten denn nach den Umständen als ein Gewässer angesehen werden können. Es wird hiezu genügen, daß sie zusammen ein Fischereigebiet bilden.

Den Strecken eines Baches u. dgl., die etwa durch Mühlanlagen abgeschlossen sind, fehlt es nur an einer regelmäßigen Verbindung mit anderen Teilen desselben Wasserlaufs; das genügt nach der Nr. 3 nicht. S. ObLG. in StS. 10[32].

7. Die „Altwässer" sind in Nr. 3 ausgenommen. Der Begriff ist weder im FG. noch im WG. erläutert. Altwasser nach Art. 2 Nr. 3 sind ehemalige Teile eines (öffentlichen oder privaten) Flusses, die durch natürliche Flußbettänderungen oder Flußregulierungen vom Hauptflusse getrennt wurden. Altwasser sind deshalb nicht Gruben, die sich infolge baulicher Maßnahmen mit Wasser (Grundwasser) gefüllt haben (Tümpel). Ob das Wasser in einer den Verkehr der Fische gestattenden Verbindung mit dem Hauptwasser steht oder nicht, ist für die Auslegung des FG. kein wesentliches Begriffsmerkmal (Art. 2 Nr. 3 einerseits, Art. 5 Abs. 2 anderseits; s. auch Harster-Cassimir Anm. 4 Ziff. 9 zu Art. 1; Eymann Bd. I S. 184; für früheres Recht: ObLG. in StS. 6[396] einerseits, ObLG. in ZS. 10[396] anderseits). Die Altwasser sind in der Regel geschlossene Gewässer des WG., öffentliche (Art. 1 Abs. 2; s. Harster-Cassimir Anm. 7 Ziff. 1 zu Art. 1) oder private (Art. 16), aber niemals geschlossene Gewässer im Sinne des FG. Sie sind zu unterscheiden von den Nebenarmen, d. h. Flußteilen, die vom Hauptlaufe des Flusses abzweigen und sich (in der Regel, nicht immer) mit dem Hauptteile nach längerem oder kürzerem Laufe wieder vereinigen.

8. Über den Charakter des Gewässers entscheidet die Verwaltungsbehörde nach Anhörung von Sachverständigen (§ 71 VollzBek.). Streitigkeiten über Rechtsansprüche und Verbindlichkeiten sind Verwaltungsrechtssachen: Art. 96. Der Eigentümer des Gewässers hat einen Rechtsanspruch darauf, daß das Gewässer bei Erfüllung der gesetzlichen Voraussetzungen als geschlossenes erklärt wird. Es kann sich auch das Bedürfnis herausstellen, daß das Verfahren von Amts wegen eingeleitet wird. Die Entscheidung hat nur Bedeutung für den Vollzug des FG. (Bem. 1c). Der Richter ist an die Entscheidung gebunden, wenn er bei dem Vollzug des FG. den Begriff inzidenter zu würdigen hat. Hat die Verwaltungsbehörde noch keine Entscheidung getroffen, so kann der Richter die Frage selbst würdigen; seine Anschauung ist aber nur Entscheidungsgrund für die einzelne Rechtssache. Er kann auch seine Entscheidung aussetzen: § 148 ZPO. (Anm. 2 bei Seuffert) und § 261 StPO. (Note 9 bei Löwe). S. ObLG. in StS. 10 [34].

9. Für geschlossene Gewässer gelten folgende Ausnahmen:

a) für alle Arten:
- Art. 17 (keine Zwangsablösung beschränkter Rechte),
- Art. 23 (keine Anwendung der Vorschriften über gemeinschaftliche Betriebe usw.),
- Art. 29 (keine Anwendung der Vorschriften über Koppelfischerei),
- Art. 69 (keine Anwendung der Vorschriften über die Bezeichnung ausliegender Fischerzeuge),
- Art. 74 (Sperrvorrichtungen im Gewässer sind gestattet),
- Art. 75 (keine Anwendung der Vorschriften über Anlage von Fischwegen),
- Art. 80 f. (keine Anwendung der Vorschriften über Laichschonstätten),
- Art. 84 (keine Anwendung der Vorschriften über Winterlager);

b) nur für die in Nr. 1 und Nr. 2 bezeichneten Arten:
- Art. 4 Abs. 1 (FRecht in Abzweigungen),
- Art. 78 Abs. 2 (Schlämmen u. dgl. von Fischwassern);

c) nur für die in Nr. 1 bezeichneten Gewässer:
- Art. 35 Abs. 2 (keine Anwendung der Vorschriften über Erlaubnisscheine),
- Art. 64 Abs. 3 (keine Fischerkarte),
- Art. 73 (Wegnahme von Fischlaich).

§ 7 der LFO. vom 23. März 1909 enthält von den Fangverboten und den Markt- und Verkehrsverboten der §§ 3, 4 besondere Ausnahmen für Fische aus geschlossenen Gewässern.

Nach Art. 85 Abs. 1 S. 2 haben die FBerechtigten in einem geschlossenen Gewässer der im Art. 2 Abs. 1 Nr. 1, 2 bezeichneten Art ein besonderes Fang- und Erlegungsrecht hinsichtlich der Wasseramsel.

Abteilung II. Fischereiberechtigung.

Vorbemerkung zu Art. 3—8.

1. Das Gesetz unterscheidet 1. die Fischereirechte, die Ausfluß des Eigentums am Gewässer sind — Eigentumsfischereirechte; eine Unterabteilung davon sind die Anliegerfischereirechte, die den Ufereigentümern zustehen, weil das Gewässer Bestandteil der Ufergrundstücke ist (Art. 21 WG.); 2. die Fischereirechte, die dritten Personen an fremden Gewässern auf Grund besonderer Rechtsverhältnisse zustehen

— selbständige Fischereirechte (Art. 9) = dingliche Nutzungsrechte an fremder Sache (Geschichtliches s. Einl. S. 4).

2. Das FRecht ist regelmäßig Ausfluß des Eigentums am Gewässer. Es wird deshalb vermutet, daß der Eigentümer des Gewässers fberechtigt ist. Es wird aber nicht vermutet, daß der FBerechtigte der Eigentümer des Gewässers ist. Dritte Personen (natürliche und juristische des öffentlichen und des Privatrechts) sind nur dann Inhaber des FRechts, wenn sie nachweisen, daß sie ein auf besonderem Rechtsverhältnisse beruhendes dingliches Recht zu fischen haben, das die Befugnis des nach dem Gesetze Berechtigten ausschließt oder beschränkt.

3. „Besondere Rechtsverhältnisse" können seit dem 1. April 1909 nur nach dem FG. entstehen (bes. Art. 9 f., Art. 112 s. Vorbem. 14 vor Art. 9). Soweit die frühere Zeit in Betracht kommt, ist vorbehaltlich des Art. 15 auf das betr. ältere Zivilrecht (s. Einl. S. 4) zurückzugehen. Danach ist auch zu prüfen, ob die Ersitzung und unvordenkliche Verjährung als Rechtserwerbungsgrund anerkannt war und ob ihre Voraussetzungen vorliegen. Es ist bestritten, ob sich die für die Ersitzung und unvordenkliche Verjährung geforderte Zeitdauer nach dem Inkrafttreten des BGB. (1. Januar 1900) vollenden konnte (s. Oertmann S. 176 f., 386, 387, Planck Vorbem. z. 3. Abschn. d. EG. S. 151 f., Staudinger 1. Bd. S. 13 f., Habicht, Einwirkung des BGB. auf zuvor entstandene RVerh. 3. A. S. 445 f.). Die Frage wird hier zu bejahen sein, weil m. E. Art. 1 AG. z. BGB. bei der großen Lückenhaftigkeit der früher geltenden besonderen Normen über Fischerei alle für das vorbehaltene Gebiet des FRechts früher maßgebenden Sätze des objektiven Rechtes aufrechthalten wollte und aufrechterhalten hat; dazu war der Landesgesetzgeber nach Art. 3 EG. z. BGB. in der Lage.

4. Statutarrechtliche Bestimmungen, Lokalverordnungen und Herkommen (Gewohnheitsrecht), d. h. Quellen des objektiven Rechtes, sind den „besonderen Berechtigungen" nach Art. 3 nicht gleichgestellt. Wer auf Grund eines früher geltenden Satzes des objektiven Rechtes abweichend von Art. 3 ein FRecht hatte, verlor es am 1. April 1909 ohne Entschädigung. (Ausnahme: Art. 11 S. 2). Er kann sich nicht darauf berufen, daß er das Recht durch Verjährung (Ersitzung) erworben habe, auch wenn er und seine Vorgänger das Recht seit Menschengedenken ausgeübt haben. Denn die Verjährung besteht gerade darin, daß ein dem objektiven Rechte widersprechender Zustand durch Fortbestehen zum rechtmäßigen wird, während der kraft Gewohnheitsrechts oder sonstigen objektiven Rechtes bestehende Zustand von vornherein rechtmäßig ist. Sollte demnach bis 1. April 1909 in der Pfalz das FRecht in Flüssen, die im Eigentum des Staates oder eines Dritten stehen, dem objektiven Rechte entsprechend (Einl. S. 4) von den Ufereigentümern ausgeübt worden sein, so haben diese das FRecht verloren (so im Ergebnis auch Malsen-Hofer S. 153, a. M. Begr. S. 344).

5. In dem bisher geltenden Bayer. Landrechte bestand keine Vorschrift, die dem im Hauptflusse zur Fischerei Berechtigten das Recht der Ausdehnung der Befugnis auf die bestehenden oder neu sich bildenden Seitenarme gab (ObGH. in ZS. 5[400]). Ebensowenig war der FBerechtigte nach dem Bayer. LR. befugt, auch in künstlich angelegten, im fremden Eigentum stehenden Abzweigungen des Flusses zu fischen (ObLG. in ZS. 9[98]). In beiden Richtungen bringt Art. 4 Abs. 1 eine Rechtsänderung, deren Eintritt nur durch das Bestehen besonderer Rechtsverhältnisse aufgehalten wird (Art. 4 Abs. 3).

6. Ist die FBerechtigung oder ihr Umfang streitig, so entscheiden die Gerichte.

Art. 3.

Insoweit nicht auf besonderen Rechtsverhältnissen beruhende Rechte dritter Personen bestehen, ist fischereiberechtigt

1. in öffentlichen Gewässern der Staat und

2. in Privatgewässern der Eigentümer des Gewässers.

Abs. 2. Wird ein Privatgewässer in ein öffentliches umgewandelt, so kann der Fischereiberechtigte vom Staate Entschädigung verlangen, wenn infolge der Umwandlung das Fischereirecht aufgehoben oder beeinträchtigt wird.

1. Das FRecht ist regelmäßig Ausfluß des Eigentums am Gewässer. Gewässer ist das Wassergrundstück mit der darauf (jeweils) ruhenden Wassermasse. Ob an dem fließenden Wasser Eigentum möglich ist oder ob der Eigentümer des Wassergrundstücks daran nur ein besonderes Benützungsrecht hat, ist hier von untergeordneter Bedeutung. Für die Entscheidung über die FBerechtigung ist die Feststellung des Eigentums am Wassergrundstücke genügend. Darüber hinausgehend bestimmt das Gesetz, daß der Staat in allen öffentlichen Gewässern fberechtigt ist ohne Rücksicht auf das Eigentum. Es ist nämlich möglich, daß einzelne Teile öffentlicher Gewässer nicht dem Staate gehören. Auch in diesen Teilen ist der Staat fberechtigt vorbehaltlich des zu beweisenden Sonderrechts eines Dritten.

2. Öffentliche Gewässer nach dem WG. sind (Harster-Cassimir Anm. 3 zu Art. 1)

a) die öffentlichen Flüsse, d. h. die Flüsse und Flußteile, die zur Schiff- oder Floßfahrt dienen, samt ihren Nebenarmen (Art. 1 Abs. 1) [s. das im Anhang abgedruckte Verzeichnis];

b) die Flüsse und Flußteile und Nebenarme, die nicht mehr zur Schiff- oder Floßfahrt benützt werden (Art. 3);

c) die vom Staate errichteten Kanäle, soweit sie durch die Regierung der Schiff- oder Floßfahrt eröffnet sind (Art. 1 Abs. 1);

d) die Seen und sonstigen geschlossenen Gewässer, die nach den bestehenden Rechtsverhältnissen als öffentlich zu betrachten sind (Art. 1 Abs. 2).

3. Alle anderen Gewässer sind Privatgewässer und zwar

a) geschlossene Privatgewässer (Art. 16); das Eigentum am Grundstück erstreckt sich nach ausdrücklicher gesetzlicher Vorschrift auf das Wasser;

b) Privatflüsse und Bäche:

sie sind regelmäßig

α) Privatflüsse und Bäche im Eigentume der Ufereigentümer (Art. 21),

ausnahmsweise

β) Privatflüsse und Bäche im Eigentume des Staates (Staatsprivatflüsse Art. 23),

oder

γ) Privatflüsse und Bäche im Eigentume Dritter (Art. 24).

Staatsprivatfluß ist der Fluß schon dann, wenn dem Staate an der in Betracht kommenden Flußstrecke das Alleineigentum nach der seitlichen Ausdehnung zusteht. Es ist nicht notwendig, daß der Fluß seinem ganzen Laufe nach diese Eigenschaft besitzt (Eymann Bd. I S. 338). In der Tat gibt es viele Flüsse, die teilweise Staatsprivatflüsse, teilweise Privatflüsse nach α oder γ sind, aber auch Flüsse, die zum Teile öffentliche, zum Teile Staatsprivatflüsse sind (Aufzählung bei Brenner Anm. 1 VI zu Art. 23).

4. Besondere Rechtsverhältnisse können beruhen vor allem auf landesherrlicher oder obrigkeitlicher Verleihung, Vertrag, Urteil (ius facit inter partes), Ersitzung (ObGH. in JS. 7 [264] — gem. R.; ObLG. in JS. n. F. 10 [119], [129]: Ersitzung eines Mitfischereirechts nach gem. Rechte), unvordenkliche Verjährung (a. a. O. 7 [239] — Bayer. LR.). Wegen der Begründung des FRechts in öffentlichen Flüssen nach früherem Rechte s. auch BlfRA. 34 [394] S. Vorbem. 3. u. 4.

5. Wegen der Umwandlung eines Privatflusses in einen öffentlichen s. Art. 4 WG., dessen Abs. 3 durch Art. 3 Abs. 2 FG. inhaltlich näher bestimmt wird. Der Staat wird kraft der Erklärung der Regierung Eigentümer des umgewandelten Flusses. Damit gehen die FRechte unter, die als Ausfluß des Eigentums bestanden. Das FRecht hat dann fortan der Staat. Die an dem bisherigen Privatflusse bestehenden selbständigen FRechte (Art. 9) bleiben dagegen bestehen. Wird die Ausübung des Rechtes durch die Umwandlung beeinträchtigt, so ist der Staat schadensersatzpflichtig. Zur Erhebung des Schadensersatzanspruchs wegen Aufhebung oder Beeinträchtigung des Rechtes wird der Inhaber des Rechtes legitimiert sein, an den sich wieder die anderen Personen zu halten haben, die ihre Befugnis aus dem Rechte des Inhabers ableiten (Pächter, Nießbraucher u. dgl.). Feststellung der Entschädigung: Art. 98.

Art. 4.

In den natürlichen oder künstlich hergestellten Abzweigungen fließender Gewässer (Seitenarme, Kanäle, Bewässerungsgräben usw.) steht das Fischereirecht den im Hauptwasser Berechtigten in der durch die Lage und durch das Längeverhältnis der Hauptwasserstrecke bestimmten räumlichen Ausdehnung zu. Diese Vorschrift findet auf geschlossene Gewässer im Sinne des Art. 2 Abs. 1 Nr. 1, 2 keine Anwendung.

Abs. 2. In zur selbständigen fischereilichen Bewirtschaftung geeigneten Kanälen, welche aus mehreren Flußläufen gespeist werden oder verschiedene Flußgebiete miteinander verbinden, ist der Eigentümer des Kanals fischereiberechtigt.

Abs. 3. Besondere Rechtsverhältnisse bleiben unberührt.

Vollzugsbekanntmachung.

„**§ 4.** Die in Abs. 1 des Art. 4 getroffene Regelung gilt für alle Abzweigungen fließender Gewässer, für welche nicht das Fischereirecht durch ein besonderes Rechtsverhältnis anderweitig festgestellt ist. Ein solches besonderes Rechtsverhältnis kann auf

Urteil, auf Ersitzung, auf Rechtsgeschäft, auf einer ausdrücklichen Verleihung des Regalinhabers oder auf ehemaligen gutsherrlichen Verhältnissen usw. beruhen. In Streitfällen haben die Gerichte über das Bestehen eines besonderen Rechtsverhältnisses zu entscheiden.

§ 5. Den Maßstab für die räumliche Ausdehnung der Fischereirechte im neuen Wasserlauf bildet

a) bei Abzweigungen nach Art. 4 Abs. 1 die Größe der zwischen der Aus- und Einmündung der Abzweigung gelegenen Fischwasserstrecken der einzelnen und

b) bei Bildung neuer Wasserläufe nach Art. 5 Abs. 1 die Größe der zwischen dem Anfang und dem Ende des neuen Laufes gelegenen Fischwasserstrecken.

Ist im ersteren Falle die Abzweigung in mehr als 2 Teile zu zerlegen, so entstehen Inklaven, deren Bewirtschaftung sich nach Art. 18 ff. oder nach Art. 22 bemißt."

1. Über das bisherige Recht Bem. 5 vor Art. 3. Abs. 1 ist eine Ausnahme von Art. 3. Das FRecht in den dort bezeichneten Abzweigungen (wozu die Altwasser gehören können — Bem. 7 zu Art. 2 — für früheres Recht BlfRA. 39[70], 40[184]) folgt nicht dem Eigentum am Wassergrundstück, sondern dem FRecht im Hauptwasser. Wer das Eigentum an der Abzweigung hat, ist — vorbehaltlich des Abs. 2 — entgegen dem Abs. 1 nur auf Grund eines besonderen Rechtsverhältnisses (Abs. 3) fberechtigt. Ob das Wasser öffentliches oder Privatgewässer nach dem WG. ist, macht keinen Unterschied. Z. B. werden öffentliche Kanäle (Art. 1 Abs. 1 WG.) und Privatkanäle (wichtigste Arten: Triebwerkskanäle, bes. Mühlgräben und Bewässerungskanäle; näheres Eymann Bd. I S. 271 f., s. auch Harster-Cassimir Anm. 6 zu Art. 1) in Art. 4 grundsätzlich gleichbehandelt. Nebengewässer, die nur eine offene Verbindung mit dem Hauptwasser haben (u. U. auch Altwasser) sind nicht Abzweigungen nach Art. 4 (s. Malsen-Hofer S. 161).

2. Sind im Hauptwasser mehrere Personen berechtigt, so ist das FRecht in der Abzweigung kraft Gesetzes unter die Berechtigten geteilt. Geteilt wird a) nach der Lage, b) nach der Länge der einzelnen Fischwasserstrecken im Hauptflusse: den Teilungsmaßstab bildet demnach der Umfang der zwischen der Ausmündung und der Einmündung der Abzweigung in dem Hauptwasser bestehenden FRechte der einzelnen. Beispiel: Die Hauptwasserstrecke mißt von der Ausmündung der Abzweigung bis zu deren Einmündung 6 km; davon hat A zunächst der Ausmündung ein Fischwasser von 1 km, daran anschließend B ein Fischwasser von 2 km, daran anschließend C ein solches von 3 km. Wenn die Abzweigung 9 km mißt, steht dem A zunächst der Ausmündung das FRecht darin auf $1^1/_2$ km zu, daran anschließend dem B auf 3 km, hierauf bis zur Einmündung dem C auf $4^1/_2$ km. Die Berechtigung in der Abzweigung ist also nicht auf die FBerechtigten beschränkt, deren Fischwasser an die Ausmündung und an die Einmündung anstoßen.

3. In Entwässerungsgräben ist vorbehaltlich besonderer Rechtsverhältnisse der Eigentümer des Grundstücks fberechtigt.

4. Abs. 2 ist eine Ausnahme von Abs. 1 und kehrt zur Regel des Art. 3 zurück. Die Eignung eines Kanals zur selbständigen FBewirtschaftung ist nach Art. 18 zu beurteilen.

5. Abs. 3 bezieht sich auf Abs. 1 und Abs. 2. Bestehen besondere (subjektive) Rechtsverhältnisse nicht, so tritt der dem Gesetze nicht entsprechende Rechtszustand außer Kraft (näheres Vorbem. 3, 4 vor Art. 3). Wer ein FRecht auf Grund eines besonderen Rechtsverhältnisses behauptet, hat die Beweislast dafür.

6. Auch der Müller hat ein von der gesetzlichen Regelung abweichendes FRecht nur auf Grund eines von ihm nachzuweisenden besonderen Rechtsverhältnisses. Ausnahme Art. 11 S. 2 (hält die bestehenden beschränkten FRechte aufrecht ohne Rücksicht auf ihre rechtliche Grundlage — Aalfangrecht der Müller nach Fuldaer Recht). Der Müller hat nicht ohne weiteres ein Recht auf die Fische, die sich in dem Werkkanal (Mühlgraben) oder in der Mühle (z. B. in der Radstube) befinden. Eine andere Frage ist, ob der FBerechtigte die Mühle betreten darf, um sein Recht auszuüben. Hiezu ist er nur auf Grund eines besonderen Rechtsverhältnisses befugt (Bem. 3 zu Art. 70). S. auch Einl. S. 3, dann Art. 103 Nr. 1, ferner Staudinger, Fischereischutz, S. 16 Anm. 2.

7. Der im Hauptwasser Berechtigte kann ein Eigentumsfischereirecht oder ein selbständiges FRecht innehaben. Das FRecht in der Abzweigung ist ersterenfalls als (unwesentlicher) Bestandteil des betreffenden Hauptwassergrundstücks aufzufassen (s. § 96 BGB.), letzterenfalls als (unwesentlicher) Bestandteil des selbständigen FRechts (s. Art. 9 Abs. 1 mit BGB. § 96). Das FRecht in der Abzweigung teilt also im allgemeinen ohne weiteres das rechtliche Schicksal des Hauptwassergrundstücks oder des selbständigen FRechts im Hauptwasser. Es kann aber von dem Eigentum am Hauptwassergrundstück oder von dem selbständigen FRecht im Hauptwasser getrennt werden und durch Begründung eines „besonderen Rechtsverhältnisses" (Abs. 3) auf eine andere Person übergehen. Insbesondere ist die Umwandlung in ein gewöhnliches (frei veräußerliches und frei vererbliches) selbständiges FRecht grundsätzlich zulässig.

Art. 5.

Verändert ein fließendes Gewässer infolge natürlicher Ereignisse oder durch künstliche Ableitung (Durchstiche, Regulierungen, Uferschutzbauten u. dgl.) sein Bett, so sind die Inhaber der Fischereirechte sowohl in dem neuen Wasserlauf als auch in dem sich etwa bildenden Altwasser und in den durch Längs- und Querbauten abgetrennten Wasserflächen (Buhnen) bis zur vollständigen Verlandung fischereiberechtigt. Die räumliche Ausdehnung der Fischereirechte im neuen Wasserlauf bestimmt sich verhältnismäßig nach der räumlichen Ausdehnung der Fischereirechte im alten Laufe des Gewässers.

Abs. 2. Die Unternehmer von Bauten, welche eine Veränderung des Bettes des Gewässers zur Folge haben, sind verpflichtet, möglichst dafür Sorge zu tragen, daß die Altwasser und Buhnen in einer den Durchzug der Fische gestattenden

Verbindung mit dem Hauptwasser bleiben. Diese Vorschrift findet auch auf die beim Inkrafttreten dieses Gesetzes bestehenden Bauten Anwendung.

1. Über das bisherige Recht Bem. 5 vor Art. 3, dann ObLG. in ZS. 10[394] — Ausdehnung eines FR. auf Altwasser nach gem. R. — s. auch ObLG. in ZS. 8[49] — Einbau einer Buhne. Die Übertragung des FRechts auf den neuen Wasserlauf erfolgt kraft Gesetzes. Nach dem Wortlaute des Abs. 1 liegt die Annahme nahe, daß die Übertragung stets auf die bisherigen FBerechtigten erfolgt. Es ist aber zu beachten, daß die Anliegerfischereirechte den Anliegern nur zustehen, weil sie Eigentümer der Ufer sind. Im neuen Flußlaufe zu fischen sind deshalb nicht sie berechtigt sondern die neuen Anlieger. Soweit der alte Lauf als Gewässer fortbesteht, bleiben sie dort berechtigt (s. BRKR. 242). Den Teilungsmaßstab bildet die räumliche Ausdehnung der FRechte im alten Laufe (in der Regel zwischen dem Anfang und dem Ende des neuen Laufes).

2. Wegen der Veränderung des Bettes infolge natürlicher Ereignisse s. WG. Art. 12, 23 (öffentliche und Staatsprivatflüsse), Art. 25 (Anliegerflüsse und Flüsse im Eigentum Dritter). Bei den ersteren bleibt der Staat Eigentümer des alten Bettes und wird kraft Gesetzes Eigentümer des neuen Bettes. Bei den letzteren haben die Beteiligten, zu denen auch die FBerechtigten gehören, zunächst einen verwaltungsrechtlichen Anspruch auf Wiederherstellung des früheren Zustands (Art. 177 WG.). Wird davon kein Gebrauch gemacht, so tritt auch hier kraft Gesetzes ein Eigentumswechsel ein. Bei Anliegerflüssen wird das neue Bett Eigentum der neuen Anlieger, bei Flüssen im Eigentum eines Dritten Eigentum dieses Dritten (herrschende Meinung; die Streitfrage — s. Harster-Cassimir Anm. 2 zu Art. 25 — ist auch für das FRecht bedeutend, weil sich nach ihrer Beantwortung der rechtliche Charakter der FBerechtigung im neuen Laufe — Eigentumsrecht oder selbständiges Recht — bestimmt).

3. Die wichtigsten Fälle der Veränderung des Bettes durch künstliche Ableitung bedürfen als Regulierungsbauten der Erlaubnis (WG. Art. 77). Nach Art. 109 a. a. O. sind die FBerechtigten vor der Erteilung der Erlaubnis zu hören. Bei der Erteilung der Erlaubnis sind ihre Interessen möglichst zu berücksichtigen (s. Einl. S. 13; Min.-Entschl. vom 14. Februar 1900, die Hebung der Flußfischerei betr., MABl. S. 169). Schadensersatz: Art. 109 Abs. 2. Technische Ausführungen bei Harster-Cassimir Anm. zu Art. 10.

4. Streitigkeiten über Rechtsansprüche und Verbindlichkeiten in den Fällen des Abs. 2 sind Verwaltungsrechtssachen (Art. 96). Unternehmer ist der Bauherr, gegebenenfalls auch der Staat, die Kreisgemeinde oder eine sonstige Körperschaft des öffentlichen Rechtes.

Art. 6.

Tritt ein Fischwasser über seine Ufer aus, so ist der im Fischwasser Fischereiberechtigte befugt, auf dem überfluteten Grundstücke zu fischen. Den durch die Ausübung der Fischerei

allenfalls angerichteten Schaden hat der Fischereiberechtigte zu ersetzen.

Abs. 2. Vorkehrungen, welche den Zweck haben, die Rückkehr des Wassers und der Fische in das Wasserbett zu hindern, dürfen nicht angebracht werden.

Abs. 3. Bleiben nach dem Rücktritte des Wassers auf den Grundstücken in Gräben und anderen Vertiefungen, welche nicht in fortdauernder Verbindung mit dem Fischwasser stehen, Fische zurück, so ist der Fischereiberechtigte berechtigt, sie sich längstens innerhalb einer Woche anzueignen; für den hiebei dem Grundbesitzer verursachten Schaden haftet der Fischereiberechtigte. Nach dem Ablaufe der Frist darf der Grundeigentümer die Fische sich aneignen.

Abs. 4. Die Verwaltungsbehörde kann auf Antrag dem Fischereiberechtigten erlauben, auf geringwertigen, im Überflutungsbereich eines Fischwassers gelegenen Grundstücken gegen Entschädigung des Grundeigentümers Gräben anzulegen und zu unterhalten, um den Fischen das Zurückgehen in das Fischwasser zu ermöglichen.

Vollzugsbekanntmachung.

„**§ 6.** Die Bestimmung des Art. 6 Abs. 4 ist hauptsächlich von Bedeutung für größere Seen, deren flache, mit Schilf und anderen geringwertigen Pflanzen bewachsene Ufer oft in weiter Fläche überschwemmt werden. Wenn in diesen Fällen vom Fischereiberechtigten zur Rettung der hinausgeschwemmten Fischbrut um die Erlaubnis zur Anlegung von Gräben nachgesucht wird, ist vor der Bescheidung des gestellten Antrags jedenfalls der Grundeigentümer einzuvernehmen. Die Erlaubnis ist nicht zu erteilen, wenn die Gräben dem Grundeigentümer größere wirtschaftliche Nachteile bringen würden, als den Fischereiberechtigten hiedurch Vorteile zugehen. Stellen sich solche Nachteile nachträglich heraus, so kann der Grundeigentümer die Zurückziehung der Erlaubnis beantragen."

1. Die Grenze zwischen dem Bette des Gewässers und dem Ufer wird gebildet durch die Uferlinie, die entweder festgesetzt (Art. 6, 23 WG.) oder nur gedacht ist. Sie fällt bei öffentlichen Flüssen, Staatsprivatflüssen, Flüssen im Eigentume Dritter, aber nicht bei Anliegerflüssen, in der Regel zusammen mit der Grenze des Gewässereigentums gegenüber den anliegenden Grundstücken. Bei geschlossenen Gewässern sind die Verhältnisse verschieden. Die Uferlinie ist, auch soweit sie nicht festgesetzt ist, nach dem mittleren Wasserstande unter besonderer Berücksichtigung der Grenze des Pflanzenwuchses zu bestimmen (s. Bem. 4 zu Art. 85).

2. Auf die Ursache der Überflutung (Witterungsverhältnisse, Dammbruch, Bewässerung der Ufergrundstücke u. a.) kommt es nicht an. Auch nicht darauf, ob das Fischwasser nach Art. 2 geschlossen ist oder nicht.

Der Berechtigte (Bem. 3) darf die F. auf dem Überschwemmungsgebiet in jeder ihm sonst gestatteten Weise ausüben; er darf auch Kahn fahren. In einem fremden Fischwasser darf er nicht fischen. Bilden mehrere ausgetretene Fischwasser eine Wasserfläche, so dürfen die FBerechtigten auf den überschwemmten Grundstücken gleichzeitig fischen, aber nur außerhalb der normalen Grenzen des fremden Fischwassers. Der Eigentümer (Besitzer) des betroffenen Grundstücks kann nach der Fassung des Gesetzes (der Regierungsentwurf lautete anders) das Fischen auch dann nicht hindern, wenn von vornherein feststeht, daß er dadurch geschädigt wird. Die Befugnis erstreckt sich auf eingefriedigte Grundstücke. Offenbar mißbräuchliche Rechtsausübung braucht aber der Betroffene nicht zu dulden. Ein über das Fischen auf dem überfluteten Grundstücke hinausgehendes Recht zum Betreten fremder am Rande des Überschwemmungsgebiets liegender Grundstücke hat der FBerechtigte vorbehaltlich besonderer Rechtsverhältnisse nicht (s. Art. 70).

3. Das Recht der Fischnacheile gehört zum gesetzlichen Inhalte des FRechts. (Bisheriges Recht — Bayer. LR. — ObGH. in ZS. Bd. 5[400]). Das Recht wird ausgeübt von dem FBerechtigten im weiteren Sinne (Einl. S. 17). Anderseits bildet die Nacheile zwar eine gesetzliche Beschränkung des Eigentums an dem überfluteten Grundstücke, die Duldungspflicht trifft aber außer dem Eigentümer unmittelbar auch den Besitzer (Nießbraucher, Pächter u. a.) des belasteten Grundstücks. Die Schadensersatzpflicht nach Abs. 1 S. 2 und Abs. 3 S. 2 a. E. hat der FBerechtigte im weiteren Sinne, der das Recht ausgeübt hat oder ausüben ließ. Sie setzt Verschulden des Ersatzpflichtigen nicht voraus. Zur Geltendmachung des Anspruchs ist der „Grundbesitzer" legitimiert; dies geht aus Abs. 3 auch für Abs. 1 hervor.

4. Der FBerechtigte braucht das Recht der Nacheile nicht in Person auszuüben. Der Grundbesitzer muß die Ausübung durch jeden dulden, der die F. im eigenen oder fremden Namen ausüben darf. Der FBerechtigte ist aber wegen der ihn treffenden Haftpflicht in der Lage, die Ausübung der Nacheile allen Personen zu untersagen, die das Recht zur Ausübung der F. von ihm ableiten. Der Inhaber eines Erlaubnisscheins ist deshalb gegen das Verbot des FBerechtigten zur Nacheile nicht berechtigt. Anderseits haftet er für den dem Grundbesitzer verursachten Schaden niemals nach Art. 6 Abs. 1 S. 2 und Abs. 3, sondern nur nach den Vorschriften des allgemeinen bürgerlichen Rechtes.

5. Das Verbot des Abs. 2 richtet sich gegen jedermann. Für den Grundeigentümer bedeutet es eine weitere Eigentumsbeschränkung. Verboten sind übrigens nur Vorkehrungen, die den Zweck haben, die Rückkehr zu verhindern. Zu Maßnahmen, die dem FBerechtigten das F. erleichtern, ist der Eigentümer nicht verpflichtet.

6. Die Wochenfrist des Abs. 3 berechnet sich (s. §§ 187, 188 BGB.) von dem Zeitpunkt an, in dem die vorübergehende Verbindung der Gräben u. a. mit dem Fischwasser aufgehört hat, und kann auf den verschiedenen Teilen des Grundstücks zu verschiedener Zeit beginnen. Die durch den Rücktritt entstandenen Tümpel u. a. sind in der Regel geschlossene Privatgewässer nach § 960 Abs. 1 BGB. Das Eigentum an den darin befindlichen Fischen steht dann in der ersten Woche dem FBerechtigten zu, obwohl das Wasser dem Grundeigentümer gehört (Art. 16 WG.). Mit dem Ablaufe der ersten Woche erlischt die „Aneignungsbefugnis" des FBerechtigten; sie geht auf den Grundeigentümer über, der jetzt kraft Gesetzes regelmäßig auch Eigentümer der Fische ist. Über die Frage, ob der Grundeigentümer bei dem Ausfischen der Tümpel an die fpolizeilichen Vorschriften gebunden ist, s. Bem. 6 zu § 3 LFO. Eine Fischerkarte braucht er nicht (Bem. 1 zu Art. 64).

7. Das Aneignungsrecht (Abs. 3 S. 2) ist ausdrücklich dem Grundeigentümer zugesprochen. Der Nießbraucher, Pächter u. a. kann sich die Fische nur nach den maßgebenden bürgerlichrechtlichen Vorschriften aneignen. Die Fische werden dabei als Ertrag gelten, den das Grundstück vermöge des rechtlich geregelten Verhältnisses des Grundeigentümers zu dem FBerechtigten gewährt (§ 99 Abs. 3 BGB.).

8. Die Erlaubnis nach Abs. 4 erteilt die Distriktsverwaltungsbehörde (Art. 89 f.). Streitigkeiten über die FBerechtigung entscheiden auch hier die Gerichte. In den Fällen des Abs. 3 S. 1 a. E., Abs. 4 erfolgt auf Antrag eines Beteiligten die Feststellung der Entschädigung im Schätzungsverfahren nach Art. 98 (Art. 98 enthält einen Redaktionsfehler; er nennt den Satz 2 des Abs. 3 anstatt des Satzes 1; der Fehler erklärt sich aus der Entstehung des Art. 6; s. Bem. 1 zu Art. 98). Im Falle des Abs. 1 S. 2 ist das Schätzungsverfahren ausgeschlossen. Die Feststellung der Entschädigung erfolgt hier im Streitfalle stets durch die Gerichte. Streitigkeiten über den Grund des Ersatzanspruchs entscheiden die Gerichte auch in den Fällen des Abs. 3 S. 1 a. E.; ebenso in den Fällen des Abs. 4, sofern auf Grund besonderer Rechtsverhältnisse die Entschädigungspflicht bestritten wird. Zu beachten ist, daß Träger des Entschädigungsanspruchs nach Abs. 4 der Grundeigentümer ist.

9. Strafbestimmungen: Art. 101 Nr. 1 (Zuwiderhandlung gegen Abs. 2), Nr. 2 (Beschädigung der Gräben nach Abs. 4), Art. 102.

Art. 7.

Eine Fischereiberechtigung, welche bisher von den Einwohnern oder von Angehörigen einer Gemeinde oder Ortschaft als solchen ausgeübt worden ist, geht auf die Gemeinde oder Ortschaft zur Ausübung über.

Abs. 2. Fischereirechte in Gewässern, die bisher dem freien Fischfang unterlagen, werden bei öffentlichen Gewässern auf den Staat, bei Privatgewässern auf die Gemeinde übertragen. Gehört ein Privatgewässer auf einer Strecke zu zwei oder mehreren Gemeinden, so sind die Gemeinden auf dieser Strecke bezüglich des Fischfangs gleichberechtigt.

Vollzugsbekanntmachung.

„**§ 7.** Eine Gemeinde kann die nach Art. 7 des Fischereigesetzes auf sie übergehende Fischereiberechtigung nur nach den Vorschriften des Art. 30 nutzbar machen. Dies gilt insbesondere auch für das sogenannte Nachfischereirecht d. h. das Recht, in einem Bach oder Kanal, welcher vor seinem Ablassen zum Zwecke der Räumung durch die Berechtigten mit Netzen abgefischt worden ist, die beim Abfischen übrig gebliebenen Fische an sich zu nehmen."

1. Nach Abs. 1, der inhaltlich in die Abt. III gehört, geht nur die Ausübung des Rechtes auf die politische Gemeinde oder Ortschaft über. In das Grundbuch wird darüber nichts eingetragen (§ 4 GrundbV.). Die Erträgnisse fließen nach Abzug der Kosten nur vorübergehend in die Gemeindekasse (Ortschaftskasse). Sie dürfen nicht zur Deckung des Gemeindebedarfs (Ortschaftsbedarfs) verwendet werden, sondern sie sind den Berechtigten, gegebenenfalls unter Berücksichtigung des Umfanges ihrer Berechtigung, durch Kürzung der Umlagen oder einer sonstigen Geldschuld an die Gemeinde (Ortschaft) gutzurechnen oder auszuzahlen (s. § 15 VollzV.). Es ist anzunehmen, daß die Gemeinde auch hier die in Art. 21 Abs. 2 bezeichneten 10% abziehen darf (ebenso Malsen-Hofer S. 178, a. M. in der 1. Aufl.). Art der Ausübung: Art. 30 (s. dort). Wer entgegen dem Abs. 1 die Ausübung der F., die ihm vor dem Inkrafttreten des Gesetzes zustand, bewußt fortsetzt, ist [in der Regel nach § 370 Nr. 4 StGB.] strafbar (ObLG. Urt. vom 2. Juli 1910, „Recht" S. 679).

2. Abs. 1 betrifft nur Ortschaften mit juristischer Persönlichkeit (näheres Kahr I. Bd. S. 118 u. Anm. 2).

3. Unter Absatz 1 fallen auch die FBerechtigungen, die den Gemeindebürgern oder den Heimatberechtigten als solchen ohne Verbindung des Rechtes mit einem bestimmten Grundstücke zustehen, nicht aber die Berechtigungen einzelner auf Grund besonderer Rechtstitel und die den Gemeindenutzungsberechtigten als solchen zustehenden Rechte (s. Art. 32 f. rechtsrhein. GemO., Art. 25 f. pfälz. GemO.) Vgl. die Verhandlungen über den Antrag Schefbeck u. Gen., der das Angelrecht der Bürger von Straubing in der Donau betraf (StenB. AbgK. IV. Bd. 1908 S. 103, 119 f.). Auch die Rechte der sogenannten Fischerzünfte (Fischerinnungen) bleiben bestehen, wenn sich nicht unter diesem Namen eine Vereinigung der im Abs. 1 bezeichneten Personenkreise verbirgt. Das zur Ausübung übergehende Recht kann auch neben einem oder mehreren anderen FRechten an der gleichen Gewässerstrecke bestehen (Koppel-FRecht: Art. 24) oder ein beschränktes Recht (Art. 11) sein.

4. Abs. 2 beseitigt den freien Fischfang, auch wenn er nur in beschränktem Umfange bestand (z. B. als Recht des Nachfischens). Das Recht geht auf den Staat oder die politische Gemeinde über. Die Gemeinde erlangt das Recht u. a. auch in Staatsprivatflüssen, entgegen der Regel des Art. 3 (selbständiges FRecht: Art. 9). Die öffentlichen Gewässer und die Privatgewässer sind in den Bem. 2, 3 zu Art. 3 bezeichnet.

5. Der Abs. 2 S. 2 schafft ein gesetzliches Koppel-FRecht.

Art. 8.

Die bisher in einzelnen Landesteilen jedermann zustehende Befugnis, in den öffentlichen Gewässern die Angelfischerei auszuüben, wird ohne Entschädigung aufgehoben.

In der Pfalz war nach früherem Rechte die Angelfischerei in öffentlichen Flüssen jedermann gestattet (s. Einl. S. 4; ObLG. in StS. 6[392]) und dadurch der Gemeingebrauch an öffentlichen Flüssen erweitert. Die Befugnis wurde mit dem Inkrafttreten des Gesetzes ohne Entschädigung aufgehoben. Die Aufhebung betraf selbstverständlich nicht die FRechte bestimmter Personen, die ihrem rechtlichen Inhalte nach auf die Benützung der Angel beschränkt sind (Art. 11, 17).

Vorbemerkung zu Art. 9—17.

A. Allgemeines.

1. Der grundlegende Unterschied zwischen den Eigentumsfischereirechten und den als dingliche Nutzungsrechte an einer fremden Sache bestehenden selbständigen Fischereirechten (Bem. 1 vor Art. 3) — nicht zu verwechseln mit den wirtschaftlich selbständigen FBetrieben (Art. 18) — ist für die Auslegung des Gesetzes von der größten Bedeutung.

2. Die Eigentums-FRechte werden nicht besonders geregelt. Wer ein solches Recht innehat oder ausübt, wird gegen die Beeinträchtigung der Ausübung durch die allgemeinen Ansprüche aus dem Eigentum und dem Besitze geschützt. Kollidiert die Ausübung des Rechtes mit der Ausübung eines fremden Rechtes an dem Grundstücke, so geht nach allgemeinen Grundsätzen das fremde Recht vor (Planck Vorbem. z. 3. Bd. S. 9).

3. Die Art. 9 f. enthalten keine erschöpfende zivilrechtliche Regelung der selbständigen FRechte. Soweit das FG. nichts Abweichendes bestimmt, sind die allgemeinen Vorschriften über Rechte an Grundstücken in §§ 873 f. BGB. auch auf die selbständigen FRechte anzuwenden. Das gleiche gilt hinsichtlich des formellen Grundbuchrechts, das der Landesgesetzgeber auf Grund des Vorbehalts in § 83 GBO. selbständig regeln konnte. Die Bestimmungen des Art. 14 und der Vollzugsvorschriften hiezu sind nicht erschöpfend. Soweit sie nichts Abweichendes enthalten, ist die GBO. anzuwenden.

4. Besondere Arten von selbständigen FRechten sind die Rechte, die dem jeweiligen Eigentümer eines Grundstücks zustehen (subjektiv dingliche Rechte), und die Rechte, die zugunsten einer bestimmten Person gestellt sind (subjektiv persönliche Rechte): Art. 10.

B. Die Begründung des selbständigen Fischereirechts.

5. Die rechtsgeschäftliche Begründung des selbständigen FRechts erfolgt durch Bestellung (Art. 13). Hiezu ist die rechtsförmliche Einigung des Eigentümers des Gewässers und des Erwerbers sowie in der Regel die Eintragung der Rechtsänderung im Grundbuch (auf dem Blatte des belasteten Gewässers) erforderlich (Näheres bei Art. 13). Nur an einem fremden Gewässer kann ein selbständiges Recht bestellt werden. Der Eigentümer des Gewässers kann ein selbständiges Recht nicht für sich bestellen, um es z. B. hypothekarisch zu belasten. Anderseits erlischt das — im Grundbuch eingetragene oder nicht eingetragene FRecht an einem fremden Gewässer nicht dadurch, daß der Eigentümer des Gewässers das Recht oder der Berechtigte das Eigentum am Gewässer erwirbt (arg. § 889 BGB.).

6. Das selbständige FRecht kann auch an einem räumlich bestimmten Teile des Gewässers bestellt werden (s. Henle-Dandl, Anlegung des Grundbuchs 2. A. S. 339 oben; § 6 GBO.). [Früheres (gemeines) Recht: ObLG. in ZS. n. F. 10[129]].

7. Die Bestellung erfolgt entgeltlich oder unentgeltlich. Die Leistung der Vergütung kann dadurch dinglich gesichert werden, daß für den Fall der Nichtleistung eine auflösende Bedingung vereinbart (Vorbem. 8) oder zur Sicherung des Anspruchs auf Aufhebung des Rechtes eine Vormerkung in das Grundbuch eingetragen wird (§ 883 BGB.). Auch die Belastung des Rechtes mit einer Reallast ist möglich.

8. Da eine dem § 925 Abs. 2 BGB. entsprechende Vorschrift fehlt, kann die Bestellung — nicht die Übertragung: Bem. 3 zu Art. 9 — unter einer aufschiebenden oder auflösenden Bedingung (§ 158 BGB.) oder einer Zeitbestimmung (§ 163 BGB.), vor allem auf bestimmte Zeit erfolgen. Tritt die auflösende Bedingung oder der Zeitablauf ein, so endigt die FBerechtigung ohne weiteres (§ 158 Abs. 2 mit § 163). Es entsteht nicht bloß eine Forderung des Eigentümers des Gewässers auf Aufhebung des Rechtes. Ist das FRecht eingetragen, so hat der Eigentümer den Berichtigungsanspruch nach §§ 894, 899 BGB.

9. Mit dem selbständigen FRecht können andere dingliche Rechte verbunden werden, z. B. eine Grunddienstbarkeit, durch die das Uferbenützungsrecht (Art. 70) erweitert wird; s. § 96 BGB. Anderseits kann das FRecht z. B. zugunsten des jeweiligen Eigentümers eines Nachbargrundstücks mit einer Grunddienstbarkeit belastet werden, die die Ausübung einer Befugnis ausschließt oder beschränkt, welche sich aus der FBerechtigung dem Grundstücke gegenüber ergibt (Ausschluß oder Beschränkung der Fischnacheile nach Art. 6, des Uferbenützungsrechts nach Art. 70).

10. Der Eigentümer des Gewässers kann sich regelmäßig bei der Bestellung nicht vorbehalten, neben dem Erwerber das FRecht selbst auszuüben oder einem Dritten an der gleichen Strecke ein weiteres FRecht einzuräumen. Er kann auch nicht ein FRecht für mehrere Personen bestellen (Art. 24, Art. 25 Abs. 1). Die Distriktsverwaltungsbehörde kann Ausnahmen zulassen: Art. 25 Abs. 3, § 7 Abs. 1 GrundbB. Anders bei der Begründung obligatorischer FBerechtigungen (Bem. 2 zu Art. 31).

11. Die Begründung des selbständigen FRechts erfolgt außer durch Bestellung ausnahmsweise durch sog. Tabular-Ersitzung (Art. 9 Abs. 1, § 900 BGB.); nicht mehr durch unvordenkliche Verjährung (für die Übergangszeit s. Bem. 14).

C. Die rechtliche Stellung des begründeten selbständigen Fischereirechts.

12. Die gesetzliche Regelung erfolgte im Anschluß an die Vorschriften über das Erbbaurecht (§§ 1012 f. BGB.); bei dem Schutze der Ausübung des FRechts nach Art. 16 lehnt sich das Gesetz an die Vorschriften über Dienstbarkeiten an.

D. Zuständigkeit.

13. Streitigkeiten über die Entstehung, den Inhalt und das Erlöschen selbständiger FRechte sind zivilrechtlicher Natur und von den Gerichten zu entscheiden.

E. Übergangsvorschriften.

14. Die Art. 9 bis 16 traten schon vor dem Zeitpunkt in Kraft, von dem ab das Grundbuch als angelegt anzusehen ist; an die Stelle des Grundbuchs trat das Hypothekenbuch (Art. 112). Da sie aber auf das jeweils geltende Grundstücksrecht verweisen, galten bis zur Anlegung des Grundbuchs die sich auf Grundstücke beziehenden altrechtlichen Vorschriften (Art. 189 EG. z. BGB.), soweit sich nicht aus dem FG. etwas anderes ergibt:

a) Die Übertragung des bestehenden selbständigen FRechts bedurfte in den Landesteilen, in denen das Grundbuch noch nicht als angelegt erklärt war, der notariellen Beurkundung (Art. 14 des NotG. vom 10. November 1861).

b) Für die rechtsgeschäftliche Bestellung des selbständigen FRechts galt das Gleiche (ebenso § 9 GrundbB.). A. M. BRKR. S. 250, wonach vom 1. April 1909 an die Bestellung ohne Rücksicht auf die Anlegung des Grundbuchs nur in den Formen des Art. 13 erfolgen konnte; dabei wäre an die Stelle des Grundbuchamts gegebenenfalls das Hypothekenamt getreten. Es ist zuzugeben, daß das Gesetz hier unklar ist.

c) Wo die altrechtlichen Vorschriften den Erwerb des Eigentums an Grundstücken durch Ersitzung zuließen, fanden sie in der Übergangszeit auch auf den Erwerb des selbständigen FRechts Anwendung. Für eine in dem Zeitpunkt, in dem das Grundbuch als angelegt anzusehen ist, noch nicht vollendete Ersitzung ist Art. 189 Abs. 2 mit Art. 169 EG. z. BGB. zu beachten. Über die Vollendung der für die unvordenkliche Verjährung geforderten Zeitdauer s. Bem. 3 vor Art. 3.

Art. 9.

Für Fischereirechte, die nicht dem Eigentümer des Gewässers zustehen (selbständige Fischereirechte), gelten die sich auf Grundstücke beziehenden Vorschriften.

Abs. 2. **Die für den Erwerb des Eigentums und die Ansprüche aus dem Eigentume geltenden Vorschriften finden auf die selbständigen Fischereirechte entsprechende Anwendung.**

1. Der Eigentümer des Gewässers ist grundsätzlich berechtigt, durch Vertrag sein FRecht auf einen Dritten zu übertragen und dadurch ein selbständiges FRecht zu bestellen. Der Art. 9 RegEntw. wollte die Befugnis hinsichtlich der Anliegerprivatflüsse und Bäche (Art. 21 Abs. 1 WG.) ausschließen. Er machte die Bestellung des selbständigen FRechts von dem selbständigen rechtlichen Dasein des Gewässers (Wassergrundstücks) abhängig. Das FRecht, das in dem als Bestandteil des Ufergrundstücks zu erachtenden Gewässer besteht, sollte von dem Eigentum am Gewässer nicht getrennt, d. h. nur mit dem Eigentum am Gewässer übertragen werden. Art. 9 RegEntw. wurde gestrichen. Es besteht kein rechtliches Hindernis, an Anliegergewässern selbständige FRechte zu begründen; die Gewässer sind — wie andere Flächenabschnitte — nur unwesentliche Bestandteile der Ufergrundstücke und können Gegenstand besonderer Rechte sein (s. Fischer-Henle Anm. 1 zu Art. 94, Denkschr. z. Entw. einer GBO. S. 7).

2. Das selbständige FRecht wird rechtlich wie ein Grundstück behandelt. Auf das selbständige FRecht finden alle auf Grundstücke (ausschließlich oder für die Sachen mit Einschluß der Grundstücke) sich beziehenden Vorschriften der Reichs- und Landesgesetze entsprechende Anwendung, soweit nicht besondere Ausnahmen gemacht sind oder der Unterschied zwischen einer Sache und einem Rechte notwendig etwas anderes ergibt.

a) Von den Vorschriften des BGB. sind namentlich entsprechend anzuwenden: die §§ 96 (Verbindung anderer Rechte mit dem FRechte), 97 (Zubehör), 232 (Sicherheitsleistung durch Bestellung von Hypotheken an FRechten), 313 (Form des obligatorischen Veräußerungsvertrags; hiezu auch § 98 GBO., Art. 12 AG. z. GBO.), 416 (Schuldübernahme), 436 und 439 (Haftung des Verkäufers), 444 (Auskunftspflicht des Verkäufers), 446 (Übergang der Gefahr), 449 (Kosten der Beurkundung und Eintragung bei Kauf), 468 und 477 (Wandelung und Minderung), 510 (Vorkaufsrecht), 581 f. (Pacht; s. aber Art. 31 f.), 753 (Aufhebung einer Gemeinschaft), 873 f. (s. Bem. 3 vor Art. 9), 925 f. (s. Bem. 3 f.), 1008 f. (Mitberechtigung nach Bruchteilen), 1030 f. (Nießbrauch), 1105 f. (Reallasten), 1113 f. (Hypothek usw.), 1378 (FRecht als eingebrachtes Gut), 1445 (Verfügung über ein zum Gesamtgut gehörendes FRecht), 1643, 1686, 1821 (Genehmigung des VormG. bei Verfügung). Ferner Art. 143 Abs. 1 und 2 EG. z. BGB., Art. 81, 82, 83 AG. z. BGB. (Form der Einigung), Art. 122 f. AG. z. BGB. (Haftung des FRechts für öffentliche Abgaben u. a.). Dagegen finden die Vorschriften des BGB. über den Schutz des Besitzes eines Grundstücks keine unmittelbare Anwendung (Bem. 2 zu Art. 16).

b) In der ZPO. kommen besonders in Betracht die §§ 24 f. (Gerichtsstand), 325 (Wirkung der Rechtskraft), 864 f. mit Einschluß des Gesetzes über die Zwangsversteigerung und Zwangsverwaltung vom 24. März 1897 (Zwangsvollstreckung), 932 (Vollziehung des Arrests).

c) Von dem Gebührengesetze in der Fassung vom 13 Juli 1910 sind besonders die Art. 146, 146a, 147, 148, 150, 118, 252, 253 anwendbar.

d) Nach Art. 16 Flurbereinigungsgesetz vom 29. Mai 1886 / 30. Juli 1899 werden die selbständigen FRechte durch die Flurbereinigung in der Regel nicht berührt.

e) Über Enteignung von Fischereirechten s. Art. II des Zwangsabtretungsgesetzes vom 17. November 1837 / 13. August 1910 (Laforet S. 89 f.).

Im einzelnen ist folgendes zu bemerken:

3. Das (schon zur Entstehung gelangte, sonst Art. 13) selbständige FRecht wird erworben in entsprechender Anwendung der Vorschriften über den Erwerb des Eigentums an Grundstücken. Zur (rechtsgeschäftlichen) Übertragung des FRechts ist demnach die Einigung des Berechtigten und des anderen Teiles über den Eintritt der Rechtsänderung und die Eintragung der Rechtsänderung in das Grundbuch — auf dem Blatte des FRechts (Bem. 3 zu Art. 14) — erforderlich (§ 873 Abs. 1 BGB.). Die Einigung muß bei gleichzeitiger Anwesenheit beider Teile erklärt werden vor dem Grundbuchamt oder irgendeinem bayerischen Notar (§ 925 Abs. 1 u. 2 BGB., Art. 81 AG. z. BGB.). Über einen Ausnahmefall (Protokollierung der Einigung durch die Distriktsverwaltungsbehörde) s. Bem. 4 zu Art. 98. Eine Einigung über die Übertragung, die unter einer Bedingung oder einer Zeitbestimmung erfolgt, ist unwirksam. Es steht aber nichts im Wege, daß ein unter einer Bedingung oder auf Zeit bestelltes FRecht (Bem. 8 vor Art. 9) veräußert wird

(Bem. 5). Wird das FRecht durch einen Notar versteigert, so bedarf es bei der Einigung, sofern sie noch im Versteigerungstermin stattfindet, nicht der gleichzeitigen Anwesenheit beider Teile (Art. 82 a. a. O.). Wird ein im Grundbuche nicht eingetragenes FRecht des Fiskus oder einer anderen in § 1 der Kgl. VO. vom 1. Juli 1898, die vom Buchungszwang befreiten Grundstücke betreffend, bezeichneten juristischen Person an eine dort bezeichnete juristische Person übertragen, so dürfte der Art. 83 AG. z. BGB. anzuwenden sein. Art. 14 Abs. 2 bestimmt zwar, daß selbständige FRechte ein eigenes Blatt erhalten, wenn sie veräußert werden, ohne davon ausdrücklich eine Ausnahme zu machen. Es ist aber im Hinblick auf Art. 9 Abs. 1 u. 2 anzunehmen, daß dadurch die Anwendung des Art. 83 nicht ausgeschlossen werden sollte; sonst würden für die Übertragung des FRechts strengere Vorschriften gelten, als für die des Grundstückseigentums.

4. Das selbständige FRecht ist frei vererblich und veräußerlich, soweit es nicht mit dem Eigentum an einem bestimmten Grundstücke verbunden ist oder nicht einer bestimmten Person zusteht (Art. 10). Es kann hienach in der Regel durch Erbfolge auf eine oder mehrere Personen übergehen (§§ 1922, 1942, 2032, 2100, 2139 u. a. BGB.). Das FRecht kann ferner erworben werden infolge der Eingehung oder des Bestehens einer ehelichen (fortgesetzten) Gütergemeinschaft (§§ 1438, 1485, 1519, 1549 BGB.), durch Zuschlag in der Zwangsversteigerung (§ 90 ZVG.), Tabularersitzung (§ 900 BGB.).

5. Die für den Verlust des Eigentums an Grundstücken geltenden Sondervorschriften sind nicht anwendbar. Mangels besonderer Vorschriften sind die allgemeinen Vorschriften des BGB. anzuwenden (Bem. 3 vor Art. 9). Das selbständige FRecht endigt vor allem (s. auch § 901 BGB., § 91 ZVG.):

a) durch rechtsgeschäftliche Aufhebung entsprechend den §§ 875, 876, 878 BGB.,
b) durch den Eintritt der auflösenden Bedingung und durch Zeitablauf (Bem. 8 vor Art. 9),
c) durch den Untergang des Fischwassers.

Ist das FRecht nicht (als Belastung) im Grundbuch eingetragen, so wird unbeschadet des § 876 BGB. zur rechtsgeschäftlichen Aufhebung die Erklärung des Berechtigten gegenüber dem Eigentümer erforderlich sein, daß er das Recht aufgebe. An die Erklärung ist der Berechtigte nur gebunden, wenn er sie in öffentlicher oder öffentlich beglaubigter Form abgegeben und die Urkunde dem Eigentümer ausgehändigt hat. (arg. BGB. § 875, GBO. § 29). Nur zum Zwecke der Löschung wird das FRecht in das Grundbuch nicht eingetragen.

6. Aus der Veräußerlichkeit erfolgt die Befugnis des Berechtigten, im Wege des Vertrags das Recht in mehrere (je an einer besonderen Strecke des Fischwassers bestehende) selbständige FRechte zu teilen. In der Teilung wird regelmäßig eine Änderung des Inhalts des Rechtes („des Inbegriffs aller rechtlichen Befugnisse, die dem Berechtigten nach Maßgabe des Rechtes zustehen", Staudinger Bem. 1a zu § 877) zu ungunsten des Eigentümers des von der Teilung betroffenen Gewässers zu erblicken sein; die Teilung setzt dann nach §§ 877, 873 BGB. die Einigung mit diesem Eigentümer voraus. Hiefür die beiden parlamentarischen Ausschüsse (BAKA. S. 713, 716, II. Prot. AKR. S. 492 f.), ferner § 7 Abs. 2 GrundbV. Jedenfalls ist es trotz des § 137 BGB. zulässig, daß sich der Eigentümer gegen die ihm nicht erwünschte Teilung durch eine entsprechende auflösende Bedingung bei der Bestellung des Rechtes schützt (s. Planck Erl. zu § 137).

7. Wird das belastete Grundstück geteilt, so bleibt das FRecht an allen Teilen bestehen.

8. Der Vertrag, durch den sich der Berechtigte verpflichtet, sein selbständiges FRecht auf einen andern zu übertragen (das obligatorische Grundgeschäft), bedarf nach Art. 9 Abs. 1 und § 313 BGB. der (gerichtlichen oder: Art. 141 EG. z. BGB., Art. 15 Abs. 2 AG. z. GBG. notariellen) Beurkundung. Das Grundbuchamt soll die Erklärung der Auflassung nur entgegennehmen, wenn die nach § 313 erforderliche Urkunde vorgelegt wird. Dasselbe gilt für die Notare. Der Vorlegung der Urkunde steht die Aufnahme durch den Notar gleich (Art. 12 AG. z. GBO. u. ZVG.; § 6 Abs. 3 GrundbB.). Über den Ersatz der notariellen Beurkundung durch Protokollierung eines Prozeßvergleichs s. Seuffert N. 1 e zu § 794 ZPO.

9. Der Inhaber des selbständigen FRechts ist durch entsprechende Anwendung der Vorschriften über die Ansprüche aus dem Eigentum (§§ 985 f., 1004 BGB.) gegen jeden geschützt, der ihm die Ausübung des Rechtes entzieht oder ihn in der Ausübung in anderer Weise stört. Die den Ansprüchen aus dem Eigentume gleichkommenden Ansprüche kann aus eigenem Rechte nur der Inhaber des FRechts erheben, nicht ein anderer FBerechtigter (Nießbraucher, Pächter u. a.).

Art. 10.

Ein Fischereirecht kann auch zugunsten des jeweiligen Eigentümers eines Grundstücks oder zugunsten einer bestimmten Person bestellt werden.

1. Das zugunsten des jeweiligen Eigentümers eines Grundstücks (nicht bloß eines Ufergrundstücks) bestehende selbständige FRecht — subjektiv dingliches FRecht — gilt als (unwesentlicher) Bestandteil des Grundstücks (§ 96 BGB.). Es teilt demnach im allgemeinen das rechtliche Schicksal des Grundstücks, kann aber Gegenstand besonderer Rechte sein (arg. § 93 BGB.). Hieraus folgt: Die Übereignung des Grundstücks des Berechtigten umfaßt ohne weiteres das Recht. Die auf dem Grundstücke lastende Hypothek usw. erstreckt sich auf das Recht (s. auch § 20 Abs. 2 ZVG.). Durch den Zuschlag des Grundstücks geht das Recht auf den Ersteher über (§ 90 a. a. O.). Anderseits ist die besondere Belastung des subjektiv dinglichen Rechtes nicht grundsätzlich ausgeschlossen. Das Sonderrecht geht dann dem später an der ganzen Sache begründeten Rechte vor. Wird das FRecht erst nach der Belastung mit dem Eigentum an einem Grundstücke verbunden, so bleibt die Sonderbelastung unberührt (vgl. Planck N. 1 b zu § 93, Staudinger Bem. 7 zu § 93).

2. Das zugunsten einer bestimmten Person auf unbestimmte Zeit (z. B. auf Lebenszeit) oder bestimmte Zeit bestehende FRecht — subjektiv persönliches FRecht — unterscheidet sich von dem gewöhnlichen FRecht dadurch, daß der Berechtigte das Recht nicht veräußern oder vererben kann. Das Recht kann auch einer bestimmten juristischen Person (z. B. Pfründestiftung) zustehen. Die Ausübung des Rechtes kann der Berechtigte einem andern überlassen (wegen der Verpachtung

Bem. 2 vor Art. 31), da eine dem § 1092 S. 2 BGB. entsprechende Vorschrift nicht aufgenommen wurde. Die Vereinbarung des Gegenteils wird zulässig sein. Ein **Wechsel** des Inhabers ist nicht ausgeschlossen (das Recht besteht z. B. „für den jeweiligen Lehrer in X"). In solchen Fällen ist aber genau zu prüfen, ob nicht das **Recht** einer Stiftung, Korporation u. a. zusteht und dem jeweiligen Amtsinhaber u. a. nur die Nutzung.

3. Nach dem Regierungsentwurf sollte die Umwandlung des subjektiv dinglichen FRechts in ein gewöhnliches oder subjektiv persönliches FRecht und die Umwandlung des subjektiv persönlichen FRechts in ein subjektiv dingliches unzulässig sein. Das Gesetz enthält das Verbot nicht. Der Inhalt der in Art. 10 bezeichneten Rechte kann nach den allgemeinen Vorschriften der §§ 877, 873, 876 BGB. in Verbindung mit Art. 14 Abs. 5 FG. geändert werden.

4. Über das Fortbestehen des subjektiv dinglichen Rechtes für den Fall, daß das **belastete** Grundstück geteilt wird, s. Bem. 7 zu Art. 9.

5. Über das rechtliche Schicksal des subjektiv dinglichen Rechtes bei der Teilung des Grundstücks des **Berechtigten** schweigt das Gesetz. Die Berechtigung besteht kraft Gesetzes für die einzelnen Teile fort (nach Analogie der §§ 1025, 1109 BGB.; s. die Äußerung des Reg.-Komm. II. Prot. AKR. S. 496). Bringt die Teilung einen Wechsel im Eigentume mit sich, so entsteht dadurch (kraft Gesetzes) ein Koppel-FRecht, dessen Ausübung entsprechend dem Art. 25 Abs. 2 beschränkt ist. Die Sache liegt hier ähnlich wie in dem Falle, daß das Grundstück des Berechtigten **ungeteilt** von mehreren Personen erworben wird. Der Berechtigte kann übrigens bestimmen, daß das Recht nur mit einem Teile verbunden sein soll: wegen der Zustimmung Drittberechtigter s. § 876 BGB. (vgl. § 1109 Abs. 2 dort). Dann entsteht ein Koppel-FRecht nur, wenn der **Teil**, mit dem das Recht verbunden wird, von mehreren Personen erworben wird. § 1109 Abs. 2 S. 3 BGB. (im Zweifel Verbindung des Rechtes mit dem Teile des Grundstücks, den der Berechtigte behält,) ist mangels einer besonderen gesetzlichen Vorschrift nicht anwendbar. Für die Teilung des Grundstücks des Berechtigten ist die Zustimmung der Verwaltungsbehörde (Art. 25 Abs. 3) ebensowenig erforderlich wie für den Erwerb dieses Grundstücks durch mehrere Personen (s. Bem. 1 zu Art. 25; a. M. **Malsen-Hofer** S. 188).

6. Aus der Bezeichnung des FRechts im Fischwassersteuerkataster als Eingehörung oder Bestandteil eines Anwesens ist noch nicht darauf zu schließen, daß das FRecht subjektiv dinglichen Charakter hat (§ 14 GrundbB., s. auch § 36 Ziff. 1 c dort).

7. Grundbuchmäßige Behandlung der subjektiv dinglichen Rechte: Art. 14 Abs. 3, Bem. 3 zu Art. 14, § 2 Abs. 1, § 25 Abs. 4 GrundbB.

Art. 11.

Die Beschränkung des Fischereirechts auf das Hegen oder die Aneignung bestimmter Wassertiere oder auf die Benützung bestimmter Fangmittel oder ständiger Vorrichtungen (Wehre, Zäune, Selbstfänge, feststehende Netzvorrichtungen, Sperrnetze usw.) ist unzulässig. Die zur Zeit des Inkrafttretens dieses

Gesetzes bestehenden beschränkten Rechte dieser Art bleiben aufrecht.

1. Beschränkte Rechte dieser Art sind besonders das Aalfangrecht (z. B. nach Fuldaischem Rechte: Einl. S. 3) und das Angelrecht. Auch das auf den Krebsfang beschränkte FRecht kommt vor (RGZ. 1 [373]; Preuß. LR.). Sie dürfen nicht mehr begründet werden. Verträge, die den Berechtigten auf den Fang einer bestimmten oder nach dem Hausbedarfe zu bemessenden Menge von Fischen einschränken, oder die dem Berechtigten in bezug auf die Benützung von Fangmitteln oder Vorrichtungen Beschränkungen auflegen, die über die fpolizeilichen Vorschriften hinausgehen (z. B. Vereinbarung über das Maß der Öffnungen von Fanggeräten), sind zulässig, denn dadurch werden beschränkte Rechte im Sinne des Art. 11 nicht begründet (s. Bem. 8 vor Art. 9). Unter Art. 11 fallen auch nicht selbständige Berechtigungen, deren Inhaber an bestimmten Tagen der Woche oder zu sonst bestimmten Zeiten das Fischen zu unterlassen hat (Schonzeit als zivilrechtliche Beschränkung der Ausübung des FRechts, s. Staudinger LFO. von 1884 S. 58). Die bestehenden beschränkten Rechte bleiben ohne Rücksicht auf ihren Rechtsgrund aufrecht, unterliegen aber der Zwangsaufhebung oder zwangsweisen weiteren Beschränkung, soweit sie nicht in geschlossenen Gewässern (Art. 2) bestehen (Art. 17). Im übrigen teilen die beschränkten Rechte die Natur der unbeschränkten Rechte, sie sind also, soweit sie nicht dem Eigentümer des Gewässers zustehen, in der Regel frei vererblich und veräußerlich; sie können auch zugunsten des jeweiligen Eigentümers eines Grundstücks oder zugunsten einer bestimmten Person bestehen. Ihre Übertragung, Belastung, Aufhebung, grundbuchrechtliche Behandlung richtet sich nach den Vorschriften, die für die betreffende Art der unbeschränkten Rechte gelten (s. auch § 8 GrundbB.).

2. Das beschränkte Recht kann konkurrierend oder ausschließend sein, d. h. sein Inhaber ist entweder befugt, neben den allgemein FBerechtigten gewisse Wassertiere zu fangen usw., oder die Befugnis des Inhabers des beschränkten Rechtes schließt den allgemein Berechtigten von dem Fange der betroffenen Fischart usw. aus. Ob das eine oder das andere Verhältnis besteht, muß im Einzelfall entschieden werden. Die Vermutung spricht für die geringere Beschränkung des allgemein Berechtigten. Auf jeden Fall liegt Koppelfischerei vor (Bem. 2 zu Art. 24). Streitigkeiten über das Bestehen und den Umfang des beschränkten Rechtes entscheiden die Gerichte.

3. Durch das Bestehen der (konkurrierenden oder ausschließenden) beschränkten Berechtigung ist der Eigentümer des Fischwassers nicht gehindert, einem Dritten ein allgemeines (selbständiges) FRecht zu bestellen, soweit seine Befugnis reicht. Nur das in Art. 11 bezeichnete FRecht gilt als „beschränktes“ Recht. Die hiervon betroffene allgemeine Berechtigung gehört im Sinne des Gesetzes zu den unbeschränkten Rechten.

4. Wer das beschränkte Recht ausübt, ist an die fpolizeilichen Vorschriften gebunden. Es ist demnach jeweils zu prüfen, ob die Benützung des Fangmittels oder der ständigen Vorrichtung, auf die die Berechtigung beschränkt ist, nach den fpolizeilichen Vorschriften zulässig ist. A. M. Malsen-Hofer S. 192 („Die Fangmittel ... können auch zu denen gehören, die den Vorschriften des Art. 74 oder der Landesfischereiordnung nicht entsprechen. Ihre Benützung ist trotzdem auf Grund des aufrecht bleibenden beschränkten FRechtes zulässig"). Dem kann ich mich nicht anschließen. Der Art. 11 S. 2 hat rein privatrechtliche Bedeutung. Er hält die am 1. April 1909 bestehenden inhaltlich beschränkten FRechte ohne Rücksicht auf die Art der Entstehung aufrecht und schafft so Ausnahmen von Art. 3 (s. Bem. 4 vor Art. 3). Er regelt aber nicht die Ausübung der Rechte und gewährt besonders den Personen, die die Rechte ausüben, kein Privileg gegenüber den dem öffentlichen Rechte angehörenden fpolizeilichen Vorschriften. Öffentlichrechtliche Beschränkungen der Ausübung muß sich jeder Inhaber eines Privatrechts gefallen lassen, ohne sich demgegenüber auf Sätze des Privatrechts berufen zu können. Vor dem 1. April 1909 konnte es nicht zweifelhaft sein, daß die Ausübung beschränkter FRechte den fpolizeilichen Vorschriften ebenso unterworfen war als die Ausübung unbeschränkter Rechte. Das ergibt sich ohne weiteres aus § 20 der LFO. von 1884, wonach durch die fpolizeilichen Bestimmungen an den weitergehenden oder anderweitigen zivilrechtlichen Beschränkungen nichts geändert wurde d. h. außer den allgemein gültigen fpolizeilichen Beschränkungen die darüber hinausgehenden besonderen zivilrechtlichen Beschränkungen aufrechterhalten wurden (s. Staudinger a. a. O. S. 149). Der Art. 11 FG. hat daran nichts geändert; er hat nur den privatrechtlichen Bestand der Rechte gesichert. Der § 20 der LFO. von 1884 ist inhaltlich unverändert in § 14 Abs. 1 der neuen LFO. übergegangen.

Art. 12.

Der Fischereiberechtigte kann von demjenigen, welchem das an sein Fischwasser angrenzende Fischereirecht zusteht, die Mitwirkung dazu verlangen, daß die Grenze der beiden Fischereirechte an dem Ufer durch feste Zeichen abgemarkt und, wenn ein Grenzzeichen verrückt oder unkenntlich geworden ist, es wiederhergestellt wird.

Abs. 2. Die Mitwirkung kann nicht verlangt werden, soweit die Grenze des Fischereirechts mit der Grenze eines Ufergrundstückes zusammenfällt und letztere bereits durch ein Grenzzeichen nach Maßgabe des Abmarkungsgesetzes vom 30. Juni 1900 gesichert ist.

Abs. 3. Die Art der Abmarkung und das Verfahren werden durch K. Verordnung geregelt.

Abs. 4. Die Kosten der Abmarkung sind von den Beteiligten zu gleichen Teilen zu tragen, sofern sich nicht aus einem zwischen ihnen bestehenden Rechtsverhältnis ein anderes ergibt.

Vollzugsverordnung.

„**Abmarkung der Grenzen der Fischereirechte.**

§ 2. Zur Abmarkung der Grenzen der Fischereirechte sind in der Regel dauerhafte Steine von entsprechender Größe und Form zu verwenden.

Die Steine müssen soweit zugerichtet sein, daß ihre Bedeutung als Grenzzeichen zweifellos erkennbar ist.

Wenn die Beschaffenheit des Bodens das Setzen von Steinen nicht angezeigt erscheinen läßt oder die Beschaffung der Steine mit unverhältnismäßigen Kosten verbunden wäre, ist auch das Setzen von Grenzzeichen aus dauerhaftem Holze zulässig.

§ 3. Werden zur Feststellung der Grenzen der Fischereirechte Ermittlungsmessungen oder Teilungsmessungen durch die K. Messungsämter vorgenommen, so sind diese auch zur Vornahme der Abmarkung zuständig.

Sonstige Abmarkungsgeschäfte können von den Fischereiberechtigten gleichfalls den Messungsämtern übertragen werden.

Im übrigen sind zur Vornahme der Abmarkungsgeschäfte die Feldgeschworenen zuständig.

§ 4. Die Vorschriften des Art. 4 Abs. 5 und der Art. 9, 10, 13 des Gesetzes, betreffend die Abmarkung der Grundstücke, vom 30. Juni 1900 finden entsprechende Anwendung.

§ 5. Die Abmarkung der Fischereigrenzen hat auf beiden Ufern zu erfolgen. Ausnahmsweise genügt die Anbringung eines Grenzzeichens auf einem der beiden Ufer bei kleineren Flüssen und Bächen, wenn die Grenze der Fischereirechte annähernd rechtwinkelig zu beiden Flußufern verläuft.

§ 6. Zur Vornahme der Abmarkung sind die Fischereiberechtigten und die Eigentümer der Ufergrundstücke, auf denen die Grenzzeichen gesetzt werden sollen, gegen Nachweis zu laden.

Die Ladung erfolgt durch den Vorstand der Gemeindebehörde, bei Abmarkungen in ausmärkischen Bezirken durch den Obmann der Feldgeschworenen, bei Abmarkungen, welche das Messungsamt vornimmt, durch das Messungsamt. Dieses kann sich der Vermittlung der Gemeindebehörde bedienen.

Erscheinen die Beteiligten nicht, so kann das Abmarkungsgeschäft gleichwohl gültig vorgenommen werden. Die Kosten einer durch unentschuldigtes Ausbleiben eines Beteiligten vereitelten Tagfahrt hat der Nichterschienene zu tragen. Auf die Folgen des Nichterscheinens ist bei Ladung aufmerksam zu machen.

§ 7. Über die Vornahme der Abmarkung ist eine Niederschrift aufzunehmen. In derselben ist die Zeit, der Name und die Eigenschaft der Anwesenden anzugeben und die vorgenommene Handlung genau zu beschreiben. Die Niederschrift ist von den beteiligten Fischereiberechtigten und Grundeigentümern oder deren Vertretern, dann von dem leitenden Geometer und von den Feldgeschworenen zu unterzeichnen.

Über die von den Messungsämtern vorgenommenen Abmarkungen sind Handrisse zu fertigen, in welchen der Verlauf der abgemarkten Grenze durch Maßzahlen festzulegen ist. Der Niederschrift der Feldgeschworenen ist erforderlichenfalls eine Handzeichnung oder ein Planausschnitt beizufügen.

Die Niederschriften der Geometer sind von den Messungsämtern, die Niederschriften der gemeindlichen Feldgeschworenen von der Gemeindebehörde und die Niederschriften der Feldgeschworenen für ausmärkische Bezirke von ihrem Obmann sorgfältig aufzubewahren. Den Fischereiberechtigten und den beteiligten Grundbesitzern ist auf Verlangen beglaubigte Abschrift zu fertigen.

§ 8. Das Verfahren bei den Gemeindebehörden und in der ersten Instanz ist gebührenfrei.

§ 9. Die Feldgeschworenen beziehen für ihre Dienstverrichtungen Gebühren nach Maßgabe einer Gebührenordnung, welche durch die Distriktsverwaltungsbehörde nach Einvernahme des Distriktsrates festzusetzen ist.

Für die Mitwirkung der Messungsämter sind Messungsgebühren zu entrichten. Bezüglich dieser Gebühren haben die Bestimmungen im § 9 Unserer Verordnung vom 15. Dezember 1908, den Ummessungsdienst der Finanzverwaltung betreffend, Anwendung zu finden.

§ 10. Die Einziehung der Kosten mit Ausnahme der Messungsgebühren erfolgt durch die Gemeindebehörde nach den Bestimmungen über die Erhebung und zwangsweise Beitreibung der Gemeindeumlagen.

§ 11. Die Gemeinden sind verpflichtet, für die Abmarkungen, welche innerhalb ihrer Bezirke vorzunehmen sind, auf Verlangen der zur Abmarkung zuständigen Behörde oder Person eine angemessene Anzahl von Grenzsteinen und -Pflöcken bereit zu stellen und entweder unentgeltlich oder zum Selbstkostenpreis an die beteiligten Fischereiberechtigten abzugeben."

1. Art. 12 begründet in enger Anlehnung an § 919 BGB. einen privatrechtlichen, dinglichen, unverjährbaren Anspruch des Inhabers des FRechts (auch des Eigentums-FRechts) gegen den Inhaber des angrenzenden FRechts. Der Inhaber des FRechts kann den Anspruch auch geltend machen, wenn er zur Ausübung des FRechts nicht befugt ist (s. § 3 der in Bem. 5 bez. Bek.). Der Pächter, Nießbraucher, die Genossenschaft usw. sind hinsichtlich der Geltendmachung des Anspruchs weder aktiv noch passiv legitimiert. Ein öffentlichrechtlicher Abmarkungszwang (Art. 1 AbmG. vom 30. Juni 1900) besteht nicht. Für die Entscheidung über den privatrechtlichen Anspruch auf Mitwirkung zur Abmarkung sind aber ausnahmsweise die Verwaltungsgerichte zuständig (Bem. 2 zu Art. 97).

2. Der Anspruch beschränkt sich auf die Abmarkung der Ufergrenzen; die Abmarkung innerhalb des Gewässers kann nicht erzwungen werden. Gesetzliche Duldungspflicht der Ufereigentümer: Art. 71.

3. Besondere Rechtsverhältnisse, aus denen sich für die Beteiligten eine andere Kostenverteilung als nach Abs. 4 ergeben kann, sind Vertrag, Haftung aus einer unerlaubten Handlung (§§ 823, 826 BGB.). Über die Zuständigkeit für die Entscheidung von Kostenstreitigkeiten s. Bem. 2 zu Art. 97.

4. Strafbestimmung: Art. 100 Nr. 3.

5. Die Bekanntmachung betr. die Abmarkung der Fischereirechte, vom 19. März 1909 (GVBl. S. 249) ist im Anhang abgedruckt.

Art. 13.

Die zur Bestellung eines Fischereirechts erforderliche Einigung des Eigentümers des Gewässers und des Erwerbers des Fischereirechts muß bei gleichzeitiger Anwesenheit beider Teile

vor dem Grundbuchamt oder einem bayerischen Notar erklärt werden.

Grundbuchbekanntmachung.

„**§ 6.** Zur Begründung eines Fischereirechts ist die Einigung des Eigentümers des Gewässers und des Erwerbers des Rechtes über den Eintritt der Rechtsänderung genügend; der Eintragung in das Grundbuch bedarf es nicht (Art. 9, 14 Abs. 5 des Fischereigesetzes). Die Einigung muß bei gleichzeitiger Anwesenheit der Beteiligten vor dem Grundbuchamt oder einem bayerischen Notar erklärt werden (Art. 13 des Fischereigesetzes).

Die Übertragung des Fischereirechts setzt die Einigung des bisherigen Fischereiberechtigten und des Erwerbers über den Eintritt der Rechtsänderung und die Eintragung auf dem Blatte des Fischereirechts (§ 26 Abs. 1) voraus.

Das Grundbuchamt soll die Erklärung der Einigung nur entgegennehmen, wenn die nach § 313 des Bürgerlichen Gesetzbuchs erforderliche Urkunde vorgelegt wird. Dasselbe gilt für die Notare; der Vorlegung der Urkunde steht die Aufnahme durch den Notar gleich (Art. 9 des Fischereigesetzes, Art. 12 des AG. z. GBO.)."

1. S. über die Begründung des selbständigen FRechts zunächst Bem. 5 bis 11 vor Art. 9. Nach § 6 Abs. 1 GrundbB. ist „zur Begründung eines FRechts die Einigung des Eigentümers des Gewässers und des Erwerbers des Rechtes über den Eintritt der Rechtsänderung genügend; der Eintragung in das Grundbuch bedarf es nicht (Art. 9, 14 Abs. 5 FG.)". Bei der Übertragung des FRechts ist die Eintragung nach § 6 Abs. 2 a. a. O. Entstehungstatsache (Bem. 3 zu Art. 9). Diese Auffassung kann, soweit sie die Begründung des FRechts betrifft, nicht geteilt werden. Das Gesetz enthält keine ausdrückliche Bestimmung über die rechtliche Bedeutung der Eintragung, weder für die Bestellung noch für die Übertragung. Auch aus Art. 14 Abs. 2 ist nicht zu entnehmen, ob die Eintragung der Veräußerung des FRechts auf dem Blatte des Rechtes Element der Rechtsänderung ist oder der Rechtsänderung nachfolgt. M. E. muß die Frage für die Begründung und die Übertragung des Rechtes grundsätzlich gleich und dahin beantwortet werden, daß die Eintragung Element der Rechtsänderung ist. (A. M. v. Henle JurZ. 1910 S. 837, ferner Malsen-Hofer S. 198, die sich der MinBek. anschließen).

Es ist davon auszugehen, daß das selbständige FRecht ein Recht an einem fremden Grundstücke ist und daß die Vorschriften des BGB. anzuwenden sind, soweit nicht das FG. Abweichendes bestimmt (Bem. 3 vor Art. 9). Nach § 873 BGB. ist zur Belastung eines Grundstücks mit einem Rechte erforderlich a) die Einigung der Beteiligten über den Eintritt der Rechtsänderung, b) die Eintragung der Rechtsänderung in das Grundbuch. Die Einigung ist in der Regel formlos. Besondere Formen der Einigung sind in den §§ 925, 1015, 1017 vorgeschrieben. Daneben bleibt die Eintragung in das Grundbuch Entstehungselement. Art. 13 FG. enthält für die Bestellung des FRechts (unter Berücksichtigung des Art. 81 AG. z. BGB.) eine fast wörtliche Wiedergabe des § 1015 BGB. (Bestellung des Erbbaurechts). Auch er betrifft nur die Einigung, für die er eine besondere Form vorschreibt. Er sagt nicht, daß zur Bestellung eines FRechts die Einigung erforderlich und genügend sei, vielmehr weist der Wortlaut „die zur Bestellung erforderliche Einigung“ auf eine außerhalb des FG. bestehende allgemeine Vorschrift, die nur der § 873 BGB. sein kann. Zur Bestellung eines FRechts ist demnach, soweit nicht das FG. ausdrücklich eine Ausnahme vorschreibt oder zuläßt, die formelle Einigung des Art. 13 und die Eintragung der Rechtsänderung auf dem Grundbuchblatte des belasteten Gewässers erforderlich.

Diese Regel erleidet keine Einschränkung durch Art. 14 Abs. 5 S. 1. Die Bedeutung des Abs. 5 S. 1 geht nicht weiter, als in der Bem. 6 zu Art. 14 angedeutet ist. Das Gesetz sagt auch dort nicht, daß das FRecht zur Begründung der Eintragung in das Grundbuch nicht bedarf. Der für das FG. vorbildliche Sprachgebrauch des BGB. unterscheidet zwischen den Fällen, in denen ein Recht an einem fremden Grundstück ohne Eintragung im Grundbuch entstehen kann und den Fällen, in denen das entstandene, aber nicht eingetragene Recht vor den Wirkungen des öffentlichen Glaubens des Grundbuchs geschützt wird (Art. 187 Abs. 1 EG. z. BGB., wonach eine Grunddienstbarkeit, die zu der Zeit besteht, zu der das Grundbuch als angelegt anzusehen ist, zur Erhaltung der Wirksamkeit gegenüber dem öffentlichen Glauben des Grundbuchs nicht der Eintragung bedarf, im Vergleiche mit Art. 114 a. a. O., wonach das Landesgesetz vorschreiben kann, daß Grundgefälle u. dgl. „zu ihrer Begründung und zur Wirksamkeit gegenüber dem öffentlichen Glauben des Grundbuchs nicht der Eintragung bedürfen“).

Die Regel erleidet dagegen eine bedeutende Einschränkung durch Art. 14 Abs. 5 S. 2. Aus der Vorschrift, daß die Eintragung des FRechts als Belastung auf dem Blatte des Gewässers (in der 2. Abteilung) nur verlangt werden kann, wenn für das Gewässer schon ein Blatt angelegt ist, folgt, daß die Eintragung des FRechts auf dem Blatte des belasteten Gewässers zur Entstehung des selbständigen FRechts dann nicht erforderlich ist, wenn für das Gewässer (entsprechend den Vorschriften über die Anlegung und Führung des Grundbuchs) ein Blatt nicht angelegt ist (Bem. 7 zu Art. 14). Zur Entstehung des FRechts ist dann auch nicht die Anlegung eines Blattes für das Recht (Art. 14 Abs. 2) erforderlich; die Anlegung für das Recht erfolgt hier nur auf Antrag und setzt die Begründung des selbständigen FRechts voraus. Die Bestellung des selbständigen FRechts vollzieht sich demnach ohne Eintragung der Belastung im Grundbuche, soweit das Recht bestellt wird an nicht eingetragenen öffentlichen Gewässern, an nicht eingetragenen Privatgewässern jeder Art des Staates und der in Bem. 7 zu Art. 14 bezeichneten juristischen Personen, ferner an Privatflüssen und Bächen, die Bestandteil der Ufergrundstücke sind (Art. 21 WG.). Denn da die im Eigentume der Anlieger stehenden Gewässer nicht selbständige Grundstücke, sondern Teile der Ufergrundstücke sind, haben sie ein besonderes Grundbuchblatt nicht zu beanspruchen (bes. §§ 170, 189, 300 der Dienstanweisung; Henle-Dandl a. a. O. S. 70, 338; Staudinger Vorbem. VIII vor § 1018). Der Eintragung des FRechts als Belastung auf dem Blatte des das Gewässer umfassenden Ufergrundstücks steht § 25 Abs. 2 GrundbB. entgegen. (Die von dem früheren Rechtszustand ausgehende Bem. Oertmanns S. 387 beruht auf der Auffassung der FBerechtigung als Dienstbarkeit und § 6 GBO.). Unter Umständen ist es allerdings möglich, das Gewässer, das einen Teil des Ufergrundstücks bildet, als selbständiges Grundstück einzutragen und dann die Eintragung des

FRechts als Belastung vorzunehmen. Über die Voraussetzungen hiefür s. Begr. S. 346, BAKA. S. 717.

2. Über einen Ausnahmefall (Protokollierung der Einigung durch die Distriktsverwaltungsbehörde) s. Bem. 4 zu Art. 98.

3. Der Vertrag, durch den sich der Eigentümer des Gewässers verpflichtet, ein selbständiges FRecht zu bestellen (das obligatorische Grundgeschäft), bedarf der Form des § 313 BGB., denn nach der Tendenz des darüber schweigenden Gesetzes darf für den Bestellungsvertrag keine geringere Form verlangt werden, als für den Veräußerungsvertrag (Bem. 8 zu Art. 9; s. BRKR. S. 249). Auch Art. 12 AG. z. GBO. u. ZVG. ist anzuwenden (Bem. 8 zu Art. 9; vgl. § 6 Abs. 3 GrundbB., der auf Abs. 1 wie auf Abs. 2 bezogen werden kann). Für den Vertrag, durch den sich der Berechtigte zur Aufhebung des FRechts verpflichtet, ist keine Form erforderlich (abweichend BRKR. a. a. O.), weil die Aufhebung des FRechts sich nach § 875 BGB. richtet und die Verpflichtung zur Aufhebung eines Rechtes an einem Grundstücke formlos erfolgen kann (s. Staudinger Bem. 7 zu § 875; RGE. in GruchotsBeitr. Bd. 48 S. 350).

Art. 14.

Das Fischereirecht, welches dem Eigentümer des Gewässers zusteht, wird in das Grundbuch auch dann nicht eingetragen, wenn das Gewässer Bestandteil seines Grundstücks ist.

Abs. 2. Die selbständigen Fischereirechte erhalten ein Grundbuchblatt nur auf Antrag oder wenn das Recht veräußert oder belastet werden soll.

Abs. 3. Für ein Fischereirecht, welches zugunsten des jeweiligen Eigentümers eines Grundstücks besteht, gilt die Vorschrift des § 8 der Grundbuchordnung.

Abs. 4. Die Vorschriften des § 20 und des § 22 Abs. 2 der Grundbuchordnung finden entsprechende Anwendung.

Abs. 5. Zur Erhaltung der Wirksamkeit gegenüber dem öffentlichen Glauben des Grundbuchs muß ein Fischereirecht nicht in das Grundbuch eingetragen werden. Die Eintragung des Fischereirechts auf dem Blatte des Gewässers kann nur verlangt werden, wenn für das Gewässer bereits ein Blatt angelegt ist.

Abs. 6. Die Vorschriften über die Voraussetzungen und das Verfahren der Eintragung von Fischereirechten werden vom Staatsministerium der Justiz erlassen.

1. Über die bisherige grundbuchrechtliche Behandlung des FRechts s. bes. Art. 1 des Ges. vom 18. Juni 1898, die Vorbereitung der Anlegung des Grundbuchs in den Landesteilen rechts des Rheins betr. (GVBl. S. 367) mit § 29 Abs. 2 der Kgl. VO. vom 23. Juli 1898 (GVBl. S. 493), § 76 der Bek. vom 1. Oktober 1898 (JMBl. S. 507), § 3 der Bek. vom 11. Juli 1901 (JMBl. S. 489); Henle-Dandl a. a. O.

S. 338 f. Nach der Anlegung des Grundbuchs traten in Kraft Art. 17, 18 AG. z. GBO. u. z. ZVG., §§ 78 Abs. 1 Nr. 1, 121 Abs. 2, 132 Nr. 1, 134, 148 Abs. 4, 170, 195 Abs. 1 und 2, 221, 293, 300, 340 Abs. 2, 369, 578 Abs. 1 der DAnw. für die Grundbuchämter in den Landesteilen rechts d. Rh. (JMBl. 1905 S. 63); s. auch Oertmann S. 386, 387. — Über Fischwassersteuerkataster s. § 8 GrundsteuerG., § 40 der FinMinBek. vom 23. Februar 1905 (JMBl. S. 593). — Inkrafttreten des Art. 14: Art. 113. — Übergangsvorschrift: Art. 112.

2. Das Eigentums-FRecht, auch das Anlieger-FRecht, erhält, was nach seiner rechtlichen Natur selbstverständlich ist, weder ein Grundbuchblatt noch wird es als Belastung auf dem für das Wassergrundstück angelegten Blatte eingetragen (Abs. 1; § 1 GrundbB.). Auch obligatorische FBerechtigungen werden nicht eingetragen (§ 3 GrundbB.).

3. a) Das selbständige FRecht kann im Grundbuch eingetragen sein als dingliches, rechtlich wie ein Grundstück behandeltes Nutzungsrecht und als Belastung des Wassergrundstücks. Als ersteres erhält es ein besonderes Grundbuchblatt, als letztere wird es auf dem Blatte des Gewässers eingetragen. Die beiden Arten der Eintragung sind genau auseinanderzuhalten. Das Blatt des FRechts dient zunächst der Veräußerung und Belastung des Rechtes (s. Art. 14 Abs. 2), die Eintragung auf dem Blatte des mit dem Rechte belasteten Grundstücks soll den Bestand und den Inhalt des Rechtes ausweisen.

b) Nach Art. 17 Abs. 2 AG. z. GBO. u. z. ZVG. sollten (selbständige) FRechte ein Grundbuchblatt nur erhalten auf Antrag oder von Amts wegen bei Veräußerung des Rechtes durch Rechtsgeschäft oder im Wege der Zwangsvollstreckung oder bei Belastung des Rechtes. Abs. 2 wiederholt die Vorschrift für selbständige FRechte jeder Art, auch für die kraft Gesetzes (Art. 15) umgewandelten Dienstbarkeiten. Für subjektiv dingliche Rechte werden jedoch selbständige Grundbuchblätter nicht angelegt (Näheres Bem. 4). Der Anlegung eines besonderen Blattes steht die Führung eines gemeinschaftlichen Blattes für das FRecht und für Grundstücke oder andere FRechte oder die Zuschreibung des FRechts zu einem Grundstück oder anderen FRechte gleich (vgl. §§ 4, 5 GBO., § 26 Abs. 3 GrundbB.). Die Anlegung des besonderen Blattes ist unabhängig davon, daß das FRecht auf dem Blatte des belasteten Grundstücks eingetragen ist. (Ordnungsvorschrift: § 25 Abs. 4, § 28 Abs. 4 GrundbB.). Das besondere Blatt gilt als Grundbuch des FRechts (s. § 3 GBO.). Die Anlegung kann beantragen der Eigentümer des belasteten Grundstücks und der FBerechtigte (s. §§ 10, 24, 26 GrundbB., § 13 Abs. 2 GBO.). Ist je ein Blatt für das belastete Grundstück und das FRecht angelegt, so werden die Veräußerungen und Belastungen des FRechts nur auf dem Blatte des Rechtes eingetragen (vgl. § 6 Abs. 2, § 32 Abs. 2 GrundbB.). Der Übergang des Rechtes auf den Erben oder in das Gesamtgut einer Gütergemeinschaft ist nicht Veräußerung.

4. Nach §§ 24, 29 Abs. 4 GrundbB. sollen für subjektiv dingliche FRechte selbständige Grundbuchblätter nicht angelegt werden. Dagegen ist das subjektiv dingliche Recht auf Antrag des Eigentümers des Grundstücks und grundsätzlich jedes an dem Grundstücke berechtigten Dritten auf dem Blatte des Grundstücks des Berechtigten (im Titel: § 340 f. DAnw.) zu vermerken (Abs. 3; § 29 Abs. 1, 3 GrundbB.). Die Vermerkung hat selbst dann zu geschehen, wenn für das Gewässer ein Blatt nicht angelegt ist (§ 29 Abs. 2 GrundbB.).

5. Die Bezugnahme des Abs. 4 auf § 20 GBO. ergibt, daß im Falle der Bestellung oder Übertragung eines (selbständigen) FRechts die Eintragung der Bestellung auf dem Blatte des zu belastenden Grundstücks oder der Veräußerung auf dem Blatte des Rechtes nicht schon auf die Bewilligung des Eigentümers des belasteten Wassergrundstücks oder des Veräußerers des FRechts, sondern nur erfolgen darf, wenn die Einigung des berechtigten und des anderen Teiles nachgewiesen ist. Die Berichtigung des Grundbuchs durch Eintragung eines FBerechtigten darf nur mit Zustimmung des (einzutragenden) Berechtigten erfolgen, sofern nicht der Fall des § 14 GBO. vorliegt (§ 22 Abs. 2 dort).

6. Nach § 892 BGB. gilt zugunsten desjenigen, der ein Recht an einem Grundstück oder ein Recht an einem solchen Rechte durch Rechtsgeschäft erwirbt, der Inhalt des Grundbuchs als richtig, es sei denn, daß ein Widerspruch gegen die Richtigkeit eingetragen oder die Unrichtigkeit dem Erwerber bekannt ist. Die Fiktion der Richtigkeit erstreckt sich darauf, daß andere als die eingetragenen Rechte nicht bestehen und daß die eingetragenen Rechte nur in dem Umfange bestehen, als aus dem Grundbuch ersichtlich ist (s. auch § 893). Der Abs. 5 S. 1 macht davon eine Ausnahme für die Erhaltung der Wirksamkeit der FRechte. Ein auf dem Blatte des belasteten Grundstücks nicht oder unrichtig eingetragenes selbständiges FRecht ist z. B. auch dem gutgläubigen Erwerber des belasteten Grundstücks gegenüber ohne weiteres wirksam, vorausgesetzt natürlich, daß es vor oder nach dem Inkrafttreten des FG. gültig entstanden ist. Dagegen bleibt die Vermutung des § 891 BGB. unberührt. Es wird bis zum Beweise des Gegenteils vermutet, daß ein eingetragenes FRecht dem eingetragenen Berechtigten zusteht und daß ein im Grundbuch eingetragenes, aber gelöschtes sowie ein eintragungsfähiges, aber nicht eingetragenes FRecht nicht besteht. Ist das FRecht richtig eingetragen worden, so gilt die Fiktion des § 892 auch in Ansehung des FRechtes; ist z. B. das FRecht grundlos gelöscht worden und ein Widerspruch nicht eingetragen, so braucht der gutgläubige Erwerber des belasteten Grundstücks das Recht nicht gegen sich gelten zu lassen. Abs. 5 S. 1 sagt nicht, daß das FRecht zu seiner Begründung nicht der Eintragung im Grundbuche bedarf (Bem. 1 zu Art. 13).

7. Nach § 90 Abs. 1 GBO. und § 1 Kgl. VO. vom 1. Juli 1898 (GBBl. S. 377) erhielten bei der Grundbuchanlegung die öffentlichen Gewässer und die Privatgewässer, soweit sie im Eigentum des Staates oder einer anderen a. a. O. bezeichneten juristischen Person standen, ein Grundbuchblatt nur auf Antrag. Die übrigen Privatgewässer waren von der Buchung nicht ausgenommen, soweit sie selbständige Grundstücke darstellten (Henle-Dandl S. 166 unter d, 70 f., 74). Nach der Anlegung des Grundbuchs gilt das gleiche (§§ 503 f. DAnw.). Das Blatt des Gewässers wird nicht deshalb von Amts wegen angelegt, weil das FRecht dort eingetragen werden soll. Nach dem Wortlaute des § 25 Abs. 3 GrundbB. muß auch angenommen werden, daß der FBerechtigte nicht befugt ist, die Eintragung des vom Buchungszwange befreiten Gewässers zur Herbeiführung der Eintragung seines FRechts zu beantragen (Ausnahme von § 90 Abs. 1 GBO., § 1 Kgl. VO. vom 1. Juli 1898, §§ 504, 521 Abs. 2 DAnw.). Über die rechtliche Bedeutung des Abs. 5 S. 2 für die Entstehung von FRechten s. Bem. 1 zu Art. 13.

8. Zu Abs. 6: Die Vorschriften sind in der Bekanntmachung vom

15. März 1909, die Eintragung der Fischereirechte in das Grundbuch und in das Hypothekenbuch betr. (JMBl. S. 136), enthalten. Die Bekanntmachung ist im Anhang abgedruckt. Auf die wichtigeren Bestimmungen ist bei den einzelnen Artikeln hingewiesen. Die §§ 1 bis 9, 14 behandeln die FBerechtigung, §§ 10 bis 13 den Eintragungsantrag, §§ 15 und 16 den Nachweis des Rechtes gegenüber dem Grundbuchamt, §§ 17 bis 23 die Zustimmung des Anmeldungsgegners, § 24 die Eintragungsarten im allgemeinen, § 25 die Eintragung des FRechts als Belastung, §§ 26, 27 die Anlegung von Grundbuchblättern für das Recht, § 28 die Form der Eintragung, § 29 den Vermerk des subjektiv dinglichen Rechtes, § 30 die Eintragung des FRechts, wenn sich das belastete Gewässer über die Steuergemeinde oder den Amtsgerichtsbezirk hinaus erstreckt, § 31 die Eintragung von Widersprüchen, § 32 die Behandlung der schon im Grundbuch eingetragenen Rechte, §§ 33, 34 die Eintragung der FRechte in das Hypothekenbuch und die Behandlung der dort eingetragenen Rechte, § 35 den Verkehr mit den Rentämtern, § 36 das Verzeichnis der Rechte in einem Anhang zum Sachregister.

Art. 15.

Als Dienstbarkeit kann ein Fischereirecht nicht bestellt werden. Bestehende Fischereirechte, welche nach dem bisherigen Rechte Dienstbarkeiten sind, gelten von dem Inkrafttreten dieses Gesetzes an, sofern sie Grunddienstbarkeiten sind, als Fischereirechte, welche zugunsten des jeweiligen Eigentümers eines Grundstücks und, sofern sie beschränkte persönliche Dienstbarkeiten sind, als Fischereirechte, welche zugunsten einer bestimmten Person bestellt sind.

Das Gesetz kennt neben den Eigentümer-FRechten nur selbständige FRechte und als selbständige FRechte außer den gewöhnlichen frei veräußerlichen und vererblichen Rechten nur die subjektiv dinglichen und die subjektiv persönlichen Rechte (Art. 10). Die bestehenden Rechte wurden vielfach als Dienstbarkeiten aufgefaßt (s. Oertmann S. 384, Einl. S. 5). Vom Inkrafttreten des FG. gelten ihrem rechtlichen Inhalte nach die FRechte, die als Dienstbarkeiten entstanden, als dingliche Nutzungsrechte mit Grundstücksnatur. Die Änderung des Inhalts der Rechte vollzog sich kraft Gesetzes. Vom 1. April 1909 an gibt es nur die im ersten Satze bezeichneten selbständigen FRechte.

Dienstbarkeiten: §§ 1018 f., 1090 f. BGB.; Art. 187, 191 EG. z. BGB., Art. 10, 44, 45 ÜbergG. (Eintragung in das Grundbuch, Besitzschutz); Art. 84 AG. z. BGB. (Begründung und Aufhebung von Dienstbarkeiten an buchungsfreien Grundstücken); Art. 11 f. ÜbergG. (Erlöschen nicht eingetragener Grunddienstbarkeiten).

Art. 16.

Wer ein in das Grundbuch eingetragenes Fischereirecht ausübt, wird nach den für den Besitzschutz geltenden Vorschriften gegen Störung der Ausübung geschützt, soweit das Fischerei-

recht innerhalb eines Jahres vor der Störung, sei es auch nur einmal, ausgeübt worden ist.

Abs. 2. Ist das Fischereirecht nicht in das Grundbuch eingetragen, so wird der Besitzschutz nur gewährt, wenn das Fischereirecht in jedem der drei letzten Jahre vor der Störung mindestens einmal ausgeübt worden ist.

1. Art. 16 befaßt sich nur mit dem Schutze der Ausübung des selbständigen FRechts (Art. 9 Abs. 1) nach seinen beiden Richtungen, der Aneignungs- und der Hegetätigkeit (Art. 1 Abs. 1). Der Schutz ist nach den Vorschriften über den Schutz des Sachbesitzes und in deutlicher Anlehnung an § 1029 BGB., Art. 191 Abs. 2 EG. z. BGB. — Schutz der Ausübung von Grunddienstbarkeiten — (s. auch Art. 45 ÜbergG.) geregelt. Wegen des Schutzes der Ausübung des Eigentums-FRechts s. Bem. 2 vor Art. 9; wegen des dem Inhaber des selbständigen FRechts zustehenden Rechtsschutzes s. Bem. 9 zu Art. 9; wegen des Schutzes der Ausübung obligatorischer Berechtigungen s. Bem. 3 vor Art. 31 und unten Bem. 3.

2. Der Inhaber des selbständigen FRechts ist als solcher nicht zum Besitze des Fischwassers berechtigt. Eine dem § 1036 Abs. 1 BGB. (Nießbrauch) entsprechende Vorschrift fehlt. Daraus, daß für das selbständige FRecht die sich auf Grundstücke beziehenden Vorschriften gelten, folgt noch nicht, daß die Ausübung des Rechtes nach den für den Schutz des Besitzes eines Grundstücks geltenden Vorschriften geschützt wird (Planck 3. Bd. S. 29 Erl. 5; a. M. anscheinend BRKR. S. 252). Es bedurfte vielmehr des Art. 16, um dem das selbständige FRecht Ausübenden eine Art von Besitzschutz zu gewähren. Art. 16 ist in dieser (zivilrechtlichen) Hinsicht erschöpfend.

3. Den Schutz genießt nicht nur, wer das selbständige FRecht als ihm zustehend ausübt. Der Schutz wird auch jedem gewährt, der das FRecht als fremdes Recht ausübt, also besonders auch dem Pächter, Unterpächter, Nießbraucher, Nutznießer. Die Inhaber eines Erlaubnisscheines (Art. 35) und die Hilfspersonen mit Einschluß der FGäste werden den sogenannten Besitzdienern gleichstehen und auf die Selbsthilfe beschränkt sein (§§ 855, 859, 860 BGB.). Siehe im übrigen §§ 858 f. BGB., die mit Einschluß des § 866 (Mitbesitz = hier gemeinschaftliche Ausübung des FRechts) und der Grundsätze der §§ 868 f. über den mittelbaren Besitz entsprechend anwendbar sind. A. M. war der RefKR. S. 258: Der nur obligatorisch Berechtigte habe niemals eine Klage gegen dritte Störer. Er könne höchstens auf Grund seines Pachtvertrags von dem FBerechtigten die Anstrengung, eventuell die Abtretung der diesem gegen den dritten Störer erwachsenen Klage nach § 536 [581] BGB. verlangen. Für das bisherige Recht stimmte das im allgemeinen: Oertmann S. 383. Nach dem Wortlaute des Gesetzes, das übrigens den Pächter dem dinglich Berechtigten in der Regel ohne weiteres gleichstellt, soweit es sich um die Ausübung des Rechtes handelt (Einl. S. 17), und den Vorbildern im BGB. — Bem. 1 — ist die hier vertretene Ansicht gerechtfertigt. Über einen besonderen Schutz (auch) des Pächters gegen übermäßigen Wasserentzug s. Art. 77 Abs. 2 und Bem. 5 dort.

4. Den erhöhten Schutz des Abs. 1 genießt nicht nur das FRecht, für das ein besonderes Blatt angelegt ist (Art. 14 Abs. 2), sondern auch das Recht, das (nur) auf dem Blatte des belasteten Gewässers eingetragen ist. So auch Malsen-Hofer S. 209; a. M. BRKR. S. 252. Das Gesetz unterscheidet nicht.

5. Selbstverständlich wird der das F-Recht Ausübende ohne Einschränkung nach den Vorschriften über den Schutz im Sachbesitz geschützt, wenn ihm der Besitz einer Sache, deren er sich bei der Ausübung bedient, z. B. seines Kahnes, seiner Gerätschaften rechtswidrig entzogen oder wenn er in deren Besitz rechtswidrig gestört wird.

Art. 17.

Fischereirechte, welche auf das Hegen oder die Aneignung bestimmter Wassertiere oder auf die Benützung bestimmter Fangmittel oder ständiger Vorrichtungen (Art. 11) gerichtet sind, können in nicht geschlossenen Gewässern gegen Entschädigung der Berechtigten aufgehoben oder weiteren Beschränkungen als dieses Gesetz vorsieht, unterworfen werden.

Abs. 2. Eine solche Aufhebung oder weitere Beschränkung kann beansprucht werden:

1. **vom Staate im öffentlichen Interesse,**
2. **von Fischereiberechtigten und Fischereigenossenschaften, wenn von ihnen nachgewiesen wird, daß die Berechtigung der Erhaltung und Verbesserung des Fischbestandes dauernd nachteilig ist und einem wirtschaftlichen Betriebe der Fischerei in den betreffenden Gewässern entgegensteht.**

Abs. 3. Die zu gewährende Entschädigung ist von demjenigen zu leisten, welcher die Beschränkung oder Aufhebung der Berechtigung beansprucht.

1. Siehe die Bemerkungen zu Art. 11. Auf geschlossene Gewässer (Art. 2) findet Art. 17 keine Anwendung.

2. Zu entschädigen ist der Inhaber des beschränkten Rechtes, der unter Umständen wieder anderen (z. B. dem Pächter) zum Ersatze verpflichtet ist.

3. Den Anspruch des Staates (Abs. 2 Nr. 1), der nicht privatwirtschaftlich ist, hat zunächst die Distriktsverwaltungsbehörde zu erheben (Art. 88 f.). Der Anspruch in Nr. 2 kann von dem F-Berechtigten im weiteren Sinne (s. Einl. S. 17), und den F-Genossenschaften ohne Rücksicht auf den Zweck (Art. 37) erhoben werden. Streitigkeiten über Rechtsansprüche und Verbindlichkeiten in den Fällen des Abs. 1, 2 sind Verwaltungsrechtssachen (Art. 96). Ist das Bestehen des F-Rechts bestritten, so entscheiden darüber die Zivilgerichte. Die Feststellung der nach Abs. 1, 3 zu gewährenden Entschädigung erfolgt auf Antrag eines Beteiligten im Schätzungsverfahren nach Art. 98.

Abteilung III. Ausübung der Fischereirechte.

Abschnitt 1. Räumliche Einschränkung.

Vorbemerkung.

Nicht jeder, der fberechtigt ist, darf das Recht ausüben oder durch andere ausüben lassen. Mit der Durchführung dieses Grundsatzes greift das Gesetz auch in die bestehenden Rechte ein, deren Ausübung bisher abgesehen von den polizeilichen Vorschriften zum Schutze der Fischerei Beschränkungen, besonders räumlichen Einschränkungen, nicht unterworfen war. Das Gesetz erblickt das hauptsächlichste Hindernis einer vernünftigen Bewirtschaftung der Fischwasser in der zu geringen Ausdehnung der einzelnen FRechte, die den Inhaber veranlaßt, ohne Schonung und Hege das Fischwasser möglichst auszubeuten. Diese Mißstände sind vor allem an Anlieger-Privatflüssen bei stark zersplittertem Grundbesitze gegeben, liegen aber auch vor, wenn die selbständigen FBerechtigungen auf eine zu kleine Strecke beschränkt sind. Das Gesetz läßt deshalb, sofern es sich um nicht geschlossene Gewässer im Sinne des Art. 2 handelt, die selbständige Ausübung des FRechts nur unter gewissen Voraussetzungen zu. Andernfalls sollen in der Regel gemeinschaftliche Betriebe gebildet werden (s. Begr. S. 348). Die Zusammenlegung berührt den Bestand und den Inhalt der Rechte und die Befugnis des Berechtigten zur Verfügung über das Recht nicht. In das Grundbuch wird die Einschränkung der Rechtsausübung nicht eingetragen (§ 4 GrundbV.). — S. Art. 99 Abs. 2 (Übernahme der Kosten auf die Staatskasse, die durch Abordnung von Kommissären zu auswärtigen Terminen im Vollzuge des Art. 19 bis 22 entstehen).

Art. 18.

Zur Ausübung des Fischereirechts ist in der Regel nur derjenige befugt, dessen Recht auf einen solchen räumlichen Umfang des Gewässers sich erstreckt, daß hiedurch eine ordnungsmäßige und nachhaltige Bewirtschaftung ermöglicht ist. (Selbständiger Fischereibetrieb.)

Abs. 2. In fließenden Gewässern wird hiefür regelmäßig eine zusammenhängende, die ganze Breite des Gewässers umfassende Strecke von mindestens zwei Kilometern Uferlänge erfordert. Die Verwaltungsbehörde kann einen geringeren Umfang als genügend oder einen größeren als erforderlich erklären.

Vollzugsbekanntmachung.

„§ 8. Von besonderer Wichtigkeit ist Abt. III Abschnitt 1 über die Ausübung der Fischereirechte in nichtgeschlossenen Gewässern. Beim Vollzug der Artikel 18 und 19 des Fischereigesetzes muß die wirtschaftliche Bedeutung des Fischereirechts maßgebend sein. Mit Rücksicht hierauf sind zunächst die Verhältnisse der bestehenden Fischereirechte einer sorgfältigen Würdigung zu unterziehen, da der gegenwärtige Bestand in vielen Fällen auch da wird unverändert belassen werden können, wo der räumliche Umfang des einzelnen selbständigen Fischereirechts die in Art. 18 Abs. 2 geforderte Größe nicht hat; denn die im Gesetze genannte Länge von 2 km soll lediglich einen ungefähren Anhaltspunkt, aber keine bindende Richtschnur abgeben. Es wird dies insbesondere der Fall sein bei wertvollen Fischereirechten in Forellengewässern oder sonst besonders gut bewirtschafteten Fischereibetrieben, in welchen namentlich auch für eine entsprechende Nachzucht von Fischen gesorgt wird, in der Nähe größerer Städte, bei Fischwässern, welche von Sportsfischern gepachtet sind oder wo durch Triebwerke kleinere Gewässerstrecken abgegrenzt werden, welche auf diese Weise zu für sich selbst bewirtschaftungsfähigen Betrieben geeignet sein können.

Wo aber die Voraussetzungen des Art. 18 gegeben sind, ist danach zu streben, möglichst große zusammenhängende Fischereibetriebe innerhalb der einzelnen Gemeindemarkungen zu bilden. Von der Bestimmung des Art. 19 Abs. 2 ist nur ausnahmsweise Gebrauch zu machen.

Da die zweckmäßigste Art der Zusammenlegung zu gemeinschaftlichen Fischereibetrieben vielfach erst durch die Erfahrung ermittelt werden kann, ist in den ersten Jahren mit tunlichster Schonung vorzugehen und übergangsweise, wo solche Erfahrungen mangeln, ein vorläufiger Zustand zu schaffen.

Auch bei den bereits bestehenden Fischereigenossenschaften ist von diesen Grundsätzen auszugehen und die tatsächliche Leistung der Genossenschaft zu berücksichtigen.

Jedenfalls sind in allen Fällen die beteiligten Fischereivereine und die in den Kreisen aufgestellten Fischereisachverständigen und gegebenenfalls der Landesinspektor für Fischzucht mit ihren Gutachten zu hören.

Bei der Berechnung der Kilometerlänge ist bei einem in mehrere Bachläufe verzweigten Fischwasser nicht bloß die Uferlänge der Hauptstrecke ins Auge zu fassen, sondern es sind auch die Uferlängen der Nebenstrecken mit einzubeziehen. Dagegen sind die Uferstrecken bei Nebenflüssen gesondert zu berechnen. Wenn an den Einmündungen von Nebenflüssen das Fischereirecht sowohl im Haupt- als im Nebenfluß Einem Berechtigten zusteht und die gesamte Fischwasserstrecke des Berechtigten 2 km beträgt, so wird die Einbeziehung dieses Fischereirechts, sei es in den am Hauptfluß oder in den am Nebenfluß zu bildenden gemeinschaftlichen Fischereibetrieb nur in Ausnahmefällen gerechtfertigt sein."

1. Gegensatz des „selbständigen FBetriebs" ist der „gemeinschaftliche FBetrieb" (Art. 19). Mit dem „selbständigen FRechte" (Art. 9) darf er nicht verwechselt werden. Die Art. 18f. beziehen sich auf Eigentums-FRechte und selbständige FRechte. Es macht keinen Unterschied, ob der Staat, ein sonstiger öffentlichrechtlicher Verband oder eine Privatperson berechtigt ist. Die Grundlage eines selbständigen FBetriebs kann auch ein Anlieger-FRecht bilden (ausgedehnter Besitz auf beiden Ufern). Auch Fischwasser-Pächter können Inhaber eines selbständigen Betriebs sein (s. auch Art. 32 S. 1). Liegt an der nach ihrem räumlichen Umfange für einen selbständigen Betrieb geeigneten Wasserstrecke Koppelfischerei vor (Art. 24), so sind auch die Vorschriften des Abschn. 2 der Abt. III zu beachten.

2. Die Art. 18 f. beziehen sich auf alle Gewässer, die nicht zu den geschlossenen Gewässern nach Art. 2 gehören (Art. 23). Der Grundsatz des Art. 18 Abs. 1 gilt besonders auch für die stehenden Gewässer, die nicht geschlossene Gewässer sind (z. B. Seen, die nicht unter Art. 2 Abs. 1 Nr. 3 fallen, Altwasser). Art. 18 Abs. 2 enthält eine Sondervorschrift für die fließenden Gewässer. 2 km Uferlänge, nicht Luftlinie, sind dort für die Regel gefordert. Sind die Ufer infolge von Krümmungen verschieden lang, so ist die längere Strecke maßgebend (Begr. S. 348). In die Normallänge sind die Abzweigungen (Art. 4 Abs. 1), besonders die Nebenarme, einzurechnen, sofern der im Hauptwasser zur F. Berechtigte auch dort berechtigt ist. Nebenflüsse können regelmäßig nicht eingerechnet werden (s. RKR. S. 254, II. Prot. AKR. S. 499, 502; § 8 VollzB.). Die Befugnis der Verwaltungsbehörde, einen anderen räumlichen Umfang zu bestimmen, hat ihre Grenze in dem im Abs. 1 ausgesprochenen Grundsatze. § 8 VollzB. läßt dem Ermessen der Verwaltungsbehörde ziemlich weiten Spielraum. Ein vorsichtiger Vollzug empfiehlt sich besonders in den ersten Jahren der Wirksamkeit des Gesetzes.

3. Über das Verfahren s. Bem. 2 zu Art. 19.

4. Der Inhaber des selbständigen Betriebs kann die F. in Person oder durch Vertreter und Hilfspersonen jeder Art, z. B. durch besonders aufgestellte Fischer, auch neben solchen, ausüben (Einschränkung in Art. 27 Abs. 1, s. auch Art. 28).

Art. 19.

Fischereirechte von einem, den Voraussetzungen des Art. 18 nicht entsprechenden räumlichen Umfange sollen durch die Verwaltungsbehörde zu einem gemeinschaftlichen Fischereibetriebe vereinigt werden, welcher sich tunlichst auf die Rechte an sämtlichen in der Gemarkung einer politischen Gemeinde gelegenen zusammenhängenden Fischwassern, soweit sie nicht selbständige Fischereibetriebe bilden, zu erstrecken hat.

Abs. 2. Soferne dies zweckmäßig erscheint, können auch Fischereirechte in benachbarten Gemeindemarkungen in den gemeinschaftlichen Fischereibetrieb einbezogen werden.

1. Die Betroffenen brauchen der Vereinigung nicht zuzustimmen; sie sind, soweit tunlich, zu hören (Art. 91 Abs. 2). Der gemeinschaftliche Betrieb soll alle F.Rechte (ohne Rücksicht auf die Art der bisherigen Nutzung; auch die verpachteten Rechte: Art. 32 S. 1) an sämtlichen in der Markung einer politischen Gemeinde (nicht Ortschaftsmarkung) gelegenen zusammenhängenden (wenn auch verschiedenen Wasserläufen angehörenden) Fischwassern umfassen mit Ausnahme der selbständigen Betriebe. Er kann auf Fischwasser in benachbarten Gemeinden erstreckt werden; nach § 8 VollzB. ist jedoch von dieser Befugnis nur ausnahmsweise Gebrauch zu machen. Die Wahl des Wortes „sollen" enthält die Weisung an die Verwaltungsbehörde, bei der Entscheidung der ihrem Ermessen unterstellten Frage, ob ein gemeinschaftlicher Betrieb zu bilden ist, von dem Grundsatz auszugehen, daß womöglich alle nicht zu selbständigen Betrieben gehörenden Fischwasser zu gemeinschaftlichen Betrieben zu vereinigen sind. Die Behörde kann aber in Ausnahmefällen wegen der geringen wirtschaftlichen Bedeutung der in Betracht kommenden Gewässerstrecken oder aus anderen besonderen Gründen die Vereinigung unterlassen. Dann kommt unter Umständen Art. 22 Abs. 1 zur Anwendung.

2. Die Distriktsverwaltungsbehörde (Art. 89 f.) hat zwar hinsichtlich aller Gewässerstrecken ihres Bezirks von Amts wegen zu prüfen, ob die Voraussetzungen für die selbständige Ausübung vorliegen oder ob die Bildung eines gemeinschaftlichen Betriebs in Frage kommt, aber nicht die selbständige Ausübung des Rechtes, sondern die Beschränkung der Ausübung durch Bildung eines gemeinschaftlichen Betriebs setzt eine Entscheidung der Behörde voraus. Solange die Behörde nicht die Vereinigung vollzogen hat, können auch die Rechte selbständig ausgeübt werden, auf die der Grundsatz des Art. 18 Abs. 1 nicht zutrifft. Verfahren: Art. 91 f. (Reines Verwaltungsverfahren, nicht Verwaltungsrechtssache). Die Anwendung der Offizialmaxime schließt Anträge Beteiligter nicht aus. Die Entscheidungen sind einer materiellen Rechtskraft nicht fähig; sie können von der Behörde auf Grund veränderter Verhältnisse oder anderer Beurteilung der Sachlage jederzeit geändert oder aufgehoben werden.

Art. 20.

Die Fischerei in einem gemeinschaftlichen Fischereibetriebe darf, sofern mehr als zwei Personen beteiligt sind, nur ausgeübt werden:

1. durch besonders aufgestellte Fischer,

2. durch Verpachtung auf gemeinsame Rechnung,

3. auf genossenschaftlichem Wege nach Art. 37 bis 63.

Abs. 2. Darüber, in welcher Weise die Fischerei auszuüben ist, haben die beteiligten Fischereiberechtigten mit absoluter Mehrheit zu beschließen. In Ermangelung anderweitiger Vereinbarung der Beteiligten ist bei der Berechnung der Mehrheit neben der Zahl der Beteiligten der Umfang der Fischereirechte zu berücksichtigen. Die Erträgnisse werden in Ermangelung einer anderweitigen Vereinbarung der Beteiligten nach dem Umfange der Fischereirechte verteilt; im Falle des Abs. 1 Nr. 3 wird die Verteilung durch die Genossenschaftssatzung geregelt.

Abs. 3. Die gemäß Abs. 2 getroffene Bestimmung wirkt auch für und gegen die Sondernachfolger der Fischereiberechtigten.

1. Die Ausübung der F. darf erfolgen:

a) durch die Berechtigten selbst, wenn nur zwei Personen beteiligt sind. Diese können jede andere Art der Ausübung vereinbaren. Sonst

b) durch einen oder mehrere besonders aufgestellte Fischer, die im Besitz einer Fischerkarte und (in der Regel) auch des Ausweises nach Art. 68 sein müssen. Ihre Zahl ist gesetzlich nicht beschränkt; es können auch Beteiligte aufgestellt werden. Der dadurch möglichen Umgehung des Verbots der Selbstausübung kann nach Art. 21 entgegengetreten werden. Oder

c) durch Verpachtung (Art. 31 f.) oder

d) durch Bildung einer Genossenschaft (Art. 37 f.).

Die Nutzung darf dagegen, wenn mehr als zwei Personen beteiligt sind, nicht erfolgen durch unmittelbare Ausstellung von Erlaubnisscheinen (Art. 35), sei es durch die einzelnen Berechtigten, sei es durch die Gemeinschaft. Es besteht aber kein Hindernis, daß der Pächter (mit Einwilligung der Gesamtheit der FBerechtigten oder ihres Vertreters) oder der Vorstand der Genossenschaft Erlaubnisscheine ausstellt.

2. Die Berechtigten bilden eine Gemeinschaft nach Bruchteilen (§§ 741 f. BGB.), soweit nicht das FG. anderes bestimmt. Sie können über das Stimmrecht und die Verteilung der Erträgnisse Vereinbarungen treffen, die von der gesetzlichen Regelung abweichen (Einhelligkeit erforderlich; Majorisierung ausgeschlossen, wenn nicht vorher als zulässig vereinbart). Die in dem Gesetze geforderte absolute Mehrheit ist nur vorhanden, wenn dem Beschlusse die Mehrzahl der sämtlichen Berechtigten nach Köpfen zustimmt, ohne Rücksicht darauf, ob sie sich an der Abstimmung beteiligen oder nicht, und wenn die FRechte der Zustimmenden einen größeren Umfang haben als die der nicht Zustimmenden. Der Umfang der FRechte bestimmt sich in der Regel, ohne daß es auf den Wert der Fischwasser ankommt, zunächst nach ihrer räumlichen Ausdehnung, berechnet nach den beiderseitigen Uferlängen. Sind Koppel-FRechte beteiligt, so ist, soweit es sich um die Verteilung der Erträgnisse handelt, auch auf das Verhältnis der FRechte untereinander Rücksicht zu nehmen (s. auch Bem. zu Art. 57).

3. Über die Berufung, Leitung einer etwaigen Versammlung der Berechtigten, die Vertretung der Beteiligten in der Versammlung, die Führung der Geschäfte, die Vertretung der Beteiligten nach außen (wer schließt z. B. den Pachtvertrag?) enthält das Gesetz nichts. Die Beteiligten tun gut, Bestimmungen darüber in einer Art von Satzung zu treffen. Zur Beschlußfassung wird auch hier absolute Mehrheit genügen. Wird eine Genossenschaft gebildet, so bemißt sich die Verwaltung ihrer Angelegenheiten selbstverständlich nach Art. 37 f.

4. Die Beteiligten beschließen frei. Sie können zur Versammlung und Abstimmung nicht durch Ordnungsstrafen gezwungen werden. Eine Bestätigung ihrer Beschlüsse durch die Verwaltungsbehörde ist nicht vorgesehen. Die Verwaltungsbehörden entscheiden aber über etwaige Streitigkeiten (reines Verwaltungsverfahren) und üben auf diese Weise eine Überwachung aus (Art. 88). Dabei ist zu beachten: Die Minderheit muß sich zwar im allgemeinen der absoluten Mehrheit fügen, kann aber von ihr nicht gezwungen werden, an der Bildung einer Genossenschaft teilzunehmen. Das Gesetz kennt nur die auf der freiwilligen Vereinbarung der Beteiligten beruhende Genossenschaft und die durch Verfügung der Kreisregierung gebildete Zwangsgenossenschaft, nicht freiwillige Genossenschaften mit Beitrittszwang (Art. 38; Bem. 2a vor Art. 37). Daß diese Art von Genossenschaften durch Art. 20 begründet wurde, kann nicht anerkannt werden. Dazu hätte es einer ausdrücklichen Vorschrift bedurft. Auch der Wortlaut: Ausübung „auf genossenschaftlichem Wege nach Art. 37 bis 63" spricht gegen diese Auffassung. A. M. anscheinend Begr. S. 349, s. aber S. 352; a. M. auch Malsen-Hofer

S. 224. Wie soll aber der Zwang erfolgen, den die Mehrheit in dieser Hinsicht auf die Minderheit ausüben will? Der Zwang zur Genossenschaftsbildung kann nur ausgeübt werden von der Kreisregierung, die nach den hiefür bestehenden besonderen Vorschriften mit der Bildung einer Zwangsgenossenschaft vorgeht (Art. 21, 39). Die Mehrheit, die entgegen dem Willen der Minderheit eine Genossenschaft anstrebt, kann die Bildung der Zwangsgenossenschaft beantragen; einen Anspruch darauf hat sie nicht (Bem. 1 zu Art. 39).

5. Zu Abs. 3 s. § 746 BGB. Daß die Bestimmung für und gegen die allgemeinen Nachfolger wirkt, ist selbstverständlich.

Art. 21.

Kommt eine Regelung der Fischereiausübung nach Art. 20 nicht zustande, so hat die Kreisregiernng, Kammer des Innern, die bei einem gemeinschaftlichen Fischereibetriebe Beteiligten nach den für die Bildung von Zwangsgenossenschaften geltenden Vorschriften dieses Gesetzes zu einer Genossenschaft zu vereinigen oder für Rechnung der Beteiligten die Ausübung der Fischerei an die politische Gemeinde und, wenn die Gewässer in den Markungen mehrerer politischer Gemeinden gelegen sind, an eine derselben zu übertragen.

Abs. 2. Erfolgt die Überweisung der Fischereiausübung an eine Gemeinde, so sind die Reinerträgnisse der Fischerei nach Abzug von 10 %, welche der Kasse der Gemeinde zufließen, unter die Beteiligten mangels anderweitiger Vereinbarung nach dem Verhältnisse des Umfanges des Fischereirechts jedes einzelnen zu verteilen.

1. Die Bildung einer Zwangsgenossenschaft ist davon abhängig, daß die Voraussetzungen des Art. 39 gegeben sind. Im übrigen entscheidet die Kreisregierung nach freiem Ermessen, ob sie eine Genossenschaft bildet oder die Ausübung der F. der Gemeinde überträgt.

2. Wird die Ausübung der F. der politischen Gemeinde (nicht Ortschaft) übertragen, so ist diese verpflichtet, die Ausübung zu übernehmen. Die Gemeinde wird nicht Inhaberin der Berechtigungen. Die Nutzung erfolgt nach Art. 30 Abs. 1 (Ausstellung von Erlaubnisscheinen zulässig!).

3. Die Gemeinde ist berechtigt, von dem (Brutto-)Erträgnisse der F. ihre Verwaltungskosten abzuziehen und außerdem 10 % des Reingewinns zu Gemeindezwecken zu verwenden. Der Rest fließt nicht allen Gemeindeangehörigen, sondern nur den F.Berechtigten zu je nach dem Umfange ihres Rechtes (Bem. 2 zu Art. 20).

4. Streitigkeiten über Rechtsansprüche und Verbindlichkeiten sind Verwaltungsrechtssachen (Art. 96 Abs. 1).

Art. 22.

Die Ausübung von Fischereirechten, welche weder einen selbständigen Fischereibetrieb bilden, noch einem gemeinschaft-

lichen Fischereibetriebe angehören, ist auf Antrag dem Inhaber eines am gleichen Wasserlauf bestehenden selbständigen Fischereibetriebes und, falls ein solcher nicht vorhanden ist, dem Inhaber des selbständigen Fischereibetriebes in der angrenzenden Gewässerstrecke gegen eine angemessene jährliche Entschädigung zu überlassen.

Abs. 2. Stößt die Gewässerstrecke eines solchen Fischereirechtes an Gewässerstrecken mehrerer selbständiger Fischereibetriebe an (Inklave), so kann für jeden dieser Betriebe die Fischereiausübung gegen eine angemessene jährliche Entschädigung beansprucht werden. Wollen die Inhaber der selbständigen Betriebe von diesem Rechte Gebrauch machen, so ist ihnen die Fischereiausübung im Anschlusse an ihre Gewässerstrecken auf räumlich gleichen Teilen der Inklave einzuräumen.

1. Wegen der FRechte, die weder einen den Anforderungen des Art. 18 Abs. 1 entsprechenden selbständigen Betrieb bilden noch einem gemeinschaftlichen Betrieb angehören, s. Bem. 1 zu Art. 19. Die Überlassung der Ausübung des Rechtes (nicht des Rechtes) setzt den Antrag des Inhabers des selbständigen Betriebs (auch des Pächters) voraus. Die Zustimmung des Trägers des betroffenen FRechts ist nicht erforderlich (auch des Pächters nicht; das Pachtverhältnis wird bei entsprechender Anwendung des Art. 32 S. 1 mit der Überlassung der Ausübung erlöschen; in letzterer Hinsicht a. M. Malsen-Hofer S. 230). Dem Inhaber des selbständigen FBetriebs in der angrenzenden Gewässerstrecke darf die Ausübung nur überlassen werden, wenn nicht dieselbe Gewässerstrecke auch zu einem selbständigen FBetriebe gehört. Das letztere ist der Fall, wenn mit dem zu einem selbständigen FBetriebe geeigneten Rechte ein anderes zur selbständigen Bewirtschaftung nicht geeignetes (unbeschränktes oder beschränktes) Recht verkoppelt ist.

2. Auch das FRecht in der Inklave (Abs. 2) wird nur der Ausübung nach überlassen oder aufgeteilt. Beansprucht nur der Inhaber des einen selbständigen Betriebs die Überlassung, so ist ihm die ganze Inklave zu überlassen. Erheben die Inhaber der mehreren Betriebe den Anspruch, so wird jedem ein räumlich gleicher Teil der Inklave eingeräumt ohne Rücksicht auf den Wert der Teile des Fischwassers und die Größe der eigenen Betriebe.

3. Streitigkeiten über Rechtsansprüche und Verbindlichkeiten sind Verwaltungsrechtssachen (Art. 96 Abs. 1). Die Feststellung der Entschädigung erfolgt auf Antrag eines Beteiligten im Schätzungsverfahren nach Art. 98.

Art. 23.

Die Vorschriften dieses Abschnitts gelten nicht für geschlossene Gewässer.

Siehe Art. 2 und Bem. 2 zu Art. 18.

Abschnitt 2. Koppelfischerei.

Vorbemerkung.

Das Gesetz will durch die Vorschriften des 2. Abschnitts vor allem den fischereiwirtschaftlichen Nachteilen entgegentreten, die bestehen, wenn an einer Wasserstrecke, welche nach den Vorschriften des 1. Abschnitts entsprechend ihrem räumlichen Umfang an und für sich einem selbständigen Betrieb unterstellt werden darf, eine Mehrheit von Personen nebeneinander fischereiberechtigt ist. Sind die Koppel-F.Rechte einem gemeinschaftlichen Betriebe angeschlossen, so regelt sich ihre Ausübung nach Art. 20, 21.

Art. 24.

Koppelfischerei liegt vor, wenn an derselben Gewässerstrecke mehrere Fischereirechte bestehen oder wenn an derselben Gewässerstrecke mehreren Personen ein Fischereirecht zusteht.

Abs. 2. Nicht als Koppelfischerei gilt, wenn ein Fischereirecht zu dem Gesamtgut einer ehelichen oder fortgesetzten Gütergemeinschaft oder zu einem Lehen, Familienfideikommiß oder Stammgute gehört.

1. Die Koppelfischerei ist wohl zu unterscheiden von dem gemeinschaftlichen F.Betriebe, zu dem die F.Rechte aus wirtschaftlichen Gründen durch die Verwaltungsbehörde vereinigt werden (Art. 19). Selbstverständlich können aber Koppel-F.Rechte einem gemeinschaftlichen Betriebe angehören.

2. Koppelfischerei liegt vor:

a) wenn an derselben Gewässerstrecke — an demselben Wassergrundstück im rechtlichen Sinne — mehrere voneinander unabhängige F.Rechte bestehen. Auf die rechtliche Natur der nebeneinander bestehenden F.Rechte kommt es nicht an (Eigentums-F.Recht neben einem oder mehreren selbständigen — unbeschränkten oder beschränkten (Art. 11) — Rechten; ein selbständiges Recht neben einem oder mehreren anderen selbständigen Rechten; z. B. ein beschränktes Recht neben einem unbeschränkten). Dadurch daß ein neben anderen an der gleichen Strecke bestehendes Recht mehreren Personen zusteht, können zwei und mehr Koppel-F.Berechtigungen zusammentreffen.

b) wenn an derselben Gewässerstrecke (s. zu a) mehreren Personen (auch Ehegatten, vorbehaltlich des Abs. 2) ein F.Recht zusteht, d. h. das F.Recht gemeinschaftlich zusteht. Z. B. das Gewässer, dessen Eigentum die F.Berechtigung begründet (Art. 3), gehört mehreren Personen zu Miteigentum oder zur gesamten Hand (Gesellschaft, Erbengemeinschaft; die eheliche und die fortgesetzte Gütergemeinschaft ist im Abs. 2 ausgenommen) oder das Grundstück, dessen jeweiligem Eigentümer das F.Recht zusteht (Art. 10), gehört in der bezeichneten Weise mehreren Personen oder das F.Recht ist für mehrere bestellt oder mehreren übertragen.

3. Koppelfischerei kommt in geschlossenen und nicht geschlossenen, in fließenden und stehenden Gewässern vor. Das Gesetz befaßt sich nicht mit der Koppelfischerei in geschlossenen Gewässern (Art. 29).

4. Wegen der Verpachtung von Koppel-FRechten und Anteilsrechten an solchen s. Art. 31 Abs. 1.

5. Streitigkeiten über den Bestand und den Inhalt von Koppelfischereirechten sind von den Zivilgerichten zu entscheiden.

6. Über die Ersitzung eines Mitfischereirechts nach gem. Rechte s. ObLG. in ZS. n. F. 10[119], [129].

Art. 25.

Koppelfischereirechte oder Anteilsrechte an solchen können nicht mehr neu begründet werden.

Abs. 2. Geht ein Fischereirecht oder ein Anteil an einem solchen von Todes wegen auf mehrere Personen über oder wird das Grundstück, mit welchem ein Fischereirecht verbunden ist, von mehreren Personen erworben, so ist die Fischerei für Rechnung der Anteilsberechtigten entweder durch einen der Ortspolizeibehörde bekannt zu gebenden, hiefür ständig bestellten Vertreter oder durch Verpachtung oder durch Anschluß an eine Genossenschaft nach Art. 37 bis 63 auszuüben.

Abs. 3. Die Verwaltungsbehörde kann in Ausnahmefällen Abweichungen von den Vorschriften der Abs. 1, 2 gestatten.

1. Die bestehenden Koppel-FRechte und Anteilsrechte an solchen werden nicht aufgehoben. Die Verkoppelung steht ihrer Übertragung nicht entgegen. Abs. 1 verbietet nur vorbehaltlich der nach Abs. 3 von der Distriktsverwaltungsbehörde (Art. 89 f.) zu gestattenden Ausnahmen ihre Neubegründung durch Rechtsgeschäft unter Lebenden (s. Bem. 10 vor Art. 9, § 7 Abs. 1 GrundbB.). Wird das Recht kraft Gesetzes gemeinschaftlich, so trifft Abs. 1 nicht zu. Gelangt es in das Gesamtgut einer ehelichen oder fortgesetzten Gütergemeinschaft, so schließt schon Art. 24 Abs. 2 die Anwendung der Vorschriften über Koppelfischerei aus.

2. Ein FRecht oder ein Anteil an einem solchen kann im Wege der Erbfolge auf mehrere Personen übergehen. Auf den Grund der Berufung (gesetzliches, testamentarisches, Vertragserbrecht) kommt es nicht an. Sehr zweifelhaft ist dagegen, ob unter Abs. 2 auch das Vermächtnis des FRechts oder des Anteils an einem solchen an mehrere fällt. Hält man sich nur an den Wortlaut, so kommt man zur Verneinung, denn durch das Vermächtnis „geht" das vermachte Recht nicht auf die Bedachten „über"; die Bedachten haben nach § 2174 BGB. lediglich einen obligatorischen Anspruch gegen den Beschwerten auf die Leistung (Bestellung, Übertragung des Rechtes). Die Leistung erfolgt durch Rechtsgeschäft unter Lebenden. Anderseits sollte durch den Gebrauch des Ausdrucks „von Todes wegen" statt „durch Erbfolge" vermutlich das Vermächtnis des FRechts an mehrere mit gedeckt werden, bei dem der Grund der Leistung in der Verfügung von Todes wegen liegt, wenn auch ein unmittelbarer Übergang des Rechtes nicht erfolgt. Schließt man sich der strengeren Auffassung an, steht also der Erfüllung des Vermächtnisses an sich das Verbot des Abs. 1 entgegen, so hängt die Wirk-

samkeit des Vermächtnisses davon ab, ob die Verwaltungsbehörde nach Abs. 3 eine Ausnahme gestattet oder nicht (s. § 2171 BGB.).

Die hier wichtigsten Vorschriften des BGB. über die Erbengemeinschaft sind in den §§ 1922, 2032, 2040 (Verfügung über das Recht), 2042 (Anspruch auf Auseinandersetzung), 750 f. (Aufhebung der Gemeinschaft) enthalten. Die Miterben dürfen die F. ohne Rücksicht auf ihre Zahl nicht gemeinschaftlich in Person ausüben. Der von ihnen ständig, d. h. nicht für den Einzelfall, wenn auch auf bestimmte Zeit bestellte Vertreter kann ein Miterbe sein. Der Vertreter darf bei der F. Gehilfen verwenden. Erlaubnisscheine (Art. 35) dürfen weder die Miterben noch der Vertreter ausstellen. Selbstverständlich fällt vorbehaltlich der Art. 18 f. diese Beschränkung der Ausübung weg, wenn das Recht oder das Anteilsrecht auf einen Miterben oder einen Dritten übergeht oder das Recht in unabhängige, an gesonderten Gewässerstrecken bestehende Einzelberechtigungen geteilt wird (s. dazu Bem. 6 zu Art. 9). Die Verwandlung der Erbengemeinschaft in eine Gemeinschaft nach Bruchteilen ist unzulässig. Der Teilung eines Anteilsrechts dürfte Abs. 1 entgegenstehen (wenn z. B. A und B ein selbständiges F.Recht auf 10 km haben, B stirbt und von 5 Personen beerbt wird, können sich die Erben nicht dahin auseinandersetzen, daß jeder das Anteilsrecht auf 2 km bekommt).

3. Die Verbindung des F.Rechts mit einem Grundstücke, von der Abs. 2 spricht, besteht nicht nur, wenn das F.Recht dem jeweiligen Eigentümer eines Grundstücks zusteht (Art. 10), sondern auch in den Fällen, in denen das F.Recht dem Eigentum am Gewässer folgt (Art. 3). Auf den Grund des Eigentumserwerbs kommt es nicht an.

4. Die Distriktsverwaltungsbehörde kann die dem Gesetze entsprechende Ordnung der Ausübung durch Ordnungsstrafen erzwingen (Art. 94; s. Bem. 2 vor Art. 100). Rückwirkende Kraft ist dem Abs. 2 nicht beigelegt; er ist nur anzuwenden auf Rechts- und Eigentumsübergänge seit dem 1. April 1909.

Art. 26.

Verkauft ein Fischereiberechtigter ein von einem Grundstück unabhängiges Koppelfischereirecht an einen nicht Koppelfischereiberechtigten, so sind zunächst die übrigen Mitfischereiberechtigten und nach diesen die auf der gleichen Wasserstrecke sonst Fischereiberechtigten zum Vorkaufe nach Maßgabe der §§ 504 bis 509, des § 510 Abs. 1 und der §§ 511, 512 des Bürgerlichen Gesetzbuchs berechtigt.

Abs. 2. Die Frist für die Ausübung des Vorkaufsrechts beträgt zwei Monate, beginnend mit dem Empfange der Mitteilung über die Veräußerung.

Abs. 3. Ist das verkaufte Recht auf den Käufer übergegangen, so können die Vorkaufsberechtigten das ihnen nach Abs. 1 zustehende Vorkaufsrecht dem Käufer gegenüber ausüben. Dem Verkäufer gegenüber erlischt das Vorkaufsrecht mit der Uebertragung des Fischereirechts.

Abs. 4. Der Verkäufer hat die Vorkaufsberechtigten von der Uebertragung unverzüglich zu benachrichtigen.

Abs. 5. Machen mehrere Gleichberechtigte von dem Vorkaufsrechte Gebrauch, so ist mangels einer Vereinbarung über die Person des in den Kauf Eintretenden das Fischereirecht unter den Vorkaufsberechtigten zu versteigern.

1. Ob das Koppel-FRecht (das Anteilsrecht an einem solchen) auf einen andern übertragen werden kann, bestimmt sich nach den allgemeinen Vorschriften. Wenn ein von einem Grundstück abhängiges (= mit einem Grundstücke verbundenes: Bem. 3 zu Art. 25) Koppel-FRecht übertragen wird, pflegt dies Folge der Übereignung des Grundstücks zu sein. Der Art. 26 trifft darauf nicht zu; ebensowenig aber darauf, daß ein bisher mit einem Grundstück verbundenes Koppel-FRecht für einen andern als selbständiges Recht bestellt und dadurch von dem Grundstück unabhängig wird.

2. Wird das Recht an einen Koppel-FBerechtigten verkauft, so haben die übergangenen Koppel-FBerechtigten kein Vorkaufsrecht. Im übrigen sind kraft Gesetzes zum Vorkaufe berechtigt (keine Eintragung des Rechtes im Grundbuche)

a) die Berechtigten, denen zusammen mit dem Verkäufer an derselben Gewässerstrecke ein FRecht zusteht (Bem. 2b zu Art. 24),

b) nach diesen oder in Ermanglung dieser die Berechtigten, denen an derselben Gewässerstrecke ein weiteres FRecht oder mehrere weitere FRechte zustehen (Bem. 2a zu Art. 24).

3. Bei der Ausübung des Vorkaufsrechts ist zu unterscheiden, ob der Verkäufer mit dem Dritten nur einen obligatorischen Kaufvertrag (ein anderer Veräußerungsvertrag genügt nicht) geschlossen oder ob er dem Dritten das FRecht (dinglich) übertragen hat. Ersterenfalls erfolgt die Ausübung durch formlose Erklärung gegenüber dem Verkäufer. In dem Zeitpunkt, in dem die Erklärung diesem zugeht (vgl. § 130 BGB.), kommt der Kauf zwischen dem Verkäufer und dem Berechtigten (Vorkäufer) zustande (näheres § 505 BGB.). Ist das Recht auf den Dritten (dem Käufer) schon übergegangen, so ist die ebenfalls formlose Erklärung an diesen zu richten (Anlehnung an § 2035 BGB., anders bei der Ausübung des vertragsmäßigen dinglichen Vorkaufsrechts: Planck Erl. 2b zu § 1098). Mit dem Zugehen der Erklärung kommt der Kauf zwischen dem Berechtigten (Vorkäufer) und dem Dritten (Käufer) zustande. Der Berechtigte ist verpflichtet, dem Dritten den Kaufpreis zu zahlen; der Dritte ist verpflichtet, dem Berechtigten das Recht (dinglich) zu übertragen (vgl. auch Planck Erl. zu § 2035). Kein unmittelbarer (dinglicher) Übergang des Rechtes auf den Vorkäufer! Eine dem § 2037 BGB. entsprechende Vorschrift fehlt. Das Vorkaufsrecht kann deshalb vorbehaltlich etwaiger Schadensersatzansprüche gegenüber weiteren Erwerbern des FRechts nicht ausgeübt werden.

4. Mehrere Beteiligte derselben Klasse sind gleichberechtigt. Sie können das Vorkaufsrecht einzeln oder gemeinsam ausüben. Machen innerhalb der Frist des Abs. 2 (Berechnung nach §§ 187, 188 BGB.) mehrere Gleichberechtigte selbständigen Gebrauch, so haben sie sich über die Person des in den Kauf Eintretenden zu vereinbaren; der Vorkaufsverpflichtete hat kein Wahlrecht. Mangels der Vereinbarung wird das FRecht unter ihnen versteigert, d. h. der Vorkaufsverpflichtete ist verpflichtet, das FRecht unter den Gleichberechtigten (a. M. Malsen-Hofer S. 241) zur Versteigerung zu bringen, wobei der Kaufpreis das Mindestgebot darstellt. Die Versteigerung bedarf der notariellen Beurkundung (Art. 9 Abs. 1, § 313 BGB., Art. 141 EG. dazu, Art. 15 Abs. 2 AG. z. GVG., Art. 1 NotG.). Der Meistbietende hat Anspruch auf den Zuschlag. Durch den Zuschlag kommt der obligatorische Kaufvertrag zwischen dem Vorkaufsverpflichteten und dem Meistbietenden zustande (vgl. die übrigens nicht zwingenden Vorschriften des § 156 BGB.). Über die Beurkundung s. §§ 168 f., bes. § 181 GFG. Wegen der Form des dinglichen Vertrags s. Art. 82 AG. z. BGB.

5. Die im Abs. 1 für anwendbar erklärten Vorschriften des BGB. lauten:

§ 504. Wer in Ansehung eines Gegenstandes zum Vorkaufe berechtigt ist, kann das Vorkaufsrecht ausüben, sobald der Verpflichtete mit einem Dritten einen Kaufvertrag über den Gegenstand geschlossen hat.

§ 505. Die Ausübung des Vorkaufsrechts erfolgt durch Erklärung gegenüber dem Verpflichteten. Die Erklärung bedarf nicht der für den Kaufvertrag bestimmten Form.

Mit der Ausübung des Vorkaufsrechts kommt der Kauf zwischen dem Berechtigten und dem Verpflichteten unter den Bestimmungen zustande, welche der Verpflichtete mit dem Dritten vereinbart hat.

§ 506. Eine Vereinbarung des Verpflichteten mit dem Dritten, durch welche der Kauf von der Nichtausübung des Vorkaufsrechts abhängig gemacht oder dem Verpflichteten für den Fall der Ausübung des Vorkaufsrechts der Rücktritt vorbehalten wird, ist dem Vorkaufsberechtigten gegenüber unwirksam.

§ 507. Hat sich der Dritte in dem Vertrage zu einer Nebenleistung verpflichtet, die der Vorkaufsberechtigte zu bewirken außer Stande ist, so hat der Vorkaufsberechtigte statt der Nebenleistung ihren Werth zu entrichten. Läßt sich die Nebenleistung nicht in Geld schätzen, so ist die Ausübung des Vorkaufsrechts ausgeschlossen; die Vereinbarung der Nebenleistung kommt jedoch nicht in Betracht, wenn der Vertrag mit dem Dritten auch ohne sie geschlossen sein würde.

§ 508. Hat der Dritte den Gegenstand, auf den sich das Vorkaufsrecht bezieht, mit anderen Gegenständen zu einem Gesammtpreise gekauft, so hat der Vorkaufsberechtigte einen verhältnismäßigen Theil des Gesammtpreises zu entrichten. Der Verpflichtete kann verlangen, daß der Vorkauf auf alle Sachen erstreckt wird, die nicht ohne Nachtheil für ihn getrennt werden können.

§ 509. Ist dem Dritten in dem Vertrage der Kaufpreis gestundet worden, so kann der Vorkaufsberechtigte die Stundung nur in Anspruch nehmen, wenn er für den gestundeten Betrag Sicherheit leistet.

Ist ein Grundstück Gegenstand des Vorkaufs, so bedarf es der Sicherheitsleistung insoweit nicht, als für den gestundeten Kaufpreis die Bestellung einer Hypothek an dem Grundstücke vereinbart oder in Anrechnung auf den Kaufpreis eine Schuld, für die eine Hypothek an dem Grundstücke besteht, übernommen worden ist.

§ 510. Der Verpflichtete hat dem Vorkaufsberechtigten den Inhalt des mit dem Dritten geschlossenen Vertrags unverzüglich mitzutheilen. Die Mittheilung des Verpflichteten wird durch die Mittheilung des Dritten ersetzt.

§ 511. Das Vorkaufsrecht erstreckt sich im Zweifel nicht auf einen Verkauf, der mit Rücksicht auf ein künftiges Erbrecht an einen gesetzlichen Erben erfolgt.

§ 512. Das Vorkaufsrecht ist ausgeschlossen, wenn der Verkauf im Wege der Zwangsvollstreckung oder durch den Konkursverwalter erfolgt.

Art. 27.

Die Koppelfischereiberechtigten können die Fischerei nur entweder in Person oder durch einen ständig hiefür aufgestellten der Ortspolizeibehörde anzuzeigenden Vertreter oder durch Verpachtung oder durch Anschluß an eine Genossenschaft nach Art. 37 bis 63 ausüben.

Abs. 2. Ist das einer rechtsfähigen Vereinigung von Berufsfischern zustehende Koppelfischereirecht bisher von Mitgliedern der Vereinigung ausgeübt worden, so bleiben die Mitglieder berechtigt, die Fischerei in Person auszuüben.

Vollzugsbekanntmachung.

„§ 9. Zu den rechtsfähigen Vereinigungen von Berufsfischern im Sinne des Art. 27 Abs. 2 des Fischereigesetzes können auch die Fischerinnungen gehören. Wenn die einzelnen Innungsmitglieder bisher zur Ausübung der Fischerei im Fischwasser der Innung berechtigt waren, soll die persönliche Ausübung der Fischerei den Innungsmitgliedern auch fernerhin gestattet sein. Im Interesse der bestehenden Fischerinnungen selbst liegt es, sich in öffentliche Fischereigenossenschaften umzuwandeln und ihre Satzungen nach Maßgabe des Art. 44 des Fischereigesetzes einzurichten."

1. Die Koppel-FBerechtigten dürfen die F. in Person ausüben (s. aber Art. 25 Abs. 2), sofern nicht der Ausübung durch den Anschluß an einen gemeinschaftlichen Betrieb engere Schranken gezogen sind (Art. 20, 21), und vorbehaltlich der beschränkenden Anwendung des Art. 28. Solange er einen ständigen Vertreter bestellt hat, ist der Berechtigte von der persönlichen Ausübung der F. ausgeschlossen (Ausnahme; s. Bem. 4 zu Art. 18). Die Bestellung des Vertreters kann er aber jederzeit der Ortspolizeibehörde gegenüber widerrufen.

Dem Berechtigten oder dem Vertreter steht es frei, bei der Ausübung der F. Gehilfen zu verwenden, beim Fange jedoch nur soweit, als er der Hilfe zum ordnungsmäßigen Betriebe der F. bedarf (ähnlich Malsen-Hofer S. 243).

2. Nach dem Wortlaute des Gesetzes müßte man die Ausstellung von Erlaubnisscheinen (Art. 35) sowohl dem einzelnen

Koppel-FBerechtigten als der Gesamtheit der Berechtigten versagen (vgl. die Fassung des Art. 30 Abs. 1 mit der Fassung der Art. 20, 25 Abs. 2, 27 Abs. 1, 28 Abs. 2 Nr. 1). S. RKA. Aussch.-Bericht S. 722. Die herrschende Ansicht, für die überwiegende Zweckmäßigkeitsgründe sprechen, gibt aber in erster Linie der Gesamtheit der Berechtigten, in zweiter Linie jedem Koppel-FBerechtigten, der das Recht zur persönlichen Ausübung der F. besitzt, die Befugnis, unter den Beschränkungen des Art. 35 Erlaubnisscheine auszustellen (s. § 10 Abs. 2 VollzB., dann RKR. S. 257; II. Prot. AKR. S. 508; Malsen-Hofer S. 242, 243). Bei der Entscheidung, ob die Genehmigung nach Art. 35 zu erteilen ist, hat die Verwaltungsbehörde zu berücksichtigen, daß der Art. 27 grundsätzlich bestrebt ist, die Ausübung der Koppel-FBerechtigungen auf eine Zahl von Personen zu beschränken, die die Zahl der Berechtigten nicht übersteigt (Begr. S. 350). Daß der Pächter und der Vorstand der Genossenschaft nach Maßgabe des Art. 35 Erlaubnisscheine ausstellen können, ist zweifellos.

3. Der Abs. 2 wahrt den Mitgliedern einer rechtsfähigen Fischerinnung, Fischerzunft u. dgl. (auf den Namen kommt es nicht an), der ein Koppel-FRecht zusteht, die Befugnis, die F. in Person auszuüben, wenn dies bisher geschah. Unter dieser Voraussetzung ist das Recht der persönlichen Ausübung nicht auf die Mitglieder beschränkt, die die F. beim Inkrafttreten des Gesetzes ausübten. Die Verwendung von Gehilfen durch die Mitglieder ist (mit der Bem. 1 a. E. enthaltenen Beschränkung) nicht ausgeschlossen. Die rechtsfähige Vereinigung kann als Inhaberin des Rechtes die Ausübung der F. selbstverständlich anders regeln. Zur Ausstellung von Erlaubnisscheinen ist, wenn man überhaupt dem Koppel-FBerechtigten das Recht dazu einräumt (Bem. 2), nur die rechtsfähige Vereinigung befugt. Ist die Vereinigung nicht rechtsfähig, so sind die Mitglieder schon nach Abs. 1 berechtigt, die F. in Person auszuüben.

4. Über den Vollzug des Art. 27 s. Bem. 4 zu Art. 25, Bem. 2 vor Art. 100.

Art. 28.

Falls es im Interesse der ordnungsmäßigen und nachhaltigen Bewirtschaftung einer Gewässerstrecke erforderlich ist, kann die Ausübung der an ihr bestehenden Koppelfischereirechte durch eine nach Anhörung der Anteilsberechtigten von der Verwaltungsbehörde zu erlassende Fischereiordnung geregelt werden. Auf Antrag von mehr als der Hälfte der beteiligten Berechtigten muß die Fischereiordnung erlassen werden. Bei der Berechnung der Mehrheit ist mangels anderweitiger Vereinbarung der Berechtigten neben deren Zahl der Umfang der Fischereirechte zu berücksichtigen.

Abs. 2. Die Fischereiordnung kann insbesondere Vorschriften enthalten:

1. über die Art der Ausübung der Rechte, ob dieselbe durch alle Beteiligten oder nur durch eine beschränkte Anzahl

derselben oder durch Verpachtung oder durch aufgestellte Fischer auf gemeinsame Rechnung erfolgen soll;

2. über die allenfallsige Zuteilung bestimmter Gewässerstrecken an die Beteiligten;
3. über die zulässigen Arten und Zeiten des Fischfanges;
4. über die zum Fange freigegebenen Fische;
5. über die Beschaffenheit der Fanggeräte;
6. über die Verwaltung der gemeinsamen Gewässerstrecke;
7. über die Verteilung der Einnahmen und Aufbringung der Ausgaben;
8. über die Ordnungsstrafen bei Nichtbeachtung der Fischereiordnung.

Vollzugsbekanntmachung.

„**§ 10.** Falls bei Koppelfischereiberechtigungen im Interesse der ordnungsmäßigen und nachhaltigen Bewirtschaftung einer Gewässerstrecke gemäß Art. 28 des Fischereigesetzes die Erlassung einer Fischereiordnung erforderlich wird, soll für diese in erster Linie die Vereinbarung maßgebend sein, welche die Koppelfischereiberechtigten über die Art der Nutzung der gemeinsamen Gewässerstrecke unter sich festsetzen. Zu diesem Zweck sind nach dem Inkrafttreten des Gesetzes die Koppelfischereiberechtigten eines Fischwassers zusammenzuberufen. Kommt eine Vereinbarung nicht zustande oder entspricht sie nicht den gesetzlichen Vorschriften, so setzt die Verwaltungsbehörde die Fischereiordnung fest und regelt hiebei die in Art. 28 Abs. 2 aufgeführten Punkte mit Rücksicht auf die Interessen eines wirtschaftlichen Fischereibetriebes.

Hiebei kann hinsichtlich der Art der Ausübung der Rechte bestimmt werden, daß die Gesamtheit der Koppelfischereiberechtigten befugt sein soll, Erlaubnisscheine für die Fischereiausübung auszustellen. Wird eine solche Bestimmung nicht für die Gesamtheit der Berechtigten getroffen, so steht jedem Koppelfischereiberechtigten, welcher das Recht zur persönlichen Ausübung der Fischerei besitzt, auch das Recht zu, im Rahmen und mit den Beschränkungen des Art. 35 des Fischereigesetzes Erlaubnisscheine auszustellen.

§ 11. Für die Zuteilung gewisser Gewässerstrecken an einzelne Koppelfischereiberechtigte kommt in Betracht, daß die einzelnen Strecken als solche sich für einen wirtschaftlichen Fischereibetrieb eignen müssen, wenn sie auch nicht in jedem Falle die in Art. 18 Abs. 2 des Fischereigesetzes regelmäßig geforderte Uferlänge von 2 km besitzen.

§ 12. Die in Art. 28 Abs. 2 Nr. 6 des Fischereigesetzes erwähnte Verwaltung der gemeinsamen Gewässerstrecke umfaßt auch die Bestimmung über die Vertretung der Gesamtheit der Koppelfischereiberechtigten. Auch hier hat die Vereinbarung der Beteiligten als Grundlage für die Regelung in der Fischereiordnung zu dienen.

§ 13. Handelt es sich um die Ausübung von Koppelfischereirechten in öffentlichen Gewässern oder in Privatgewässern, die sich im Eigentum des Staates befinden, so ist vor der Erlassung der Fischereiordnung die Regierungsfinanzkammer um Äußerung anzugehen."

1. Art. 27 Abs. 1 befaßt sich in erster Linie damit, die Ausübung der F. durch den einzelnen Berechtigten zu regeln. Art. 28 ermöglicht es, die Ausübung der Koppel-F. durch die Gesamtheit der Berechtigten zu ordnen. Sind die FRechte einem gemeinschaftlichen Betriebe (Art. 19) angeschlossen, so erfolgt ihre Ausübung nach den Vorschriften des Abschnitts 1.

2. Über die im Art. 28 bezeichneten Maßnahmen oder einzelne von ihnen können sich die Beteiligten auch ohne den Anschluß an eine Genossenschaft unter sich einigen, z. B. in einem Gesellschaftsvertrage (§ 705 BGB.). Die Erlassung der FOrdnung (in der Folge mit FO. bezeichnet) setzt allerdings nicht voraus, daß eine Einigung der Beteiligten nicht zustande kommt. Die Verwaltungsbehörde hat aber zu prüfen, ob trotz der Vereinbarung der Beteiligten ein Bedürfnis zur Erlassung der FO. vorliegt. Über die Berechnung der Mehrheit s. Bem. 2 zu Art. 20. S. auch Art. 99 Abs. 2 (Übernahme der Kosten der Abordnung von Kommissären auf die Staatskasse).

3. Die FO. ist einfache Verwaltungsanordnung, nicht distriktspolizeiliche Vorschrift im Sinne des PStGB. Ihre Übertretung kann nur mit Ordnungsstrafen (Abs. 2 Nr. 8) bedroht werden (vgl. Bem. 2 vor Art. 100). Sie wird in dem Verfahren nach Art. 91 f. erlassen. Streitigkeiten sind nicht Verwaltungsrechtssachen. Die FO. darf nicht im Widerspruche stehen mit fpolizeilichen Vorschriften. „In der Befugnis zur Erlassung von FO. liegt auch die Befugnis zur Abänderung der schon bestehenden FO., selbst wenn sie seinerzeit vom Landesherrn erlassen wurden" (Begr. S. 350).

4. Durch die FO. wird eine öffentlichrechtliche (Zwangs-)Gemeinschaft der Berechtigten begründet, die nicht juristische Person ist. Den Bestand der Rechte kann die FO. nicht ändern; sie bewirkt ferner nicht die Übertragung der Ausübung der Rechte auf die Gemeinschaft, sondern nur eine Regelung und etwaige Beschränkung der Ausübung durch die Beteiligten, die auch nicht in das Grundbuch eingetragen wird (s. § 4 GrundbB.). Die Vorschriften, die sie enthalten kann, sind im Abs. 2 nicht erschöpfend bezeichnet. Ein Maßstab für die Zuteilung bestimmter Gewässerstrecken (Nr. 2) ist im Gesetze nicht vorgeschrieben. Es kommt auf das Verhältnis der beteiligten Berechtigungen untereinander, besonders den Umfang der Berechtigungen, an. Die Verwaltungsbehörde ist nicht befugt, den Inhalt der Rechte zu ändern, z. B. dem Inhaber eines inhaltlich beschränkten Rechtes (Art. 11) auf einer bestimmten Strecke die inhaltlich unbeschränkte Ausübung des FRechts zuzuteilen. Zu den Vorschriften über die Verwaltung (Nr. 6) gehören Bestimmungen über die Vertretung der Gemeinschaft nach außen (z. B. Vertretung bei dem Abschlusse von Verträgen im Namen der Gemeinschaft, durch die die einzelnen Berechtigten unmittelbar gebunden werden). Zu den Vorschriften über die Ordnungsstrafen gehören Bestimmungen über das Organ, das die Strafe ausspricht, über die Verwendung der Gelder und über ein etwaiges Rechtsmittel. Über die Ausstellung von Erlaubnisscheinen s. Bem. 2 zu Art. 27.

5. Streitigkeiten über die Auslegung und den Vollzug der FO. entscheiden die Verwaltungsbehörden, soweit nicht die FO. anderes bestimmt (Art. 88).

Art. 29.

Die Vorschriften dieses Abschnitts gelten nicht für geschlossene Gewässer.

An allen geschlossenen Gewässern im Sinne des Art. 2 können Koppel-FRechte und Anteilsrechte an solchen neu begründet werden. Die Mitfischereiberechtigten haben kein gesetzliches Vorkaufsrecht. Die Beschränkungen der Ausübung fallen weg. Eine FO. kann den Beteiligten nicht aufgezwungen werden.

Abschnitt 3. Ausübung von Fischereien durch Gemeinden und Stiftungen.

Art. 30.

Gemeinden und Stiftungen können die ihnen zustehende oder zur Ausübung übertragene Fischerei, sofern sie nicht einer Genossenschaft angeschlossen sind, nur durch besonders aufgestellte Fischer oder durch Verpachtung oder durch Ausstellung von Erlaubnisscheinen nutzen. Zur Ausstellung von Erlaubnisscheinen ist die Genehmigung der vorgesetzten Verwaltungsbehörde erforderlich. Das Freigeben des Fischfanges ist verboten.

Abs. 2. Sind zwei oder mehrere Gemeinden in den ihre Markungen begrenzenden Gewässern gemeinsam berechtigt, so können sie die Fischerei nur auf gemeinschaftliche Rechnung nutzen. Ist eine Einigung über die Art der Nutzung nicht zu erreichen, so entscheidet darüber die gemeinsame Aufsichtsbehörde.

Abs. 3. Die Vorschriften des Abs. 1 gelten nicht für Pfründestiftungen.

Vollzugsbekanntmachung.

„**§ 14.** Die Beschlußfassung darüber, wie die Gemeinde eine ihr zustehende oder zur Ausübung übertragene Fischerei nutzen will, erfolgt durch den Magistrat, Gemeindeausschuß oder Gemeinderat. Für die Wahl der in Art. 30 des Fischereigesetzes aufgeführten Nutzungsarten müssen die fischereirechtlichen Interessen maßgebend sein. Bei der Nutzung durch Ausgabe von Erlaubnisscheinen ist mit besonderer Vorsicht zu verfahren. Die hiezu erforderliche Genehmigung der vorgesetzten Verwaltungsbehörde ist nur beim Vorhandensein eines Bedürfnisses und nur für solche Gemeinden zu erteilen, bei welchen besondere Verhältnisse es rechtfertigen. Dies wird z. B. für Gemeinden an größeren

Seen, in Badeorten oder Orten, welche als Sommerfrischen in Betracht kommen, der Fall sein.

Die Höchstzahl sowie der Inhalt der auszugebenden Erlaubnisscheine ist mit Rücksicht auf die fischereilichen Verhältnisse nach Anhörung von Fischereisachverständigen festzusetzen. In den Erlaubnisscheinen sind die Plätze, an denen und die Geräte (Angeln, Netze, Reusen), mit denen gefischt werden darf, zu bezeichnen.

Zugleich ist die der Gemeinde zu erteilende Erlaubnis an die Bedingung zu knüpfen, daß alljährlich die Einsetzung einer nach Anhörung von Sachverständigen festzusetzenden Menge von Brut oder Jährlingen der für das Fischwasser hauptsächlich in Betracht kommenden Nutzfischarten erfolgt; die Menge ist so zu bemessen, daß die Nachhaltigkeit des Ertrags des Gewässers sichergestellt ist.

Die Gemeinde hat ein Verzeichnis über die von ihr ausgestellten Erlaubnisscheine anzulegen, aus welchem die Namen der Empfänger, Zeitdauer und Ort sowie hinsichtlich der Art der Fischereiausübung auferlegten Beschränkungen ersichtlich sind.

Den Fischereiaufsichtsorganen ist jederzeit Einsicht von dem Verzeichnisse zu gestatten.

§ 15. Die Erträgnisse aus der Ausübung der Fischerei durch die Gemeinde fließen in die Gemeindekasse. Sie sind zur Deckung der Gemeindebedürfnisse zu verwenden, soweit der Gemeinde selbst das Fischereirecht zusteht. Soweit dagegen die Fischerei der Gemeinde nur zur Ausübung übertragen ist, sind die aus der Fischereinutzung fließenden Erträgnisse an den Gemeindeumlagen, welche die Inhaber der Fischereirechte zu entrichten haben, entsprechend dem Umfange der Fischereirechte zu kürzen oder, wenn Umlagen nicht erhoben werden, an die Fischereiberechtigten nach diesem Maßstabe zu verteilen.

§ 19. Die Verträge, durch welche Gemeinden und Stiftungen die ihnen zustehende oder zur Ausübung übertragene Fischerei (Art. 30 des Fischereigesetzes) verpachten, sollen in der Regel über folgende Punkte Bestimmungen enthalten:

1. die Festsetzung der Pachtdauer und zwar nicht kürzer als auf zehn Jahre, soferne nicht eine Abkürzung der Pachtzeit gemäß Art. 31 Abs. 6 des Fischereigesetzes gestattet worden ist;
2. die Abgabe der Grenzen des zu verpachtenden Fischwassers;
3. Bestimmungen über die Zahlung des Pachtzinses;
4. die Bestimmung, daß zum Eintritte neuer oder weiterer Pächter und von Unterpächtern während der Pachtdauer die Zustimmung des Verpächters erforderlich ist;
5. die Bestimmung, daß die Pächter und Unterpächter für alle aus dem Pachtverhältnis sich ergebenden Forderungen samtverbindlich haften;
6. die Bestimmung, daß die Pächter bei der Ausübung der Fischerei die maßgebenden polizeilichen Vorschriften zu beobachten haben;
7. die Bestimmung, daß der Pächter verpflichtet ist, alljährlich eine im Verhältnis zur Beschaffenheit des Fischwassers stehende bestimmte Menge von Fischbrut oder Jährlingen der für das Fischwasser hauptsächlich in Betracht kommenden Arten von Nutzfischen einzusetzen, sowie daß der Verpächter berechtigt

ist, die vertragsmäßige Menge auf Kosten des Pächters einsetzen zu lassen, wenn dieser der Verpflichtung nicht bis zu einem bestimmten Zeitpunkte nachkommt;

8. die Bestimmung, daß die Pächter verpflichtet sind, nach Möglichkeit solche Vertiefungen in Fischwassern, welche nur bei hohem Wasserstand gefüllt sind, beim Rückgange des Wassers aber austrocknen oder bis zum Grunde gefrieren, rechtzeitig auszufischen und die Fischbrut sowie die Fische, welche wegen bestehender Schonzeit oder weil sie das gesetzliche Mindestmaß nicht besitzen, nicht gefangen werden dürfen, sofort in das fließende Wasser zu versetzen, sowie daß, wenn die Pächter der Verpflichtung nicht nachkommen, das Ausfischen der genannten Stellen auf ihre Kosten durch den Verpächter angeordnet wird;

9. die Bestimmung, daß, wenn der Pächter oder im Falle einer Mehrheit von Pächtern einer von ihnen stirbt, dessen Erbe das Pachtverhältnis ohne Einhaltung einer Kündigungsfrist für den Ablauf des Jahres kündigen kann, in welchem der Pächter gestorben ist, sowie daß, wenn beim Tode eines Mitpächters dessen Erbe das Pachtverhältnis kündigt, die übrigen Pächter an den Vertrag gebunden bleiben, endlich, daß das gleiche gilt im Falle des sonstigen Ausscheidens eines Mitpächters;

10. die Bestimmung, daß der Verpächter befugt ist, bei schuldhaften Zuwiderhandlungen der Pächter gegen die Pachtbedingungen den Vertrag jederzeit aufzuheben;

11. die Bestimmung, daß der Pachtvertrag erlischt, wenn das verpachtete Fischwasser einem gemeinschaftlichen Fischereibetrieb angeschlossen wird (Art. 19 des Fischereigesetzes)."

Die Beilage enthält ein Muster für einen Fischereipachtvertrag. [Beilage 1; im Anhang.]

1. Sind die F.Rechte einem gemeinschaftlichen Betriebe angeschlossen (Art. 19), so bemißt sich die Ausübung der F. auch für die Gemeinden und Stiftungen, die übrigen juristischen Personen und den Fiskus nach Art. 20 f. (Bem. 1 zu Art. 18).

2. Die G e m e i n d e n (Ortschaften mit Vermögensfähigkeit — Ortsgemeinden der bayerischen Verwaltungssprache —, politische Gemeinden, Distriktsgemeinden, Kreisgemeinden, Kirchengemeinden) können Inhaber von Eigentums-F.Rechten und selbständigen F.Rechten sein. Übertragung der Berechtigung kraft Gesetzes: Art. 7 Abs. 2. Übertragung der Ausübung fremder F.Rechte: Art. 7 Abs. 1, Art. 21. Den Gemeinden sind die S t i f t u n g e n (mit Ausnahme der Pfründestiftungen) gleichgestellt. Ein Unterschied zwischen Stiftungen des öffentlichen und des Privatrechts ist nicht gemacht. Der Nutznießer der P f r ü n d e s t i f t u n g hat bei der Ausübung des Rechtes der Stiftung die freiere rechtliche Stellung, die ihm als Inhaber des Rechtes zukäme.

3. Die Ausübung der F. in g e n o s s e n s c h a f t l i c h e n Fischwassern wird durch die Satzung geordnet (s. Art. 44).

4. Auch auf s o n s t i g e j u r i s t i s c h e P e r s o n e n (z. B. Aktiengesellschaften, Gesellschaften mit beschränkter Haftung, eingetragene Vereine) ist Art. 30 nicht anwendbar (Beschränkung der Vertragsfreiheit bei der Verpachtung an juristische Personen: Art. 31 Abs. 1). Das

Gesetz schreibt nicht vor, wer für diese juristischen Personen die F. auszuüben hat. Die Ausübung erfolgt in dem Umfange, wie sie entsprechenden Falles der natürlichen Person zustände, durch die Personen, deren Willen als Wille der der natürlichen Handlungsfähigkeit entbehrenden juristischen Person gilt. Näheres Einl. S. 16.

5. Dem Fiskus sind Vorschriften über die Ausübung der ihm zustehenden F. nicht gemacht (s. aber Bem. 1).

6. Die Ordnung der Ausübung der gemeindlichen F. gehört vorbehaltlich der ausdrücklichen gesetzlichen Beschränkungen zur Verwaltung des gemeindlichen Vermögens und damit zu den eigentlichen Gemeindeangelegenheiten. Die Ausstellung von Erlaubnisscheinen kann von der vorgesetzten Verwaltungsbehörde nach freiem Ermessen bewilligt oder untersagt werden. Das Ermessen der Verwaltungsbehörde geht hier weiter als nach Art. 35 (s. § 14 VollzB.).

Abschnitt 4. Pachtverträge, Erlaubnisscheine.

Vorbemerkung.

1. Durch den F.Pachtvertrag wird der Verpächter verpflichtet, dem Pächter die Ausübung des F.Rechts, insbesondere die Aneignung der den Gegenstand des F.Rechts bildenden Tiere während der Pachtzeit zu gewähren. Der Pächter wird verpflichtet, den vereinbarten Pachtzins zu entrichten; der Pachtzins muß nicht in Geld bestehen. Durch den Pachtvertrag entsteht eine sog. obligatorische F.Berechtigung. Das Gesetz bedient sich dieses Ausdrucks nicht, versteht aber unter den F.Berechtigten überall da auch den Pächter, wo es sich um Rechte und Pflichten hinsichtlich der Ausübung der F. handelt (Einl. S. 17). Das Rechtsverhältnis zwischen dem Verpächter und dem Pächter bestimmt sich nach den bürgerlichrechtlichen Vorschriften über Verträge im allgemeinen und den Pachtvertrag im besonderen (§ 581 f. BGB.), soweit nicht das FG. Abweichendes vorschreibt. Das gleiche gilt für den Abschluß des Vertrags. Z. B. bedürfen der Vater, die Mutter, der Vormund zu dem Abschlusse des Vertrags der Genehmigung des Vormundschaftsgerichts, wenn das Vertragsverhältnis länger als ein Jahr nach der Vollendung des 21. Jahres des Kindes (Mündels) fortdauern soll: §§ 1643 Abs. 1, 1686, 1822 Nr. 5 BGB. Die Vorschriften des FG. über die vorzeitige Lösung des Pachtvertrags sind nicht erschöpfend. Sie schließen Bestimmungen des Pachtvertrags hierüber (z. B. bei Nichtentrichtung des Pachtzinses) nicht aus (Bem. 2 zu Art. 32). Verträge, deren Form oder Inhalt — vorbehaltlich der Dispensbefugnis der Verwaltungsbehörde (Art. 31 Abs. 6) — den zwingenden Vorschriften des FG. nicht entspricht, sind nichtig (§§ 125, 134 BGB.).

2. Verpachtet werden können Eigentums-F.Rechte (Art. 3) mit Einschluß der Anlieger-Rechte; selbständige F.Rechte (Art. 9) aller Art (wegen der Verpachtung subjektiv persönlicher Rechte s. Bem. 2 zu Art. 10); unbeschränkte und beschränkte Rechte (Art. 11); Koppel-F.Rechte und Anteilsrechte an solchen (Art. 24).

3. Die rechtliche Stellung des Pächters gegenüber Störern ist verschieden, je nachdem er ein selbständiges Recht oder ein Eigentums-F.Recht gepachtet hat. Im ersteren Falle wird er unter den Voraussetzungen des Art. 16 gegen die Störung der Ausübung unabhängig von dem Verpächter und sogar gegenüber dem Verpächter geschützt. Im letzteren Falle stehen ihm eigene possessorische Schutzmittel in der Regel nicht zur Seite, denn er ist nicht Sachbesitzer. Er kann auf Grund des Pachtvertrags nur verlangen, daß der Verpächter die Störung durch den Dritten beseitigt. Auch gegen den störenden Verpächter hat er nur die Vertragsklage. Hat der Pächter allerdings auch das Grundstück gepachtet, dessen Eigentum zur F. berechtigt, so ist er Sachbesitzer und als solcher gegenüber Dritten und dem Verpächter als unmittelbaren Besitzer geschützt. Über einen besonderen Schutz gegen übermäßigen Wasserentzug durch den Verpächter s. Bem. 5 zu Art. 77.

4. Eine eigene, außerhalb der Verpachtung geregelte Nutzung des Fischwassers kann die Ausstellung von Erlaubnisscheinen gewähren (Art. 35).

5. Zwischen geschlossenen und nichtgeschlossenen Gewässern macht der Abschn. 4 keinen Unterschied (s. aber Art. 35 Abs. 2). Dagegen enthält der Art. 36 Vergünstigungen für den fberechtigten Staat.

6. Streitigkeiten über die Begründung, den Inhalt, die Erfüllung, das Erlöschen von Pachtverträgen gehören vor die Zivilgerichte. Die Befugnis und Verpflichtung der Verwaltungsbehörden, den Vollzug des Gesetzes zu überwachen (Art. 88), wird dadurch nicht berührt.

7. Das Pachtverhältnis wird selbstverständlich in das Grundbuch nicht eingetragen (§ 3 GrundbB.).

Art. 31.

Fischereipachtverträge sind für mindestens zehn Jahre und mit höchstens drei Personen als Pächtern abzuschließen. Die Verpachtung von Koppelfischereien oder von Anteilsrechten an solchen darf keinesfalls an eine Anzahl von Pächtern erfolgen, welche die Zahl der Verpächter übersteigt. Wird die Fischerei an eine juristische Person verpachtet, so muß in den Pachtbedingungen vorgesehen werden, daß die Fischerei von mehr als drei Personen nicht ausgeübt werden darf.

Abs. 2. Zur Pachtung dürfen nicht Personen zugelassen werden, welchen nach Art. 66 die Fischerkarte verweigert worden ist.

Abs. 3. Wird während der Pachtzeit die Fischerkarte zurückgenommen, so kann, insoferne nicht die allenfallsigen Mitpächter die Verbindlichkeit des auszuschließenden Mitglieds übernehmen, der Verpächter ohne Einhaltung einer Kündigungsfrist das Pachtverhältnis kündigen.

Abs. 4. Die Verpachtung ist nur nach dem ganzen Inhalte des Fischereirechts zulässig.

Abs. 5. Die Trennung eines Fischwassers oder Fischereigebietes in Abteilungen zum Zwecke der Verpachtung ist unzulässig.

Abs. 6. Die Verwaltungsbehörde kann Abweichungen von den Bestimmungen der Abs. 1, 4 und 5 gestatten, wenn hieraus wirtschaftliche Nachteile für das verpachtete Fischwasser und für die mit ihm zusammenhängenden Fischwässer nicht zu befürchten sind.

Vollzugsbekanntmachung.

„**§ 17.** Die Distriktsverwaltungsbehörde, bei welcher die Ausfertigung des Pachtvertrags hinterlegt ist, hat zu prüfen, ob der Vertrag nicht im Widerspruche mit den über den Inhalt der Fischereipachtverträge getroffenen Vorschriften des Art. 31 des Fischereigesetzes steht.

§ 18. Die Genehmigung zu einzelnen Abweichungen von den Vorschriften des Art. 31 Abs. 1, 4, 5 des Fischereigesetzes steht, wenn das Fischwasser sich über die Bezirke mehrerer Distriktsverwaltungsbehörden erstreckt, der Distriktsverwaltungsbehörde zu, welche nach Art. 90 des Fischereigesetzes mit der Sachbehandlung und Beschlußfassung beauftragt wird. Der Antrag auf Genehmigung kann bei jeder Distriktsverwaltungbehörde gestellt werden, in deren Bezirke das Fischwasser gelegen ist.

Bei der Behandlung der Genehmigungsgesuche ist sorgfältig zu prüfen, ob nach den persönlichen Verhältnissen der Fischereiberechtigten und der Fischwasserpächter und mit Rücksicht auf die wirtschaftliche Bedeutung der betreffenden Gewässer keine Nachteile für die Fischerei zu befürchten sind.

Bei der Genehmigung zur Trennung eines Fischwassers oder Fischereigebiets in Abteilungen ist von den Grundsätzen auszugehen, welche auch für den Vollzug des Art. 18 des Fischereigesetzes maßgebend sind, so daß in der Regel keine Verpachtung eines Fischwassers zugelassen werden soll, welches weniger als 2 km beiderseitige Uferlänge besitzt.

Unter „Fischwasser" und „Fischereigebiet" im Sinne des Art. 31 Abs. 5 des Fischereigesetzes sind die unter sich zusammenhängenden, zur Fischerei geeigneten Gewässer zu verstehen, in denen nur einem Berechtigten die Ausübung des Fischereirechts zusteht. Als ein Berechtigter gelten auch die zu einem gemeinschaftlichen Fischereibetriebe zusammengeschlossenen (Art. 19, 20), die bei einer Koppelfischerei beteiligten (Art. 27) und die zu einer Genossenschaft behufs gemeinsamer Bewirtschaftung und Nutzung vereinigten Berechtigten (Art. 37).

Die Genehmigung von Abweichungen (Art. 31 Abs. 6) kann unter einer Bedingung oder einer Zeitbestimmung erteilt werden. In der Regel soll die Genehmigung an die Bedingung geknüpft werden, daß im Pachtvertrage der Pächter verpflichtet wird, alljährlich eine gewisse, im Verhältnis zur Beschaffenheit des Fischwassers stehende Menge von Fischbrut oder Jährlingen der für das Fischwasser hauptsächlich in Betracht kommenden Arten von Nutzfischen einzusetzen, sowie daß der Verpächter berechtigt ist, die vertragsmäßige Menge an Fischbrut oder Jährlingen auf Kosten des Pächters einzusetzen, wenn dieser der Verpflichtung nicht bis zu einem bestimmten Zeitpunkte nachkommt.

§ 23. Die Vorschriften der §§ 16 bis 22 finden auch auf geschlossene Gewässer Anwendung. Die Verwaltungsbehörden können nach Art. 31 Abs. 6 des Fischereigesetzes Ausnahmen hievon für Fischteiche und Fischbehälter zulassen."

1. Die vorhergehende Lösung der Fischerkarte (Art. 64) durch den Pachtliebhaber ist zwar zweckmäßig, aber nicht Voraussetzung des gültigen Abschlusses des Pachtvertrags. Ist die Ausstellung der Karte verweigert worden (Art. 66), so ist der trotzdem nachher geschlossene Vertrag ohne Rücksicht auf die Kenntnis des Verpächters davon nichtig. Wird nach dem Abschlusse des Pachtvertrags, vor oder während der Pachtzeit die Karte verweigert oder zurückgenommen (Art. 66 Abs. 3) oder nach Ablauf der Gültigkeit von der Verwaltungsbehörde nicht erneuert, so bleibt der Vertrag bestehen, der Verpächter kann ihn aber in der Regel (Abs. 3) ohne Einhaltung einer Frist oder Form und vorbehaltlich besonderer Verhältnisse (z. B. nutzbringende Aufwendungen des Pächters für das Fischwasser) ohne Verpflichtung zur Schadloshaltung des Pächters kündigen (s. §§ 581, 547, 683 f. BGB.). Das Pachtverhältnis ist erloschen mit dem Zeitpunkt, in dem dem andern die Kündigung zugeht (s. § 130 BGB.).

2. Durch Abs. 4 wird die Verpachtung beschränkter Rechte (Art. 11) nicht unmöglich gemacht (Vorbem. 2). Es ist aber unzulässig, zu vereinbaren, daß der Pächter die Befugnis des Verpächters nur mit inhaltlichen Beschränkungen im Sinne des Art. 11 ausüben darf. Es kann z. B. nicht vereinbart werden, daß der Pächter eine bestimmte Art von Fischen nicht fangen darf, auf die sich das Recht des Verpächters erstreckt (anders Art. 35). Anderseits ist der Verpächter nicht gehindert, sich die Ausübung der F. nach ihrem ganzen Umfang oder beschränkt neben dem Pächter vorzubehalten. Der Verpächter kann sich auch die Ausstellung von Erlaubnisscheinen (Art. 35) vorbehalten. Im Zweifel ist aber durch den Pachtvertrag für den Verpächter die Selbstfischerei und die Ausstellung von Erlaubnisscheinen ausgeschlossen. Über die strafrechtlichen Folgen der Verletzung des obligatorischen Rechtes des Pächters s. Bem. 2 vor Art. 100.

3. Unter Fischwasser und F.Gebiet im Sinne des Abs. 5 sind die unter sich zusammenhängenden, zur F. geeigneten Gewässer zu verstehen, in denen einem Berechtigten die Ausübung des F.Rechts zusteht (Begr. S. 351). Als ein Berechtigter gelten besonders auch die zu einem gemeinschaftlichen Betriebe Zusammengeschlossenen (Art. 19, 20), die bei Koppel-F. Beteiligten, die die Verpachtung auf gemeinsame Rechnung bewirken (Art. 28 u. Bem. 2 dazu), die zu einer Genossenschaft vereinigten Berechtigten (Art. 37). Es kommt nicht darauf an, ob das Fischwasser ein Grundstück im rechtlichen Sinne bildet oder mehrere. Die katastermäßige Behandlung ist ohne Bedeutung. Ein bestimmter räumlicher Mindestumfang ist im Gesetze nicht vorgeschrieben.

4. Mehrere Pächter haften im Zweifel für den Pachtzins als Gesamtschuldner (§ 427 BGB.). Sie werden in der Regel untereinander eine Gesellschaft nach §§ 705 f. BGB. bilden.

5. Die bürgerlichrechtliche Bedeutung der Dispensation (Abs. 6) durch die Distriktsverwaltungsbehörde (Art. 89 f.) wird bei entsprechender Anwendung der §§ 182 f. BGB. in folgendem bestehen: Wurde die Zustimmung der Behörde zu der vom Gesetz abweichenden Bestimmung des Pachtvertrags schon vor dem Abschlusse des Vertrags eingeholt, so ist der Vertrag ohne weiteres gültig. Wurde der Vertrag mit dem vom Gesetz abweichenden Inhalt ohne Einwilligung der Behörde abgeschlossen, so hängt die Wirksamkeit des Vertrags davon ab, daß die Behörde den gesetzwidrigen Inhalt genehmigt. Genehmigt sie ihn, so gilt der Vertrag als von Anfang an wirksam; genehmigt sie ihn nicht, so ist der Vertrag endgültig unwirksam.

6. Das Gesetz enthält keine besonderen Vorschriften für den Fall, daß das Ufergrundstück verpachtet wird, dessen Bestandteil das Gewässer und damit das FRecht ist. Die Verwaltungsbehörde kann, wenn Härten hervortreten, nach Abs. 6 dispensieren.

7. Übergangsbestimmungen: Art. 108 Abs. 1, 2.

8. Die Vorschriften der Abs. 1, 4, 5 (wohl aber der Abs. 2, 3) finden auf staatliche Fischwasser keine Anwendung (Art. 36). Damit verliert hier auch Abs. 6 seinen Inhalt.

9. Die Beilage 1 zur VollzB. enthält ein Muster für Pachtverträge (abgedruckt im Anhange).

Art. 32.

Das Pachtverhältnis erlischt, falls das verpachtete Fischwasser einem gemeinschaftlichen Fischereibetriebe nach Art. 19 angeschlossen wird. Das Gleiche gilt, wenn das verpachtete Fischwasser in eine Genossenschaft behufs gemeinsamer Bewirtschaftung und Nutzung der Fischwasser nach Art. 39 einbezogen wird, sofern nicht der Pächter der Genossenschaft als Mitglied beitritt.

1. Das Erlöschen des Pachtverhältnisses erfolgt in den im Art. 32 bezeichneten Fällen ohne Kündigung kraft Gesetzes. Die Vorschrift ist zwingendes Recht. Der Pächter hat keinen Entschädigungsanspruch vorbehaltlich etwaiger Ersatzansprüche wegen Verwendungen auf das Fischwasser (s. Bem. 1 zu Art. 31). Nach S. 2 erlischt das Pachtverhältnis nur, wenn das verpachtete Wasser in eine Zwangsgenossenschaft einbezogen wird, die den im Art. 37 Nr. 2 bezeichneten Zweck verfolgt. S. auch die Bem. zu Art. 62. Die Zugehörigkeit des FRechts zu einer freiwilligen oder Zwangsgenossenschaft hindert übrigens nicht die Verpachtung des Rechtes (arg. Art. 62 Abs. 2).

2. Der Pachtvertrag erlischt ferner insbesondere, abgesehen von dem Falle der Kündigung nach Art. 31 Abs. 3 und vorbehaltlich anderer Vereinbarung (a. M. Malsen-Hofer S. 254),

a) mit dem Ablaufe der Pachtzeit;

b) durch Kündigung ohne Einhaltung einer Kündigungsfrist, wenn der Pächter für zwei aufeinanderfolgende Termine mit der Entrichtung des Pachtzinses oder eines Teiles desselben im Verzug ist (§§ 554, 581 BGB.), oder wenn der Verpächter die vertragsmäßige Ausübung des Rechtes nicht rechtzeitig gewährt oder wieder entzieht (§§ 542, 581);

c) bei der Fortsetzung des Pachtverhältnisses auf unbestimmte Dauer nach dem Ablaufe der Pachtzeit durch Kündigung und Ablauf der vereinbarten oder gesetzlichen Frist (§ 595).

Die anderweitige Vereinbarung darf selbstverständlich keine Umgehung des Art. 31 Abs. 1 enthalten.

Stirbt der Pächter, so ist nur der Erbe (die Miterben) berechtigt, das Pachtverhältnis unter Einhaltung der gesetzlichen Frist (§ 595) zu kündigen, nicht der Verpächter (§§ 569, 596 Abs. 2). Stirbt ein Mitpächter, so können mangels besonderer Vereinbarung weder die Erben noch die anderen Pächter kündigen (Planck Erl. 3 zu § 569). Versetzung des Pächters ist kein Kündigungsgrund (§§ 596 Abs. 3, 570).

3. Übergangsbestimmungen: Art. 108 Abs. 2.

Art. 33.

Der Pachtvertrag bedarf zu seiner Gültigkeit der Schriftform. Eine von dem Pächter und dem Verpächter zu unterzeichnende Ausfertigung ist von dem Verpächter binnen acht Tagen nach dem Abschluß des Vertrags bei der Distriktspolizeibehörde zu hinterlegen, in deren Bezirke das Fischwasser gelegen ist.

Vollzugsbekanntmachung.

„**§ 16.** Der Verpächter eines Fischwassers muß binnen acht Tagen nach dem Abschlusse des Vertrags eine von ihm und dem Pächter unterzeichnete Ausfertigung des Pachtvertrags bei der Distriktsverwaltungsbehörde hinterlegen, in deren Bezirke das Fischwasser gelegen ist (Art. 33 Satz 2 des Fischereigesetzes).

Erstreckt sich das Fischwasser über die Bezirke mehrerer Distriktsverwaltungsbehörden, so genügt es, wenn der Verpächter die Ausfertigung bei einer hinterlegt. Diese hat den anderen Distriktsverwaltungsbehörden Abschrift des Pachtvertrags mitzuteilen.

Die Distriktsverwaltungsbehörde hat jeder Ortspolizeibehörde, in deren Bezirke das Fischwasser liegt, Namen und Wohnort des Pächters und Verpächters sowie die Dauer der Pacht mitzuteilen. Im Falle des Abs. 3 hat jede Distriktsverwaltungsbehörde den in ihrem Bezirke gelegenen Ortspolizeibehörden die Mitteilungen zu machen."

1. Die Schriftform wird nach § 126 BGB. dadurch erfüllt, daß die Parteien oder ihre Vertreter die nämliche Vertragsurkunde eigenhändig mit der Namensunterschrift oder mittels (gerichtlich oder) notariell beglaubigten Handzeichens unterzeichnen. Werden über den Vertrag mehrere gleichlautende Urkunden aufgenommen, so genügt es, daß jede Partei die für die andere Partei bestimmte Urkunde unterzeichnet. Die Schriftform wird durch die (gerichtliche oder) notarielle Beurkundung ersetzt. Durch Briefwechsel kann der Vertrag nicht geschlossen werden. Formlose (mündliche) Nebenabreden sind unzulässig und nichtig (§ 125 BGB.). Ob sie auch den schriftlich niedergelegten Vertrag nichtig machen, ist Auslegungsfrage des einzelnen Falles, wobei es darauf ankommt, ob die Erklärungen in der Urkunde dem Willen der Parteien entsprechen oder nicht (s. auch § 117 BGB.). Der Schriftform bedürfen auch Abänderungen und Ergänzungen des Vertrags.

2. Eine behördliche Genehmigung des Vertrags ist nicht vorgesehen. Die Distriktsverwaltungsbehörde hat aber von Amts wegen zu prüfen, ob sie einen Anlaß zur Beanstandung des Vertrags hat. Die Verpflichtung zur Hinterlegung einer Ausfertigung trifft nur den Verpächter oder den Unterverpächter (Art. 34). Sie besteht auch, wenn der Vertrag geändert oder ergänzt wird.

3. Strafbestimmung: Art. 105 Nr. 3. Der auf Grund eines nichtigen Pachtvertrags fischende Pächter ist nur dann wegen unbefugten Fischens strafbar, wenn er den Mangel seiner Berechtigung kennt und gegen den Willen des FBerechtigten (des Verpächters) fischt. (S. Bem. 1, 2, 5 vor Art. 100). A. M. anscheinend Malsen-Hofer S. 259. Unabhängig von diesen Voraussetzungen kann die Verwaltungsbehörde nach Art. 94 einschreiten.

4. Übergangsvorschrift: Art. 108 Abs. 3.

5. Art. 33 S. 2 findet auf staatliche Fischwasser keine Anwendung (Art. 36).

Art. 34.

Unterpacht ist nur mit Genehmigung des Verpächters und für das ganze Fischereirecht sowie für den vollen Rest der Pachtdauer zulässig. Im übrigen finden auf die Unterpacht die Bestimmungen der Art. 31 bis 33 entsprechende Anwendung.

Vollzugsbekanntmachung.

„**§ 20.** Verpachtet der Pächter eines Fischwassers dieses weiter, so finden die Vorschriften der §§ 16 bis 18 entsprechende Anwendung: die zu hinterlegende Ausfertigung des Unterpachtvertrags ist auch vom Verpächter zu unterzeichnen. Die Hinterlegung obliegt dem Unterverpächter (Art. 34 des Fischereigesetzes).

Der Unterverpächter kann sich in dem Unterpachtvertrage die Ausübung der Fischerei vorbehalten; in diesem Falle ist die Genehmigung der Distriktsverwaltungsbehörde erforderlich, wenn die Zahl der Pächter und Unterpächter zusammen mehr als drei beträgt (Art. 34 mit Art. 31 Abs. 1 des Fischereigesetzes).

§ 21. Der Pächter kann mit Genehmigung des Verpächters weitere Teilnehmer am Pachtvertrag annehmen. In solchem Falle liegt entweder Ausdehnung des Pachtverhältnisses auf die weiteren Teilnehmer oder Abschluß einer Unterpacht mit ihnen vor. Die Genehmigung der Distriktsverwaltungsbehörde ist erforderlich, wenn die Zahl der weiteren Teilnehmer zusammen mit dem Pächter mehr als drei beträgt.

Der Vertrag, durch welchen die weiteren Teilnehmer eintreten, bedarf der Schriftform und ist in einer von dem Verpächter, dem Pächter und den weiteren Teilnehmern zu unterzeichnenden Ausfertigung bei der Distriktsverwaltungsbehörde zu hinterlegen. Die Vorschriften der §§ 16 bis 18 finden entsprechende Anwendung."

1. Für den Unterpachtvertrag gelten die Vorschriften des FG. und des allgemeinen Zivilrechts über den Pachtvertrag mit der Maßgabe, daß sich die Dauer des Unterpachtsverhältnisses notwendig (aber Art. 31 Abs. 6) nach dem Reste der Dauer des Pachtverhältnisses bestimmt. Das Erfordernis der Genehmigung des Verpächters geht schon aus den

§§ 549, 581, 596 Abs. 1 BGB. hervor. Die Unterpacht ist nur für das „ganze FRecht" zulässig (Bem. 2 zu Art. 31). Auch der Unterverpächter ist nicht gehindert, sich die Ausübung der F. neben dem Unterpächter vorzubehalten (s. § 20 Abs. 2 VollzB.). Über die rechtliche Stellung des Unterpächters s. Bem. 3 vor Art. 31. Es ist aber zu beachten, daß der Unterpächter in der Regel nur mit dem Pächter nicht mit dem Verpächter in Vertragsbeziehung steht.

2. Übergangsvorschrift: Art. 108.

Art. 35.

Der Fischereiberechtigte oder mit dessen Einwilligung der Fischereipächter oder der Vorstand einer Fischereigenossenschaft kann nur mit Genehmigung der Verwaltungsbehörde Erlaubnisscheine zur Ausübung der Fischerei ausstellen. Die Genehmigung darf nur erteilt werden, wenn hieraus Nachteile für das Fischwasser und für die mit ihm zusammenhängenden Fischwasser nicht entstehen. Die Erlaubnisscheine bedürfen der Beglaubigung durch die Ortspolizeibehörde und sind auf eine bestimmte Zeit, welche den Zeitraum von drei Jahren nicht überschreiten darf, auszustellen; die Beglaubigung erfolgt kostenfrei. Die Verwaltungsbehörde kann die Höchstzahl und den Inhalt der Erlaubnisscheine festsetzen.

Abs. 2. Diese Vorschriften finden auf geschlossene Gewässer im Sinne des Art. 2 Abs. 1 Nr. 1 keine Anwendung.

Vollzugsbekanntmachung.

§ 25. Die in Art. 35 des Fischereigesetzes vorgesehene Ausstellung von Erlaubnisscheinen erfolgt durch die Fischereiberechtigten, dann mit deren Einwilligung durch die Fischereipächter oder durch den Vorstand einer Fischereigenossenschaft auf den Namen desjenigen, welcher zur Ausübung der Fischerei berechtigt sein soll. Wenn das Fischwasser verpachtet ist, ist der Fischereiberechtigte selbst zur Ausstellung von Erlaubnisscheinen nur befugt, sofern er sich dies im Pachtvertrage vorbehalten hat oder sofern er nach dem Pachtvertrage zur Ausübung der Fischerei neben dem Pächter berechtigt ist.

Der Erlaubnisschein hat Vor- und Familiennamen, Beruf und Wohnort des Ausstellenden, Vor- und Familiennamen, Beruf und Wohnort desjenigen, dem die Erlaubnis erteilt wird, Art und Dauer der Erlaubnis und die Bezeichnung der Fischwasserstrecke zu enthalten. Der Schein ist von dem Aussteller zu unterzeichnen. Die Verwendung eines bestimmten Formulars ist nicht erforderlich, doch wird empfohlen, das anliegende Muster zu gebrauchen. (Beilage 2; im Anhange.)

Wenn der Fischereiberechtigte einem anderen in seiner Gegenwart zu fischen erlaubt, so ist ein Erlaubnisschein nicht erforderlich.

§ 26. Die Erlaubnisscheine bedürfen der Beglaubigung durch die Ortspolizeibehörde. Zuständig ist die Polizeibehörde, in deren Bezirke der Aussteller des Scheins wohnt oder das Fischwasser und, wenn sich dieses über mehrere Gemeindebezirke erstreckt, der größere Teil gelegen ist.

§ 27. Zur Ausstellung von Erlaubnisscheinen ist die Genehmigung der Distriktsverwaltungsbehörde erforderlich. Bei Erteilung der Genehmigung ist das Formular Beil. 3 zu benützen. (Beilage 3 ist im Anhang abgedruckt.)

Die Distriktsverwaltungsbehörde hat für jedes Fischwasser ihres Bezirkes ein Verzeichnis der erteilten Genehmigungen zur Ausstellung von Erlaubnisscheinen zu führen.

Die Distriktsverwaltungsbehörde kann die Zahl der Erlaubnisscheine, welche für ein Fischwasser ausgestellt werden dürfen, sowie etwaige Beschränkungen hinsichtlich Zeit und Art des Fischfangs festsetzen. Vor der Festsetzung sind Fischereisachverständige zu hören. Bei der Festsetzung ist unter angemessener Rücksichtnahme auf die Person desjenigen, welcher die Erlaubnisscheine ausstellen will, und auf den Zweck, für welchen dies geschehen soll, innerhalb der durch die Wirtschaftlichkeit der Fischereinutzung gebotenen Schranken ohne Engherzigkeit zu verfahren. Die Distriktsverwaltungsbehörde hat die Festsetzung der Ortspolizeibehörde, in deren Bezirk das Fischwasser und wenn sich dieses über mehrere Gemeinden erstreckt, der größere Teil gelegen ist, sowie den zur Ausstellung von Erlaubnisscheinen Berechtigten mitzuteilen.

Die Ortspolizeibehörde hat den Fischerei-Aufsichtsorganen die Einsicht der Mitteilung zu gestatten.

§ 28. Der zur Ausstellung von Erlaubnisscheinen Berechtigte kann um die Genehmigung der Distriktsverwaltungsbehörde in jedem einzelnen Falle nachsuchen. Er kann sich aber auch die Genehmigung zur Ausstellung einer gewissen Zahl von Erlaubnisscheinen im vornherein erteilen lassen.

Auch von der Ortspolizeibehörde kann er sich im vornherein Erlaubnisscheine beglaubigen lassen, die lediglich von ihm unterzeichnet sind und in denen die Person desjenigen, dem die Erlaubnis erteilt wird, noch nicht bezeichnet ist. Wenn die Distriktsverwaltungsbehörde die Zahl der zulässigen Erlaubnisscheine nach § 27 Abs. 3 festgesetzt hat, so dürfen von der Ortspolizeibehörde im vornherein nicht mehr Erlaubnisscheine beglaubigt werden, als nach der Festsetzung ausgestellt werden können.

Gibt der zur Ausstellung der Erlaubnisscheine Berechtigte in solchem Falle beglaubigte Erlaubnisscheine, die er durch Einsetzung des Namens des Erlaubnisempfängers ausgefüllt hatte, zurück, weil die Scheine z. B. durch Erlöschen der Erlaubnis gegenstandslos geworden sind, so kann er sich die entsprechende Zahl neuer Erlaubnisscheine beglaubigen lassen; die zurückgegebenen Scheine sind zu vernichten.

§ 29. Der Aussteller eines Erlaubnisscheins hat, wenn er um die Beglaubigung nachsucht, der Ortspolizeibehörde die Genehmigung der Distriktsverwaltungsbehörde (§ 27 Abs. 1) vorzulegen.

Die Ortspolizeibehörde hat zu prüfen, ob Zahl und Art der zur Beglaubigung vorgelegten Erlaubnisscheine mit den von der

Distriktsverwaltungsbehörde getroffenen Anordnungen übereinstimmen. Sie hat die Beglaubigung zu verweigern, wenn dies nicht der Fall ist, und hierüber der Distriktsverwaltungsbehörde sofort Anzeige zu erstatten.

Die Ortspolizeibehörde hat die Beglaubigung der Erlaubnisscheine auf der Rückseite der Genehmigungsurkunde der Distriktsverwaltungsbehörde zu vermerken.

§ 30. Die Erlaubnisscheine berechtigen nur denjenigen, auf dessen Namen sie lauten, zur Ausübung der Fischerei in der im Erlaubnisscheine bezeichneten Art. Der Erlaubnisschein erlischt, wenn in der Person des Fischereiberechtigten, welcher den Schein ausgestellt hat, ein Wechsel eintritt.

§ 31. Die Vorschriften der §§ 25 bis 30 gelten nicht für künstlich angelegte Fischteiche oder Fischbehälter, finden dagegen auf sonstige geschlossene Gewässer Anwendung (Art. 35 Abs. 2 des Fischereigesetzes).

§ 32. Der Staat und die Zivilliste bedürfen zur Ausstellung von Erlaubnisscheinen für die ihnen zustehenden Fischwasser nicht der Genehmigung der Distriktsverwaltungsbehörde; die Beglaubigung ihrer Erlaubnisscheine durch die Ortspolizeibehörde ist nicht erforderlich. Die Vorschriften der §§ 25 bis 31 finden auf die Erlaubnisscheine des Staates und der Zivilliste keine Anwendung."

1. Das Gesetz sagt nicht, wer zur Ausübung der F. einen Erlaubnisschein braucht. Es sagt insbesondere nicht, wann der Ausweis des Art. 68 genügt und wann es des Erlaubnisscheins bedarf. Man hat davon auszugehen, daß der Erteilung des Erlaubnisscheins in der Regel eine pachtähnliche Einräumung der Nutzung des Fischwassers an einen Dritten zugrunde liegt; der Art. 35 will der Ausbeutung der Fischwasser durch die übermäßige Erteilung der Erlaubnis an Dritte entgegentreten. Der Art. 35 unterscheidet allerdings nicht, ob die Ausstellung des Scheines entgeltlich oder unentgeltlich erfolgt. Jedenfalls fischt der Inhaber des Erlaubnisscheins im eigenen Namen; er gehört zu den „zur Ausübung der F. Berechtigten" und hat als solcher eine selbständige Rechtsstellung (Art. 1 Abs. 4, Art. 70 Abs. 1 u. 2). Des Erlaubnisscheins bedarf deshalb nicht, wer im Namen und im Auftrag des FBerechtigten fischt, besonders

a) die Personen, die in dessen Begleitung fischen (auch die Gäste), ebenso § 25 Abs. 3 VollzB.;

b) das selbständig fischende Hilfs- und Aufsichtspersonal (mit Einschluß der wirtschaftlich unselbständigen Familienangehörigen).

S. dazu die Bekanntmachung des Staatsministeriums des Innern vom 15. Juni 1909, MABl. S. 469 [abgedruckt S. 128].

Sehr zweifelhaft ist, ob auch für einen FGast, der vorübergehend ohne Begleitung des Berechtigten fischen will, ein Erlaubnisschein ausgestellt werden muß. Art. 35 setzt immerhin ein Verhältnis von gewisser Dauer voraus. Für die jeden Mißbrauch ausschließende, auf einen oder wenige Fälle beschränkte Zulassung des Gastes zur selbständigen F. wird der Ausweis nach Art. 68 jedenfalls dann genügen, wenn der Gast nicht zu eigenem Nutzen sondern für den FBerechtigten fischt (s. auch III. ProtAKR. S. 513 zu Art. 34).

2. Dem Erlaubnisscheine liegt — in der Regel — ein zivilrechtlicher Vertrag mit dem zur Ausstellung Berechtigten zugrunde, kraft dessen die darin bezeichnete Person befugt ist, die F. auszuüben. Es kann sich aber auch um eine bloße Vergünstigung handeln, die nach dem Willen der Beteiligten einen Rechtsanspruch auf Ausübung der F. nicht erzeugen soll (prekaristisches Verhältnis). Der Vertrag bedarf keiner Form. Es ist nicht notwendig, daß er in dem Erlaubnisscheine beurkundet wird. Sein Inhalt liegt zunächst im Belieben der Parteien, die auch bestimmen, ob die Befugnis entgeltlich oder unentgeltlich ausgeübt wird. Die Befugnis kann inhaltlich beschränkt werden, z. B. auf die Aneignung bestimmter Wassertiere oder die Anwendung bestimmter Fangmittel; sie kann örtlich (auf einen Teil des Fischwassers) beschränkt werden. Die Befugnis kann auf den Fang unter Ausschluß der Aneignung beschränkt werden. Der Inhaber des Erlaubnisscheins darf im Zweifel Hilfspersonal zuziehen, das sich aber der eigenen Ausübung der F. zu enthalten hat.

3. Der Erlaubnisschein darf nicht verwechselt werden mit der Fischerkarte (Vorbem. vor Art. 64) oder mit dem Ausweise nach Art. 68, den er allerdings ersetzt (Bem. 3 dort).

4. Wegen der Ausstellung von Erlaubnisscheinen bei gemeinschaftlichen Betrieben s. Bem. 1 zu Art. 20, durch Miterben oder Miteigentümer Bem. 2 zu Art. 25, durch sonstige Koppel-FBerechtigte Bem. 2 zu Art. 27, durch Gemeinden und Stiftungen Art. 30, durch den Verpächter Bem. 2 zu Art. 31, § 25 Abs. 1 VollzB.; s. auch Bem. 4 zu Art. 30 und Einl. S. 16 (Ausübung der F. durch juristische Personen).

5. Über den Schutz der Inhaber von Erlaubnisscheinen gegen Störung der Ausübung, soweit sie ein selbständiges FRecht ausüben, s. Art. 16 und Bem. 3 dazu.

6. Durch die Beglaubigung des Erlaubnisscheins seitens der Ortspolizeibehörde (Art. 92 f., Art. 138 rechtsrh. GemO., Art. 71 f. pfälz. GemO.) wird nur die Echtheit der Unterschrift des Ausstellers, nicht auch seine materiellrechtliche Befugnis zur Ausstellung des Scheins bestätigt. Die Ortspolizeibehörde hat jedoch in gewissen Grenzen eine Prüfungspflicht; sie darf z. B. einen Schein nicht beglaubigen, der auf unbestimmte Zeit oder auf länger als drei Jahre lautet. Die Gültigkeit des Scheines wird durch den Mangel der polizeilichen Beglaubigung nicht berührt. Das Nichtbeschaffen der Beglaubigung ist nicht unter Kriminalstrafe gestellt (Bem. 7). Da die Beglaubigung kostenfrei ist, kann die Gebühr nach Art. 202, 228 GebG. in der F. vom 13. Juli 1910 nicht erhoben werden.

7. Nach Art. 101 Nr. 3 wird bestraft, wer einen Erlaubnisschein unbefugt ausstellt oder die für die Ausstellung von der Verwaltungsbehörde festgesetzten Bedingungen nicht beachtet (s. auch Art. 105 Nr. 2: Vorzeigen und Abgabe des Erlaubnisscheins). Die Ausstellung ist auch unbefugt, wenn die Genehmigung der Verwaltungsbehörde nicht erholt oder versagt wurde oder wenn der Pächter den Schein ohne Einwilligung (oder wenigstens ohne nachträgliche Zustimmung) des Verpächters ausgestellt hat. Dagegen ist das Fischen ohne den erforderlichen (Bem. 1) Erlaubnisschein oder auf Grund eines unbefugt ausgestellten Erlaubnisscheins nicht selbständig strafbar (allenfalls aber — Vorsatz! — nach § 370 Nr. 4 StGB. u. a.). Das Überschreiten der erteilten Erlaubnis (Bem. 2) kann den Tatbestand des unbefugten Fischens erfüllen (Bem. 2 vor Art. 100).

8. Der Erlaubnisschein erlischt in der Regel ohne weiteres mit dem Wegfalle der Berechtigung des Ausstellers vorbehaltlich etwaiger Ansprüche des Inhabers aus dem zugrunde liegenden Vertrage (s. § 30 VollzB.). Der allgemeine Rechtsnachfolger des Ausstellers kann aber selbstverständlich den Erlaubnisschein nur zurücknehmen, wenn ihn auch der Aussteller hätte zurücknehmen können. Auf den Sondernachfolger (z. B. Fischwasserkäufer) gehen die Verpflichtungen des Ausstellers nur bei Vereinbarung über.

9. Streitigkeiten, die den zivilrechtlichen Vertrag (Bem. 2) betreffen, entscheiden die Gerichte. Die übrigen Streitigkeiten werden im allgemeinen auf dem Verwaltungswege (Art. 88f.) ausgetragen.

10. Übergangsvorschrift: Art. 109.

11. Art. 35 findet keine Anwendung auf künstlich angelegte Fischteiche und Fischbehälter (Abs. 2), dann auf alle staatlichen Fischwasser (Art. 36).

Art. 36.

Die Vorschriften des Art. 31 Abs. 1, 4, 5, des Art. 33 Satz 2 und des Art. 35 finden auf Fischwasser, in denen der Staat fischereiberechtigt ist, keine Anwendung.

Vollzugsbekanntmachung.

„**§ 24.** [s. auch § **32**]. Bei der Verpachtung von dem Staate oder der Zivilliste zustehenden Fischereirechten sind Abweichungen von den Bestimmungen des Art. 31 Abs. 1, 4, 5 des Fischereigesetzes zulässig; auch muß eine Ausfertigung des Pachtvertrags nicht hinterlegt werden.

Die Vorschriften der §§ 16 bis 23 finden bei Verpachtungen des Staates oder der Zivilliste keine Anwendung."

Den staatlichen Fischwassern sollen nach der Begründung „die von der Zivilliste genutzten" Fischwasser gleichstehen. § 24 VollzB. stellt den staatlichen FRechten die „der Zivilliste zustehenden" Rechte gleich. Über die beteiligten Behörden s. Bem. 3 zu Art. 91. Zu den Fischwassern, in denen der Staat fischereiberechtigt ist, gehören auch die im Eigentum dritter Personen stehenden Gewässer, in denen der Staat ein selbständiges FRecht (Art. 9 Abs. 1) hat. Die FMBek. vom 16. August 1879 über die Veräußerung und Verpachtung ärarialischer Fischwasser (FMBl. 1879 S. 161) ist ersetzt worden durch die Bek. des Finanzministeriums vom 17. Juni 1909 (FMBl. S. 497) [Im Anhange].

Abschnitt 5. Öffentliche Fischereigenossenschaften.

Vorbemerkung.

1. Öffentliche Genossenschaften sind die nach Maßgabe des Abschnitts 5 für die im Art. 37 bezeichneten Zwecke gebildeten Genossenschaften. Die Bildung bürgerlichrechtlicher Genossenschaften und Gesellschaften, gemeinnütziger und auf Erwerb gerichteter, rechtsfähiger und nicht rechtsfähiger Vereine zu FZwecken kann durch FBerechtigte und dritte Personen auch nach dem Inkrafttreten des FG. erfolgen. Ihre Rechtsverhältnisse beurteilen sich dann nach dem Genossenschaftsgesetze vom $\frac{\text{1. Mai 1889}}{\text{20. Mai 1898}}$ (RGBl. 1898 S. 810) oder den sonst einschlägigen bürgerlichrechtlichen Bestimmungen. Eine öffentliche Genossenschaft kann nur für die im Art. 37 bezeichneten Zwecke gebildet werden. Z. B. kann eine Fischverkaufsgenossenschaft, die nicht zugleich die Hebung des Fischbestandes der Genossen bezweckt, als öffentliche Genossenschaft nicht gebildet werden (Begr. S. 352). Die schon bestehenden freiwilligen FGenossenschaften (darüber ABKA. S. 725) und die sogenannten Fischerinnungen fallen nicht unter die GewO., s. § 6 GewO., Landmann, GewO. 6. Aufl. Anm. 3, Reger 6[367], 7[191], Begr. S. 354. Sie gehen nicht ohne weiteres in Genossenschaften des FG. über. Sie bleiben bestehen und sind nicht verpflichtet, ihre Satzungen dem FG. anzupassen, können aber unter Umständen durch die Errichtung von Zwangsgenossenschaften lahm gelegt werden. § 9 VollzB. empfiehlt ihnen, sich in öffentliche FGenossenschaften umzuwandeln.

2. Die rechtliche Stellung der öffentlichen FGenossenschaften (im folgenden kurz Genossenschaften genannt) ist im Anschluß an die Vorschriften über die öffentlichen Wassergenossenschaften (Abt. V WG.) geregelt. Da aber die Verhältnisse bedeutend einfacher sind, beschränkt sich das Gesetz auf die wichtigsten Vorschriften und überläßt das übrige der durch die behördliche Aufsicht überwachten und geleiteten Bestimmung der Beteiligten. An wichtigen Unterschieden ist hervorzuheben:

a) die Bildung der Genossenschaften ist nicht davon abhängig, daß bei dem Unternehmen ein Interesse des Gemeinwohls oder doch ein gemeinwirtschaftlicher Nutzen obwaltet (auch Art. 39 geht nicht soweit: dagegen Art. 112 Abs. 1 WG.).

b) Genossenschaften, die durch Mehrheitsbeschluß der Beteiligten mit zwangsweiser Beiziehung der Minderheit gebildet werden (G. mit Beitrittszwang; Art. 111 Ziff. 2 WG.) sieht das Gesetz nicht vor. Bem. 4 zu Art. 38.

c) Ein besonderes Verfahren für die Bildung von Genossenschaften (Art. 179 f. WG.) ist im Gesetze nicht vorgeschrieben; s. aber §§ 39 f. VollzB.

d) Die Wassergenossenschaften sind auf dem sog. Realprinzipe begründet (Art. 113 Abs. 2 WG.). Genossen sind die jeweiligen Eigentümer der in die Genossenschaft einbezogenen Grundstücke und Anlagen. Bei einem Eigentumswechsel tritt der neue Eigentümer von selbst in die Genossenschaft ein; der bisherige Eigentümer tritt aus vorbehaltlich der persönlichen Haftung für die während der Dauer seines Eigentums fällig gewordenen Leistungen (Art. 125 WG.). Die Pächter der Grundstücke können nicht Genossen werden; die Genossenschaft ist im allgemeinen nicht befugt, den Genossen freiwillig ein Ausscheiden aus der Genossenschaft zu gestatten.

Die Genossenschaften des FG. beruhen auf dem Personalprinzip. Genossen sind die Fischereiberechtigten, die sich zur Bildung der Genossenschaft freiwillig vereinigt haben oder zur Genossenschaft zwangsweise zusammengeschlossen wurden. Da es sich um die Ausübung der Rechte handelt, versteht das Gesetz unter den Fischereiberechtigten auch die Nießbraucher, Nutznießer und Pächter (s. § 37 VollzB.). Die Art. 62, 63 enthalten jedoch für die letzteren einige besondere Vorschriften. Bestimmungen über die Übertragbarkeit, Vererblichkeit der Mitgliedschaft, die Überlassung der Ausübung an Dritte (s. § 38 BGB.) enthält das Gesetz nicht.

Der Kreis der Genossen und die Dauer der Mitgliedschaft bestimmt sich zunächst nach der Satzung. Zu beachten ist, daß die Bildung der Genossenschaft und der Beitritt zur Genossenschaft auf bestimmte Zeit erfolgen kann (s. Art. 62 Abs. 1). Es steht nichts im Wege, die Mitgliedschaft als vererblich zu erklären. Nur ausnahmsweise verpflichtet das Gesetz die Genossenschaft, Berechtigte als Genossen aufzunehmen und Genossen das Ausscheiden zu gestatten (Art. 50, 51). Geht das FRecht auf einen anderen über, so wird der Nachfolger nicht kraft Gesetzes Genosse (s. aber Art. 62 Abs. 2), während der bisherige Berechtigte ausscheidet; der Nachfolger wird nur nach Maßgabe der Satzung Genosse. Ein Zwang kann auf ihn, wenn er Sondernachfolger ist, in der Regel nicht ausgeübt werden (s. aber Art. 20 Abs. 3). Denn eine dingliche Wirkung kommt der Einbeziehung des FRechts in das genossenschaftliche Unternehmen nicht zu. Der Erwerber (z. B. Fischwasserkäufer) braucht die durch den Beitritt seines Vorgängers regelmäßig eingetretene Entziehung des Ausübungsrechts nicht gegen sich gelten zu lassen. Der Vorgänger ist unter Umständen der Genossenschaft zum Schadensersatze verpflichtet. Die Satzung einer Zwangsgenossenschaft kann allerdings bestimmen, daß die jeweiligen FBerechtigten Genossen sind. Dann tritt der Rechtsnachfolger ohne weiteres in die Genossenschaft ein.

c) Die Beitragspflicht zu den Ausgaben der öffentlichen Wassergenossenschaft ist öffentliche Last der beteiligten Grundstücke vorbehaltlich der persönlichen Haftung des Eigentümers; die rückständigen Leistungen werden durch die Gemeinden wie rückständige Gemeindeumlagen beigetrieben (Art. 124 f. WG.). Das FG. enthält entsprechende Bestimmungen nicht.

3. Der Abschnitt 5 macht keinen Unterschied zwischen geschlossenen und nicht geschlossenen Gewässern.

4. Streitigkeiten über Rechtsansprüche und Verbindlichkeiten in den Fällen der Art. 37—57, 61, 63 sind nach Art. 96 Abs. 1 Verwaltungsrechtssachen vorbehaltlich der Zuständigkeit des nach Art. 44 Abs. 2 Nr. 6 obligatorischen Schiedsgerichts; s. auch Bem. 3 zu Art. 42. S. ferner Art. 99 Abs. 2 (Übernahme der Kosten auf die Staatskasse, die im Vollzuge der Art. 37—63 durch die Abordnung von Kommissären zu auswärtigen Terminen entstehen).

Art. 37.

Öffentliche Fischereigenossenschaften können aus den Fischereiberechtigten eines Fischwassers oder eines Fischereigebiets gebildet werden:

1. zur geregelten Aufsichtsführung und zu gemeinsamen Maßnahmen zum Schutze und zur Hebung des Fischbestandes,
2. zur gemeinsamen Bewirtschaftung und Nutzung der Fischwasser.

Vollzugsbekanntmachung.

„**§ 33.** Der Abschnitt 5 der Abteilung III, welcher von den öffentlichen Fischereigenossenschaften handelt, bezieht sich sowohl auf nicht geschlossene wie auf geschlossene Gewässer. Die Vorschriften dieses Abschnitts sind daher auf die Teichwirtschaft anwendbar.

Das Fischereigesetz unterscheidet die öffentlichen Fischereigenossenschaften

a) nach ihrem Zwecke
   1. in Genossenschaften, welche zur geregelten Aufsichtsführung, zum Schutze und zur Hebung des Fischbestandes gebildet werden,
   2. in Genossenschaften, welche sich zur gemeinsamen Bewirtschaftung und Nutzung der Fischwasser bilden;

b) nach der Art ihres Zustandekommens
   1. in Genossenschaften, welche durch freiwillige Vereinbarung der Beteiligten entstehen (freiwillige Genossenschaften),
   2. in Genossenschaften, welche durch Verfügung der Regierung, Kammer des Innern, gebildet werden (Zwangsgenossenschaften).

Unter den Maßnahmen zum Schutz und zur Hebung des Fischbestandes sind alle Maßnahmen verstanden, welche dessen Erhaltung und Vermehrung sowie die Beseitigung von Hindernissen einer geordneten Fischwirtschaft zum Gegenstande haben. Darunter fallen auch der Aufkauf einer benachbarten Fischereiberechtigung (vgl. Art. 17 Abs. 2 Nr. 2 des Fischereigesetzes), die Errichtung einer Fischzuchtanstalt oder einer Überwinterungsanlage, die planmäßige Besetzung von Teichen oder sonstigen Gewässern und die Aufstellung eines gemeinschaftlichen Fischerei-Aufsichtspersonals.

Genossenschaften, welche zum Zweck einer gemeinsamen Bewirtschaftung und Nutzung der Fischwasser gegründet werden, können auch den gemeinschaftlichen Verkauf der gefangenen oder gezüchteten Fische betreiben. Dagegen fallen reine Ein- und Verkaufsgenossenschaften, die nur Fischhandel treiben, nicht unter das Fischereigesetz.

§ 37. Genosse kann nur sein, wer in dem Fischwasser oder dem Fischereigebiete fischereiberechtigt ist (Art. 37 des Fischereigesetzes). Eine Gemeinde, der das Fischereirecht zur Ausübung übertragen ist (Art. 7, 22,[1] 30 des Fischereigesetzes), gilt im Sinne der Vorschriften des Fischereigesetzes über die öffentlichen Fischereigenossenschaften als fischereiberechtigt. Gleiches trifft zu, wenn einem Dritten die Ausübung des Fischereirechts eines anderen in dinglicher Weise übertragen ist (Nießbraucher, Pfründebesitzer); in diesem Falle kann auch der Fischereiberechtigte selbst, trotzdem ihm die Ausübung der Fischerei nicht zusteht, Mitglied der Genossenschaft sein.

Die nur obligatorisch zur Ausübung der Fischerei Berechtigten können dagegen nicht Genossen werden. Eine Ausnahme besteht im Falle der Verpachtung eines Fischwassers."

1. Unter einem Fischereigebiete wird man hier zu verstehen haben die unter sich zusammenhängenden zur F. geeigneten Gewässer, die in fischereiwirtschaftlicher Beziehung eine Einheit bilden.

2. Die in Nr. 1 u. 2 bezeichneten Zwecke können vereinigt werden (MS. § 2). Ist die Genossenschaft auf den Zweck der Nr. 1 beschränkt, so

[1]) Soll Art. 21 heißen.

werden die Berechtigten durch die Bildung der Genossenschaft in der Ausübung der Rechte regelmäßig nicht beschränkt werden. Verfolgt die Genossenschaft (auch) den Zweck der Nr. 2, so geht die Ausübung der Rechte in der Regel auf die Genossenschaft über und die Genossen sind von der selbständigen Ausübung ihrer Rechte fortan ausgeschlossen. Das Nähere bestimmt die Satzung oder auf Grund dieser das zuständige Genossenschaftsorgan (s. § 18 MS.). Soweit die Ausübung der Rechte der Genossenschaft zusteht, ist sie die „Fischereiberechtigte" im weiteren Sinne (Einl. S. 17).

3. Für die geregelte Aufsichtsführung wird vor allem gesorgt durch die Aufstellung von Schutzpersonal (Art. 86). Zu den Maßnahmen zum Schutze und zur Hebung des Fischbestandes gehört besonders die Beschaffung geeigneter Fischbrut, der Betrieb einer Fischzuchtanstalt u. dgl.

Art. 38.

Die Bildung der Genossenschaften erfolgt:

1. **durch freiwillige Vereinbarung der Beteiligten (freiwillige Genossenschaft),**
2. **durch Verfügung der Kreisregierung, Kammer des Innern (Zwangsgenossenschaft).**

Vollzugsbekanntmachung.

„**§ 35 Abs. 1.** Die Bildung einer freiwilligen Genossenschaft setzt eine Vereinbarung, also einen einstimmigen Beschluß der Beteiligten voraus. (Art. 38 Nr. 1 des Fischereigesetzes). Haben die Beteiligten die Bildung der Genossenschaft beschlossen, so ist zur Festsetzung der Satzung ein einfacher Mehrheitsbeschluß der Genossen genügend (Art. 45 Abs. 1 des Fischereigesetzes). Nur soweit in der Satzung die Teilnahme an den Vorteilen und den Lasten der Genossenschaft in anderer Weise als nach dem Umfange der Fischereirechte der Genossen geregelt werden soll, ist außerdem die Zustimmung des durch die anderweitige Regelung beeinträchtigten Genossen erforderlich (Art. 45 Abs. 2 des Fischereigesetzes).

§ 39. Der Antrag auf Bildung einer Genossenschaft kann auch dann bei der Distriktsverwaltungsbehörde gestellt werden, wenn es sich nur um die Bildung einer freiwilligen Genossenschaft handelt.

§ 40. Der Antrag ist bei der Distriktsverwaltungsbehörde zu stellen, in deren Bezirke das Fischwasser oder Fischereigebiet gelegen ist, für das die Genossenschaft gebildet werden soll.

Ist die Gewässerstrecke in den Bezirken mehrerer Distriktsverwaltungsbehörden gelegen, so wird die Zuständigkeit nach Art. 90 Abs. 1 Satz 2 des Fischereigesetzes bestimmt. Es ist darauf hinzuwirken, daß die Durchführung des Verfahrens zur Bildung einer Genossenschaft und die Aufsicht über die errichtete Genossenschaft (Art. 58) in den Händen derselben Distriktsverwaltungsbehörde sich befindet.

Der Antrag kann mündlich oder schriftlich gestellt werden.

§ 41. Wird der Antrag auf Bildung einer Genossenschaft gestellt oder kommt die Bildung einer Genossenschaft von Amts wegen in Betracht, so hat die Distriktsverwaltungsbehörde im Benehmen mit den Sachverständigen die erforderlichen Vorerhebungen über die wirtschaftliche Bedeutung der in Frage kommenden Fischwasser, über die Notwendigkeit des Zusammenschlusses der Fischereiberechtigten zur Erreichung der in Art. 37 des Fischereigesetzes vorgesehenen Zwecke und über die Anzahl der hiebei in Betracht kommenden Beteiligten anzustellen.

Die Feststellung des Kreises der Beteiligten hat unter Mitwirkung des Rentamts, des Amtsgerichts und des Messungsamtes auf der Grundlage des Grundbuchs und des Grundsteuerkatasters zu erfolgen. Für die Feststellung der Fischereiberechtigung ist da, wo das Grundbuch als angelegt zu erachten ist, der Inhalt des Grundbuchs maßgebend. Wenn es sich um das Eigentum von Ehegatten handelt, so ist es zweckmäßig, stets die beiden Ehegatten als Beteiligte beizuziehen. Gehört ein Fischereirecht zu einem Nachlaß, so sind bis zu dessen Auseinandersetzung alle Erben als Beteiligte anzusehen. Kommt ein Fischwasser in Frage, an dem der Staat oder die Zivilliste berechtigt ist, so ist der Regierungsfinanzkammer oder der zuständigen Hofstelle Gelegenheit zur Äußerung zu geben.

Nach Abschluß der zur Vorbereitung der Verhandlung erforderlichen Erhebungen hat die Distriktsverwaltungsbehörde die Beteiligten zu einer Verhandlungstagfahrt zusammenzuberufen. In dieser ist zunächst die Gründung einer freiwilligen Genossenschaft anzustreben."

1. Die freiwillige Genossenschaft beruht auf dem formlosen zivilrechtlichen Vertrage der Beteiligten, der die Bildung der Genossenschaft zum Gegenstande hat. Die Majorisierung der Minderheit ist durch den Begriff des Vertrags ausgeschlossen (s. Bem. 3); widerspricht ein Berechtigter, ohne den man die Genossenschaft nicht bilden will, so können die Interessenten auf die Bildung einer Zwangsgenossenschaft hinwirken. Eine Mitwirkung der Verwaltungsbehörde bei dem Vertragsabschluß ist im Gesetze nicht vorgesehen, aber im Interesse der Sache wünschenswert und deshalb in der Vollzugsbekanntmachung (§§ 39 f.) angeordnet. Mindestzahl der Abschließenden: Art. 40.

2. Ist ein Ehegatte beteiligt, so muß wegen der Wirkung der Teilnahme an dem Vertrag auf das eheliche Güterrecht Rücksicht genommen werden. Dabei ist festzuhalten, daß der Beitritt zur Genossenschaft in der Regel nur die obligatorische Verpflichtung zu Leistungen enthält, nicht die Verfügung über das Gewässer, an dem das FRecht besteht, oder über das selbständige FRecht (s. besonders §§ 1375, 1379, 1399; §§ 1443, 1487 BGB.; § 1445 nicht anwendbar). Nach § 41 Abs. 2 VollzB. ist es zweckmäßig, zu dem Verfahren stets die beiden Ehegatten beizuziehen.

3. Mit dem Abschlusse des Genossenschaftsvertrags ist die freiwillige Genossenschaft gebildet (s. die Fassung des Art. 46 Abs. 1). Ihr selbständiges rechtliches Dasein erlangt sie aber erst mit der Genehmigung der Satzung (Art. 46 Abs. 2). Bis dahin sind die rechtlichen Beziehungen der Genossen zivilrechtlich und nach den Vorschriften über die Gesellschaft (§ 705 BGB.) zu beurteilen. Das Gesetz bestimmt jedoch, daß die

Satzung durch einfachen Mehrheitsbeschluß der Genossen festgestellt wird (Art. 45 Abs. 1).

4. Ein Vergleich des Art. 38 mit Art. 111 WG. ergibt, daß dem FG. Genossenschaften mit Beitrittszwang unbekannt sind. Art. 39 Abs. 2 darf nicht dahin aufgefaßt werden, daß unter den dortigen Voraussetzungen Berechtigte auch gezwungen werden können, sich einer freiwilligen Genossenschaft anzuschließen (s. ferner Bem. 4 zu Art. 20).

Art. 39.

Die Bildung einer Zwangsgenossenschaft ist an die Voraussetzung geknüpft, daß die Genossenschaft im Interesse der Erhaltung und Vermehrung des Fischbestandes liegt und unzweifelhaft einen wesentlichen wirtschaftlichen Nutzen gewährt. Bei Genossenschaften behufs gemeinsamer Bewirtschaftung und Nutzung eines Fischwassers ist die Zustimmung der absoluten Mehrheit der Beteiligten erforderlich.

Abs. 2. Fischereiberechtigte, welche der Bildung der Genossenschaft widersprechen, können zur Teilnahme nur dann gezwungen werden, wenn die Genossenschaft in wirtschaftlich zweckmäßiger Weise nur unter Heranziehung dieser Fischereiberechtigten durchgeführt werden kann.

Vollzugsbekanntmachung.

„**§ 34.** Zur Bildung einer Zwangsgenossenschaft ist erst zu schreiten, wenn die Gründung einer freiwilligen Genossenschaft nicht gelingt.

Die Bildung einer Zwangsgenossenschaft ist nur unter der Voraussetzung zulässig, daß die Genossenschaft im Interesse der Erhaltung und Vermehrung des Fischbestandes liegt und unzweifelhaft einen wesentlichen wirtschaftlichen Nutzen gewährt. Eine Zwangsgenossenschaft behufs gemeinsamer Bewirtschaftung und Nutzung eines Fischwassers kann nur gebildet werden, wenn außerdem die absolute Mehrheit der Beteiligten zustimmt. Auch soweit eine andere Zwangsgenossenschaft sich auf die gemeinsame Bewirtschaftung oder Nutzung eines Fischwassers erstreckt, ist hiezu die Zustimmung der absoluten Mehrheit der Beteiligten erforderlich.

Fischereiberechtigte, welche der Bildung der Genossenschaft widersprechen, können zur Teilnahme gezwungen werden, wenn die Genossenschaft in wirtschaftlich zweckmäßiger Weise nur unter Heranziehung dieser Fischereiberechtigten durchgeführt werden kann.

§ 35 Abs. 2. Bei der Zwangsgenossenschaft ist zur Bildung der Genossenschaft die Zustimmung der Beteiligten nur insoweit erforderlich, als sich die Genossenschaft auf die gemeinsame Bewirtschaftung und Nutzung der Fischwasser bezieht; insoweit bedarf es der absoluten Mehrheit der Beteiligten (§ 34). Zur Festsetzung der Satzung bedarf es der Zustimmung der Beteiligten nicht; bei der Zwangsgenossenschaft wird vielmehr die Satzung von der Regierung, Kammer des Innern, erlassen (Art. 61 des Fischereigesetzes); auch in der Satzung einer Zwangsgenossenschaft darf aber die Teilnahme an den Vorteilen und den Lasten der Genossenschaft in anderer Weise als nach Maßgabe des Umfanges der Fischereirechte der Genossen nur mit Zustimmung der durch die anderweitige Regelung beeinträchtigten Genossen bestimmt werden.

§ 36. Bei der Berechnung der Mehrheit im Sinne des § 35 ist neben der Zahl der Beteiligten der Umfang der Fischereirechte zu berücksichtigen (Art. 57 des Fischereigesetzes). Es ist also erforderlich, daß mehr als die Hälfte der Beteiligten sich für die Bildung der Genossenschaft erklärt hat und daß zugleich der Umfang der Fischereirechte der Zustimmenden größer ist als jener der Widersprechenden.

Der Umfang der Fischereirechte bestimmt sich in der Regel durch das räumliche Ausmaß, gerechnet nach den beiderseitigen Uferlängen des Fischwassers. Wenn aber einzelne, wenn auch kleinere Fischwasserstrecken wegen der darin vorkommenden Hauptnutzfische von besonderem wirtschaftlichen Werte sind, während dies bei anderen, wenn auch größeren Strecken nicht der Fall ist, so wird in der Genossenschaftssatzung auch dieses Verhältnis der Fischereirechte zueinander als Grundlage für das Stimmrecht der Fischereiberechtigten anzunehmen sein."

1. Ob eine Zwangsgenossenschaft gebildet werden soll, liegt im Ermessen der Kreisregierung (freies Verwaltungsermessen). Ein verwaltungsrechtlicher Anspruch auf Bildung der Zwangsgenossenschaft besteht nicht. Ein darauf gerichteter Antrag Beteiligter ist nicht erforderlich, aber nicht ausgeschlossen (Bem. 1 zu Art. 38), er muß schriftlich verbeschieden werden; gegen die abweisende Entscheidung ist Beschwerde zum Ministerium des Innern zulässig (Art. 92, 93).

2. Art. 39 Abs. 1 S. 1 und Abs. 2 gelten für die Bildung aller Zwangsgenossenschaften. Dagegen ist die Zustimmung der nach Art. 57 (s. dort u. Bem. 1 zu Art. 62) zu berechnenden absoluten Mehrheit der Beteiligten nur für die Bildung der Zwangsgenossenschaften zur gemeinsamen Bewirtschaftung und Nutzung der Fischwasser erforderlich. Für die Zwecke des Art. 37 Nr. 1 können unter dem Vorbehalte des Abs. 2 Zwangsgenossenschaften gebildet werden, auch wenn alle Beteiligte widersprechen.

3. Streitigkeiten über Rechtsansprüche und Verbindlichkeiten in den Fällen des Art. 39 sind Verwaltungsrechtssachen (Art. 96). Ob die Genossenschaft in wirtschaftlich zweckmäßiger Weise nur unter Heranziehung des Widersprechenden durchgeführt werden kann, ist als Frage des richterlichen Ermessens auch vom VGH. zu würdigen (vgl. Art. 13 Abs. 1 Ziff. 3 VGG., Reger-Dyroff S. 374 f.). Eine Verwaltungsrechtssache liegt auch vor, wenn der Widersprechende behauptet, daß die erforderliche Mehrheit nicht zugestimmt habe; denn nur unter dieser Voraussetzung ist er rechtlich verpflichtet, an einer Zwangsgenossenschaft nach Art. 37 Nr. 2 teilzunehmen (Art. 96). Da das Gesetz nichts anderes bestimmt, ist zur erstinstanziellen Entscheidung die Distriktsverwaltungsbehörde (Art. 89, 90) berufen, obwohl die Bildung der Zwangsgenossenschaft durch Anordnung der Kreisregierung erfolgt (Art. 38, 61). Anders Art. 189 WG. Über den zeitlichen Ausschluß der Einwendungen gegen die Bildung der Zwangsgenossenschaft s. Bem. 2 zu Art. 61.

Art. 40.

Zur Bildung einer Genossenschaft sind mindestens drei Personen erforderlich.

Art. 40 entspricht dem Art. 113 Abs. 1 WG. Er bezieht sich nach seiner Stellung im Gesetz auch auf die Bildung von Zwangsgenossenschaften. Die bei der Bildung beteiligten Personen können juristische Personen sein. Eine Mindestzahl der einbezogenen Fischwasser und FRechte ist nicht vorgeschrieben. Aus der Fassung des Gesetzes könnte entnommen werden, daß mindestens zwei Rechte und mindestens zwei Fischwasser einbezogen sein müssen (s. z. B. die Fassung der Art. 45 Abs. 2, 47 Abs. 1, 57). Es ist aber — dafür spricht das wirtschaftliche Bedürfnis — die Auffassung vorzuziehen, daß auch mindestens drei Inhaber eines FRechts (s. Bem. 2b zu Art. 24) eine Genossenschaft bilden können (s. Malsen-Hofer S. 274).

Ob die Mindestzahl von drei Genossen auch für den Fortbestand der Genossenschaft erforderlich ist, ist zweifelhaft und bestritten (für das Wasserrecht Harster-Cassimir Anm. 1 zu Art. 113, Eymann Bem. 1 a. a. O., Vorbem. zu Abt. V Ziff. 32). Die Lücke des Gesetzes kann einwandfrei nicht ausgefüllt werden (s. dagegen §§ 4, 80 des GenG. von $\frac{1889}{1898}$, §§ 56, 73 BGB.). S. Bem. 4 zu Art. 52.

Art. 41.

Bei den im Fideikommißverbande stehenden Fischereirechten dürfen die Oberlandesgerichte die Genehmigung zum Beitritte zur Genossenschaft dann nicht verweigern, wenn der Nutzen des Unternehmens für das Fischereirecht nachgewiesen ist. In diesem Falle ist die Vernehmung der Anwärter nicht erforderlich.

Abs. 2. Zum Beitritte zur Genossenschaft bedarf der Vater oder die Mutter als Inhaber der elterlichen Gewalt sowie ein Vormund oder ein Pfleger nicht der Genehmigung des Vormundschaftsgerichtes oder des Familienrats, ein Nachlaßpfleger nicht der Genehmigung des Nachlaßgerichts, der gesetzliche Vertreter einer Körperschaft, Stiftung oder Anstalt des öffentlichen Rechtes oder einer unter der Verwaltung einer öffentlichen Behörde stehenden Stiftung nicht der Genehmigung der vorgesetzten Behörde.

Vollzugsbekanntmachung.

„§ 47. Die Beibringung der Genehmigung des zuständigen Oberlandesgerichts zum Beitritt zur Genossenschaft für die im Fideikommißverbande stehenden Fischereirechte ist zunächst Sache des Fideikommißbesitzers. Die Distriktsverwaltungsbehörde kann jedoch auf den Antrag des Fideikommißbesitzers oder im Falle dieser sich weigert, die Genehmigung zu erholen, auch auf Antrag des Genossenschaftsvorstandes zur Herbeiführung der Genehmigung das weitere veranlassen. Art. 41 Abs. 1 des Fischereigesetzes gilt übrigens nur für die Fideikommisse im Sinne der VII. Beilage zur Verfassungsurkunde, nicht für die standesherrlichen Fideikommisse; bei diesen verbleibt es bei den statutarischen Bestimmungen."

1. Art. 41 entspricht sachlich dem Art. 114 WG. Der Abs. 1 gilt nur für Fideikommisse im Sinne der VII. Beilage zur Verfassungsurkunde, nicht für die standesherrlichen Fideikommisse; für diese bleibt es bei den statutarischen Bestimmungen (Art. 102 FidEd., § 9 der IV. Beil. z. VerfUrk., Art. 58 EG. z. BGB., Oertmann S. 461). Der Beitritt zu einer FGenossenschaft enthält im Gegensatze zum Beitritte zu einer Wassergenossenschaft kein dinglich wirkendes Geschäft, d. h. keine Verfügung über das Gewässer, an dem das FRecht besteht, oder über das selbständige FRecht; er enthält nur die Verpflichtung zu obligatorischen Leistungen, zu deren Übernahme der Fideikommißbesitzer gewöhnlich einer Genehmigung nicht bedarf (arg. § 48 FidEd., Oertmann S. 453 unten). Da Art. 41 Abs. 1 die Rechte des Fideikommißgerichts und der Anwärter nicht erweitern, sondern beschränken will, ist seine Anwendbarkeit auf die Fälle zu beschränken, in denen nach dem Fideikommißedikte die Genehmigung des Gerichts erforderlich ist. Die Genehmigung ist z. B. zweifellos erforderlich, wenn sich der Fideikommißbesitzer bei dem Beitritte verpflichtet, das Eigentum an einem zum Fideikommisse gehörenden Grundstück auf die Genossenschaft zu übertragen: § 49 FidEd. Den Beitritt zu einer freiwilligen Genossenschaft ohne teilweise Veräußerung oder dingliche Belastung des Fideikommisses wird man analog der Verpachtung des FRechts behandeln können. Der Fideikommißbesitzer bedarf also zum Beitritte grundsätzlich nicht der gerichtlichen Genehmigung. Auch die Anwärter braucht er nicht zu hören. Dagegen ist der Fideikommißnachfolger nicht verpflichtet, den Beitritt über eine Zeit von neun Jahren (mit Einschluß der Zeit, in der der Vorgänger der Genossenschaft angehörte) hinaus gegen sich gelten zu lassen (§ 48 FidEd., Becher I, 948). Will der Fideikommißbesitzer den Nachfolger an der Ausübung dieses Rechtes hindern, so muß er die gerichtliche Genehmigung zum Beitritt einholen, die unter der im Abs. 1 bezeichneten Voraussetzung nicht verweigert werden darf. Mit der Bildung einer Zwangsgenossenschaft wird in der Regel die dauernde Einbeziehung des zum Fideikommisse gehörenden FRechts in das Unternehmen notwendig verbunden sein. Soweit unter den Beteiligten über die Bildung der Genossenschaft abgestimmt werden muß (Art. 39 Abs. 1 S. 2) und der Fideikommißbesitzer zustimmt, ist die gerichtliche Genehmigung erforderlich. Die Versagung der Genehmigung hat dann die Wirkung, daß die Stimme des Fideikommißbesitzers und der Umfang der im Fideikommißverbande stehenden FRechte der für die Bildung der Genossenschaft erforderlichen Mehrheit nicht zugezählt werden darf. Im übrigen hindert die Versagung der Genehmigung nicht die Bildung der Zwangsgenossenschaft.

2. Auch der Abs. 2 hat nur unter der Voraussetzung Bedeutung, daß der Beitritt zur Genossenschaft nach den sonst einschlagenden Vorschriften von der Genehmigung der Behörde u. a. abhängig wäre. Aus dem Abs. 2 darf nicht etwa geschlossen werden, daß der Beitritt eine rechtsgeschäftliche „Verfügung" des Beitretenden über das Wassergrundstück oder das selbständige FRecht im Sinne des BGB. enthält. „Verfügung" ist der Abschluß des dinglichen Vertrags, durch den eine

Sache oder ein Recht übertragen, belastet, verändert, aufgehoben wird. Im obligatorischen Vertrage liegt keine Verfügung (s. Fischer-Henle Anm. vor § 104, Anm. 3 zu § 1375). Der der freiwilligen Genossenschaft zugrunde liegende Vertrag (Bem. 1 zu Art. 38) begründet in der Regel auch nicht die obligatorische Verpflichtung zu einer „Verfügung“, denn die Überlassung der Ausübung der F. an die Genossenschaft enthält keine Übertragung, Belastung, Veränderung, Aufhebung des FRechts oder des die Berechtigung einschließenden Eigentums am Gewässer (s. auch Bem. 2 zu Art. 42).

3. Wegen der Notwendigkeit der Genehmigung des Vormundschafts- oder Nachlaßgerichts s. §§ 1643, 1686, 1690, 1693, 1821 f. (besonders § 1822 Nr. 5), 1915, 1872 (Familienrat), 1960 f. An den Vorschriften über die gesetzliche Vertretung wird durch Abs. 2 nichts geändert.

Art. 42.

Die Genossenschaft als solche hat selbständig ihre Rechte und Pflichten, sie kann Eigentum und andere dingliche Rechte an Grundstücken erwerben, vor Gericht klagen und verklagt werden.

Abs. 2. Für die Verbindlichkeiten der Genossenschaft haftet den Gläubigern ausschließlich das Genossenschaftsvermögen. Die Genossen sind nur zu den satzungsmäßigen Beiträgen verpflichtet.

1. Art. 42 lautet wie Art. 115 WG., Abs. 1 auch wie § 17 Abs. 1 des GenG. von $\frac{1889}{1898}$. Die Genossenschaften werden Körperschaften des öffentlichen Rechtes und des Privatrechts mit der Genehmigung der Satzung (Art. 46 Abs. 2, Art. 61 S. 2).

2. Bei den Beratungen des FG. wurde die FGenossenschaft als „Trägerin des FRechts“ bezeichnet (BAKA. S. 727). Damit war offenbar nur das Recht zur Ausübung der F. gemeint, es wollte nicht behauptet werden, daß mit der Erlangung der Rechtsfähigkeit durch die Genossenschaft die FRechte der Genossen auf die Genossenschaft übergehen. Die Frage ist wegen der Feststellung, welchen Umfang das den Gläubigern haftende Genossenschaftsvermögen hat, von großer Bedeutung. Die letztere Meinung fände im Gesetze keinen Anhalt. Sie wird durch Art. 51 Abs. 2 widerlegt, der die Übernahme der Berechtigung durch die Genossenschaft als Ausnahme vorsieht. Sie ist auch deshalb unhaltbar, weil das Gesetz Genossenschaften zuläßt, deren Genossen die Pächter sind (Art. 63), und weil, wenn das FRecht verpachtet ist, möglicherweise nur der Pächter (sogar gegen den Willen des Berechtigten) beitritt (Art. 62 Abs. 1). Es ist selbstverständlich, daß der Beitritt des Pächters nicht den Übergang der (dinglichen) Berechtigung auf die Genossenschaft zur Folge haben kann. Zudem läßt Art. 62 Abs. 2, wenn die Satzung nichts anderes bestimmt, die Verpachtung eines „zu einer FGenossenschaft gehörenden FRechts“ ohne Mitwirkung der Genossenschaft zu. Demnach geht nur die Ausübung der FRechte — in dem in der Satzung vorgesehenen Umfang — auf die Genossenschaft über (a. a. O. S. 725; s. auch Bem. 2 zu Art. 41). Die bestehende Genossenschaft kann freilich FRechte von Genossen oder Dritten erwerben. Dies ist eine Folge ihrer Rechtsfähigkeit.

3. Aus der Rechtsfähigkeit folgt die Parteifähigkeit (§ 50 ZPO.) vor Zivilgerichten und Verwaltungsgerichten. Die Genossenschaft ist prozeßfähig (bestritten!) und jedenfalls soweit deliktsfähig (bestritten!), als sie für schädigende Handlungen ihrer Organe nach § 89 u. § 31 BGB. verantwortlich ist (Bem. 3 zu Art. 48). Der Genossenschaftsvorstand bedarf zur Prozeßführung keiner Ermächtigung.

4. Die Genossenschaft wird durch die ausdrücklich oder nach den Umständen in ihrem Namen erfolgenden Rechtshandlungen ihrer Organe unmittelbar berechtigt und verpflichtet (für Willenserklärungen § 164 BGB.).

5. Das Vermögen der Genossenschaft ist rechtlich getrennt von dem Vermögen der Genossen. Die Genossen können in rechtliche Beziehungen zu der Genossenschaft treten. Den Gläubigern der Genossenschaft haften die Genossen nicht unmittelbar, weder mit dem ganzen Vermögen noch mit einem im voraus bestimmten Betrag, weder vor noch nach der Eröffnung des Konkurses über das Vermögen der Genossenschaft. Die Genossen sind auch der Genossenschaft gegenüber nur zu den satzungsmäßigen Beiträgen, nicht zu unbeschränkten Nachschüssen verpflichtet (Ende der Beitragspflicht: Art. 56). Den Gläubigern haftet nur das Genossenschaftsvermögen, dazu gehören aber auch die Forderungen der Genossenschaft gegenüber den Genossen, besonders die Forderungen auf Leistung der satzungsmäßigen Beiträge. Die einbezogenen FRechte gehören nicht zum Genossenschaftsvermögen (Bem. 2).

6. Dadurch, daß Streitigkeiten des Abschnitts 5 regelmäßig Verwaltungsrechtssachen sind (Bem. 4 vor Art. 37), werden zivilrechtliche Ansprüche und Verbindlichkeiten der Genossenschaft gegenüber Dritten oder Genossen nicht ausgeschlossen (z. B. aus einem Kaufvertrage). Die Zwangsvollstreckung gegen die Genossenschaft findet nach der ZPO. und den sie ergänzenden Vorschriften statt, nicht auf dem Verwaltungswege. Der Vorbehalt des Art. 9 Abs. 2 AG. z. ZPO. u. KO. trifft nicht zu, weil die FGenossenschaften nur der nach Art. 58, 59 begrenzten staatlichen Aufsicht, nicht der staatlichen Leitung unterstellt sind. Aus dem gleichen Grunde kann auch über das Genossenschaftsvermögen der Konkurs eröffnet werden (Art. 10 a. a. O., Art. IV EG. z. Ges. betr. die Änderungen der KO. — RGBl. 1898 S. 248 —, §§ 213, 207, 208 KO.). Der Vorstand der Genossenschaft hat im Falle der Überschuldung — nicht schon im Falle der Zahlungsunfähigkeit (Planck Erl. 3 zu § 42) — bei Meidung der Haftung für schuldhafte Verzögerung die Eröffnung des Konkurses zu beantragen (§§ 89 Abs. 2, 42 Abs. 2 BGB.), ebenso die Liquidatoren (Art. 54 Abs. 3 mit §§ 53, 42 Abs. 2 BGB.). Im Ergebnisse für die Wassergenossenschaften gleich Harster-Cassimir Anm. 3 u. 4 zu Art. 115. Die Ausschaltung der Aufsichtsbehörde bei der Zwangsvollstreckung schließt nicht aus, daß sich der Gläubiger der Genossenschaft an die Aufsichtsbehörde wendet und daß diese einschreitet, wenn eine Verletzung des Gesetzes oder der Satzung vorliegt (Art. 58).

7. Die satzungsmäßigen Beiträge sind abziehbare Betriebsausgaben nach dem Einkommensteuergesetz vom 14. August 1910 (Art. 12 Abs. I Ziff. 10; Vollz.-Vorschr. dazu § 18 a. E.).

Art. 43.

Die Genossenschaft muß ihren Sitz im Königreich Bayern haben.

Der Sitz der Genossenschaft muß durch die Satzung bestimmt werden (Art. 44). Nach ihm bemißt sich der allgemeine Gerichtsstand der Genossenschaft (§ 17 Abs. 1 ZPO., s. Abs. 3). Daneben sind besondere Gerichtsstände möglich. Der Gerichtsstand, den die Genossenschaft zur Zeit ihrer Auflösung hatte, bleibt bis zur Beendigung des Liquidationsgeschäfts bestehen.

Art. 44.

Die Rechtsverhältnisse der Genossenschaft und der Genossen werden, soweit nicht dieses Gesetz hierüber Bestimmungen enthält, durch die Genossenschaftssatzung geregelt.

Abs. 2. Die Satzung muß insbesondere Bestimmungen enthalten über:

1. **den Namen und Sitz der Genossenschaft;**
2. **den Zweck des Unternehmens;**
3. **die Rechte und Pflichten der Genossen, namentlich hinsichtlich des Maßstabes der Teilnahme an den Vorteilen und Lasten der Genossenschaft und an der Verwaltung der Genossenschaftsangelegenheiten;**
4. **die Zusammensetzung, die Wahl und den Wirkungskreis des Vorstandes und seines Vorsitzenden, sowie über die Aufstellung der übrigen Genossenschaftsorgane;**
5. **die Berufung, Zusammensetzung und Zuständigkeit der Genossenschaftsversammlung, die Form, Gültigkeit und Bekanntgabe ihrer Beschlüsse;**
6. **die Bildung eines Schiedsgerichts in Genossenschaftsangelegenheiten und die Bezeichnung von Streitigkeiten, die seiner Entscheidung unterliegen;**
7. **das Rechnungswesen der Genossenschaft (Aufstellung der Voranschläge, Rechnungsstellung und Rechnungsprüfung);**
8. **die Voraussetzungen für Änderung der Satzung;**
9. **die Form der Bekanntmachungen und die hiefür zu wählenden öffentlichen Blätter.**

Vollzugsbekanntmachung.

„**§ 52.** Es ist in Aussicht genommen, bei dem Landesfischereiverein eine Revisionsstelle zur Prüfung des Rechnungswesens der Fischereigenossenschaften einzurichten. Es wird empfohlen, von dieser Einrichtung Gebrauch zu machen. (Vgl. Art. 44 Abs. 2 Nr. 7 des Fischereigesetzes.)"

1. Art. 44 stimmt fast wörtlich überein mit Art. 117 WG. Die Rechtsverhältnisse der Genossenschaft und der Genossen richten sich zunächst nach dem FG. Soweit das Gesetz keine Vorschriften trifft, erfolgt die Regelung durch die Satzung. Die Satzung darf mit gesetzlichen Vorschriften, die nicht abgeändert werden können, nicht in Widerspruch stehen.

Dazu gehören auch Vorschriften anderer Gesetze (z. B. § 89 Abs. 1 mit § 31 BGB.). Die Satzung bindet nur die Genossenschaft und die Genossen. Sie kann die rechtlichen Beziehungen der Genossenschaft zu den Genossen als solchen und der Genossen als solchen untereinander regeln, nicht aber die rechtlichen Beziehungen der Genossenschaft oder der Genossen zu dritten Personen oder zu Mitgliedern, die im Einzelfalle der Genossenschaft oder einem anderen Mitgliede nicht als Genossen gegenüberstehen (z. B. das Mitglied hat der Genossenschaft oder einem anderen Mitglied ein FRecht verkauft). Unter dieser Einschränkung muß die Satzung über die Angelegenheiten der Nr. 1 bis 9 Bestimmungen enthalten.

2. Notwendige Genossenschaftsorgane sind der Vorstand und die Genossenschaftsversammlung. Daneben können ohne gesetzliche Beschränkung andere Einrichtungen (Ausschüsse u. dgl.) geschaffen und Hilfspersonen (Obmänner, Fischer, Aufseher — Art. 86 —) bestellt werden.

3. Im einzelnen ist folgendes zu bemerken:

a) Zu Nr. 1: über die Bezeichnung, unter der die Genossenschaft in den geschäftlichen Verkehr tritt, bestimmt das Gesetz nichts. Auf die Eigenschaft als öffentliche FGenossenschaft braucht der Name nicht hinzuweisen. Es steht nichts entgegen, daß die Genossenschaft sich „Fischerinnung“ nennt (Bem. 1 vor Art. 37). Vgl. § 1 MS.

b) Zu Nr. 2: S. Art. 37; § 2 MS.

c) Zu Nr. 3: S. Art. 45 Abs. 2. An der Verwaltung der Genossenschaftsangelegenheiten nimmt der einzelne Genosse besonders teil durch seine Wahlberechtigung. § 12 Ziff. 1 MS.

d) Zu Nr. 4: Aus Art. 47 geht hervor, daß der Vorstand aus einer oder mehreren Personen bestehen kann. Im letzteren Falle ist ein Vorsitzender des Vorstands zu wählen. „übrige Genossenschaftsorgane“ s. Bem. 2. §§ 4 f. MS.

e) Zu Nr. 5: über die Berufung der Genossenschaftsversammlung s. auch Art. 49, 59. Die Auflösung der Genossenschaft (Art. 52) kann nur die Vollversammlung der Genossen beschließen. Im übrigen kann die Genossenschaftsversammlung Vertreterversammlung sein. §§ 11 f. MS.

f) Zu Nr. 6: Die Bildung des Schiedsgerichts ist obligatorisch. Es kann sich nur befassen mit den in der Satzung bezeichneten, aus dem Genossenschaftsverhältnisse sich ergebenden Streitigkeiten der Genossenschaft einerseits und der Genossen anderseits oder der Genossen untereinander. Für Nichtgenossen ist die Satzung nicht verbindlich (Bem. 1); sie sind nicht gezwungen, sich der Entscheidung des Schiedsgerichts zu unterwerfen; eine dahin gehende besondere Vereinbarung können sie treffen. Mit dieser Einschränkung sind Streitigkeiten, die vor die Zivilgerichte gehören, der Zuständigkeit des Schiedsgerichts entzogen. Denn da die Streitigkeiten aus dem Genossenschaftsverhältnisse regelmäßig Verwaltungsrechtssachen sind (Art. 96 Abs. 1), wird durch die Zuständigkeit des Schiedsgerichts zunächst nur die verwaltungsrichterliche Zuständigkeit beschränkt. Z. B. gehören Streitigkeiten über die Haftung der Genossenschaft gegenüber Dritten vor die Zivilgerichte, nicht vor das Schiedsgericht.

Die Zusammensetzung und das Verfahren des Schiedsgerichts wird durch die Satzung bestimmt. Die §§ 1025 f. ZPO.

sind nur anwendbar, wenn es die Satzung bestimmt, und auch dann nur „entsprechend", denn das durch das FG. geschaffene Schiedsgericht fällt nicht unter die ZPO. (vgl. ObLG. in ZS. Bd. 15[261]). Daraus folgt, daß die von der ZPO. in dem schiedsrichterlichen Verfahren „dem Gerichte" zugewiesene Tätigkeit nicht von dem im § 1045 Abs. 1 bezeichneten Amts- oder Landgerichte vorzunehmen ist — denn an einem für die zivilgerichtliche Geltendmachung des Anspruchs zuständigen Gerichte fehlt es ja —, sondern von der Verwaltungsbehörde, die über die Streitsache zu entscheiden hätte, wenn das Schiedsgericht nicht bestünde. Insbesondere ist deshalb hier zu stellen der Antrag auf Aufhebung des Schiedsspruchs (s. §§ 1041, 1043), der Antrag auf Zulässigkeitserklärung der Zwangsvollstreckung (s. § 1042). Als Vollstreckungstitel kann die Satzung den Schiedsspruch nicht erklären. Sie kann aber bestimmen, daß der Schiedsspruch endgültig ist, d. h. daß gegen seinen Inhalt die Verwaltungsbehörde regelmäßig nicht angerufen werden darf (entsprechend dem § 1040 ZPO.). [Teilweise a. M. Eymann Bd. 2 S. 228. Das aus Art. 46 BGG. entnommene Argument ist nicht durchschlagend. Wenn auf Grund der Entscheidung der Verwaltungsbehörde, daß die Zwangsvollstreckung zulässig ist, vollstreckt wird, bildet die Grundlage der Vollstreckung neben dem Schiedsspruche die Entscheidung der Verwaltungsbehörde. Art. 46 Abs. 2 spricht nur von der Mitwirkung der Gerichte im Zwangsvollstreckungsverfahren. Abgesehen davon fehlt es an einer gesetzlichen Vorschrift, die die Gerichte ermächtigt oder verpflichtet, bei der Durchführung der Sprüche des genossenschaftlichen Schiedsgerichts mitzuwirken.] S. auch Reger-Dyroff Bem. 1 a. E. zu Art. 46.

Die Satzung kann bestimmen, daß der Schiedsspruch unter den Parteien die Wirkungen einer rechtskräftigen Entscheidung hat (so § 17 Abs. 3 MS.), sie kann aber auch gestatten, daß dagegen der Verwaltungsrechtsweg betreten wird. Mangels einer besonderen Bestimmung ist das erstere anzunehmen. Aber auch dann ist, selbst wenn die ZPO. nicht entsprechend angewendet werden soll, die Anfechtung des Schiedsspruchs im Verwaltungsrechtsverfahren nicht völlig ausgeschlossen (VGH. Bd. 18[246]).

Nach § 16 MS. soll das Schiedsgericht eine sehr beschränkte Zuständigkeit haben. § 17 fordert das rechtliche Gehör der Beteiligten.

g) Zu Nr. 8: Auch hier ist Art. 45 Abs. 2 zu beachten.

h) Zu Nr. 9: Die Bekanntmachungen müssen nicht kraft Gesetzes in öffentlichen Blättern veröffentlicht werden. Die Satzung bestimmt, ob diese Art der Veröffentlichung gewählt wird. Wird sie gewählt, so ist das Blatt oder sind die Blätter in der Satzung zu bezeichnen. Die Satzung kann auch eine andere Form der Bekanntmachung bestimmen (z. B. Anschlag am Gemeindebrett, Ausrufen mittels der Schelle, Rundschreiben u. dgl.). § 15 Abs. 2 MS.

Art. 45.

Die Satzung wird durch einfachen Mehrheitsbeschluß der Genossen festgestellt.

Abs. 2. Die Teilnahme an den Vorteilen und Lasten der Genossenschaft darf in anderer Weise als nach Maßgabe des Umfanges der Fischereirechte der Genossen nur mit Zustimmung des durch die anderweitige Regelung beeinträchtigten Genossen bestimmt werden.

Vollzugsbekanntmachung.

„**§ 42.** In der Verhandlungstagfahrt sind auch die Grundzüge der in die Genossenschaftssatzung aufzunehmenden Bestimmungen zu besprechen. Auch hier ist tunlichst auf eine gütliche Einigung der Beteiligten hinzuwirken. Dies gilt insbesondere von den Bestimmungen über die Rechte und Pflichten der Genossen, über den Maßstab der Teilnahme an den Vorteilen und Lasten der Genossenschaft und an der Verwaltung der Genossenschaftsangelegenheiten.

§ 43. Gelingt die Vereinbarung über die Bildung, so soll sich an die Beschlußfassung über die Bildung der Genossenschaft in der Regel sofort die Beschlußfassung über die Genossenschaftssatzung anschließen. Zur Erleichterung der Beschlußfassung wird die in der Anlage enthaltene Mustersatzung dienen. Sie enthält sämtliche nach Art. 44 des Fischereigesetzes in die Satzungen der einzelnen Genossenschaften aufzunehmenden Bestimmungen und ist für die Verhältnisse von Genossenschaften mittleren Umfangs berechnet. Für Genossenschaften mit einer sehr beschränkten Teilnehmerzahl wird — unbeschadet der Vorschrift des Art. 44 des Gesetzes — eine Zusammenfassung und Streichung einzelner Bestimmungen zulässig und zweckmäßig sein. [Beilage 4; im Anhang].

§ 45. Auch wenn eine Einigung über die Bildung der Genossenschaft nicht zu Stande gekommen ist, die Bildung einer Zwangsgenossenschaft aber beantragt oder von Amtswegen anzuregen ist, sind in der Verhandlungstagfahrt die Grundzüge der in die Satzung aufzunehmenden Bestimmungen zu besprechen. Eine Abstimmung über die Genossenschaftssatzung kann jedoch im Hinblick auf Art. 61 Satz 1 des Fischereigesetzes nicht in Frage kommen.

§ 46. In dem über den Verlauf der Tagfahrt aufzunehmenden Protokolle sind die Ergebnisse der Abstimmung über die Genossenschaftsbildung und über die Deckung der Genossenschaftslasten zu vermerken (Art. 39, 40, 45, 57 des Fischereigesetzes)."

1. Die Feststellung der Satzung erfolgt in der Regel im Anschluß an die Bildung der (freiwilligen) Genossenschaft. (s. Art. 184 WG.; § 43 VollzV.). Über die Berechnung der Mehrheit (Einstimmigkeit nicht erforderlich) s. Art. 57. Wegen der Stimmberechtigung des Pächters s. Bem. 1 am Schluß zu Art. 62.

2. Die Satzung und alle Änderungen der Satzung bedürfen der schriftlichen Form, was sich ohne weiteres aus der Notwendigkeit der Regierungsgenehmigung ergibt.

3. Abs. 2 gilt auch für die Satzung der Zwangsgenossenschaft (§ 35 Abs. 2 VollzV.). Die Teilnahme an den Vorteilen und

Lasten der Genossenschaft soll nach dem Umfange der FRechte (Bem. 2 zu Art. 57) und abweichend hiervon nur mit Zustimmung des beeinträchtigten Genossen bestimmt werden. Der Grundsatz gilt für die Feststellung und jede folgende Änderung der Satzung. Im übrigen kann die Stimmberechtigung in der Satzung beliebig festgesetzt, auch abgestuft werden (vgl. MS. § 13).

4. Ist das in Betracht kommende Recht verpachtet, so ist für das Verhältnis des Pächters zum Verpächter in bezug auf die Teilnahme an den Vorteilen und Lasten der Genossenschaft der Pachtvertrag maßgebend.

Art. 46.

Die Satzung und alle Änderungen der Satzung unterliegen der Genehmigung der Kreisregierung, Kammer des Innern, in deren Bezirk die Genossenschaft ihren Sitz hat.

Abs. 2. Mit der Genehmigung der Satzung erlangt die Genossenschaft die Rechtsfähigkeit.

Vollzugsbekanntmachung.

„**§ 44.** Nachdem die Genossenschaft gebildet und die Satzung festgesetzt ist, hat die Distriktsverwaltungsbehörde die Akten der Regierung, Kammer des Innern, mit gutachtlicher Äußerung vorzulegen."

1. S. Art. 118 WG. Die Kreisregierung, die im Bureauwege entscheidet, kann bei ihrer Entscheidung außer den Rechtsfragen Ermessensfragen würdigen, besonders die Zweckmäßigkeit und Lebensfähigkeit der Genossenschaft. Sie kann die Genehmigung der Satzung nach freiem Ermessen ablehnen. Dadurch hindert sie nicht die Bildung der Genossenschaft (Bem. 3 zu Art. 38), aber deren Erhebung zur öffentlichrechtlichen FGenossenschaft. Die Regierung ist in ihrer Entscheidung freier als die Aufsichtsbehörde gegenüber der genehmigten Genossenschaft (Art. 58). Sie kann die Genehmigung von Änderungen der Satzung abhängig machen, aber Änderungen, die nicht bloß die Form und Fassung betreffen, nicht selbst vornehmen. Gegen die Entscheidung der Regierung ist Beschwerde zum Ministerium des Innern zulässig (Art. 93).

2. Mit der Genehmigung der Satzung erlangt die (freiwillige) Genossenschaft die Eigenschaft als öffentlichrechtliche FGenossenschaft und damit die Rechtsfähigkeit (Art. 42). Die Genehmigung ist erfolgt mit der Zustellung der Regierungsentschließung an den Vorstand oder den sonst bestellten Bevollmächtigten der Genossenschaft oder an die Genossen, nicht schon mit dem Tage, an dem die Entschließung erlassen wurde, nicht erst mit dem beschwerdelosen Ablaufe der Beschwerdefrist oder der Bestätigung der Entschließung durch das Ministerium. M. a. W. die Beschwerde hat hier ausnahmsweise keine aufschiebende Wirkung (ebenso Harster-Cassimir Anm. 2 zu Art. 118; vgl. Art. 61).

Art. 47.

Die Genossenschaft muß einen Vorstand haben. Der Vorstand kann aus mehreren Mitgliedern bestehen. Die Ge-

nossenschaft wird in allen Angelegenheiten nach Maßgabe der Satzung durch den Vorstand oder seinen Vorsitzenden vertreten. Der Vorstand oder Vorsitzende hat ein Verzeichnis der in das Genossenschaftsunternehmen einbezogenen Fischwasser (Genossenschaftskataster) herzustellen und richtig zu erhalten.

Abs. 2. Der Vorstand hat seine Bestellung und jede Änderung in seiner Zusammensetzung der Aufsichtsbehörde binnen einer Woche anzuzeigen.

Abs. 3. Ist eine Willenserklärung der Genossenschaft gegenüber abzugeben, so genügt die Abgabe gegenüber einem Mitgliede des Vorstandes.

Abs. 4. Vorstandsmitglieder können auch Personen sein, welche nicht Genossen sind.

1. S. Art. 119, 120 WG. Der Vorstand ist notwendiges Genossenschaftsorgan. Seine Wahl wird zweckmäßig gleich nach der Feststellung der Satzung vorgenommen (s. Art. 184 WG.). Fehlt er oder ist er an der Vertretung der Genossenschaft verhindert (z. B. Prozeßführung gegen den Vorstand!), so hat die Aufsichtsbehörde nötigenfalls seine Obliegenheiten einem oder mehreren Beauftragten zu übertragen (Art. 59). Der Vorstand kann aus einer Person oder mehreren bestehen. Seine Mitglieder brauchen nicht Genossen zu sein (Abs. 4). Da die Satzung Bestimmungen über die Wahl des Vorstands enthalten muß (Art. 44), ist es nicht zulässig, daß die Satzung die Ernennung des Vorstandes der Aufsichtsbehörde überläßt oder als Vorstand den jeweiligen Inhaber eines Amtes (z. B. den Bezirksamtmann) bezeichnet. Der Vorstand übt seine Tätigkeit in der Regel unentgeltlich aus, es ist aber nicht ausgeschlossen, daß er berufsmäßig tätig ist und aus Genossenschaftsmitteln Gehalt bezieht. Im letzteren Falle ist das zivilrechtliche Verhältnis zwischen Vorstand und Genossenschaft im allgemeinen nach den Vorschriften über den Dienstvertrag, der eine Geschäftsbesorgung zum Gegenstande hat (§§ 611 f., § 675 BGB.) zu beurteilen, im ersteren Falle im allgemeinen nach den für den Auftrag geltenden Vorschriften (§§ 662 f.). Aber auch dem gegen Entgelt bestellten Vorstande kann die Vertretungsmacht unbeschadet des Anspruchs auf die vertragsmäßige Vergütung jederzeit entzogen werden. Der Widerruf kann durch die Satzung nicht ausgeschlossen, aber auf den Fall beschränkt werden, daß ein wichtiger Grund vorliegt (vgl. § 27, § 168 BGB.).

2. Der Vorstand vertritt die Genossenschaft in allen ihren Angelegenheiten, außergerichtlich, gerichtlich und vor allen Behörden. Er hat die Stellung eines gesetzlichen Vertreters. Seine Vertretungsmacht ist grundsätzlich unbeschränkt. Über die Form der Zeichnung für die Genossenschaft ist gesetzlich nichts bestimmt. Die Genossenschaft wird durch die von dem Vorstand in ihrem Namen vorgenommenen Rechtshandlungen (nicht bloß Willenserklärungen: § 164 BGB.) unmittelbar berechtigt und verpflichtet (s. auch § 26 GenG.). Eine dem Art. 121 WG. entsprechende Zwangsgewalt hat der Vorstand nicht. Über die Haftung der Genossenschaft für zum Schadensersatze verpflichtende Handlungen des Vorstands s. Bem. 3 zu Art. 48.

3. Kann die Vertretungsmacht des Vorstands durch die Satzung oder im einzelnen Falle durch einen Beschluß der Genossenschaftsversammlung

a) der Genossenschaft gegenüber,

b) mit Wirkung gegen dritte Personen

beschränkt werden? Die Fassung des Abs. 1 S. 3 ist unklar. Sie schließt sich weder dem § 235 HGB. oder dem § 27 GenG. u. a. an noch dem § 26 Abs. 2 (s. §§ 64, 68, 70) BGB. Der Genossenschaft gegenüber kann die Vertretungsmacht des Vorstands zweifellos beschränkt werden durch die Satzung oder Beschlüsse der Genossenschaftsversammlung; überschreitet der Vorstand seine Befugnisse, so ist er der Genossenschaft haftbar (Art. 48). Dagegen hat die Beschränkung der Vertretungsmacht des Vorstands gegen dritte Personen keine rechtliche Wirkung. Es macht keinen Unterschied, ob der Dritte die Beschränkung kennt oder nicht, sofern er nicht gemeinschaftlich mit dem Vorstand in der Absicht handelt, die Genossenschaft zu schädigen. Dies folgt daraus, daß nach dem Gesetze der Vorstand die Genossenschaft „in allen Angelegenheiten", also auch in Angelegenheiten zu vertreten hat, in denen er im Verhältnisse zur Genossenschaft nicht oder nicht selbständig handeln darf. Die zu Zweifeln Anlaß gebenden Worte „nach Maßgabe der Satzung" betreffen nur die notwendige satzungsmäßige Scheidung der Zuständigkeit des mehrgliedrigen Vorstands von der Zuständigkeit des Vorstandsvorsitzenden. (Ebenso für das Wasserrecht Harster-Cassimir Anm. 3 zu Art. 119; s. auch Malsen-Hofer S. 287, a. M. Eymann Bd. 2 S. 283.) Diese Worte sagen, daß die Genossenschaft in den durch die Satzung dem Vorsitzenden zugewiesenen Angelegenheiten der Vertretung durch den Gesamtvorstand nicht bedarf.

4. Der mehrgliedrige Vorstand hat im Zweifel Kollektivvertretungsmacht, d. h. zu Willenserklärungen für die Genossenschaft bedarf es der Mitwirkung aller Mitglieder. Die Satzung oder auf Grund der Satzung der Vorstand kann jedoch einzelne Mitglieder zur Vornahme bestimmter Geschäfte ermächtigen. Die Befugnisse des Vorsitzenden muß sie aus dem Wirkungskreise des Vorstands ausscheiden (Bem. 3 — MS. § 5). Die Satzung hat auch zu bestimmen, wie die Beschlußfassung des mehrgliedrigen Vorstands erfolgt (vgl. Art. 54 Abs. 2, § 28 Abs. 1 BGB., MS. § 10). Willenserklärungen, die der Genossenschaft gegenüber (nicht von der Genossenschaft, MS. § 5 Abs. 2) abzugeben sind, können gegenüber jedem Mitgliede des Vorstands abgegeben werden ohne Rücksicht auf den Wirkungskreis, den das Mitglied sonst hat (Abs. 3). Diese Bestimmung kann durch die Satzung nicht abgeändert werden.

5. Die im Abs. 2 geforderte Anzeige kann durch Ordnungsstrafen erzwungen werden (Art. 59). Die Aufsichtsbehörde wird auf Ersuchen Mitteilung über die Zusammensetzung des Vorstands zu geben und jedenfalls jedem, der ein berechtigtes Interesse darlegt, die Einsicht in die Satzung zu ermöglichen haben.

Art. 48.

Jedes Mitglied des Vorstandes haftet der Genossenschaft für den aus einer Pflichtverletzung entstehenden Schaden, wenn

ihm ein Verschulden zur Last fällt. Sind für den Schaden mehrere verantwortlich, so haften sie als Gesamtschuldner.

Abs. 2. Die Ansprüche auf Grund der vorstehenden Bestimmungen verjähren in fünf Jahren.

1. S. Art. 122 WG. Jedes Mitglied des Vorstands haftet der Genossenschaft wie der Vormund dem Mündel (§ 1833 BGB.), wenn gegen ihn vorliegt

a) eine Pflichtverletzung;

b) ein Verschulden, d. h. Vorsatz oder Fahrlässigkeit; Fahrlässigkeit ist die Außerachtlassung der im Verkehr erforderlichen Sorgfalt (§ 276 BGB.). Auch das unentgeltlich tätige Vorstandsmitglied hat nicht bloß die Sorgfalt zu vertreten, die es in eigenen Angelegenheiten anwendet;

c) ursächlicher Zusammenhang zwischen dem Schaden und der schuldhaften Pflichtverletzung.

Über gesamtschuldnerische Haftung s. §§ 421 f. BGB. Die Verjährung (Abs. 2) beginnt mit der Entstehung des Anspruchs (§ 198 BGB.). Der Anspruch ist entstanden mit dem Eintritte des durch die schuldhafte Pflichtverletzung verursachten Schadens.

2. Die Haftung des Vorstands für Pflichtverletzungen gegenüber dritten Personen bestimmt sich nach dem Zivilrechte (bes. §§ 823 f., dann § 89 Abs. 2 mit § 42 Abs. 2 BGB.).

3. Für schadenstiftende Handlungen des Vorstands, eines Mitglieds des Vorstands oder eines anderen auf Grund des Art. 59 oder satzungsmäßig berufenen Vertreters haftet die Genossenschaft dritten Personen nach § 89 Abs. 1 mit § 31 BGB. Durch die Satzung kann diese Haftung, die auch für rein tatsächliche Verrichtungen (Unterlassungen) der Willensorgane gilt, nicht ausgeschlossen werden. Für die Handlungen anderer sog. „Genossenschaftsorgane" (Art. 44 Abs. 2 Nr. 4) — z. B. angestellter Fischer, Aufseher — haftet die Genossenschaft nach den §§ 278, 831 BGB. (RGZ. Bd. 53 [276], Bd. 57 [93]).

4. Über Schadensersatzansprüche Dritter gegen den Vorstand oder die Genossenschaft entscheiden die Zivilgerichte. Auch das Verhältnis zwischen dem Vorstand und der Genossenschaft ist privatrechtlich (Bem. 1 zu Art. 47). Art. 96 Abs. 1 hat aber die Streitigkeiten über Rechtsansprüche und Verbindlichkeiten nach Art. 48 dem Verwaltungsrechtsverfahren überwiesen (anders im Wasserrechte: Harster-Cassimir Anm. 3 zu Art. 122).

Art. 49.

Der Vorstand hat die Genossenschaftsversammlung einzuberufen, wenn die satzungsmäßige Mindestzahl von Genossen die Einberufung unter Angabe des Zweckes beantragt.

S. Art. 123 WG. Kommt der Vorstand (der Vorsitzende: MS. § 11) der Verpflichtung nicht nach, so ist die Aufsichtsbehörde berechtigt und, wenn kein Mißbrauch vorliegt, verpflichtet, die Versammlung einzuberufen (Art. 59). Es ist nicht notwendig, daß die Angelegenheit, die auf die Tagesordnung gesetzt werden soll, nach dem Gesetz oder der Satzung der

Beschlußfassung durch die Genossenschaftsversammlung ausdrücklich vorbehalten ist (Brenner Anm. 5 zu Art. 123).

Art. 50.

Die Genossenschaft ist verpflichtet, Fischereiberechtigte, deren Fischwasser zum Genossenschaftsgebiete gehört oder an dasselbe angrenzt, auf ihren Antrag in die Genossenschaft aufzunehmen, wenn diesen Fischereiberechtigten erweislich wesentliche Vorteile aus dem Anschlusse an die Genossenschaft zugehen und den bisherigen Genossen Nachteil aus dem Beitritte nicht erwachsen.

Abs. 2. Die Genossenschaft ist berechtigt, von den beitretenden Fischereiberechtigten einen angemessenen Anteil an den bisherigen Aufwendungen für die Genossenschaft, soweit sie auch dem Beitretenden zugute kommen, und die vorgängige Entrichtung der ihr durch den Beitritt erwachsenden besonderen Kosten zu verlangen.

S. Art. 137 WG. Die freiwillige Aufnahme neuer Genossen vollzieht sich nach der Satzung. Unter den Voraussetzungen des Art. 50 ist die freiwillige (und nach Art. 61 auch die Zwangs-) Genossenschaft verpflichtet, FBerechtigte (in dem Einl. S. 17 festgestellten weiteren Sinne) auf deren Antrag (Zustimmung des Verpächters: Art. 62 Abs. 1) aufzunehmen. Streitigkeiten über derartige Rechtsansprüche und Verbindlichkeiten sind Verwaltungsrechtssachen (Art. 96 Abs. 1). In diesem Verfahren sind auch zu entscheiden Streitigkeiten über die Zulässigkeit der Aufnahme zwischen dem nach seiner Behauptung durch den Beitritt geschädigten bisherigen Genossen einerseits und der Genossenschaft und dem Aufgenommenen anderseits, dann Streitigkeiten zwischen der Genossenschaft und dem Gesuchsteller über den Grund und die Höhe der nach Abs. 2 zu leistenden Entschädigung und die Höhe und die Entrichtung der besonderen Kosten des Beitritts. Die Aufsichtsbehörde kann die Aufnahme neuer Genossen nicht erzwingen.

Art. 51.

Die Genossenschaft ist verpflichtet, Genossen auf ihren Antrag das Ausscheiden aus der Genossenschaft zu gestatten, wenn sie aus der Genossenschaft erweislich einen Vorteil nicht ziehen oder durch dieselbe Schaden erleiden und der Austritt die Erfüllung des Genossenschaftszwecks nicht wesentlich beeinträchtigt.

Abs. 2. Ist der Austritt ausgeschlossen, weil durch ihn die Erfüllung des Genossenschaftszwecks wesentlich beeinträchtigt würde, so kann der Fischereiberechtigte verlangen, daß die Genossenschaft die Fischereiberechtigung gegen Entschädigung übernimmt.

Abs. 3. Zwangsweise beigezogene Genossen haben in den Fällen der Abs. 1 und 2 Anspruch auf Rückersatz der bezahlten Beiträge und auf Ersatz des erlittenen Schadens aus der Genossenschaftskasse. Der Rückersatz der bezahlten Beiträge unterbleibt für die Zeit, während welcher der Genosse aus dem Unternehmen einen Vorteil gezogen hat.

1. S. Art. 138 WG. Unter den Voraussetzungen des Art. 51 ist die (freiwillige und nach Art. 61 auch die Zwangs-)Genossenschaft verpflichtet, Genossen auf Antrag den Austritt zu gestatten. Die Satzung kann die Voraussetzungen bestimmen, unter denen außer dem Falle des Art. 51 der Austritt gestattet ist (s. auch Art. 62 Abs. 3). Streitigkeiten über Rechtsansprüche und Verbindlichkeiten nach Art. 51 sind Verwaltungsrechtssachen (Art. 96 Abs. 1). Der den Anspruch erhebende Genosse hat zu beweisen, daß er einen Vorteil nicht zieht oder einen durch die Vorteile nicht ausgeglichenen Schaden erleidet.

2. Der Abs. 2 soll den Austritt des Genossen ermöglichen, der aus der Genossenschaft keinen Vorteil zieht, aber durch das Ausscheiden seines Fischwassers eine wesentliche Schädigung der Genossenschaft herbeiführen würde. (Das Fischwasser des betr. Genossen liegt z. B. zwischen den Fischwassern anderer Genossen). Der Anspruch des Genossen auf Übernahme der FBerechtigung besteht selbstverständlich nur dann, wenn die FBerechtigung auf die Genossenschaft übertragen werden kann. Ist der Genosse Inhaber eines selbständigen FRechts, so ist die Genossenschaft verpflichtet, das FRecht durch Vertrag nach Art. 9 Abs. 2 zu erwerben; ist der Genosse als Eigentümer des Gewässers fischereiberechtigt, so hat die Genossenschaft mit ihm den Bestellungsvertrag nach Art. 13 abzuschließen; ist der Genosse Pächter, so muß die Genossenschaft in den Pachtvertrag eintreten (§ 415 BGB.). Kann die FBerechtigung nicht übertragen werden (z. B. der Nießbrauch: § 1059 BGB.), so ist die Genossenschaft verpflichtet, durch Vertrag mit dem Genossen die Ausübung des Rechtes gegen Entschädigung zu übernehmen, soweit es zulässig ist. Über die Verpflichtung der Genossenschaft zur Übernahme und über die Höhe der Entschädigung, die regelmäßig in Geld zu leisten ist, wird im Verwaltungsrechtsweg entschieden. Die Zwangsvollstreckung erfolgt nach den gewöhnlichen Vorschriften. Gegen den säumigen Vorstand können auch Ordnungsstrafen nach Art. 59 verhängt werden.

3. „Zwangsweise beigezogene" Genossen (Abs. 3) sind nur die Genossen, die seinerzeit der Bildung der Zwangsgenossenschaft durch Erklärung gegenüber der Behörde oder bei der Abstimmung ausdrücklich widersprochen haben (Art. 39). Es ist nicht erforderlich, daß sie den Widerspruch verwaltungsrechtlich geltend gemacht haben. Auch Streitigkeiten nach Abs. 3 sind Verwaltungsrechtssachen.

Art. 52.

Die Genossenschaftsversammlung kann die Auflösung der Genossenschaft beschließen.

Abs. 2. Zur Gültigkeit des Beschlusses ist die ausdrückliche Zustimmung von drei Viertel der Genossen und im Falle

der Auflösung einer Zwangsgenossenschaft außerdem die Genehmigung der Aufsichtsbehörde erforderlich.

Abs. 3. Nichtabstimmende werden den Nichtzustimmenden gleichgeachtet.

Vollzugsbekanntmachung.

„**§ 53.** Die Genehmigung zur Auflösung einer Genossenschaft nach Art. 52 des Fischereigesetzes ist dem Ermessen der Aufsichtsbehörde überlassen. Sie wird dem Auflösungsbeschlusse nur dann die Genehmigung versagen, wenn die Forterhaltung der Genossenschaft im Interesse der Fischerei in den Gewässern der Genossenschaft notwendig erscheint und dieses Interesse nicht auf eine andere Weise gewahrt werden kann.

Nach Auflösung der Genossenschaft hat deren Liquidation nach den Vorschriften des Art. 53 ff. des Fischereigesetzes zu erfolgen."

1. S. Art. 127 WG. Mit der Auflösung der Genossenschaft erlischt ihre Rechtsfähigkeit, sie gilt jedoch bis zur Beendigung der Liquidation als fortbestehend, soweit der Zweck der Liquidation es erfordert (Art. 54 Abs. 3 mit § 49 Abs. 2 BGB.). Die Satzung bestimmt zweckmäßig, an wen das Vermögen der aufgelösten Genossenschaft fällt. Der Auflösung müssen in der Vollversammlung (Bem. 3e zu Art. 44) drei Viertel sämtlicher Genossen (nicht bloß drei Viertel der erschienenen Genossen) — berechnet nach der Kopfzahl — ausdrücklich und ohne Einschränkung zustimmen. Die FRechte der zustimmenden Genossen müssen dem Umfange (der räumlichen Erstreckung) nach mindestens drei Vierteile des Gesamtumfangs der in das Unternehmen einbezogenen Fischwasser umfassen (Art. 57).

2. Die Genehmigung der Aufsichtsbehörde ist nicht erforderlich zur Auflösung von freiwilligen Genossenschaften. Zur Auflösung einer Zwangsgenossenschaft ist die Genehmigung der Distriktsverwaltungsbehörde (Art. 58 Abs. 2) erforderlich, obwohl die Bildung der Zwangsgenossenschaft durch die Kreisregierung erfolgte (Art. 61). Die Behörde hat zu prüfen, ob bei der Beschlußfassung die gesetzlichen und statutarischen Vorschriften beachtet wurden, dann ob die Auflösung nicht dem öffentlichen Interesse widerstreitet.

3. Die Auflösung ist erfolgt bei freiwilligen Genossenschaften mit der gesetz- und satzungsmäßigen Beschlußfassung der Versammlung, bei Zwangsgenossenschaften mit dem Zeitpunkt, in dem die Genehmigung der Aufsichtsbehörde unanfechtbar geworden ist (Ablauf der Beschwerdefrist ohne Einlegung der Beschwerde, Zurücknahme der Beschwerde, Bestätigung der Genehmigung durch die Beschwerdeinstanz). Gegen die Genehmigung ist Beschwerde zur Kreisregierung zulässig (Art. 93), die hier aufschiebende Wirkung haben muß, wenn sie nicht zwecklos sein soll (im Wasserrechte bestritten; ebenso Harster-Cassimir Anm. 2 zu Art. 127). Wer behauptet, daß der Beschluß der Genossenschaftsversammlung nicht ordnungsmäßig sei, kann die Staatsaufsicht anrufen, die gegebenen Falles auch von Amts wegen einzuschreiten hat (Art. 58, 59).

4. Andere Gründe des Verlustes der Rechtsfähigkeit als die beschlußmäßige Auflösung bezeichnet das Gesetz nicht. Ist die Genossenschaft nach der Satzung nur für eine bestimmte Zeit gebildet, so erlischt sie mit dem Zeitablauf ohne weiteres (f. § 79 GenG.). S.

ferner Bem. zu Art. 40. Daß die Genossenschaft die Rechtsfähigkeit durch die Konkurseröffnung verliert, schreibt das Gesetz nicht vor; ebensowenig enthält es Vorschriften über die Entziehung der Rechtsfähigkeit durch die Verwaltungsbehörde für den Fall, daß die Genossenschaftsorgane durch gesetzwidriges Verhalten das Gemeinwohl gefährden oder einen anderen als den genehmigten Genossenschaftszweck verfolgen (vgl. §§ 42, 43 BGB., §§ 101, 81 GenG.). Es folgt aber aus allgemeinen Erwägungen, daß diese Vorschriften auch gegenüber den F.Genossenschaften gelten (vgl. Jaeger, KO. Anm. 8, 13 zu § 213). Die Entziehung der Rechtsfähigkeit durch die Verwaltungsbehörde erfolgt im Verwaltungsrechtswege (arg. Art. 96 Abs. 1). Vgl. § 2 des RVerG. Siehe auch Harster-Cassimir Anm. 1 zu Art. 127, Anm. 4 zu Art. 115. Die Genossenschaft, der die Rechtsfähigkeit entzogen wurde, kann in anderer Form (z. B. als Gesellschaft des bürgerlichen Rechtes) fortbestehen.

Art. 53.

Nach Auflösung der Genossenschaft hat die Liquidation stattzufinden. Sie erfolgt durch den Vorstand, wenn sie nicht durch die Satzung oder durch Beschluß der Genossenschaftsversammlung anderen Personen übertragen worden ist.

Abs. 2. Der Vorstand hat die Bestellung der Liquidatoren und ihre Namen binnen zwei Wochen der Aufsichtsbehörde anzuzeigen.

S. Art. 128 WG., §§ 47 f. BGB. Die Liquidation erfolgt, außer im Falle des Konkurses (vgl. aber Planck Erl. 1 zu § 47) in allen Fällen der Auflösung der Genossenschaft oder der Entziehung der Rechtsfähigkeit. Für die Zwecke der Liquidation gilt die Rechtsfähigkeit als fortdauernd (Bem. 1 zu Art. 52). Erzwingung der Anzeige (Abs. 2) durch Ordnungsstrafen: Art. 59. Nötigenfalls hat die Aufsichtsbehörde den Liquidator oder die Liquidatoren zu bestellen: Art. 59 Abs. 1. Staatsaufsicht: Art. 60.

Art. 54.

Die Liquidatoren haben die rechtliche Stellung des Genossenschaftsvorstandes.

Abs. 2. Sind mehrere Liquidatoren bestellt, so ist für ihre Beschlüsse, soweit nicht bei ihrer Bestellung ein anderes bestimmt worden ist, Einstimmigkeit erforderlich.

Abs. 3. Im übrigen finden auf die Liquidatoren der Genossenschaft die Vorschriften der §§ 49 bis 53 des Bürgerlichen Gesetzbuchs entsprechende Anwendung.

1. S. Art. 129 WG. Ein Liquidator genügt. Er braucht nicht Genosse zu sein (arg. Art. 47 Abs. 4). Der Liquidator oder die Liquidatoren haben die rechtliche Stellung des Genossenschaftsvorstandes, soweit sich nicht aus dem Zwecke der Liquidation — Abwickelung der Geschäfte — ein Anderes ergibt (s. § 48 Abs. 2 BGB.). Mit dieser Maßgabe gelten auch die Art. 47, 48, 49. Nach Abs. 3 mit § 53 BGB. geht jedoch die Haftung der Liquidatoren gegenüber den Genossenschaftsgläubigern weiter als die des Vorstandes.

2. Die folgenden Vorschriften des BGB. finden nur entsprechende Anwendung:

§ 49. Die Liquidatoren haben die laufenden Geschäfte zu beendigen, die Forderungen einzuziehen, das übrige Vermögen in Geld umzusetzen, die Gläubiger zu befriedigen und den Überschuß den Anfallberechtigten auszuantworten. Zur Beendigung schwebender Geschäfte können die Liquidatoren auch neue Geschäfte eingehen. Die Einziehung der Forderungen sowie die Umsetzung des übrigen Vermögens in Geld darf unterbleiben, soweit diese Maßregeln nicht zur Befriedigung der Gläubiger oder zur Verteilung des Überschusses unter die Anfallberechtigten erforderlich sind.

Der Verein gilt bis zur Beendigung der Liquidation als fortbestehend, soweit es der Zweck der Liquidation es erfordert.

§ 50. Die Auflösung des Vereins oder die Entziehung der Rechtsfähigkeit ist durch die Liquidatoren öffentlich bekannt zu machen. In der Bekanntmachung sind die Gläubiger zur Anmeldung ihrer Ansprüche aufzufordern. Die Bekanntmachung erfolgt durch das in der Satzung für Veröffentlichungen bestimmte Blatt, in Ermangelung eines solchen durch dasjenige Blatt, welches für Bekanntmachungen des Amtsgerichts bestimmt ist, in dessen Bezirke der Verein seinen Sitz hatte. Die Bekanntmachung gilt mit dem Ablaufe des zweiten Tages nach der Einrückung oder der ersten Einrückung als bewirkt.

Bekannte Gläubiger sind durch besondere Mitteilung zur Anmeldung aufzufordern.

§ 51. Das Vermögen darf den Anfallberechtigten nicht vor dem Ablauf eines Jahres nach der Bekanntmachung der Auflösung des Vereins oder der Entziehung der Rechtsfähigkeit ausgeantwortet werden.

§ 52. Meldet sich ein bekannter Gläubiger nicht, so ist der geschuldete Betrag, wenn die Berechtigung zur Hinterlegung vorhanden ist, für den Gläubiger zu hinterlegen.

Ist die Berichtigung einer Verbindlichkeit zur Zeit nicht ausführbar oder ist eine Verbindlichkeit streitig, so darf das Vermögen den Anfallberechtigten nur ausgeantwortet werden, wenn dem Gläubiger Sicherheit geleistet ist.

§ 53. Liquidatoren, welche die ihnen nach dem § 42 Abs. 2 und den §§ 50 bis 52 obliegenden Verpflichtungen verletzen oder vor der Befriedigung der Gläubiger Vermögen den Anfallberechtigten ausantworten, sind, wenn ihnen ein Verschulden zur Last fällt, den Gläubigern für den daraus entstehenden Schaden verantwortlich; sie haften als Gesamtschuldner.

Art. 55.

Die Liquidatoren haben sofort nach Beendigung des Liquidationsgeschäfts der Aufsichtsbehörde Anzeige zu erstatten

und ihr die Bücher und Schriften der aufgelösten Genossenschaft auszuhändigen.

S. Art. 130 WG. Die Liquidation ist regelmäßig beendigt, wenn die Gläubiger befriedigt sind und der Rest des Genossenschaftsvermögens den Anfallberechtigten ausgeantwortet ist (näheres Planck Erl. 3 zu § 53). Die Aufgabe der Liquidatoren ist erst mit der Erfüllung der Verpflichtung nach Art. 55 beendigt; die Erfüllung kann deshalb durch Ordnungsstrafen erzwungen werden (Art. 59). Eine Kriminalstrafe ist für die Unterlassung nicht angedroht (anders Art. 204 Ziff. 2 WG.).

Art. 56.

Mit der Beendigung des Liquidationsgeschäfts erlischt die Beitragspflicht zu den Ausgaben der Genossenschaft.

Vgl. Art. 131 WG. Mit der Beendigung des Liquidationsgeschäfts (Bem. zu Art. 55) hat das Dasein der öffentlichen FGenossenschaft endgültig aufgehört. Ein Genossenschaftsgläubiger, der erst danach mit seiner Forderung hervortritt, fällt durch; er hat keinen Anspruch auf Befriedigung aus dem Vermögen der früheren Genossen (arg. Art. 42 Abs. 2). Unter Umständen haften ihm die Liquidatoren (Art. 54 Abs. 3 mit § 53 BGB.). Besondere Fälle der Bereicherung der Genossen s. Planck Erl. 3 zu § 53.

Art. 57.

Bei der Berechnung der Mehrheit im Sinne des Art. 39 Abs. 1 und der Art. 45, 52 ist neben der Zahl der Beteiligten der Umfang der Fischereirechte zu berücksichtigen.

1. Die Zahl der Beteiligten: Nach Art. 39 Abs. 1 sind beteiligt die sämtlichen FBerechtigten (Bem. 2d vor Art. 37), die zur Zwangsgenossenschaft zusammengeschlossen werden sollen. Nach Art. 45 sind beteiligt die FBerechtigten, die über die Feststellung der Satzung abstimmen, denn es genügt ein einfacher Mehrheitsbeschluß (anders nach Art. 20 Abs. 2, Art. 28 Abs. 1, Art. 39 Abs. 1). Zu den Beteiligten nach Art. 52 gehören die sämtlichen Genossen. Von der sich so berechnenden Zahl der Beteiligten bilden die Mehrheit nach Köpfen in den Fällen des Art. 39 Abs. 1 und des Art. 45 die Hälfte + ½ oder die Hälfte + 1 (z. B. von 17 : 9, von 16 auch 9), im Falle des Art. 52 Abs. 2 drei Viertel der Gesamtzahl.

2. Der Umfang der FRechte: Der Umfang der FRechte kommt namentlich in Betracht:

a) für die Verteilung der Erträgnisse des gemeinschaftlichen Betriebs, der Erträgnisse der FAusübung durch die Gemeinde und der Vorteile und Lasten der Genossenschaft (Art. 20 Abs. 2, Art. 21 Abs. 2, Art. 45 Abs. 2, s. auch Bem. 1 zu Art. 7);

b) für die Berechnung der bei den Abstimmungen des Art. 20 Abs. 2, Art. 28 Abs. 1, Art. 39, 45, 52 geforderten qualifizierten Mehrheit.

Der Umfang eines FRechts bestimmt sich nach einem räumlichen Ausmaße, d. h. nach der Gewässerfläche, auf die sich das FRecht erstreckt. Eine Berechnung des Flächeninhalts wird sich in vielen Fällen dadurch erübrigen, daß nach den Uferlängen der Fischwasser auf ihren Flächeninhalt annähernd geschlossen werden kann. In anderen Fällen, in denen Gewässer von verschiedener Breite beteiligt sind, wird sich eine nähere, wenn auch nach Schätzungen erfolgende Bestimmung des Flächeninhalts nicht umgehen lassen. Eine Berücksichtigung des Wertes der Fischwasser erfolgt nur, wenn die Genossenschaftssatzung es bestimmt.

3. Bei der Berechnung der Stimmenmehrheiten ist der Umfang der FRechte neben der Zahl der Beteiligten (Bem. 1) in der Weise zu berücksichtigen, daß der jeweils geforderten Mehrheit der Köpfe das entsprechend größere räumliche Ausmaß der FRechte zustehen muß d. h.:

a) ein Mehrheitsbeschluß nach Art. 45 liegt vor, wenn mehr als die Hälfte der abstimmenden Beteiligten der Satzung zustimmt und zugleich der Umfang der FRechte der Zustimmenden größer ist als der der Widersprechenden;

b) ein Mehrheitsbeschluß nach Art. 39 Abs. 1 liegt vor, wenn sich mehr als die Hälfte der sämtlichen Beteiligten für die Bildung der Genossenschaft erklären und zugleich der Umfang der FRechte der Zustimmenden größer ist als der der Nichtzustimmenden;

c) ein Mehrheitsbeschluß nach Art. 52 liegt vor, wenn mindestens drei Viertel der sämtlichen Beteiligten der Auflösung der Genossenschaft zustimmen und zugleich der Umfang der FRechte der Zustimmenden mindestens drei Viertel des Umfangs aller in das Unternehmen einbezogenen FRechte beträgt.

4. Schwierigkeiten machen die Fälle, in denen an einem Fischwasser mehrere (dingliche oder obligatorische) Berechtigungen bestehen, besonders die Fälle der Koppelfischerei (Art. 24) und der Fall der Verpachtung, falls der verpachtende Berechtigte und der Pächter gleichzeitig stimmberechtigt sind. Handelt es sich um eine Abstimmung, so hat von den Berechtigten in der Regel jeder ein selbständiges Stimmrecht; sie können in verschiedenem Sinne stimmen, soweit die Kopfzahl in Betracht kommt (s. aber für Gemeinschaftsverhältnisse z. B. Bem. 3 zu Art. 62, 63). Soweit es bei der Abstimmung auf den Umfang der FRechte ankommt, wird die Gewässerstrecke den Gewässerstrecken der Zustimmenden nur dann zugezählt, wenn keiner der betreffenden Berechtigten widersprochen hat (s. auch BAKA. S. 726 oben). Beschränkte FRechte, die im Wege stehen, sind unter Umständen nach Art. 17 abzulösen. Handelt es sich dagegen um die Verteilung der Erträgnisse und Lasten (Bem. 2a oben), so ist zunächst der auf die betr. Fischwasserstrecke entfallende Anteil zu ermitteln und dann je nach dem Verhältnis, in dem die mehreren Berechtigungen zueinander stehen, einer Berechtigung zuzuteilen oder zu verteilen. Das Gesetz enthält hierüber nichts. Es kommt auf den Einzelfall an.

Art. 58.

Die Fischereigenossenschaften unterliegen der Aufsicht des Staates. Die Aufsicht erstreckt sich darauf, daß die Angelegenheiten der Genossenschaft in Übereinstimmung mit dem Gesetz und der Satzung verwaltet werden.

Abs. 2. Aufsichtsbehörde ist diejenige Distriktsverwaltungsbehörde, in deren Bezirk die Genossenschaft ihren Sitz hat.

Art. 59.

Die Aufsichtsbehörde ist in Anwendung ihrer Aufsichtsbefugnisse (Art. 58) berechtigt, gegen die Mitglieder des Vorstandes Ordnungsstrafen bis zum Betrage von fünfzig Mark zu verhängen, bei Ablehnung des Antrags nach Art. 49 und in sonstigen dringlichen Fällen an Stelle des Vorstands die Einberufung einer Genossenschaftsversammlung anzuordnen, soweit und solange die erforderlichen Genossenschaftsorgane fehlen, zur Wahrnehmung der Obliegenheiten der Genossenschaft auf deren Kosten Beauftragte zu bestellen, ferner die erforderlichen Maßnahmen zur Erfüllung des Genossenschaftzwecks an Stelle und auf Kosten der Genossenschaft zu verfügen.

Abs. 2. Die Ordnungsstrafen fließen in die Genossenschaftskasse.

Art. 60.

Die Genossenschaften bleiben auch während des Liquidationsverfahrens bis zu dessen Beendigung der Staatsaufsicht unterworfen.

Vollzugsbekanntmachung.

„**§ 51.** Die Aufsicht über die öffentlichen Fischereigenossenschaften führt diejenige Distriktsverwaltungsbehörde, in deren Bezirk die Genossenschaft ihren Sitz hat. Die Aufsichtsbehörde hat darüber zu wachen, daß die Genossenschaft die ihr nach dem Gesetze und nach den genehmigten Satzungen obliegenden Verpflichtungen erfüllt. Zur Handhabung der Aufsicht stehen der Distriktsverwaltungsbehörde die in Art. 59 und 60 des Fischereigesetzes aufgeführten Befugnisse zu."

Zu Art. 58 bis 60:

1. Die Genossenschaft, auch die Zwangsgenossenschaft, hat Selbstverwaltungsrecht; sie steht nicht unter staatlicher Leitung, nur unter der in gesetzliche Schranken eingeschlossenen staatlichen Aufsicht. Die Aufsicht erstreckt sich (weitergehend: Art. 132 WG.) nur darauf, daß die Angelegenheiten der Genossenschaft in übereinstimmung mit dem Gesetz und der Satzung verwaltet werden. Streitigkeiten, die im Zivilrechtsweg oder Verwaltungsrechtsweg oder im schiedsgerichtlichen Verfahren auszutragen sind, sind der Entscheidung der Aufsichtsbehörde als solchen entzogen. Zur Erfüllung einer nichtstreitigen, nach dem Gesetz oder der Satzung zweifellos begründeten Verpflichtung kann die Aufsichtsbehörde den säumigen Vorstand auch anhalten, wenn die Verpflichtung einem Nichtgenossen gegenüber zu erfüllen ist. Die Beschlüsse der Genossenschaftsorgane unterliegen der Genehmigung der Aufsichtsbehörde nur in den im Gesetze bezeichneten Fällen; die Satzung kann weitere Fälle vorsehen. Eine fortdauernde Überwachung des Rechnungswesens findet nicht statt. Die Aufsichtsbehörde kann jedoch die Buch- und Rechnungsführung der Genossenschaft jederzeit einer Prüfung unterziehen (s. auch § 52 VollzB.).

2. Aufsichtsbehörde ist die Distriktsverwaltungsbehörde, in deren Bezirk die Genossenschaft ihren Sitz hat, auch dann, wenn die in das Unternehmen einbezogenen Fischwasser sich in andere Verwaltungsbezirke erstrecken. Die Satzung der freiwilligen Genossenschaft und die Änderungen der Satzung der freiwilligen und der Zwangsgenossenschaft unterliegen der Genehmigung der Kreisregierung (Art. 46, 61 S. 3).

3. Bei der Anwendung ihrer Zwangsbefugnisse (Art. 59) hat die Aufsichtsbehörde die Schranken des Art. 58 zu beachten. Die Ordnungsstrafen sind gegen die Mitglieder des Vorstands und die Liquidatoren, nicht gegen sonstige Angestellte der Genossenschaft zulässig. Sie können in Freiheitsstrafen nicht umgewandelt werden. Ihrer Verhängung geht zweckmäßig eine Androhung voraus; vorgeschrieben ist sie nicht. Die Aufsichtsbehörde kann es zunächst bei Warnungen bewenden lassen. Der Betrag von 50 M ist der Höchstbetrag für jeden einzelnen Fall. Die Ordnungsstrafe kann nötigenfalls bis zur Abstellung der Zuwiderhandlung wiederholt werden. Wie aus der insoweit auch hier geltenden Vorschrift des Art. 94 hervorgeht, hat die Aufsichtsbehörde das Recht, die verhängte Ordnungsstrafe nach Art. 4, 6, 7 AG. z. ZPO. und KO. beizutreiben. Da aber die Ordnungsstrafe in die Genossenschaftskasse fließt, kann sie auch wie die rückständigen Beiträge der Genossen beigetrieben werden. Dabei fehlt es allerdings an einer dem Art. 126 WG. entsprechenden Bestimmung (Bem. 2c vor Art. 37). Beauftragte sind namentlich dann zu bestellen, wenn nach Bildung der Zwangsgenossenschaft der Vorstand nicht gewählt wird. Die an Stelle des Vorstands tätigen Beauftragten haben nach innen und außen die rechtliche Stellung des Vorstands. Die Kosten der zur Erfüllung des Genossenschaftszwecks getroffenen Maßnahmen werden nötigenfalls in der Richtung gegen die Genossenschaft, nicht in der Richtung gegen die Genossen (Art. 42 Abs. 2), beigetrieben (Art. 94).

4. Gegen die Bescheide und Verfügungen der Distriktsverwaltungsbehörde als Aufsichtsbehörde findet Beschwerde zur Regierung statt, die in zweiter und letzter Instanz entscheidet (Art. 93). Die Beschwerde hat aufschiebende Wirkung. (Keine dem Art. 10 VGG. entsprechende Beschwerde zum VGH.!)

Art. 61.

Die Bildung der Zwangsgenossenschaft erfolgt durch Anordnung der Kreisregierung, Kammer des Innern; letztere hat gleichzeitig die Genossenschaftssatzung zu erlassen. Mit der Erlassung der Satzung erlangt die Genossenschaft die Rechtsfähigkeit. Nach Bildung der Zwangsgenossenschaft finden die Bestimmungen dieses Abschnitts entsprechende Anwendung.

Vollzugsbekanntmachung.

„**§ 48.** Die Regierung, Kammer des Innern, hat bei freiwilligen Genossenschaften zu prüfen, ob die Genossenschaftssatzung zu genehmigen ist. Bei Zwangsgenossenschaften hat sie zu prüfen, ob die gesetzlichen Voraussetzungen für die Bildung einer Zwangsgenossenschaft gegeben sind. Zugleich hat sie über die für dieselbe zu erlassende Satzung zu beschließen.

Hiebei ist zu beachten, daß Streitigkeiten über Rechtsansprüche und Verbindlichkeiten in den Fällen der Art. 37 bis 57, 61, 63 des Fischereigesetzes Verwaltungsrechtssachen im Sinne des Art. 8 des Gesetzes vom 8. August 1878 über die Errichtung eines Verwaltungsgerichtshofes und das Verfahren in Verwaltungsrechtssachen sind.

§ 49. Nach Erlassung der Satzung durch die Regierung ist die Zwangsgenossenschaft nach denselben Vorschriften zu behandeln, wie sie für die übrigen öffentlichen Fischereigenossenschaften gelten. Infolgedessen wird nach Erlassung der Satzung vor allem die Wahl eines Vorstandes nach Maßgabe der Satzung zu erfolgen haben. Kommt die Wahl der Genossenschaftsorgane nicht zu Stande, so hat die Aufsichtsbehörde, soweit und solange dies der Fall ist, nach Art. 59 des Fischereigesetzes zur Wahrnehmung der Obliegenheiten der Genossenschaft Beauftragte zu bestellen."

1. Art. 61 entspricht wörtlich dem Art. 135 WG. Gegen das Wasserrecht bestehen aber mehrere erhebliche Unterschiede. Über die Bildung einer Wasser-Zwangsgenossenschaft hat die Kreisregierung im verwaltungsrechtlichen Senate zu entscheiden (Art. 189). Die Bildung der FZwangsgenossenschaft erfolgt regelmäßig im Bureauwege. Sind jedoch von der Kreisregierung verwaltungsrechtliche Streitigkeiten zu entscheiden, die mit der Bildung der Zwangsgenossenschaft zusammenhängen (Bem. 3 zu Art. 39), so ist es nach Art. 31 Abs. 3 VGG. (s. Art. 96 Abs. 1 S. 2 FG.) zulässig, daß der Senat auch über die dem freien Verwaltungsermessen unterliegende Frage entscheidet, ob die Zwangsgenossenschaft gebildet werden soll. Der Senat kann dann gleichzeitig auch die Genossenschaftssatzung erlassen. Es ist aber nicht gesetzwidrig, daß die Aufstellung der Satzung gesondert im Bureauwege erfolgt (ebenso Harster-Cassimir zu Art. 135). Die Regierung kann auch die rechtskräftige Erledigung der verwaltungsrechtlichen Streitigkeiten abwarten und dann über die Bildung der Genossenschaft und deren Satzung im Bureauwege entscheiden (s. Reger-Dyroff S. 380).

2. Der Bildung der Zwangsgenossenschaft hat eine Instruktion der Angelegenheit voranzugehen, mit der regelmäßig die Distriktsverwaltungsbehörde, in deren Bezirk das Bedürfnis der Bildung einer Zwangsgenossenschaft hervortritt (vgl. Art. 90 Abs. 1), aus eigener Entschließung oder auf Weisung der Regierung befaßt ist (s. §§ 39 f. VollzB.). In Ermangelung besonderer Vorschriften (s. dagegen Art. 187, 188 WG.) erfolgt die Vorbereitung nach Art. 91. Zur Vermeidung von Schwierigkeiten wird von der Befugnis nach Art. 91 Abs. 4 Gebrauch zu machen sein. Die Widersprechenden müssen dann auch die zu Verwaltungsrechtsstreitigkeiten führenden Einwendungen (Bem. 3 zu Art. 39) spätestens bis zum Schlusse der Instruktionsverhandlung geltendmachen, was freilich die Regierung nicht der Verpflichtung enthebt, von Amts wegen zu prüfen, ob die gesetzlichen Voraussetzungen für die Bildung der Zwangsgenossenschaft vorliegen. Das Gesetz gibt nicht die Möglichkeit, die zur Verhandlung geladenen, aber nicht erschienenen und auch nicht vertretenen und die nicht abstimmenden Beteiligten als der Bildung der Genossenschaft zustimmend zu zählen.

3. Mit der Erlassung der Satzung entsteht die Zwangsgenossenschaft und erlangt sie Rechtsfähigkeit (Art. 42). Die Satzung ist erlassen mit der Zustellung der die Erlassung der Satzung enthaltenden Entscheidung an die in die Genossenschaft einbezogenen Beteiligten, nicht schon mit dem Tage, an dem die Entscheidung erging, nicht erst mit dem beschwerdelosen Ablaufe der Beschwerdefrist oder mit dem Tage, von dem die bestätigende Ministerialentschließung datiert ist. Die Beschwerde hat demnach hier ausnahmsweise keine aufschiebende Wirkung (s. Art. 46 Abs. 2; für das Wasserrecht grundsätzlich ebenso Harster-Cassimir bei Art. 135, der jedoch die Zustellung an die nach Art. 133 WG. — hier nach Art. 59 — aufgestellten Beauftragten entscheiden läßt; bedenklich, weil Art. 59 wie Art. 133 WG. das Bestehen der Genossenschaft voraussetzt. A. M. Eymann Bd. II S. 331 f., Brenner Anm. 4 zu Art. 135).

4. Gegen die Entscheidung, die die Bildung der Zwangsgenossenschaft anordnet und die Erlassung der Satzung enthält, findet Beschwerde zum Ministerium des Innern statt (Art. 93). Soweit der Regierungssenat über verwaltungsrechtliche Streitigkeiten entscheidet, geht die Beschwerde an den VGH.

Art. 62.

Ist ein Fischereirecht verpachtet, so ist zum freiwilligen Beitritt des Pächters zu einer Fischereigenossenschaft die Zustimmung des Fischereiberechtigten nur erforderlich, wenn das Fischereirecht auch nach der Beendigung der Pacht in der Genossenschaft verbleiben soll.

Abs. 2. Wird ein zu einer Fischereigenossenschaft gehörendes Fischereirecht verpachtet, so tritt der Pächter kraft Gesetzes in die Genossenschaft ein.

Abs. 3. Zum Austritte des Pächters aus der Genossenschaft ist die Zustimmung des Fischereiberechtigten erforderlich.

Abs. 4. Besteht das Pachtverhältnis bereits beim Inkrafttreten des Gesetzes, so bedarf der Pächter zum freiwilligen Beitritte zu einer Genossenschaft in allen Fällen der Zustimmung des Fischereiberechtigten.

Art. 63.

Die Pächter eines Fischwassers oder eines Fischereigebiets können zu den in Art. 37 bezeichneten Zwecken nach den Vorschriften dieses Abschnitts eine freiwillige Fischereigenossenschaft bilden.

Vollzugsbekanntmachung.

„§ 38. Wenn ein Fischereirecht verpachtet ist, sind im Falle der Bildung einer freiwilligen Genossenschaft der Verpächter und der Pächter berechtigt, der Genossenschaft beizutreten. Der Pächter bedarf hiezu der Zustimmung nur, wenn sich der Verpächter dies im Pachtvertrage ausdrücklich ausbedungen hat oder wenn das Fischereirecht auch nach der Beendigung der Pacht in der Genossenschaft verbleiben soll. Nur wenn das Pachtverhältnis schon bei dem Inkrafttreten des Fischereigesetzes bestanden hat, ist die Zustimmung des Verpächters in allen Fällen notwendig. Geben bei der Frage, ob eine Genossenschaft gebildet werden soll (Art. 38 Nr. 1), der Verpächter und der Pächter ihre Stimme in verschiedenem Sinne, so hindert die verneinende Stimme des Pächters oder des Verpächters nicht die Bildung der Genossenschaft, der Widersprechende wird eben nicht Genosse. Geben dagegen bei der Frage, wie die Satzung geregelt werden soll (Art. 45 Abs. 1), der Verpächter und der Pächter ihre Stimmen in verschiedenem Sinne, so wird für die Berechnung der Mehrheit der Köpfe jeder Teil der Gruppe von Abstimmenden zugezählt, in deren Sinne er gestimmt hat; für die Berechnung der Mehrheit nach dem Umfang der Fischereirechte gilt aber das Fischereirecht als nicht zustimmend. Soweit es sich dabei um die Regelung der Teilnahme an den Vorteilen und Lasten der Genossenschaft handelt, kann, wenn diese Teilnahme in anderer Weise als nach dem Umfange der Fischereirechte der Genossen erfolgen soll, dies nur geschehen, wenn sowohl der Pächter als der Verpächter zustimmen.

Handelt es sich um die Bildung einer Zwangsgenossenschaft, so wird darauf, daß das Fischwasser verpachtet ist, keine Rücksicht genommen. Es kann der Pächter sowie der Verpächter oder auch nur der Verpächter zur Genossenschaft herangezogen werden; daß nur der Verpächter Genosse wird, wird sich nur in Ausnahmsfällen rechtfertigen. Soweit bei der Bildung der Zwangsgenossenschaft die Zustimmung der Beteiligten erforderlich ist (Art. 39 Abs. 1 Satz 2 des Fischereigesetzes), haben sowohl der Pächter als der Verpächter Stimmrecht; stimmen sie verschieden, so wird für die Berechnung der Mehrheit nach Köpfen jeder Teil der Gruppe zugezählt, in deren Sinne er gestimmt hat; für die Berechnung der Mehrheit nach dem Umfange des Fischereirechts aber gilt das Fischereirecht als nicht zustimmend.

§ 50. Ist der Pächter eines Fischwassers einer freiwilligen Genossenschaft beigetreten, so bedarf er zum Wiederaustritt der Einwilligung des Fischereiberechtigten.

Wird erst nach Gründung einer Fischereigenossenschaft ein zu ihr gehörendes Fischereirecht verpachtet, so bleibt der Fischereiberechtigte, welcher zur Zeit der Verpachtung bereits Genossenschaftsmitglied war, bei der Genossenschaft, es steht ihm jedoch der Austritt frei, wenn die Voraussetzungen des Art. 51 Abs. 1 des Fischereigesetzes vorliegen; der Pächter tritt aber kraft des Gesetzes in die Genossenschaft ein.

Bei den Abstimmungen innerhalb der Genossenschaft hat, soweit die Kopfzahl in Betracht kommt, jeder Genosse eine Stimme; der Pächter ist an die Stimmabgabe des Verpächters nicht gebunden.

§ 54. Der Art. 63 des Fischereigesetzes erlaubt den Pächtern eines Fischwassers oder eines Fischereigebiets, daß sie für sich allein ohne Zuziehung der Verpächter eine freiwillige Genossenschaft bilden. Auf die Bildung finden die Vorschriften der §§ 39ff. entsprechende Anwendung.

Bilden die Pächter eines Fischwassers oder Fischereigebietes gemäß Art. 63 des Fischereigesetzes eine freiwillige Genossenschaft, so brauchen sie hiezu die Einwilligung der Verpächter nicht einzuholen; nach Ablauf der Pachtzeit sind aber auch die Fischereiberechtigten nicht verpflichtet, in die Genossenschaft einzutreten."

Zu Art. 62 und Art. 63:

1. Die Pächter können nach Art. 63 eine freiwillige FGenossenschaft unter sich bilden. Streitigkeiten über Rechtsansprüche und Verbindlichkeiten nach Art. 63 sind Verwaltungsrechtssachen (Art. 96). Es sind aber auch Genossenschaften möglich, deren Genossen teils FBerechtigte im engeren Sinne teils Pächter sind (Bem. 2d vor Art. 37). Wird ein zu einer schon bestehenden freiwilligen oder Zwangsgenossenschaft gehörendes FRecht verpachtet, so tritt der Pächter, dem der Unterpächter gleichsteht, sogar kraft Gesetzes in die Genossenschaft ein. Die Satzung kann bestimmen, daß der verpachtende FBerechtigte ausscheidet. Im Zweifel bleibt er neben dem Pächter Genosse (s. § 3 Abs. 3 MS.). Ist das FRecht schon zur Zeit der Bildung der freiwilligen Genossenschaft verpachtet, so kann sich der Pächter bei der die Genossenschaft bildenden Vereinbarung beteiligen, neben dem Berechtigten (Verpächter) oder ohne ihn. Zum Beitritte des Pächters ist die Zustimmung des Berechtigten nicht erforderlich, wenn der Beitritt nur für die Pachtzeit erfolgt (Übergangsvorschrift: Art. 62 Abs. 4). In dem Pachtvertrage kann das Recht des Pächters zum Beitritte beschränkt oder ausgeschlossen werden. Beteiligen sich beide, so sind bei der Feststellung der Satzung (Art. 45) beide stimmberechtigt. Ist nur der Pächter beteiligt, so ist nur er stimmberechtigt. Nach der Begr. S. 353 hielt es der Regierungsentwurf für selbstverständlich, daß bei den Beschlußfassungen des Art. 44 (jetzt 45) [und des Art. 51, jetzt 52] „nur die Stimme des FBerechtigten selbst in Betracht kommt". Diese Bemerkung ist wegen der Änderung, die der Entwurf erlitt, hinfällig. (III. Prot. AKR. S. 517). Der Pächter hat unter den gesetzlichen Voraussetzungen auch das Sonderstimmrecht nach Art. 45 Abs. 2. Denn er ist an der Verteilung der Vorteile und Lasten dadurch interessiert, daß der auf das gepachtete Fischwasser entfallende Ertrag die Nutzung seines Pachtrechts bildet. Der FBerechtigte und der Pächter können bei der Feststellung der Satzung im entgegengesetzten Sinne stimmen. Stimmen sie entgegengesetzt, so darf bei der Berechnung der Mehrheit nach dem räumlichen Umfange der FRechte das verpachtete FRecht nicht zu den Rechten der Zustimmenden gezählt werden (Bem. 4 zu Art. 57).

2. Die Verwaltungsbehörde ist befugt, FRechte in eine Zwangsgenossenschaft einzubeziehen ohne Rücksicht darauf, ob sie verpachtet sind. Handelt es sich um eine Zwangsgenossenschaft zur gemeinsamen Bewirtschaftung und Nutzung der Fischwasser, so hat der Pächter die Wahl, ob er der Genossenschaft als Mitglied beitritt oder nicht beitritt. Im letzteren Falle erlischt das Pachtverhältnis (Art. 32). Bei der Abstimmung, die der Bildung dieser Art von Genossenschaften vorausgeht

(Art. 39 Abs. 1 S. 2), ist der Pächter neben dem FBerechtigten mit selbständigem Stimmrechte beteiligt. Sie können in verschiedenem Sinne stimmen. Soweit es aber auf den Umfang der Rechte ankommt, wird das Recht den Rechten der Zustimmenden nur dann zugezählt, wenn der Berechtigte und der Pächter für die Bildung der Zwangsgenossenschaft stimmen (Bem. 4 zu Art. 57). Wird eine Zwangsgenossenschaft gebildet, die nur die Zwecke des Art. 37 Nr. 1 verfolgen soll, so hängt es von der die Genossenschaft bildenden Verwaltungsentscheidung (Art. 61) ab, ob der Pächter als Genosse einbezogen wird.

3. Es ist zweifelhaft, ob bei den vorbereitenden Abstimmungen mehreren Pächtern eine Stimme zusammen oder je eine Stimme zukommt, dann ob die Pächter, wenn jeder eine Stimme hat, entgegengesetzt stimmen dürfen. Die Pächter werden in der Regel eine Gesellschaft (§§ 705 f. BGB.) bilden. Da nur die Gesellschafter Rechtssubjekte sind, wird jedem Gesellschafter eine Stimme zukommen. Da aber das Pachtrecht gemeinschaftliches Vermögen der Gesellschafter ist (§ 718 Abs. 1 BGB.) und die Gesellschaft nach außen als Einheit auftreten muß (Cosack, Lehrbuch des Deutschen Bürgerl. Rechtes 4. Aufl. Bd. 2 S. 427), sind die Mitpächter gehalten, ihre Stimme in demselben Sinne abzugeben (a. M. wohl RKR. III. Prot. AKR. S. 517).

4. Nach der Bildung der Genossenschaft ist — vorbehaltlich des Art. 62 Abs. 3 — für das genossenschaftliche Verhältnis zwischen dem FBerechtigten und dem Pächter besonders hinsichtlich der Teilnahme an der Genossenschaftsversammlung und des Stimmrechts die Satzung maßgebend (Art. 44; s. § 14 MS.). Ist der Pächter allein Genosse, so ist nur er stimmberechtigt. Daß die Angabe der Begr. S. 353, bei der Beschlußfassung nach Art. 52 komme nur die Stimme des FBerechtigten in Betracht, nicht mehr zutrifft, wurde in der Bem. 1 oben ausgeführt.

Abschnitt 6. Fischerkarten und Ausweise.

Vorbemerkung.

1. Nach § 18 der LFO. vom 4. Oktober 1884 bedurfte jeder, der den Fisch- oder Krebsfang ausübte, ohne selbst der FBerechtigte oder Pächter des betreffenden Fischwassers zu sein oder sich in Begleitung eines solchen zu befinden, eines schriftlichen Ausweises. Der vom FBerechtigten oder Pächter auszustellende Ausweis hatte den Vor- und Zunamen, das Alter, den Stand und Wohnort des Betreffenden, dann die Art und Zeitdauer der Erlaubnis sowie die Bezeichnung der Fischwasserstrecke zu enthalten; er war in der Regel von der Ortspolizeibehörde des Wohn- oder Aufenthaltsorts des FBerechtigten oder Pächters gebührenfrei zu bestätigen. Das FG. läßt diesen Ausweis über die materielle Befugnis zum Fisch- oder Krebsfang im allgemeinen unberührt, ohne die Vorschriften über seine Form zu wiederholen (Art. 68 Abs. 1). Es fordert aber einen Ausweis auch über die Berechtigung zum Fangen anderer dem FRecht unterliegender Wassertiere (Art. 68 Abs. 2). Daneben hat es die in Bayern im allgemeinen bisher unbekannte, polizeilichen Zwecken dienende Fischerkarte eingeführt. Die Fischerkarte beweist außer der Zahlung der Gebühr (Art. 67) nur, daß gegen den Fisch- oder Krebsfang der darin bezeichneten Person von der Verwaltungsbehörde fischereipolizeiliche Einwendungen nach Art. 66 nicht erhoben wurden. Deshalb ist die Fischerkarte im ganzen Königreiche giltig.

Für die privatrechtliche Befugnis der darin bezeichneten Person, in einem bestimmten Gewässer Fische oder Krebse zu fangen, beweist sie nichts. Sie ermöglicht nur die Ausübung der materiellen Befugnis zum Fisch- oder Krebsfang. Sie hat m. a. W. die rechtliche Natur der Jagdkarte (Art. 14 f. JagdG.).

2. Für die Legitimation zum Fisch- und Krebsfang im Bodensee gelten nicht die Art. 64 f., sondern auf Grund des Art. 111 Abs. 2 FG. der § 12 der oberpolizeilichen Vorschriften vom 15. März 1894 (im Anhang). Die dort bezeichnete Legitimationskarte ersetzt die Fischerkarte und (vorbehaltlich der Erhebung von Gebühren für die materiellrechtliche Gestattung der F.) den Ausweis nach Art. 68 Abs. 1. Die Ausstellung der Legitimationskarte erfolgt gebührenfrei. Gegenüber dem Art. 66 ist die Möglichkeit, die Ausstellung der Karte zu verweigern, teils eingeschränkt, teils erweitert.

Art. 64.

Wer Fische oder Krebse fängt, muß im Besitze einer auf seine Person ausgestellten Fischerkarte sein, welche er mit sich zu führen und auf Verlangen dem Polizei- und Aufsichtspersonal vorzuweisen hat.

Abs. 2. Die Fischerkarten werden durch die Verwaltungsbehörde des Wohnsitzes oder des Aufenthaltsorts in der vom K. Staatsministerium des Innern bestimmten Form auf die Dauer von höchstens einem Kalenderjahr ausgestellt und gelten für das ganze Königreich.

Abs. 3. Zur Ausübung des Fischfangs in einem geschlossenen Gewässer der im Art. 2 Abs. 1 Nr. 1 bezeichneten Art ist eine Fischerkarte nicht erforderlich.

Vollzugsbekanntmachung.

„**§ 55.** Wer Fische oder Krebse fängt, muß sich im Besitz einer Fischerkarte befinden. Eine Ausnahme hiervon ist nur bei der Fischerei in künstlich angelegten Fischteichen und Fischbehältern sowie bei den in Art. 65 des Fischereigesetzes aufgeführten Personen zugelassen. Auch zur Fischereiausübung in den geschlossenen Gewässern, die unter Art. 2 Abs. 1 Nr. 2 und 3 fallen, ist der Besitz einer Fischerkarte erforderlich. Da es nach Art. 66 des Fischereigesetzes lediglich in das Ermessen der Behörde gestellt ist, ob den in diesem Artikel aufgeführten Personen Fischerkarten ausgestellt werden oder nicht, ist hiebei mit besonderer Umsicht und Vorsicht zu verfahren und als Grundsatz im Auge zu behalten, daß Gewähr für eine pflegliche und wirtschaftliche Behandlung der Fischerei gegeben ist.

§ 56 Abs. 1 und 2. Das Staatsministerium des Innern versendet alljährlich die Formblätter für die Fischerkarten an die Regierungen, Kammern des Innern, welche sie an die Distriktsverwaltungsbehörden nach dem anzumeldenden Bedarf abzugeben haben.

Die Fischerkarten werden nach zwei Mustern hergestellt, nämlich solche, welche für das Kalenderjahr gelten und von allen Fischereiberechtigten, Fischereipächtern, Gewerbsfischern, dann dem Hilfspersonal, wenn letzteres in Abwesenheit des Fischereiberechtigten den Fischfang ausüben soll, zu lösen sind, und solche Fischerkarten, welche nur zum Fischen mit der Handangel vom Ufer eines größeren Sees aus berechtigen und deren Gültigkeit auf weniger als 3 Monate beschränkt ist.

§ 57. Für die Ausstellung der Fischerkarte ist die Distriktsverwaltungsbehörde zuständig, in deren Bezirke der Antragsteller seinen Wohnsitz oder Aufenthalt hat.

Auf der Fischerkarte ist von der Distriktsverwaltungsbehörde Familien- und Vorname, Alter, Stand und Wohnort des Inhabers sowie dessen Personalbeschreibung einzutragen. Die Fischerkarte ist von dem Inhaber mit seiner Namensunterschrift zu versehen. Jeder Fischerkarte ist das Datum der Ausstellung und die amtliche Fertigung beizusetzen.

Die Distriktsverwaltungsbehörde hat ein Verzeichnis über die von ihr im Kalenderjahr ausgestellten Fischerkarten zu führen. Die Nummer des Verzeichnisses, unter welcher der Eintrag der Karte erfolgt, ist auf dieser zu vermerken.

Mit Schluß des Jahres sind die von der Distriktsverwaltungsbehörde nicht aufgebrauchten Fischerkartenformblätter an die vorgesetzte Kreisregierung, Kammer des Innern, einzusenden, welche sie zu vernichten hat."

1. Die Fischerkarte braucht nur, „wer Fische oder Krebse fängt", d. h. auch wer Fischen oder Krebsen zum Zwecke des Fanges nachstellt. Sie ist nicht erforderlich:

a) bei dem Fange anderer dem FRecht unterliegender Wassertiere (Art. 1 Abs. 3, s. aber Art. 68 Abs. 2);
b) bei dem Fange von Fröschen (Art. 1 Abs. 4);
c) bei der Ausübung von anderen Befugnissen, die zum Inhalte des FRechts gehören, namentlich bei Maßnahmen zum Zwecke der Fischhege (Art. 1 Abs. 1), bei der Ausübung des Uferbenützungsrechts (Art. 70), bei dem Fangen und Töten schädlicher Tiere (Art. 85) u. a. Auch das Tragen von offenen FGerätschaften verpflichtet noch nicht zum Besitze der Karte (s. aber Art. 103 Nr. 2, 3);
d) bei der Ausübung des dem Grundeigentümer nach Art. 6 Abs. 3 S. 2 zustehenden Aneignungsrechts;
e) bei der Hilfeleistung zur Fangtätigkeit eines anderen ohne eigene Ausübung des Fisch- oder Krebsfangs.

Da sich die Notwendigkeit der Fischerkarte auf den Fisch- und Krebsfang beschränkt, ist die Regel des Art. 1 Abs. 2 nicht anwendbar. Soweit in den Artikeln des Abschn. 6 vom „Fischfang" oder „Fischen" gesprochen wird, ist darunter nur der Fisch- und Krebsfang verstanden.

2. Die Fischerkarte ist notwendig zum Fisch- oder Krebsfang in nicht geschlossenen Gewässern und in geschlossenen Gewässern der im Art. 2 Abs. 1 Nr. 2, 3 bezeichneten Art. Soweit die Karte zur Ausübung des Fisch- oder Krebsfangs nicht erforderlich ist (Abs. 3), wird sie auch nicht notwendig, wenn im Überschwemmungsgebiet gefischt wird (Art. 6).

3. Die Karte lautet auf den Namen einer bestimmten Person und ist nicht übertragbar. Zu ihrer Ausstellung ist jede Distriktsverwaltungsbehörde des Königreichs (Art. 89) zuständig. Die Behörde des Aufenthaltsorts darf den Gesuchsteller nicht an die Behörde seines Wohnsitzes verweisen. Die Ausstellung erfolgt auf die Dauer von höchstens einem Jahre (weitere Beschränkung: Art. 67 Abs. 2) mit der Maßgabe, daß die Gültigkeit der Karte jedenfalls mit dem Schlusse des Kalenderjahrs erlischt.

4. Strafbestimmungen: Art. 104 Abs. 1 Nr. 1, 2; Nachzahlung der Gebühr Abs. 2, Einziehung der Karte Abs. 3; Art. 105 Nr. 1, 2. Nach Art. 105 Nr. 2 besteht nicht nur die Verpflichtung zur Vorzeigung der Karte, sondern gegebenenfalls auch die Pflicht zu deren Abgabe. Außer dem Polizeipersonal können nur die verpflichteten FAufseher (Art. 86 Abs. 2) die Vorzeigung und Abgabe der Karten verlangen.

Art. 65.

Einer Fischerkarte bedürfen nicht:

1. das Hilfspersonal des Inhabers einer Fischerkarte beim Fischen in Anwesenheit des Inhabers und

2. nicht selbständige Familienangehörige eines Fischereiberechtigten beim Fischen in Anwesenheit des Fischereiberechtigten oder seines Vertreters.

1. Einer Fischerkarte bedürfen nicht, trotzdem sie dem Fisch- oder Krebsfange (Bem. 1 zu Art. 65) in einem in der Bem. 2 zu Art. 64 bezeichneten Gewässer nachgehen,

a) die Personen, die im Dienste des Inhabers einer Fischerkarte und in dessen Anwesenheit den Fischen oder Krebsen nachstellen,

b) die dem Fisch- oder Krebsfange nachgehenden zum Familienverbande des FBerechtigten (im weiteren Sinne: Einl. S. 17) gehörenden, von dem Berechtigten wirtschaftlich abhängigen Personen, sofern der Berechtigte oder sein Vertreter anwesend ist. Vertreter ist nicht bloß der gesetzliche Vertreter oder der im Gesetze besonders vorgesehene Vertreter (Art. 25 Abs. 2, Art. 27 Abs. 1); der Vertreter braucht nicht bürgerlichrechtliche Vertretungsmacht zu besitzen. Es genügt, daß aus den Umständen das Einverständnis des Berechtigten mit seiner Vertretung durch den andern beim Fisch- oder Krebsfange hervorgeht.

2. Der Art. 65 bietet Anlaß zu Zweifeln. Die Grenze zwischen Nr. 1 und 2 ist schwer zu ziehen. Der Begriff „Familienangehörige“ ist flüssig. Er darf jedenfalls nicht nach dem Strafrecht (§ 52 StGB.) abgegrenzt, auch sonst nicht auf die nächsten Verwandten oder Verschwägerten beschränkt werden (§§ 1589, 1590 BGB., III. Prot. AKR. S. 519); anderseits umfaßt er nicht das Gesinde. Zweifelhaft ist, ob unter Nr. 1 nicht auch Gäste des Inhabers einer Fischerkarte fallen (verneinend BAKA. S. 726, III. Prot. AKR. S. 519). Die Entscheidung hängt von der Auslegung des Begriffs „Hilfspersonal“ ab. Hiezu wird man nur Leute zählen dürfen, die „Bedienstete“ des Inhabers der Fischerkarte sind.

3. Das Gesetz fordert nicht, daß der Inhaber der Fischerkarte, der

Berechtigte oder der Vertreter, dessen Anwesenheit erforderlich ist, sich am Fisch- oder Krebsfange beteiligt.

4. Das dem selbständigen Fisch- oder Krebsfange nachgehende Hilfs- und Aufsichtspersonal hat eine (in der Regel gebührenfrei ausgestellte: Art. 67 Abs. 3) Fischerkarte zu lösen. Zu Hilfeleistungen bei der Fangtätigkeit eines anderen ist der Besitz der Fischerkarte nicht erforderlich (Bem. 1e zu **Art. 64**).

Art. 66.

Fischerkarten können verweigert werden Personen, welche

1. noch nicht achtzehn Jahre alt sind,
2. wegen Geisteskrankheit, Geistesschwäche, Verschwendung oder Trunksucht entmündigt oder nach § 1906 des Bürgerlichen Gesetzbuchs unter vorläufige Vormundschaft gestellt oder notorisch geisteskrank sind,
3. wegen unberechtigten Fischens oder Krebsens, unberechtigten Jagens, Forstfrevels nach Art. 101 bis 105 des Forstgesetzes in der Fassung der Bekanntmachung vom 4. Juli 1896 oder nach Art. 40 des Forststrafgesetzes für die Pfalz in der Fassung der Bekanntmachung vom 2. Oktober 1879, vorsätzlicher Beschädigung von Wasserbauten, Fischereianstalten und -Vorrichtungen innerhalb der letzten drei Jahre rechtskräftig verurteilt wurden,
4. wegen Übertretung fischereipolizeilicher Vorschriften innerhalb der letzten zwei Jahre mindestens zweimal rechtskräftig verurteilt wurden,
5. zum Zwecke ihres Lebensunterhaltes öffentliche Armenunterstützung genießen,
6. wegen Bettels, Landstreicherei oder Arbeitsscheue innerhalb der letzten drei Jahre rechtskräftig verurteilt wurden,
7. unter Polizeiaufsicht stehen,
8. sich nicht im Besitze der bürgerlichen Ehrenrechte befinden,
9. zur Zuchthausstrafe rechtskräftig verurteilt wurden, wenn seit Verbüßung oder Erlaß der Strafe fünf Jahre noch nicht verstrichen sind,
10. wegen Raubes, Diebstahls, Betrugs, Unterschlagung, Hehlerei innerhalb der letzten fünf Jahre rechtskräftig verurteilt wurden.

Abs. 2. Zur Ausstellung von Fischerkarten an Minderjährige ist die Zustimmung des gesetzlichen Vertreters erforderlich.

Abs. 3. Die Verwaltungsbehörde, welche die Fischerkarte ausgestellt hat, ist berechtigt, die Fischerkarte für ungültig zu

erklären und einzuziehen, wenn erst nach der Ausstellung einer der in Abs. 1 bezeichneten Gründe eintritt oder der Behörde bekannt wird.

1. Es ist in das pflichtmäßige Ermessen der Distriktsverwaltungsbehörde gestellt, ob sie bei dem Vorliegen eines im Art. 66 bezeichneten Grundes die Ausstellung der Fischerkarte vornehmen oder verweigern will. Dabei ist zu beachten, daß das Gesetz die Fernhaltung von Personen bezweckt, von denen eine Schädigung der F. zu befürchten ist. Gründe, aus denen die Fischerkarte verweigert werden muß, stellt das Gesetz nicht auf (anders Art. 18 JagdG.). Disziplinäre, unbedingte oder bedingte, Verbote der Ausübung der F. begründen die Verweigerung nicht.

2. a) zu Nr. 2: s. § 6 BGB. Da es viele Geisteskranke gibt, die mangels eines Bedürfnisses nicht entmündigt werden, bedurfte es der Bestimmung, daß auch „notorisch" Geisteskranken die Karte verweigert werden kann. Geistesschwachen, die nicht entmündigt sind, darf die Karte nicht verweigert werden.

b) zu Nr. 3: s. die Bem. vor Art. 100. Unberechtigtes Jagen: §§ 292 f. StGB. Beschädigung: §§ 303, 305 StGB. Übertretung des § 368 Nr. 10 StGB. und der jagdpolizeilichen Vorschriften begründet die Versagung der Karte nicht. Zur Versagung genügt aber, daß der Gesuchsteller für unbefugtes Fischen, Jagen u. a. durch eine unter seiner Gewalt stehende Person strafrechtlich verantwortlich gemacht wurde (§ 361 Nr. 9 StGB.).

c) zu Nr. 4: s. die Abt. VII.

d) zu Nr. 5: Der Gesuchsteller muß zur Zeit der Entscheidung über sein Gesuch seinen Lebensunterhalt ganz oder teilweise aus Mitteln der öffentlichen Armenpflege bestreiten.

e) zu Nr. 6: s. § 361 Nr. 3, 4 (Ausschicken zum Betteln usw. genügt), Nr. 5, 7, 8 StGB.

f) zu Nr. 7: s. §§ 38, 39 StGB.

g) zu Nr. 8: s. §§ 32 f. StGB.

h) zu Nr. 9: Die gnadenweise Unterbrechung der Strafvollstreckung mit Bewilligung einer Bewährungsfrist für den Rest der Strafe steht der Verbüßung nicht gleich. Die fünfjährige Frist beginnt erst mit dem Erlasse des Strafrestes. Wegen der Wirkung der vorläufigen Entlassung s. § 26 StGB.

i) zu Nr. 10: Die Bewilligung einer Bewährungsfrist beseitigt die mit der Verurteilung verknüpfte Wirkung nicht. Die Verurteilung nach § 370 Nr. 5 StGB. oder Art. 112 Ziff. 1 PStGB. begründet die Versagung nicht.

3. Auf welche Weise sich die Verwaltungsbehörde Gewißheit von der Zustimmung des gesetzlichen Vertreters (Abs. 2) verschafft, steht ihr frei; eine besondere Form der Zustimmung schreibt das Gesetz nicht vor.

4. Die Einziehung der Karte, die im Ermessen der ausstellenden Behörde steht (Abs. 3), erfolgt nötigenfalls zwangsweise (Art. 94). Die Ausübung der F. nach der Ungültigkeitserklärung der Karte ist strafbar nach Art 104 Abs. 1 Nr. 1. Im Falle des Art. 104 Abs. 3 muß die Karte eingezogen werden.

5. Streitigkeiten über Rechtsansprüche und Verbindlichkeiten nach Art. 66 sind Verwaltungsrechtssachen. Die Berufung gegen die Entscheidung der Distriktsverwaltungsbehörde geht unmittelbar an den Verwaltungsgerichtshof (Art. 96 Abs. 1, 2). Der Verwaltungsgerichtshof kann aber nach Art. 13 Abs. 1 Ziff. 3 VGG. nur darüber entscheiden, ob die gesetzlichen Voraussetzungen für die Verweigerung oder Ungültigkeitserklärung der Fischerkarte vorliegen. Die Beschwerde an den Verwaltungsgerichtshof steht nur demjenigen zu, der behauptet, daß sein Rechtsanspruch auf Ausstellung oder Belassung der Karte verletzt worden sei. Der Verwaltungsgerichtshof ist unzuständig bei Beschwerden Dritter gegen die Ausstellung von Fischerkarten (vgl. VGH. Bd. 4 S. 69). Wird geltend gemacht, daß die Behörde von ihrem Ermessen (Bem. 1 und 4) unrichtigen Gebrauch gemacht habe, so findet Beschwerde zur Kreisregierung statt, die in zweiter und letzter Instanz entscheidet (Art. 93).

Art. 67.

Für die Fischerkarte ist eine Gebühr von fünf Mark zu entrichten.

Abs. 2. Für die Fischerkarte, welche nur zum Fischen mit der Handangel vom Ufer eines größeren Sees aus berechtigt, beträgt die Gebühr eine Mark, sofern die Gültigkeit der Karte auf weniger als drei Monate beschränkt ist. Welche Seen unter diese Vorschrift fallen, bestimmt das Staatsministerium des Innern.

Abs. 3. Eine Gebühr wird nicht erhoben für die Karten der Gewerbsfischer und des Hilfs- und Aufsichtspersonals der Fischereiberechtigten, soweit diese selbst im Besitze von Fischerkarten sind.

Vollzugsbekanntmachung.

„**§ 56 Abs. 3.** Als ein Fischen vom Ufer aus ist es auch zu erachten, wenn der mit der Handangel Fischende sich in einem am Ufer angehängten Boote befindet. Die größeren Seen, welche unter Art. 67 Abs. 2 des Fischereigesetzes fallen, sind in Anlage 5 aufgeführt. [S. Anhang.]

§ 58. Die Gebühren für Fischerkarten werden von den Rentämtern erhoben. Diese haben über die erfolgte Einzahlung der Gebühr eine Quittung nach Maßgabe des anruhenden Formulars — Beil. 6 — auszustellen. Die Einzahlung kann bei jedem Rentamt erfolgen. [Beilage 6 im Anhang.]

Gegen Übergabe der rentamtlichen Quittung erfolgt die Aushändigung der Fischerkarte, soferne der Ausstellung Bedenken nicht entgegenstehen. Wird die Ausstellung der Fischerkarte verweigert, so ist dies auf der Rückseite der Quittung von der Behörde gebührenfrei zu bestätigen. Gegen Rückgabe der mit dieser Bestätigung versehenen Quittung wird die Gebühr von dem Rentamte, bei welchem die Einzahlung erfolgt ist, zurückerstattet.

Erfolgt die Ausstellung der Fischerkarte durch ein Bezirksamt, an dessen Sitze sich ein Rentamt nicht befindet, so kann das Bezirksamt die treffende Fischerkartengebühr einstweilen für Rechnung des Rentamts annehmen, an welches das Bezirksamt die bei ihm anfallenden Staatsgebühren abzuliefern hat. In diesem Falle sind die angenommenen Fischerkartengebühren in ein Verzeichnis nach dem beifolgenden Muster — Beil. 7 — einzutragen und sodann bei der im § 13 der Instruktion zum Vollzuge des Reichsgerichtskostengesetzes und des Gesetzes über das Gebührenwesen vom 25. Dezember 1899 erwähnten Abrechnung, gegebenenfalls bei einer früheren Gebührenablieferung (§ 12 Abs. 1 ebenda) dem treffenden Rentamte zu übersenden. [Beilage 7 im Anhang.]

Das bei der Ablieferung der Gelder abzuschließende und dem Rentamte mitzuübersendende Verzeichnis ist abquittiert dem Bezirksamte zurückzugeben. Bei letzterem dient das abquittierte Verzeichnis an Stelle der oben erwähnten besonderen Quittungen zum Ausweis über die Verwendung der ausgestellten Fischerkartenformblätter.

Die Rentämter haben die Fischerkartengebühren in ihrem Gebührenregister sowie in der vergleichenden Übersicht III des Anfalls an Gebühren und Strafen bei den Behörden der inneren, Polizei- und Finanzverwaltung in einer besonderen, neu zu eröffnenden Rubrik zum Vortrage zu bringen.

Nach Schluß des Jahres haben die Regierungen, Kammern der Finanzen, von dem Gebührenanfall Anzeige an die K. Staatsministerien des Innern und der Finanzen zu erstatten."

Bekanntmachung vom 22. Juni 1910 über den Vollzug des Fischereigesetzes, hier den Begriff „Gewerbsfischer".

(MABl. S. 429.)

K. Staatsministerium des Innern.

Es haben sich Zweifel darüber ergeben, welche Personen als Gewerbsfischer im Sinne des Art. 67 Abs. 3 des Fischereigesetzes zu erachten sind.

Es wird daher bestimmt, daß als Gewerbsfischer solche Personen anzusehen sind, welche die Fischerei im eigenen Namen und auf eigene Rechnung zu dem Zwecke ausüben, um ihren regelmäßigen Unterhalt vollständig oder vorwiegend aus dem Erträgnisse des Fischereibetriebs zu bestreiten.

Die Rentämter werden vom Staatsministerium der Finanzen angewiesen werden, den Distriktsverwaltungsbehörden auf Verlangen die erforderlichen Aufschlüsse, insbesondere über die Besteuerung der Fischerkartenempfänger, zu erteilen.[1])

1. Mit der Einsetzung des Abs. 2 sollte vor allem den Sommerfrischlern eine Vergünstigung gewährt werden, die zu ihrer Unterhaltung mit der Handangel von den Ufern der größeren südbayerischen Seen aus fischen (BAKA. S. 727). Auch das Fischen von einem am Ufer angebundenen Kahne fällt darunter: § 56 Abs. 3 VollzB. Als Seen, die unter Art. 67 Abs. 2 fallen, sind in der Anl. 5 zur VollzB. bezeichnet der Starnbergersee, der Ammersee, der Chiemsee, der Simsee, der Wagingersee, der Kochelsee, der Staffelsee, außerdem in der Bek. vom 9. Februar 1910 (GVBl. S. 74) der Walchensee, der Tegernsee, der Schliersee und der Eibsee. Wer die auf Grund der beschränkten Fischer-

[1]) S. FMBl. 1910 S. 171.

karte zustehende Befugnis überschreitet, ist — vorbehaltlich der Prüfung seines materiellen Rechtes — nach Art. 104 Abs. 1 Nr. 1 strafbar.

2. Gewerbsfischer sind die Personen, die die F. auf eigene Rechnung berufsmäßig ausüben d. h. aus der F. regelmäßig Unterhalt ziehen. Die Veranlagung mit der Einkommensteuer hiefür (von der Gewerbsteuer ist die F. befreit: Art. 1 GewStG.) ist nicht Voraussetzung, sie kann aber ein Beleg für die gewerbsmäßige Ausübung der F. sein (s. § 21 Abs. III, § 9 Abs. II VV. z. EinkStG. vom 14. August 1910). Es ist unzulässig, die gebührenfreie Karte zu verweigern, weil der Gesuchsteller nicht nachweisen kann, daß er für die Ausübung der F. Steuer zahlt.

3. Wann das Hilfspersonal der FBerechtigten (im weiteren Sinne: Einl. S. 17) einer Fischerkarte nicht bedarf, ist aus Art. 65 zu entnehmen. Das Aufsichtspersonal bedarf einer Karte selbstverständlich nur unter der Voraussetzung, daß es dem Fisch- oder Krebsfange nachgeht; über seinen dienstlichen Ausweis s. Art. 86 Abs. 1.

Art. 68.

Wer Fische oder Krebse fängt, ohne selbst der Fischereiberechtigte zu sein oder sich in Begleitung desselben zu befinden, hat neben der Fischerkarte noch einen schriftlichen Ausweis über die Berechtigung zur Ausübung der Fischerei bei sich zu führen.

Abs. 2. Wer andere dem Fischereirecht unterliegende Wassertiere fängt, ohne selbst der Fischereiberechtigte zu sein oder sich in Begleitung desselben zu befinden, hat die schriftliche Bewilligung des Fischereiberechtigten bei sich zu führen.

Vollzugsbekanntmachung.

„**§ 59.** Der schriftliche Ausweis, welchen der die Fischerei Ausübende im Falle des Art. 68 des Fischereigesetzes außer der Fischerkarte bei sich zu führen hat, bedarf einer besonderen Form nicht. Doch soll aus demselben ersichtlich sein, wer der den Ausweis ausstellende Fischereiberechtigte ist, wem die Erlaubnis zum Fischen gegeben wurde, dann für welche Gewässerstrecke und für welche Zeitdauer die Erlaubnis gelten soll."

Bekanntmachung vom 15. Juni 1909, den Vollzug des Fischereigesetzes betr.

(MABl. S. 469).

K. Staatsministerium des Innern.

Es sind Zweifel darüber entstanden, für wen die schriftlichen Ausweise nach Art. 68 des Fischereigesetzes ausgestellt werden dürfen und ob sie den Erlaubnisschein nach Art. 35 ersetzen.

Nach Art. 68 braucht einen schriftlichen Ausweis jeder, der Fische oder Krebse fängt, ohne selbst der Fischereiberechtigte (einschließlich des Pächters) zu sein oder sich in Begleitung desselben zu befinden. Dieser Ausweis kann jedoch nie den Erlaubnisschein nach Art. 35 ersetzen; wohl aber kann der

Inhaber eines solchen Erlaubnisscheines diesen als schriftlichen Ausweis nach Art. 68 bei sich führen.

Daraus ergibt sich die praktische Folge, daß die besonderen schriftlichen Ausweise nach Art. 68 nur für solche Personen in Frage kommen, die als Bedienstete oder Beauftragte des Fischereiberechtigten den Fischfang an Stelle und für Rechnung des Fischereiberechtigten ausüben, — das sind insbesondere die im gemeinschaftlichen Fischereibetrieb, in der Koppelfischerei, von Gemeinden und Stiftungen sowie von Genossenschaften aufgestellten Fischer, dann Bedienstete und in der Regel wohl auch Familienangehörige des Fischereiberechtigten.

Personen dagegen, die neben dem Fischereiberechtigten oder dem Fischereipächter auf Grund besonderer Erlaubnis desselben die Fischerei ausüben wollen, bedürfen stets eines Erlaubnisscheins nach Art. 35.

(Vgl. die Begründung zum Entwurf eines Fischereigesetzes und den Bericht des besonderen Ausschusses der Kammer der Abgeordneten. — Verh. d. K. d. Abg. 1907/08 Beil. Bd. I S. 353 und Beil. Bd. II S. 727.)

1. Über den § 18 LFO. vom 4. Oktober 1884 s. die Bem. vor Art. 64. Der FBerechtigte [im weiteren Sinne: Einl. S. 17] und die in seiner Begleitung befindlichen Personen bedürfen keines Ausweises über die materiellrechtliche Befugnis zur Ausübung der F. Es wird angenommen, daß das Polizei- und Aufsichtspersonal den FBerechtigten kennt. Dem FBerechtigten steht sein gesetzlicher Vertreter gleich. Wegen der rechtlichen Stellung der Vertreter juristischer Personen s. Einl. S. 16 und Bem. 4 zu Art. 30. Andere Vertreter, auch die im Art. 25 Abs. 2, Art. 27 Abs. 1 vorgesehenen Vertreter, bedürfen des Ausweises; ihre Begleitung legitimiert dritte Personen nicht zum Fange. Der den Berechtigten begleitende, selbst fischende Gast braucht deshalb eine Fischerkarte (Bem. 2 zu Art. 65), aber nicht den Ausweis nach Art. 68; dagegen braucht z. B. der den „Vertreter" des Berechtigten (z. B. den Gutsverwalter) begleitende unselbständige Angehörige des Berechtigten zwar keine Fischerkarte (Art. 65 Nr. 2), aber den Ausweis nach Art. 68. Aus dem Wortlaute des Abs. 1 („neben der Fischerkarte noch" einen Ausweis) darf nicht geschlossen werden, daß der Ausweis jedenfalls nur dann erforderlich ist, wenn eine Fischerkarte gelöst werden muß. Dies geht schon daraus hervor, daß der Ausweis nach Art. 68 zur Ausübung des Fanges in allen geschlossenen Gewässern erforderlich ist (anders Art. 64 Abs. 3).

2. Den Ausweis nach Abs. 1 braucht nur, „wer Fische oder Krebse fängt". Näheres Bem. 1 zu Art. 64. Den Ausweis nach Abs. 2 braucht, wer andere dem FRecht unterliegende Wassertiere „fängt". Siehe deshalb Art. 1 Abs. 3 und § 1 der VollzVO.

3. Der Ausweis nach Art. 68 ist nicht identisch mit dem Erlaubnisscheine nach Art. 35, der Erlaubnisschein ersetzt aber den Ausweis. Über das Verhältnis der beiden Bescheinigungen s. ferner die Bem. 1 zu Art. 35 und die oben abgedruckte Min.-Bek. vom 15. Juni 1909. Des Ausweises bedürfen außer den in der Bem. 1 bezeichneten Vertretern besonders das Personal des beim Fange nicht anwesenden FBerechtigten, dann die im gemeinschaftlichen FBetriebe nach Art. 20 und von Gemeinden und Stiftungen nach Art. 30 aufgestellten Fischer sowie die Genossenschaftsfischer.

4. Der Aussteller des Ausweises wird nur im Abs. 2 bezeichnet. Auch den Ausweis des Abs. 1 hat zweifellos der FBerechtigte auszustellen. Nur derjenige Berechtigte kann jedoch einen andern zum Fange ermächtigen (und durch seine Begleitung legitimieren), der nicht selbst, wenn er dem Fange nachginge, wegen unbefugten Fischens strafbar wäre: dies würde aber mit dem Berechtigten geschehen, der durch die Ausübung des Fanges in die FBerechtigung eines andern unbefugt eingreift (s. Bem. vor Art. 100). Außerdem ist zu prüfen, ob nicht der FBerechtigte auf die persönliche Ausübung seines Rechtes beschränkt ist (s. Art. 27 Abs. 1). Der FBerechtigte kann einen andern zur Ausstellung der Ausweise ermächtigen.

5. Vorschriften über die Form und den Inhalt des Ausweises enthält das Gesetz nicht. Der Ausweis hat auf eine bestimmte Person zu lauten. Er kann für bestimmte oder unbestimmte Zeit ausgestellt werden. Die Ermächtigung zum Fange kann örtlich und inhaltlich beschränkt werden. Die Gültigkeit des Ausweises erlischt mit dem Wegfalle der Berechtigung des Ausstellers (Bem. 4) ohne weiteres (III. Prot. AKR. S. 521). Einer obrigkeitlichen Beglaubigung bedarf der Ausweis nicht. Siehe auch § 59 VollzB.

6. Aus Art. 68 ist nicht zu folgern, daß eine mündliche Erlaubnis des Fanges durch den beim Fange abwesenden FBerechtigten ohne rechtliche Bedeutung ist. Sie beseitigt die Strafbarkeit wegen unbefugten Fischens ebenso wie der schriftliche Ausweis (s. Bem. vor Art. 100, Bem. 2 zu Art. 103).

7. Strafbestimmungen: Art. 104 Abs. 1 Nr. 3; 105 Nr. 2; 106 Abs. 2, 3.

Abschnitt 7. Bezeichnung der zum Fischen ausliegenden Fischerzeuge.

Art. 69.

Die ohne Beisein des Fischers zum Fischfang in nicht geschlossenen Gewässern ausliegenden Fischerzeuge müssen mit einem Kennzeichen versehen sein, durch welches die Person des Fischers ermittelt werden kann. Die Art der Kennzeichnung wird durch distriktspolizeiliche Vorschrift bestimmt, soweit nicht für Mitglieder von Genossenschaften in der Satzung der Genossenschaft eine Bestimmung darüber getroffen ist.

Vollzugsbekanntmachung.

„§ 60. Die Bezeichnung der zum Fischen ausliegenden Fischerzeuge, z. B. Fischerkähne, Fischkästen, Netze und andere zum Fang direkt oder indirekt dienende Gegenstände, hat den Zweck, den Aufsichtsorganen einerseits die Möglichkeit zur leichten Ermittlung desjenigen zu geben, der mit diesen ausgelegten Werkzeugen die Fischerei ausübt, andererseits die Auslegung von Netzen, Reusen usw. durch Unbefugte hintanzuhalten.

Die Art der Kennzeichnung wird bei Genossenschaften durch die Satzung, im übrigen durch distriktspolizeiliche Vorschrift bestimmt. In der distriktspolizeilichen Vorschrift soll die Angabe des Familiennamens und Wohnorts des Fischereiberechtigten jedenfalls als genügende Kennzeichnung angesehen werden. Die Kennzeichen sollen derart angebracht werden, daß das Zeichen gut kenntlich bleibt.

Die Distriktsverwaltungsbehörde hat die über die Fischerzeichen getroffene Vorschrift im Amtsblatt zu veröffentlichen."

1. „Fischerzeuge" sind Kähne, Fischkästen, Netze und andere zum Fischfange dienende Gegenstände (Begr. S. 353). Der Begriff ist weiter als der der FGeräte (Bem. 4 zu Art. 87).

2. Nichtgeschlossene Gewässer sind alle Gewässer, die nicht zu den geschlossenen im Sinne des Art. 2 gehören.

3. Distriktspolizeiliche Vorschrift: Art. 4, 6, 10, 11, 14 PStGB. In München ist zur Erlassung der Magistrat zuständig (Art. 89).

4. Strafbestimmung: Art. 104 Abs. 1 Nr. 3, Art. 106.

Abschnitt 3. Uferbenützungsrecht.

Vorbemerkung.

Das bisherige Recht räumte dem F-Berechtigten ein Uferbenützungsrecht nur auf Grund einer besonderen gesetzlichen Erlaubnis oder eines besonderen Rechtsverhältnisses (auch Ersitzung, unvordenkliche Verjährung) ein (s. die ausführlich begründete Entsch. des ObLG. in Bd. 11 S. 315 [ZS.] und die damit nicht in Widerspruch stehende frühere Entsch. des gleichen Gerichts Bd. 5 S. 400). Der Leinpfad ist nur im Interesse der Schiffahrt, nicht im Interesse der F. geschaffen (Art. 7 WG.).

Art. 70.

Der zur Ausübung der Fischerei Berechtigte sowie dessen Hilfs- und Aufsichtspersonal sind befugt, unter Einhaltung der zur Vermeidung von Beschädigungen erforderlichen Vorsicht fremde Ufergrundstücke, Brücken, Wehre und Schleusen zu betreten, an ihnen Schiffe, sowie zum Fange oder zur Aufbewahrung von Fischen bestimmte Geräte zu befestigen, soweit dies zur ordnungsmäßigen Ausübung der Fischerei, sowie zur Pflege und zur Beaufsichtigung des Fischwassers erforderlich ist.

Abs. 2. Für den hiedurch verursachten Schaden haftet neben dem Urheber des Schadens der zur Ausübung der Fischerei Berechtigte als Gesamtschuldner.

Abs. 3. Die Befugnis erstreckt sich nicht auf eingefriedigte Grundstücke. Als eingefriedigt gilt ein Grundstück, wenn es außer auf der vom Wasser bespülten Seite von Mauern, Gittern oder anderen ständigen Einfriedigungen ganz umschlossen ist. Die Ufer von Bewässerungs- und Entwässerungsgräben dürfen während der Hegezeit der Ufergrundstücke nicht betreten werden.

Abs. 4. Weitergehende besondere Rechtsverhältnisse werden durch die vorstehenden Bestimmungen nicht berührt.

Vollzugsbekanntmachung.

„**§ 61.** Das in Art. 70 des Fischereigesetzes geregelte Uferbenützungsrecht muß mit tunlichster Schonung der Ufergrundstücke ausgeübt werden. Dem Fischereiberechtigten bleibt das Betreten des Wasserbetts selbst zur Ausübung der Fischerei unbenommen.

Unter ständigen Einfriedigungen sind nur dauerhafte, speziell zur Abhaltung von Menschen bestimmte Einfriedigungen zu verstehen, wozu auch feste Drahtnetze, dichtgeschlossene Hecken, nicht aber bloße Stangenzäune und einfache Drahtzäune zu rechnen sind, wie sie auf Weiden zur Zurückhaltung des Viehs dienen.

Das Verbot des Betretens der Ufer der Bewässerungs- und Entwässerungsgräben während der Hegezeit der Ufergrundstücke hindert dieses Betreten für diejenige Zeit, welche von der Bestellung der von den Kulturgräben durchzogenen Äcker mit landwirtschaftlichen Erzeugnissen bis zur Aberntung der letzteren gelegen ist. Die Hegezeit der Wiesen umfaßt die Zeit vom Beginn des Graswuchses bis zur Beendigung der Ernte des Heues bzw. Grummets."

1. Das Betreten des Wassergrundstücks durch den Fischer hat das Gesetz nicht geregelt. Es wurde als selbstverständlich betrachtet, daß das FRecht auch das Recht hiezu (das sog. Wasserbetretungsrecht — BAKA. S. 728) umfaßt, und daß der zur Ausübung der F. Berechtigte (mit Einschluß des Personals und der Gäste) vorbehaltlich besonderer rechtlicher Verhältnisse hieran durch den Eigentümer des Gewässers auch innerhalb eingefriedigter Grundstücke solange nicht gehindert werden darf, als er in den Grenzen der ordnungsmäßigen Ausübung seiner Berechtigung bleibt (Bem. 3 zu Art. 1; BAKA. S. 728; III. Prot. AKR. S. 522; § 61 VollzB.).

2. Das Uferbenützungsrecht enthält eine an strenge Voraussetzungen gebundene Beschränkung des fremden Eigentums: eine erweiternde Auslegung und Anwendung des Gesetzes auf andere Fälle, in denen das Bedürfnis des FBerechtigten auf Benützung des fremden Eigentums hervortritt, ist ausgeschlossen. Insbesondere darf der FBerechtigte aus Art. 70 Abs. 1 die Befugnis zum Betreten anderer Grundstücke als Ufergrundstücke nicht ableiten. Über das Uferbenützungsrecht bei Überschwemmungen s. Bem. 2 zu Art. 6. Das Ufer usw. — auch von Inseln im Wasserbette — darf betreten (begangen) werden; es darf also gelandet werden. In welcher Breite das Ufer benützt werden darf, ist nicht allgemein bestimmt. Der Fischer hat kein Fahrrecht für Handkarren u. a. Er kann nicht verlangen, daß das Ufer von Hindernissen freigehalten wird. Z. B. wird er die Ablagerung von Aushub aus dem Gewässer sich gefallen lassen müssen. Gegen die Einfriedigung des Ufergrundstücks (Abs. 3) kann er auch nichts einwenden. Er darf ferner nicht eigenmächtig am Ufer stehende Bäume u. dgl., die ihm bei der Ausübung der F. hinderlich sind, beseitigen oder beschädigen. Das vorübergehende Niederlegen von kleineren Geräten zu verbieten, hat der fremde Eigentümer in der Regel kein berechtigtes Interesse (s. § 226

BGB.). Die Aussetzung der Ladung von Kähnen braucht er nicht zu dulden (dagegen Art. 5 Abs. 2 WG.), auch nicht das Trocknen von Netzen (BRKR. S. 266, III. Prot. AKR. S. 521). Für Notfälle: § 904 BGB. Die Überschreitung der Befugnis durch den Fischer ist verbotene Eigenmacht. Der Eigentümer (der Besitzer) des betroffenen Grundstücks kann dagegen nach § 1004 (§§ 859 f.) BGB. vorgehen.

3. Die Befugnis erstreckt sich nicht auf ständig eingefriedigte Grundstücke und auf die Ufer von Bewässerungs- und Entwässerungsgräben während der Hegezeit. Die Hegezeit ist nicht gleichmäßig festgesetzt (anders Art. 2 Abs. 2 des Weidegesetzes vom 28. Mai 1852); es entscheiden die tatsächlichen Verhältnisse (vgl. § 368 Nr. 9 StGB.). Ständige Einfriedigungen sind nach § 61 VollzB. nur feste, für die Dauer und speziell zur Abhaltung von Menschen bestimmte Einfriedigungen, nicht Stangenzäune, Hecken u. dgl., wie sie auf Weiden und Wiesen zur Zurückhaltung von Vieh dienen. Aber auch natürliche Vorrichtungen (Gräben u. a.), die den Zweck der ständigen Einfriedigung erfüllen, gehören hierher. Die vom Wasser bespülte Seite kann offen sein, wenn nur das Grundstück im übrigen ständig umfriedet ist. Fremde Gebäude (nicht nur Wohngebäude) darf der Fischer ohne besondere Erlaubnis (Abs. 4) nicht betreten (s. Bem. 6 zu Art. 4). Soweit das Uferbenützungsrecht reicht, ist eine Bestrafung nach § 368 Nr. 9 StGB. ausgeschlossen.

4. Träger des Uferbenützungsrechts ist der zur Ausübung der F. Berechtigte (Einl. S. 17), also außer dem FBerechtigten der Inhaber eines Erlaubnisscheins nach Art. 35 und der Berufsfischer nach Art. 27 Abs. 2. Er kann das Recht ausüben lassen durch sein Hilfspersonal (hier mit Einschluß der Gäste) und das Aufsichtspersonal. Zur Ausübung des Rechtes ist der Besitz der Fischerkarte oder der Ausweise nach Art. 68 nicht erforderlich. (Bem. 1 c zu Art. 64, Bem. 2 zu Art. 68).

5. Der Träger des Uferbenützungsrechts haftet für jeden durch die Uferbenützung entstandenen Schaden, soweit nicht besondere Rechtsverhältnisse bestehen (Abs. 4). Die Verbindlichkeit tritt ein unabhängig von seinem Verschulden und dem Überschreiten seiner Befugnis. Er haftet auch dann, wenn nicht er den Schaden verursacht hat, sondern ein anderer, der die Befugnis der Uferbenützung von ihm ableitete (Erweiterung der Haftpflicht nach § 831 BGB.). Für den Schaden, den eine unberechtigt das Ufer betretende Person angerichtet hat (z. B. ein Fischfrevler), haftet der zur Ausübung der F. Berechtigte nicht. Der Urheber des Schadens haftet neben dem Berechtigten als Gesamtschuldner (§§ 421 f. BGB.), wenn er nach den allgemeinen bürgerlichrechtlichen Normen (bes. § 823 Abs. 1 BGB.) für den Schaden verantwortlich ist (ebenso RKR. S. 267). Ob und inwieweit der Ersatzpflichtige einen Rückgriff gegen den Schadenstifter nehmen kann, bestimmt sich auch nach dem allgemeinen bürgerlichen Rechte. (Die Meinungen, wer der „zur Ausübung der F. Berechtigte" nach Abs. 1 und Abs. 2 sei, gehen auseinander: der RKR. wollte den Kreis der hierzu gehörenden Personen für die Anwendung des Abs. 2 enger bestimmen als für den Abs. 1, stieß aber auf Widerspruch Ber. S. 266 f., III. Prot. AKR. S. 522, V. Prot. S. 544; s. Begr. S. 354). Nach der hier vertretenen Auffassung ist zwischen Abs. 1 und Abs. 2 kein Widerspruch (s. Bleyer BayZfR. 1908 S. 475).

6. Durch Abs. 4 sind vorbehalten weitergehende besondere (subjektive) Rechtsverhältnisse (Bem. 3, 4 vor Art. 3) obligatorischer oder dinglicher Natur ohne Rücksicht auf den Entstehungsgrund (z. B. obligatorischer Vertrag, Dienstbarkeit), die den Inhalt des Uferbenützungsrechts über den gesetzlichen Umfang hinaus erweitern. Das Uferbenützungsrecht kann aber auch rechtsgeschäftlich beschränkt oder aufgehoben werden, ebenso das Wasserbetretungsrecht (Bem. 1; vgl. III Prot. AKR. S. 522; s. Bem. 9 vor Art. 9).

7. Nach Art. 88 steht die Entscheidung von Streitigkeiten vorbehaltlich der Zuständigkeit der Gerichte den Behörden der inneren Verwaltung zu. Die Zuständigkeit der Gerichte zur Entscheidung von Streitigkeiten über das Uferbenützungsrecht bestimmt sich nach den allgemeinen Grundsätzen. Es entscheidet hiernach die Natur des vom Kläger behaupteten Rechtsanspruchs. Streitigkeiten über Ansprüche aus besonderen Rechtsverhältnissen (vgl. Abs. 4) werden stets von den Gerichten zu entscheiden sein; ebenso Streitigkeiten über den Grund (und gegebenenfalls über die Höhe) von Schadensersatzansprüchen nach Abs. 2. Wendet der Beklagte gegen die Besitzstörungs- oder Eigentumsfreiheitsklage ein, daß er sein Uferbenützungsrecht nach Art. 70 ausgeübt habe, so hat sich das Gericht über das Bestehen und den Umfang des Benützungsrechts in den Entscheidungsgründen zu äußern. Das Gericht ist auch zuständig, wenn der Kläger behauptet, daß der Beklagte durch Überschreitung des ihm gesetzlich zustehenden Uferbenützungsrechts sein Eigentum oder seinen Besitz gestört habe. Verwaltungsrechtssachen sind die Streitigkeiten aus Art. 70 niemals (Art. 96). Ist der Schadensersatzanspruch nach Abs. 2 dem Grunde nach nicht bestritten, so erfolgt die Feststellung der Entschädigung auf Antrag im Wege der Schätzung durch die Distriktsverwaltungsbehörde (Art. 98).

Art. 71.

Die Eigentümer der Ufergrundstücke haben die Errichtung von Zeichen zur Abgrenzung der Fischereirechte zu dulden, soweit die Grenze des Fischereirechts nicht mit der Grenze eines ordnungsgemäß vermarkten Ufergrundstücks zusammenfällt.

Abs. 2. Für den durch die Errichtung solcher Zeichen verursachten Schaden haften die Fischereiberechtigten als Gesamtschuldner.

1. Art. 71 ergänzt den Art. 12 und enthält eine weitere gesetzliche Beschränkung des Eigentums, die auch die Duldung der Wiederherstellung der Grenzzeichen umfaßt.

2. Das Ufergrundstück ist ordnungsgemäß vermarkt, wenn die Abmarkung nach den in Betracht kommenden öffentlichrechtlichen Vorschriften (s. jetzt das Abmarkungsgesetz vom 30. Juni 1900, bes. Art. 2, 4 f.) erfolgt ist.

3. Streitigkeiten über die Voraussetzungen und den Inhalt der Duldungspflicht betreffen die Verpflichtung des Grundeigentümers, bei der Abmarkung mitzuwirken, mithin die Abmarkungspflicht im weiteren Sinne und sind nach Art. 97 von den Verwaltungsgerichten zu entscheiden.

4. Nach dem Wortlaute des Abs. 2 tritt die Ersatzpflicht ein ohne Rücksicht darauf, ob die FBerechtigten, die das Grenzzeichen errichten ließen, oder einen von ihnen ein Verschulden trifft, und ohne Rücksicht auf die Person des Beschädigten. Bei Verschulden des Beschädigten ist § 254 BGB. anwendbar. Gesamtschuldverhältnis: § 421 f. BGB. Streitigkeiten über den Grund (und gegebenenfalls über die Höhe) des Ersatzanspruchs entscheiden die Zivilgerichte. Ist nur die Höhe der Entschädigung streitig, so erfolgt ihre Feststellung auf Antrag im Schätzungsverfahren nach Art. 98.

5. Strafbestimmung: Art. 100 Nr. 3.

Abteilung IV. Schutz der Fischerei gegen Schädigungen.

Vorbemerkung.

Die Vorschriften der Abt. IV gelten für alle Arten von Fischgewässern, soweit nicht ein anderes ausdrücklich bestimmt ist.

Abschnitt 1. Allgemeine Schutzvorschriften.

Art. 72.

Die Bestimmungen über die Zeit und Art des Fischfangs, über besondere Fangbeschränkungen sowie über Markt- und Verkehrsverbote für Fische, über Fangarten, Fanggeräte und Fangvorrichtungen, sowie über das Einlassen von Enten in Fischwasser werden durch oberpolizeiliche Vorschrift erlassen.

Vollzugsbekanntmachung.

„**§ 62 Abs. 1.** Die in Art. 72 des Fischereigesetzes vorgesehenen Vorschriften werden durch die Landesfischereiordnung erlassen."

1. Art. 72 ersetzt und ergänzt die Bestimmung im Abs. 1 Ziff. 1 des Art. 126 PStGB., der durch Art. 111 Abs. 1 außer Kraft gesetzt wurde. Art. 72 bezieht sich auch auf geschlossene Gewässer und den Fang von Krebsen und der anderen Wassertiere, die jeweils als Gegenstand des FRechts erklärt sind (Art. 1 Abs. 2, 3). Strafbestimmung: Art. 101 Nr. 4.

2. Oberpolizeiliche Vorschriften werden nach Art. 7 PStGB. erlassen von dem Staatsministerium des Innern (s. Art. 88) für das Königreich oder einzelne Regierungsbezirke und von den Kreisregierungen K. d. J. für den betr. Regierungsbezirk oder einen Teil des Regierungsbezirks (s. § 9 Abs. 12 LFO.). Von dem Ministerium des Innern ist die Landesfischereiordnung vom 23. März 1909 (GVBl. S. 294) erlassen. Ergänzende Vorschriften, Anordnungen und Verfügungen können von den Kreisregierungen und Distriktsverwaltungsbehörden getroffen werden, soweit es die LFO. gestattet (s. § 12 dort). Neben der LFO. bestehen die auf Staatsverträgen beruhenden Bestimmungen über die F. in Gewässern, die Bayern und anderen Staaten gemeinsam sind, unberührt fort (Art. 111 Abs. 2, § 14 Abs. 4 LFO.).

S. für Oberbayern Kreisfischereiordnung vom 15. Dezember 1910 (KrABl. S. 233), für Niederbayern Vorschriften über unbedingte Schonzeit für den Schill in der Altmühl (KrABl. 1910 S. 120), für die Oberpfalz Kreisfischereiordnung vom 28. Dezember 1910 (KrABl. S. 150), dann Vorschriften über die unbedingte Schonzeit für den Zander (Schill) in der Naab (KrABl. 1911 S. 90), für Oberfranken Kreisfischereiordnung vom 31. März 1910 (KrABl. S. 59), für Mittelfranken Kreisfischereiordnung vom 4. Mai 1910 (KrABl. S. 49), dann Vorschriften über die Schonzeit für Hechte, Karpfen und Schleien der Altmühl (KrABl. 1911 S. 33).

3. Wegen des Einlassens von Enten in Fischwasser ist noch folgendes zu bemerken:

a) Nach dem Wassergesetz ist der Eigentümer eines geschlossenen Privatgewässers nach Art. 16 unbeschränkt berechtigt, Federvieh, darunter auch Enten einzulassen; dies folgt aus seinem Eigentum am Gewässer: Eymann Anm. 2 zu Art. 26. Das Einlassen von Enten (und anderem Federvieh) in die öffentlichen Gewässer und Privatflüsse und Bäche ohne Rücksicht auf deren rechtliche Natur gehört zu dem jedermann zustehenden Gemeingebrauch, dessen Ausübung durch polizeiliche Vorschrift geregelt und beschränkt werden kann: Art. 26 Abs. 1 WG.; Eymann Anm. 7 a. E., Harster-Cassimir Anm. 3 Ziff. 5 zu Art. 26 (s. aber Art. 27 WG.).

b) Nach dem Fischereigesetze können über das Einlassen von Enten (unter Ausschluß von anderem Geflügel) in Fischwasser (unter Ausschluß von anderen Gewässern) durch oberpolizeiliche Vorschrift Bestimmungen getroffen werden, die die an sich nach dem Wassergesetze bestehenden Befugnisse einschränken oder aufheben. Davon kann selbst der Eigentümer von geschlossenen Gewässern im Sinne des WG. oder des FG. betroffen werden. § 11 LFO. hat von der Befugnis Gebrauch gemacht (s. dort). Das Einlassen zahmer Enten, Gänse und Schwäne in Laichschonstätten ist während der behördlich bestimmten Zeit jedermann unbedingt verboten (Art. 81 Abs. 1 Nr. 3).

c) Das Eindringen von Enten in Fischwasser behandelt auch der Art. 19 des Feldschadengesetzes. Er lautet:

„Dringen Enten in fremdes fließendes Fischwasser während der Schonzeit der darin hauptsächlich vorkommenden Fischarten oder in fremde Fischteiche ein, so ist derjenige, welcher die Enten hält, zur Zahlung von Ersatzgeld verpflichtet.

Die Verpflichtung tritt nicht ein, wenn die Möglichkeit einer Beschädigung der Fische oder der Fischbrut ausgeschlossen war.

Als fremdes Fischwasser ist das Fischwasser anzusehen, in das derjenige, welcher die Enten hält, sie einzulassen nicht berechtigt ist.

Die Artikel 2 bis 18 dieses Gesetzes finden entsprechende Anwendung; dabei tritt an die Stelle des im Artikel 13 bezeichneten strafgerichtlichen Verfahrens das strafgerichtliche Verfahren wegen Zuwiderhandlungen gegen die im Artikel 126 Abs. 1 Nr. 1 des Polizeistrafgesetzbuchs vorbehaltenen Vorschriften der Fischereiordnungen."

An Stelle des in Art. 13 FSchG. bezeichneten strafgerichtlichen Verfahrens hat jetzt das Strafverfahren wegen Zuwiderhandlungen gegen die im Art. 72 FG. vorbehaltenen oberpolizeilichen Vorschriften zu treten.

Art. 73.

Es ist verboten, den in den Gewässern befindlichen Fischlaich ohne Genehmigung der Verwaltungsbehörde wegzunehmen, zu zerstören oder zu beschädigen. In geschlossenen Gewässern im Sinne des Art. 2 Abs. 1 Nr. 1 darf der Fischereiberechtigte den Fischlaich auch ohne Genehmigung der Verwaltungsbehörde wegnehmen, zerstören oder beschädigen.

Vollzugsbekanntmachung.

„**§ 62 Abs. 2.** Durch Art. 73 des Fischereigesetzes ist der Distriktsverwaltungsbehörde die Befugnis eingeräumt, in gewissen Fällen die Wegnahme, Zerstörung oder Beschädigung des Fischlaiches in nicht geschlossenen Gewässern und in geschlossenen Gewässern, welche unter Art. 2 Abs. 1 Nr. 2 und 3 fallen, zu genehmigen. Die gleiche Genehmigungsbefugnis ist den Distriktsverwaltungsbehörden in Art. 74 des Fischereigesetzes eingeräumt für die Anlage von Vorrichtungen, welche den freien Zug der Fische verhindern oder beeinträchtigen sollen. Als Gründe für die zu erteilende Ermächtigung können z. B. in Betracht kommen die Notwendigkeit einer vollständigen Abfischung eines Fischwassers oder der Vernichtung des Laiches der Fische, welche in dem Gewässer ausgerottet werden sollen, um die Aufzucht anderer Fische zu ermöglichen, oder der Fall, daß die Abfischung eines Gewässers in anderer Weise als durch vorübergehende Anbringung eines Sperrnetzes nicht möglich ist. Die Erlaubnis ist stets nur für eine gewisse Zeitdauer und unter Auferlegung der Bedingungen zu erteilen, welche die Rücksicht auf die Hegung des Fischbestandes erfordert. Vor Erteilung der zu solchen Zwecken nachgesuchten Genehmigung sind gegebenenfalls Fischereisachverständige zu hören."

1. Das Verbot der Wegnahme usw. des Fischlaichs ohne Genehmigung der Distriktsverwaltungsbehörde (Art. 89) bezieht sich auf alle Gewässer und richtet sich gegen jedermann, auch den FBerechtigten. Eine Ausnahme ist gemacht zugunsten des FBerechtigten, wenn er sich auf die Wegnahme usw. des Laichs aus einem (im Art. 2 Abs. 1 Nr. 1 bezeichneten) künstlich angelegten Fischteich oder Fischbehälter beschränkt. Die Fischbrut gehört zu den Fischen und untersteht den dafür geltenden Vorschriften (LFO.).

2. Strafbestimmung: Art. 101 Nr. 7.

Art. 74.

Es ist verboten, ohne Genehmigung der Verwaltungsbehörde in einem nicht geschlossenen Gewässer Vorrichtungen zu dem Zwecke anzulegen, um den freien Zug der Fische zu verhindern oder zu beeinträchtigen.

Vollzugsbekanntmachung.

§ 62 Abs. 2 (s. bei Art. 73).

1. Die LFO. vom 4. Oktober 1884 verbot in § 12 das Absperren nicht geschlossener Gewässer mittels ständiger Vorrichtungen zum Zwecke des Fischfangs und im § 13 jede absichtliche Störung des Laichgeschäftes oder der Laichstellen der Fische und das Absperren von Lachen u. dgl., welche den Fischen während der Laichzeit zum Aufenthalte dienen. Durch diese Bestimmungen blieben einerseits solche Vorrichtungen unberührt, welche nicht dem Fischfange dienten, und anderseits solche, die den Zug der Fische allgemein, d. h. ohne die Voraussetzungen des § 13 der LFO. beeinträchtigten oder verhinderten. Ein Wechsel in den Standorten der Fische findet aber fortgesetzt ohne Beschränkung auf die Laichzeit statt. Die Störung dieses Wechsels erschwert die Lebensbedingungen der Fische und schädigt hierdurch den Fischbestand. Es empfahl sich daher, „solche Vorkehrungen zu verbieten, welche keinen anderen wirtschaftlichen Zweck haben, als den freien Zug der Fische zu verhindern oder zu beeinträchtigen; gleich ist es, ob die Vorrichtung ständig oder nicht ständig ist." Dieser letzten Bemerkung der Begr. S. 355 ist entgegenzuhalten, daß das Gesetz nicht fordert, daß die Vorrichtung keinen anderen wirtschaftlichen Zweck hat als den in Art. 74 bezeichneten. Das Verbot gilt auch, wenn zugleich mit dem hier bezeichneten Zwecke ein landwirtschaftlicher, gewerblicher u. a. Zweck verfolgt wird (so auch Malsen-Hofer S. 340). U. U. wird dann die Distriktsverwaltungsbehörde (Art. 89) die Anlegung der Vorrichtung genehmigen können.

Die Vorrichtungen müssen vor ihrer Anlegung — d. h. ständige Vorrichtungen vor ihrer betriebsfertigen Herstellung — der Genehmigung unterstellt werden, auch wenn sie die Bewegung der Fische nicht ständig hemmen sollen. Das gleiche gilt von Anlagen in Gewässern, die nicht ständig Wasser führen, seien es Wasserläufe, die zeitweise versiegen, oder Wasserläufe, die zeitweise künstlich abgesperrt werden. ObLG. in StS. 10[32].

Der Art. 74 gilt auch gegenüber Rechtsverhältnissen, die bei dem Inkrafttreten des Gesetzes bestanden (ObLG. a. a. O.) und m. E. auch gegenüber beschränkten FRechten nach Art. 11 (Bem. 4 dort: a. M. ObLG. a. a. O.).

Nach § 9 Abs. 8 Nr. 5 LFO. ist die Anlegung neuer Selbstfänge verboten. (Dieses Verbot enthielt übrigens schon die frühere LFO.)

2. Das Verbot richtet sich auch gegen den FBerechtigten, zu dessen Gunsten aber der Art. 79 eine wichtige Ausnahme enthält. Die geschlossenen Gewässer (Art. 2) werden von dem Verbote nicht betroffen.

3. Strafbestimmung: Art. 100 Nr. 2 mit Art. 102 (Ermächtigung zur Beseitigung des ordnungswidrigen Zustandes).

Art. 75.

Wer in einem nicht geschlossenen Gewässer Wehre, Schleusen, Dämme oder andere Wasserwerke, welche den Zug der Fische nach auf- oder abwärts verhindern oder erheblich beeinträchtigen, errichtet oder einem vollständigen Umbaue unterstellt, kann von der Verwaltungsbehörde angehalten werden, auf seine Kosten geeignete Fischwege anzulegen und zu unterhalten.

Abs. 2. Die Eigentümer der zur Zeit des Inkrafttretens dieses Gesetzes bereits bestehenden Wasserwerke der im Abs. 1 bezeichneten Art können von der Verwaltungsbehörde für verpflichtet erklärt werden, die Anlage und die Unterhaltung von Fischwegen zu dulden, wenn

1. **die Anlage im öffentlichen Interesse vom Staate beabsichtigt wird oder**
2. **wenn die im oberen oder unteren Teile des Gewässers Fischereiberechtigten die Anlage ausführen wollen.**

Abs. 3. **Für den dem Wasserwerkbesitzer aus der Anlage des Fischwegs nach Abs. 2 erwachsenden Schaden ist von demjenigen, der den Fischweg errichtet, Ersatz und im Falle der Nr. 2 auf Verlangen im voraus Sicherheit zu leisten.**

Abs. 4. **Für den durch die Anlage eines Fischwegs allenfalls veranlaßten Minderwert einer Fischerei ist ein Ersatz nicht zu leisten.**

Abs. 5. **Zur Anlage von Fischwegen, insofern sie nicht durch den Staat erfolgt, ist Genehmigung der Verwaltungsbehörde erforderlich. Die Verwaltungsbehörde kann über die Benützung und Offenhaltung eines Fischwegs Vorschriften erlassen.**

Abs. 6. **Zu Fischwegen, welche vom Staate oder nach Maßgabe eines von der Verwaltungsbehörde genehmigten Planes von Fischereiberechtigten oder dem Unternehmer eines Wasserwerkes ausgeführt werden, kann die zwangsweise Abtretung von Grundeigentum oder Bestellung von Rechten unter Anwendung der Bestimmungen des Gesetzes vom 17. September 1837, die Zwangsabtretung von Grundeigentum für öffentliche Zwecke betr., und der Art. 16 bis 26 des ersten Abschnittes des Gesetzes vom 23. Februar 1879 zur Ausführung der Reichszivilprozeßordnung und Konkursordnung in der Fassung der Bekanntmachung vom 26. Juni 1899, dann des Art. 8 Ziff. 10 des Gesetzes vom 8. August 1878, die Errichtung eines Verwaltungsgerichtshofes und das Verfahren in Verwaltungsrechtssachen betr., verlangt werden.**

Vollzugsbekanntmachung.

„§ **63.** Die Frage, ob dem Besitzer eine Wasserwerkanlage gemäß Art. 75 des Fischereigesetzes die Auflage zur Anlegung oder zur Duldung der Anlegung eines F i s c h w e g s gemacht werden soll, ist unter Abwägung der wirtschaftlichen Interessen des Triebwerkbesitzers und der Fischereiberechtigten, dann des entstehenden Kostenaufwandes sorgfältigst zu prüfen. Von der Auflage zur Errichtung eines Fischwegs ist abzusehen, wenn einerseits die Kosten, welche die Errichtung verursacht, unverhältnismäßig hoch sind, anderseits weder die Fischerei weder zur Zeit so wertvoll ist, noch künftig voraussichtlich so wertvoll gemacht werden kann, daß die hohen Kosten sich verlohnen.

Auch wenn der Zug der Fische bereits durch bestehende Anlagen oder aus anderen Gründen ausgeschlossen ist oder wo es sich nur um eine vorübergehende Wasserabsperrung handelt, kann davon abgesehen werden, die Anlage eines Fischwegs zu fordern. Es ist jedoch die spätere Errichtung der Anlage vorzubehalten. Der Vorbehalt hat eine Bedeutung insbesondere für den Fall, daß die ober oder unter der neuen Anlage bereits bestehenden vorerst den Zug der Fische hindernden Anlagen umgebaut werden (Art. 75 Abs. 1 des Fischereigesetzes), oder daß an diesen Anlagen die Anbringung eines Fischwegs gemäß Art. 75 Abs. 2 des Fischereigesetzes erfolgt. Daß die Fischereiberechtigten auf die Anlegung eines Fischwegs verzichten, hindert die Verwaltungsbehörde nicht, die Errichtung des Fischwegs aufzulegen, wenn der Fischweg an sich geboten und zweckmäßig erscheint.

Die Auflage zur Errichtung eines Fischwegs bei neuen Triebwerksanlagen ist in der Regel mit der Genehmigung der Anlagen zu verbinden und nur ausnahmsweise der späteren Anordnung vorzubehalten.

Der Fischweg ist so anzulegen, daß unbeschadet seiner Zweckbestimmung dem Triebwerksbesitzer möglichst wenig Wasser entzogen wird. Die Zeit, während welcher der Fischweg für den Durchzug der Fische offen gehalten werden muß, ist von der Distriktsverwaltungsbehörde von Fall zu Fall zu bestimmen. Die Bestimmung hat sich nach der Zeit zu richten, zu welcher die in dem Fischwasser heimischen Fischarten in die Oberläufe der Flüsse oder Bäche aufzusteigen pfegen. Während der übrigen Zeit des Jahres kann der Fischweg geschlossen gehalten werden, um dem Triebwerkbesitzer möglichst wenig Wasser zu entziehen. Vorschriften über die Benützung und Offenhaltung können nicht nur für neuanzulegende, sondern auch für bereits bestehende Fischwege erlassen werden. Hierbei sind die Triebwerkbesitzer anzuhalten, überschüssiges Wasser vor allem durch den Fischweg abzuleiten. Auch während des Stillstandes des Triebwerkes soll der Fischweg offen gehalten werden.

Bevor die Distriktsverwaltungsbehörde sich darüber schlüssig macht, ob die Errichtung eines Fischwegs gefordert oder von der Forderung Umgang genommen werden soll, sowie bevor sie über die Art der Anlegung, die Benützung oder die Offenhaltung Anordnung erläßt, sind die Triebwerkbesitzer, die Fischereiberechtigten und Fischereisachverständige zu hören."

1. Der Standpunkt des Wassergesetzes: Nach Art. 43 Abs. 2, Art. 46, 51 ist die Verwaltungsbehörde befugt, bei der Erteilung der Erlaubnis zu Wasserbenützungsanlagen in oder an öffentlichen Gewässern und in oder an den im Staatseigentum stehenden Privatflüssen und Bächen dem Unternehmer Bedingungen im Interesse der F. aufzulegen, wozu namentlich die Auflegung der Errichtung von Fischpässen und der Anbringung von Schutzgittern bei Triebwerksanlagen gehört (vgl. Harster-Cassimir Anm. 2 zu Art. 43). Das Wasser in Adjazenten-Privatflüssen und

-Bächen darf nach Art. 44 durch den Ufereigentümer nur mit Rücksicht auf die Rechte der FBerechtigten benützt werden. Er darf demnach Wasserbenützungsanlagen nur unter Berücksichtigung der rechtlichen Interessen der FBerechtigten errichten. Der Art. 44 gilt auch für die Benützung des Wassers der im Eigentume Dritter stehenden Privatflüsse und -Bäche (Harster-Cassimir Anm. 1 a. E. zu Art. 47). Werden an Privatflüssen oder -Bächen, die im Eigentume der Ufereigentümer oder dritter Personen stehen, Stauanlagen oder Triebwerke mit gespannter Wasserkraft errichtet oder in ihrer Anlage wesentlich geändert, so hat die Verwaltungsbehörde nach Art. 51 Abs. 2 zu prüfen, ob mit Rücksicht auf die Bestimmungen des Art. 44 u. a. die Genehmigung zu versagen oder nur unter Bedingungen zugunsten der FBerechtigten zu erteilen ist, die auch die Errichtung von Fischpässen zum Gegenstande haben können (a. M. wohl Brenner Anm. 6 zu Art. 44). Die Interessen der FBerechtigten sind möglichst zu berücksichtigen; die FBerechtigten haben Anspruch auf rechtliches Gehör (Art. 109 Abs. 1). S. auch Art. 57 WG., §§ 234 bis 238 VV. z. WG., Art. 171 WG. (Sicherheitsleistung), Art. 202 Ziff. 2 WG. (Strafbestimmung), sodann die im Anhang abgedruckten MinEntschl. vom 14. Februar 1900, die Hebung der Flußfischerei betr. (MABl. S. 169), und 23. März 1902, Fischpässe betr. (MABl. S. 149).

2. Aus der Begr. S. 355 ist folgendes zu entnehmen:

Art. 75 ist gegen die Vorkehrungen gerichtet, welche, wie Wehre, Schleusen, Dämme und andere Wasserwerke für industrielle, landwirtschaftliche und sonstige Anlagen, zwar auf eine Verhinderung des freien Zuges der Fische nicht abzielen, diese aber tatsächlich bewirken. Die Errichtung von Fischwegen kann dermalen nur bei der Erteilung der Erlaubnis für neue Wasserbenützungsanlagen verlangt werden. Dies ist aber nicht ausreichend.

Es entspricht der wirtschaftlichen Bedeutung der F. und der Wichtigkeit guter Fischwege, daß diese nicht nur bei Neuanlagen, sondern auch bei einem Umbaue, mit welchem ohne zu große technische Schwierigkeiten und ohne unangemessenen Aufwand die Herstellung des Fischweges verbunden werden kann, zu errichten sind. Die Verwaltungsbehörde kann die Anlage des Fischweges sowohl auf Antrag der beteiligten FBerechtigten als auch im allgemeinen fischereilichen Interesse von Amts wegen verlangen. Sie hat aber hiebei stets zu prüfen, ob der Anlage des Fischweges nicht überwiegende Interessen der Landeskultur, der Industrie, der Schiffahrt usw. entgegenstehen, ferner ob der Fischweg überhaupt einen Zweck hat. Dies wird z. B. nicht der Fall sein, wenn der Zug der Fische durch bereits bestehende Anlagen oder aus anderen Gründen ausgeschlossen ist. Auch bei Anlagen von nur vorübergehendem Zwecke wird kein Fischweg zu verlangen sein. Die Verwaltungsbehörde kann auch zunächst von der Anlage eines Fischweges absehen und sich die nachträgliche Auferlegung desselben vorbehalten. Die Anordnung wegen der Anlage des Fischweges kann selbstverständlich mit dem eventuellen Bescheide über die Genehmigung einer Stauanlage usw. verbunden werden. Den Eigentümern bereits bestehender Werke kann, abgesehen vom Falle des Umbaues, nicht zugemutet werden, die Kosten der nachträglichen Herstellung von Fischwegen zu tragen; hingegen ist es nicht unbillig, wenn ihnen auferlegt wird, diese von ihnen seinerzeit versäumte Herstellung zu dulden, zumal wenn ihnen voller Schadensersatz geleistet wird. In den Fällen, in denen die Herstellung eines Wasserwerkes überhaupt nur widerruflich oder mit dem Vorbehalte der nachträglichen Herstellung oder Duldung eines Fischweges ohne Entschädigung genehmigt wurde, gelten selbstverständlich die Bestimmungen des Abs. 2, 3 nicht, sondern es kann stets nachträglich die Ausführung des Fischweges durch den Unternehmer des Wasserwerkes gefordert werden. Dabei ist jedoch, wie der Begr. hinzugefügt werden muß, in jedem Falle genau zu prüfen, ob die Erlaubnis seinerzeit in der Tat widerruflich erteilt wurde, denn das WBG. von 1852 hatte grundsätzlich die Erteilung unwiderruflicher Konzessionen vorgesehen (Art. 12 bis 14, 40 Abs. 2 WBG., Harster-Cassimir Anm. 3 zu Art. 43; vgl. BRKR. S. 268, IV. Prot. AKR. S. 526).

3. Die Neuerung gegenüber dem WG. besteht zunächst darin, daß sich Art. 75 auf alle nicht geschlossenen Gewässer (s. Art. 2) ohne Rücksicht auf die daran bestehenden Eigentumsverhältnisse erstreckt. Einen Rechtsanspruch des F-Berechtigten (im weiteren Sinne: Einl. S. 17) gegenüber dem Eigentümer oder Inhaber des Wasserwerks auf Anlegung oder Duldung der Anlegung des Fischwegs (Abs. 1, 2) erkennt auch das FG. nicht an. Der FBerechtigte kann sich mit dem Eigentümer (Inhaber) des Wasserwerks über die Anlegung des Fischwegs und die Kostentragung einigen. Dann ist nach Abs. 5 zur Anlage des Fischwegs regelmäßig die Genehmigung der Verwaltungsbehörde erforderlich. Kommt die Einigung nicht zustande, so hat sich der Berechtigte an die Distriktsverwaltungsbehörde (Art. 89) zu wenden, die unter Berücksichtigung der möglicherweise entgegenstehenden Interessen (Bem. 2) prüfen muß, ob die Voraussetzungen für die Erhebung des Anspruchs gegen den Unternehmer (Eigentümer) des Wasserwerks gegeben sind. Die Verwaltungsbehörde kann übrigens auch von Amts wegen vorgehen. Bestreitet der Unternehmer (Eigentümer) auf die behördliche Aufforderung, zur Anlage (Unterhaltung) oder zur Duldung der Anlage (der Unterhaltung) verpflichtet zu sein, (z. B. weil das Wasserwerk den Zug der Fische nur unerheblich beeinträchtige), so entsteht ein Verwaltungsrechtsstreit (Art. 96 Abs. 1). Gegen den Bescheid (Art. 92 Abs. 1) der Verwaltungsbehörde, der ein Vorgehen gegen den Unternehmer (Eigentümer) ablehnt, hat der FBerechtigte nur die Verwaltungsbeschwerde (Art. 93).

4. Die Kosten der Anlegung und der ordnungsmäßigen Unterhaltung des Fischweges trägt in den Fällen des Abs. 1 der Unternehmer des Wasserwerkbaues. Die Verpflichtung der Unterhaltung trifft den jeweiligen Eigentümer des Werks. In den Fällen des Abs. 2 tragen die Kosten der ausführende Staat oder die ausführenden FBerechtigten.

5. Da die Duldungspflicht nach Abs. 2 den Eigentümer des Wasserwerks trifft, steht auch der Schadensersatzanspruch (Abs. 3) dem Eigentümer zu (s. die Begr. oben Bem. 2). Das Gesetz bezeichnet als den Berechtigten ungenau den „Besitzer". Zu ersetzen ist der durch die Anlage des Fischwegs veranlaßte Schaden ohne Rücksicht auf irgendein Verschulden des den Fischweg Errichtenden. Sicherheit ist nur auf Verlangen des Ersatzberechtigten zu leisten. Der Staat ist zur Sicherheitsleistung nicht verpflichtet. Die Art der Sicherheitsleistung bestimmt sich nach den §§ 232—240 BGB. Streitigkeiten über die Leistung des Schadensersatzes gehören vor die Zivilgerichte. Ist jedoch nur die Höhe der Entschädigung streitig, so hat auf Antrag eines Beteiligten die Feststellung der Entschädigung im Wege der Schätzung durch die Distriktsverwaltungsbehörde zu erfolgen (Art. 98 Abs. 1).

6. Dem Abs. 4 liegt die Tatsache zugrunde, daß sich an den Fischwegen zeitweise große Mengen von Fischen sammeln, die dem dort FBerechtigten zum Nachteil anderer Berechtigter eine unverhältnismäßig hohe Ausbeute ermöglichen. Abs. 4 schließt einen darauf sich gründenden Entschädigungsanspruch der Benachteiligten ausdrücklich aus. Hiebei ist übrigens auf § 10 Abs. 2 LFO. hinzuweisen. Darnach darf in den Fischpässen oder Fischwegen der Fischfang auch von dem FBerechtigten nicht ausgeübt werden. Ferner muß die Distriktsverwaltungsbehörde je nach den örtlichen Verhältnissen den Fischfang in angemessener Ausdehnung oberhalb und unterhalb der Fischpässe für die Zeit, in der sie geöffnet sind, verbieten.

7. Die Verwaltungsbehörde kann Vorschriften über die Benützung und Offenhaltung der Fischwege erlassen (Abs. 5), ohne Rücksicht darauf, ob diese am 1. April 1909 schon bestanden oder erst später entstehen, ob sie nach gütlicher Einigung der Beteiligten oder vorausgegangenem Streite errichtet werden. Die Erlassung der Vorschriften wird in der Regel erfolgen bei der Erlaubnis oder Genehmigung der Wasserbenützungsanlage, sie kann aber jederzeit nachgeholt werden.

8. Strafbestimmungen: Art. 100 Nr. 1 (unbefugte Beseitigung oder Beschädigung von Fischwegen), Art. 101 Nr. 5 (unbefugte Anlegung eines Fischwegs; Zuwiderhandlung gegen die Vorschriften nach Abs. 5) mit Art. 102 (Ermächtigung zur Beseitigung des unbefugt angelegten Fischwegs).

Art. 76.

Zum Schutze der Fische gegen Beschädigungen durch Triebwerke kann dem Eigentümer der Anlage durch die Verwaltungsbehörde jederzeit die Herstellung und Unterhaltung von Vorrichtungen auferlegt werden, welche das Eindringen der Fische in die Triebwerke verhindern.

Abs. 2. **Die Eigentümer der zur Zeit des Inkrafttretens dieses Gesetzes bereits bestehenden Triebwerke können von der Verwaltungsbehörde für verpflichet erklärt werden, die Herstellung und die Unterhaltung von Vorrichtungen der im Abs. 1 bezeichneten Art zu dulden, wenn**

1. **die Maßnahme im öffentlichen Interesse vom Staate beabsichtigt wird oder**
2. **von den im Gewässer Fischereiberechtigten ausgeführt werden will.**

Vollzugsbekanntmachung.

„**§ 64.** Die Vorschrift des Art. 76 des Fischereigesetzes bezweckt den Schutz der Fische gegen Beschädigungen durch Triebwerke, namentlich durch Turbinen. Die Anbringung von Gittern, Rechen oder ähnlichen Vorrichtungen ist nur oberhalb des

Triebwerkes und nur da zu verlangen, wo dies im Interesse des Fischbestandes nötig ist. Die Auswahl sowie die Art der Anbringung der Schutzvorrichtung ist an sich dem Eigentümer der Anlage überlassen; es darf jedoch nur eine Anlage gewählt werden, welche dem Zwecke des Art. 76 entspricht. Ob dies der Fall ist, insbesondere, ob die Weite der anzubringenden Vorrichtungen ausreicht, ist mit Rücksicht auf die zu schützende Fischart nach Anhörung von Sachverständigen zu bemessen. Den Triebwerkbesitzern obliegt die Unterhaltung dieser Vorrichtungen, wozu auch die Beseitigung der an ihnen sich ansammelnden Hemmnisse gehört."

1. Über den Standpunkt des Wassergesetzes s. Bem. 1 zu Art. 75.

2. Art. 76 unterscheidet wie Art. 75 zwischen Anlagen, die am 1. April 1909 schon bestanden, und anderen Anlagen. Die Verbindlichkeit des Eigentümers einer schon bestehenden Anlage erschöpft sich in der Duldung der Herstellung und der Unterhaltung der Schutzvorrichtung, es sei denn, daß die Konzession nur widerruflich oder unter entsprechenden Bedingungen erteilt worden war (Bem. 2 a. E. zu Art. 75). Dann kann die Verwaltungsbehörde wie in dem Regelfalle des Abs. 1 verlangen, daß der Werkeigentümer die Schutzvorrichtung auf eigene Kosten herstellt und unterhält. Durch die Einfügung des Wortes „jederzeit" in den Abs. 1 sollte jeder Zweifel darüber beseitigt werden, daß die Verwaltungsbehörde in den nach Abs. 1 zu behandelnden Fällen die Auflage machen kann ohne Rücksicht darauf, ob bei der Konzessionserteilung ein entsprechender Vorbehalt gemacht wurde oder nicht (IV. Prot. AKR. S. 528).

3. Die Verpflichtung nach Art. 76 trifft den Eigentümer der Anlage auch dann, wenn er selbst in dem zum Betriebe des Werkes dienenden Gewässer fischereiberechtigt ist, sofern andere FBerechtigte (im weiteren Sinne: Einl. S. 17) an der Anbringung der Schutzvorrichtung interessiert sind (Begr. S. 356). Der Verbindlichkeit des Eigentümers der Anlage steht auch hier ein Rechtsanspruch des FBerechtigten nicht gegenüber. Einigt sich der FBerechtigte nicht mit dem Werkeigentümer, so hat er sich an die Distriktsverwaltungsbehörde (Art. 89) zu wenden, die übrigens auch von Amts wegen vorgehen kann. Bestreitet der Eigentümer auf die behördliche Aufforderung, zur Herstellung (Unterhaltung) oder Duldung der Herstellung (Unterhaltung) verpflichtet zu sein, so entsteht ein Verwaltungsrechtsstreit (Art. 96 Abs. 1). Wegen des Beschwerderechts des FBerechtigten s. Bem. 3 a. E. zu Art. 75.

4. Die Art der Schutzvorrichtung richtet sich nach den in dem Gewässer vorherrschenden Fischgattungen.

5. Strafbestimmung: Art. 100 Nr. 1 (unbefugte Beseitigung oder Beschädigung von Schutzvorrichtungen bei Triebwerken).

Art. 77.

Es ist verboten, außer in Notfällen Fischwasser zu einer anderen als zu der durch die Ortspolizeibehörde bestimmten Zeit oder über das durch ortspolizeiliche Vorschrift oder in Ermangelung einer solchen Regelung durch das Bedürfnis bestimmte Maß hinaus abzuzapfen oder ablaufen zu lassen.

Abs. 2. Bei der Benützung zu landwirtschaftlichen, teichwirtschaftlichen, gewerblichen oder industriellen Zwecken darf einem Fischwasser, in welchem ein anderer fischereiberechtigt ist, unbeschadet bestehender besonderer Rechte, nicht so viel Wasser entzogen werden, daß hiedurch die Fische zugrunde gehen.

Abs. 3. Der zur Ableitung des Wassers Berechtigte hat, falls es sich nicht um einen Notfall oder um eine zu bestimmter Zeit wiederkehrende Ableitung handelt, dem Fischereiberechtigten den Beginn und die voraussichtliche Dauer der Ableitung so rechtzeitig anzuzeigen, daß der Fischereiberechtigte seine Interessen wahren kann.

Abs. 4. Streitigkeiten zwischen dem zur Ableitung des Wassers Berechtigten und dem Fischereiberechtigten über das Maß und die Zeit der Ableitung werden, insoweit es sich nicht um besondere, auf Privatrechtstiteln beruhende Rechte handelt, durch die Verwaltungsbehörde unter entsprechender Anwendung der Art. 65 bis 72 des Wassergesetzes über das Ausgleichsverfahren entschieden.

Vollzugsbekanntmachung.

„**§ 65.** Nach Art. 77 des Fischereigesetzes soll die Ortspolizeibehörde Bestimmung treffen, wann die Abzapfung eines Fischwassers zur Bachräumung oder zu Bewässerungszwecken innerhalb der Ortsmarkung gestattet sein soll. Durchzieht ein Fischwasser die Markungen mehrerer Gemeinden und können sich die Ortspolizeibehörden über die festzusetzende Zeit nicht einigen, so hat die vorgesetzte Distriktspolizeibehörde zu entscheiden, zu welcher Zeit die Ableitung des Wassers geschehen darf. Hiebei ist auf tunlichste Ausgleichung der Interessen der Wässerungsberechtigten und der Fischereiberechtigten Bedacht zu nehmen. Die Vorschriften in Art. 65 bis 72 des Wassergesetzes, dann der §§ 156—162 der Vollzugsvorschriften zu diesem über das Ausgleichsverfahren sind hiebei sinngemäß zur Anwendung zu bringen.

§ 66. Im Interesse der Erhaltung des Fischbestandes ist die vollständige Abzapfung eines Fischwassers durch Art. 77 des Fischereigesetzes, vorbehaltlich etwa bestehender besonderer Rechte, verboten. Das Verbot erstreckt sich selbstverständlich auch auf eine Entziehung des Wassers, welche das Absterben der Fische zwar nicht augenblicklich, aber doch in verhältnismäßig kurzer Zeit zur Folge haben würde.

Wenn die Zeit der Wasserableitung nicht gemäß Art. 77 Abs. 1 des Fischereigesetzes im voraus bestimmt ist, so hat der zur Ableitung des Wassers Berechtigte den Zeitpunkt des Beginns und der voraussichtlichen Dauer der Ableitung allen Fischereiberechtigten und Fischereipächtern, welche durch die Ablassung des Wassers geschädigt werden können, so rechtzeitig mitzuteilen, daß sie in der Lage sind, noch vor Beginn der Ableitung die erforderlichen Vorkehrungen zum Schutze ihres Fischbestandes zu treffen.

In der Regel wird es genügen, wenn zwischen der Absendung der Anzeige und dem Beginn der Ableitung des Wassers je nach der Entfernung des Wohnorts des Fischereiberechtigten oder Pächters vom Fischwasser drei bis fünf Tage in Mitte liegen.

Hat der Fischereiberechtigte oder Pächter einen Vertreter am Wohnsitze des zur Ableitung des Wassers Berechtigten aufgestellt, so ist die Anzeige an diesen zu erstatten."

1. Aus dem Wassergesetze: Zur Reinigung und Räumung des Flußschlauchs in öffentlichen Gewässern ist der Staat verpflichtet (Art. 91). Die Reinigung und Räumung des Schlauches der Privatflüsse und -Bäche mit erheblicher Hochwassergefahr ist zunächst Kreislast (Art. 98). Zur Reinigung und Räumung des Schlauches von sonstigen Privatflüssen und -Bächen sind die Beteiligten verpflichtet, zu denen die FBerechtigten als solche nicht gehören (Art. 100, 88). Bei der Instandhaltung der öffentlichen Gewässer und Privatflüsse ist auf die Interessen der F. besondere Rücksicht zu nehmen (§ 189 VV. z. WG.). Die Instandhaltung der Flüsse und Bäche ohne erhebliche Hochwassergefahr unterliegt der ständigen Beaufsichtigung der Distriktsverwaltungsbehörde (Art. 105 Abs. 1). Über Flußräumungen, Bachauskehren u. dgl. können nach Art. 105, 206 Abs. 2 unter Strafzwang stehende distriktspolizeiliche Vorschriften und Anordnungen erlassen werden (§ 111 VV. z. WG.). Auch für diese gilt das Gebot der besonderen Rücksichtnahme auf die F. Wegen des Zwanges zur Reinigung geschlossener Gewässer s. Art. 107.

Diese Vorschriften des WG., besonders das Anordnungsrecht der Distriktsverwaltungsbehörde, werden durch die Vorschriften des FG. nicht geändert.

2. Der durch Art. 111 Abs. 1 aufgehobene Art. 126 Abs. 1 Ziff. 2 PStGB. verbot das gänzliche Abzapfen oder Ablaufenlassen von Fischwassern ohne vorgängige rechtzeitige Benachrichtigung des FBerechtigten und hob auch die Verpflichtung zu dieser Benachrichtigung für Notfälle und Wasserabstellungen während der durch Herkommen oder ortspolizeiliche Vorschrift festgesetzten Frist auf. Nach der Entsch. des OLGMünchenSt. 3 [425] war hienach strafbar, wer einem Fischwasser ohne die Benachrichtigung des FBerechtigten durch Stauung des Wasserlaufs das Wasser gänzlich entzog; die Strafbarkeit wurde nicht dadurch ausgeschlossen, daß dem Stauenden nach dem Wasserrechte die Befugnis zur Stauung des Wassers zustand und daß er in Ausübung dieser Befugnis handelte. War der FBerechtigte rechtzeitig benachrichtigt, so konnte auch bei offenbarer, die F. schädigender Wasservergeudung eine Bestrafung nach Art. 126 nicht eintreten. Wegen des Abzapfens u. dgl. von Fischwassern zum Zwecke des Fischfangs s. § 14 Abs. 1 LFO. von 1884, vgl. auch § 16 dort.

3. Art. 77 unterscheidet nicht zwischen geschlossenen und nicht geschlossenen Gewässern und nimmt keine Rücksicht auf die Eigentumsverhältnisse am Gewässer.

4. Der Abs. 1 hat polizeilichen Charakter und richtet sich auch gegen den in dem Wasser zur F. Berechtigten. Sein Verbot betrifft die Abzapfung oder das Ablaufenlassen, d. h. die in der Hauptsache vollständige Entleerung des Fischwassers (Begr. S. 356, s. auch OLGMünchenSt. 3 [425]) zu anderen Zwecken als zum Zwecke des

Fischfangs, besonders zum Zwecke der Reinigung und Räumung des Wasserbettes (Auskehr) oder zur Vornahme von Wasserbauten oder Reparaturen an Wasserwerken. Das Abdämmen, Absperren, Ablassen Abzapfen von Fischwassern zum Zwecke des Fischfangs kann, soweit es sich um nicht geschlossene Gewässer handelt, nach § 10 Abs. 1 LFO. durch oberpolizeiliche Vorschrift der Kreisregierungen beschränkt werden. Im Gegensatze zum Art. 126 Abs. 1 Ziff. 2 PStGB. ist das Abzapfen des Fischwassers jetzt auch bei rechtzeitiger Benachrichtigung des FBerechtigten (Abs. 3) dann verboten, wenn es außer in Notfällen zu einer anderen als zu der durch die Ortspolizeibehörde (Magistrat oder Bürgermeister: Art. 92, 138 rechtsrh. GemO., Art. 71 pfälz. GemO.; s. auch Art. 2 pfälz. StädteverfassungsG. vom 15. August 1908, GVBl. S. 471) bestimmten Zeit oder über das durch gültige ortspolizeiliche Vorschrift (Art. 3, 6, 10, 11 PStGB.) bestimmte Maß oder in Ermangelung einer solchen Vorschrift über das durch das Bedürfnis des Einzelfalls gebotene Maß hinausgeht. Ein „Notfall" liegt vor in den Fällen gemeiner Gefahr (Art. 28 WG.) und in den Fällen, in denen die Einhaltung der Vorschriften wegen erheblicher Gefährdung von Privatinteressen nicht verlangt werden kann (unter Umständen z. B. Radbruch in einer Mühle). Handelt es sich nicht um einen Notfall, so hat derjenige, der das Fischwasser abzapfen will, die Zeit der Vornahme durch die Ortspolizeibehörde bestimmen zu lassen, wenn die Abzapfung nicht in der von der Ortspolizeibehörde hiezu allgemein bestimmten Zeit erfolgen soll.

5. Der Abs. 2 bezweckt den Schutz fremder FBerechtigungen. Die Einschränkung des Wasserentzugs betrifft Fischwasser, in denen ein anderer allein- oder mitfischereiberechtigt ist. Eine obligatorische FBerechtigung des anderen genügt, soferne der andere zu den FBerechtigten im weiteren Sinne (Einl. S. 17) gehört (zweifelhaft mit Rücksicht auf Art. 37 WG., wo der gleiche Wortlaut eine engere Auslegung erfahren muß — Einl. S. 11. Aber in den Fällen des Art. 77 Abs. 2 besteht zunächst das Bedürfnis, die zur Zeit der Wasserentziehung zur Ausübung der F. berechtigte Person durch polizeiliche Beschränkungen der Wasserentziehung zu schützen). So im Ergebnis auch Malsen-Hofer S. 353. Das Verbot gilt unbeschadet einer besonderen privatrechtlichen oder öffentlichrechtlichen, zur Zeit der schädigenden Entziehung bestehenden Befugnis zum übermäßigen Wasserentzuge (z. B. obligatorischer Vertrag mit dem FBerechtigten, Dienstbarkeit, u. U. Konzession zur Herstellung einer Wasserbenützungsanlage, wobei aber genau geprüft werden muß, ob dem Eigentümer — Besitzer — der Anlage ein Recht auf den übermäßigen Entzug eingeräumt ist. Weiter ist zu beachten, daß die Verwaltungsbehörde im Ausgleichsverfahren — Abs. 4 — in wohlerworbene Rechte eingreifen darf).

6. Die Anzeigepflicht des Abs. 3 besteht in den Fällen des Abs. 1 und des Abs. 2, sofern es sich nicht um einen Notfall (Bem. 4) oder um eine wiederkehrende Ableitung handelt, die zu der im voraus fest bestimmten Jahreszeit (z. B. in der Woche nach dem Kirchweihsonntag) erfolgt. „Die Anzeige muß selbstverständlich nicht besonders für jeden einzelnen Fall erfolgen, sondern kann, wie es namentlich bei Wiesenbewässerungen vorkommen wird, im voraus auf einen größeren Zeitraum erstattet werden, indem z. B. mitgeteilt wird, die Ableitung finde in den Monaten April und Mai, Juli und August alle Montag, Mittwoch und Samstag vormittags statt. Handelt es sich um Ableitungen von Wasser, welche zu einer bestimmten Zeit wiederkehren, so entfällt nach Abs. 3 die Anzeigepflicht des Wässerungsberechtigten, weil der FBerechtigte von solchen Ableitungen ohnehin Kenntnis haben wird, jedenfalls aber ihm zugemutet werden kann, sich selbst Kenntnis zu verschaffen." (Begr. S. 356). Die Anzeige muß jedem FBerechtigten erstattet werden, dessen Interessen durch die Ableitung betroffen werden. Wieweit die Schädigung reicht, namentlich in benachbarte Gewässer hinein, ist Tatfrage. Die Anzeige muß rechtzeitig erfolgen. Auch dies ist Tatfrage. Nach § 66 Abs. 3 VollzB. soll die Frist von der Absendung der Anzeige bis zum Beginn der Ableitung mindestens 3 Tage betragen.

7. Der Abs. 4 nimmt nur die Streitigkeiten auf Grund besonderer, auf Privatrechtstiteln beruhender Rechte aus (s. Bem. 5), die zur Zuständigkeit der Zivilgerichte gehören. Vor die Zivilgerichte gehören auch Schadensersatzansprüche bei Zuwiderhandlungen gegen die Abs. 1—3 (s. § 823 BGB.). Die in entsprechender Anwendung der nachfolgend abgedruckten Bestimmungen des WG. über das Ausgleichsverfahren bei Nutzungen an Privatflüssen und Bächen zu behandelnden Streitigkeiten werden von der Distriktsverwaltungsbehörde (Art. 89 f.) entschieden.

Art. 65. Wenn wegen Verminderung der Wassermenge oder aus anderen Gründen das vorhandene Wasser für die Bedürfnisse der Berechtigten nicht zureicht und für diese Fälle nicht durch Lokalverordnungen, Herkommen oder besondere Rechtsverhältnisse Vorsorge getroffen ist, hat die Verwaltungsbehörde auf Antrag eines Beteiligten die Benützung des Wassers mit möglichster Berücksichtigung der bestehenden Rechtsverhältnisse im Ausgleichsverfahren zu regeln.

Art. 66. Insbesondere hat die Verwaltungsbehörde zu untersuchen, ob nicht seitens eines Berechtigten eine nutzlose Wasserverschwendung oder eine willkürlich ungleichmäßige Ausnützung des Wassers zum Nachteil anderer Beteiligter stattfindet.

Abs. 2. Ist dies bei Stau- und Triebwerksanlagen, Bewässerungs- und sonstigen Wasserbenützungsanlagen der Fall, so sind die Besitzer anzuhalten, ihre Betriebseinrichtungen in der erforderlichen Weise zu ändern und zu unterhalten.

Art. 67. Zur Erzielung eines entsprechenden Ausgleiches kann ferner das einzelnen Berechtigten gehörende Wasser oder ein Teil desselben zeitweise in Anspruch genommen werden, sofern diesen kein erheblicher Nachteil erwächst und den übrigen Beteiligten ein bedeutender Vorteil verschafft wird.

Abs. 2. Hierbei hat die Verwaltungsbehörde die Zeiten und die Wassermengen für die Benützung festzusetzen.

Art. 68. Zur Herbeiführung eines Ausgleiches ist die Verwaltungsbehörde erforderlichenfalls auch befugt, ohne Rücksicht auf die Bestimmung des Art. 45 Abs. 1 Ziff. 2 die Regulierung, Abänderung, den Umbau oder die Neuherstellung einer Bewässerungsanlage anzuordnen, sofern den Wässerungsberechtigten kein erheblicher Nachteil erwächst und den übrigen Beteiligten ein bedeutender Vorteil verschafft wird.

Art. 69. In den Fällen der Artikel 65 bis 68 ist denjenigen, deren Rechte durch die im Ausgleichsverfahren getroffenen Anordnungen beeinträchtigt werden, der ihnen daraus enstehende Schaden insoweit zu ersetzen, als er nicht durch den sich aus der Anordnung ergebenden Vorteil aufgewogen wird.

Art. 70. Die Verwaltungsbehörde ist auch befugt, im Ausgleichsverfahren die Zuweisung fremden Wassers (Art. 157), den Anschluß einer Anlage an das gegenüberliegende Ufergrundstück (Art. 158), die Mitbenützung einer bestehenden Anlage (Art. 159, 162), die Benützung fremder Grundstücke zur ober- oder unterirdischen Zu- oder Ableitung des Wassers (Art. 160) und die Abänderung einer vorhandenen Anlage (Art. 163, 164) zu verfügen. Der Art. 69 findet entsprechende Anwendung.

Art. 71. Die im Ausgleichsverfahren erwachsenen Kosten sind von den Beteiligten nach Maßgabe der ihnen durch das Ausgleichsverfahren zugehenden Vorteile zu tragen.

Abs. 2. Das Gleiche gilt von den nach Art. 69 zu leistenden Entschädigungen.

Art. 72. Bei Entscheidung der Frage, ob und bis zu welchem Betrage das Wasser einem Nutzungsberechtigten entbehrlich sei, muß auf die kleinsten Wassermengen und bei Triebwerken auf eine entsprechende Wasserreserve Bedacht genommen werden.

Siehe auch §§ 156 f. VB. z. WG. Das Ausgleichsverfahren ist in der Hauptsache reines Verwaltungsverfahren. Streitigkeiten über Rechtsansprüche und Verbindlichkeiten in den Fällen des Art. 70 WG. sind jedoch Verwaltungsrechtssachen (Art. 177 WG.). über das Entschädigungsverfahren in den Fällen der Art. 69, 70 letzter Satz, 71 Abs. 2 WG. s. Art. 195 WG. u. Bem. 1 zu Art. 98. Ist der Ersatzanspruch dem Grunde nach bestritten, so entscheiden von vornherein die Zivilgerichte.

8. Strafbestimmungen: Art. 101 Nr. 6 (Zuwiderhandlung gegen die Vorschriften der Abs. 1 und 2; dann Unterlassung der Anzeige nach Abs. 3).

Art. 78.

Das Schlämmen von Fischwassern, die Räumung von Binsen, Schilfgewächsen und anderen Wasserpflanzen und das Abmähen von Wassergräsern an den Rinnsalen ist ohne Erlaubnis der Verwaltungsbehörde nur in den Monaten Juli, August und September und in Bewässerungs- und Entwässerungsgräben auch in den Monaten Oktober und November zuläßig.

Abs. 2. Auf geschlossene Gewässer der im Art. 2 Abs. 1 Nr. 1, 2 bezeichneten Art findet diese Vorschrift keine Anwendung.

1. Aus dem Wassergesetze: In den öffentlichen Gewässern sowie in den Privatflüssen und Bächen ist der Gebrauch des Wassers in dem im Art. 26 Abs. 1 WG. bezeichneten Umfange jedermann gestattet. Zur Entnahme von Eis, Sand, Kies, Steinen, Schlamm, Erde und Pflanzen aus dem Flußbette der öffentlichen Gewässer und Staatsprivatflüsse ist vorbehaltlich besonderer Berechtigungen die Erlaubnis des Straßen- und Flußbauamts event. des Forstamts (§ 4 Abs. 1 Kgl. VO. vom 1. Dezember 1907 [GVBl. S. 873], §§ 62, 65 VV. z. WG.) erforderlich. In den übrigen Privatflüssen und Bächen ist hiezu vorbehaltlich solcher besonderer Berechtigungen Dritter nur der Eigentümer des Flußbettes befugt, soweit es ohne Nachteil für andere, also auch ohne Beeinträchtigung der Interessen der FBerechtigten (vgl. Harster-Cassimir Anm. 7 zu Art. 26), erfolgen kann: Art. 26 Abs. 2 WG. Siehe auch Art. 44, 45, 47 WG. In geschlossenen Privatgewässern steht die Befugnis dem Eigentümer des Wassergrundstücks zu, soweit nicht Dritte besondere Rechte haben (vgl. Art. 16 WG.). Über Maßnahmen zur Instandhaltung der Gewässer s. Bem. 1 zu Art. 77.

2. Nach Art. 126 Abs. 1 Ziff. 3 u. Abs. 2 PStGB. (aufgehoben: Art. 111 Abs. 1) war strafbar, wer „unbefugt oder gegen ein ihm besonders eröffnetes distriktspolizeiliches Verbot" Fischwasser schlämmte oder Wasserpflanzen räumte u. a. Für August und September konnte das polizeiliche Verbot gegen Nutzungsberechtigte nicht verhängt werden. Im Art. 78 ist die Untersagungsbefugnis der Distriktsverwaltungsbehörde verschärft worden in die Verpflichtung des Nutzungsberechtigten, gegebenenfalls auch des FBerechtigten (im weiteren Sinne: Einl. S. 17), zur vorgängigen Erholung der Erlaubnis dieser Behörde (Art. 89 f.). Der Erlaubnis bedarf es jedoch nicht:

a) wenn das Schlämmen u. a. in den Monaten Juli mit September und, sofern es sich um Bewässerungs- und Entwässerungsgräben handelt, in den Monaten Juli mit November erfolgt.
b) zum Schlämmen u. a. geschlossener Gewässer der im Art. 2 Abs. 1 Nr 1 und 2 (nicht auch in Nr. 3) bezeichneten Art.

Auf die Eigentumsverhältnisse an den Gewässern kommt es nicht an.

3. Die Erlaubnis kann in widerruflicher Weise ein für allemal im voraus erteilt werden, wenn eine Gefährdung der Interessen der F. ausgeschlossen scheint. Sie steht im pflichtmäßigen Ermessen der Behörde. Verwaltungsbeschwerde: Art. 93.

4. „Schlämmen" ist **jede Art von Schlammreinigung** oder Schlammentnahme, gleichviel ob sie mit oder ohne Wasserablaß erfolgt. Ersterenfalls ist Art. 77 zu beachten. Binsen und Schilfgewächse sind nur beispielsweise als Wasserpflanzen genannt (vgl. Staudinger, Fischereischutz S. 42). Die Entnahme von Steinen, Sand, Kies u. dgl. fällt nicht unter Art. 78. Weitergehende Vorschriften zum Schutze von Laichschonstätten und Winterlagern in Art. 81, 84.

5. Strafbestimmung: Art. 101 Nr. 8. Strafbar ist

a) das unbefugte, d. h. ohne materiellrechtliche Befugnis oder unter Überschreitung dieser Befugnis erfolgende Schlämmen eines Fischwassers, Räumen von Wasserpflanzen, Mähen von Wassergräsern;
b) die Vornahme dieser Handlungen durch den Berechtigten, auch den FBerechtigten (s. Bem. 9 zu Art. 1), ohne die nach Art. 78 erforderliche Erlaubnis.

Art. 79.

Der Fischereiberechtigte ist befugt, an den Aus- und Einmündungen von Gräben und kleineren Wasserläufen, in welchen

in der Hauptsache nur auf den Fang der aus dem Wasser des Fischereiberechtigten einwechselnden Fische gerechnet werden kann, in seinem Fischwasser Vorkehrungen (Rechen, Gitter u. dgl.) anzubringen, um den Eintritt der Fische in die Gräben und die kleinen Wasserläufe zu verhindern.

1. Der Art. 79 enthält eine Ausnahme von dem Grundsatze des Art. 74; er bezieht sich übrigens auf die Absperrung geschlossener und nicht geschlossener Gewässer. Die Befugnis steht dem FBerechtigten im weiteren Sinne (Einl. S. 17) zu. Einer behördlichen Erlaubnis zur Anbringung der Vorrichtung bedarf der Berechtigte nicht. Die Vorrichtung ist aber von ihm in seinem Fischwasser, d. h. im Hauptwasser, anzubringen. Die Kosten hat der FBerechtigte zu tragen.

2. Die Absperrungsbefugnis besteht das ganze Jahr hindurch, sie ist nicht auf die Laichzeit der vorkommenden Fischgattungen beschränkt.

3. Streitigkeiten über Rechtsansprüche und Verbindlichkeiten in den Fällen des Art. 79 sind Verwaltungsrechtssachen. Ob die Voraussetzung gegeben ist, daß der von der Absperrung betroffene natürliche oder künstliche Wasserlauf eine besondere fischereiwirtschaftliche Bedeutung nicht hat, ist eine vom Verwaltungsrichter nachzuprüfende Tatfrage. Der VGH. ist zweite Instanz (Art. 96 Abs. 1 u. 2).

4. Strafbestimmung: Art. 100 Nr. 1.

Abschnitt 2. Laichschonstätten.

Art. 80.

Strecken eines nicht geschlossenen Gewässers, welche besonders geeignete Plätze zum Laichen der Fische und zur Entwicklung der jungen Brut bieten, können auf Antrag von in dem Gewässer Fischereiberechtigten oder einer beteiligten Fischereigenossenschaft nach Anhörung der übrigen beteiligten Fischereiberechtigten und bei Privatgewässern nach Anhörung der Eigentümer des Gewässers durch die Verwaltungsbehörde zu Laichschonstätten erklärt werden.

Abs. 2. Die Erklärung ist durch öffentliche Bekanntmachung zur Kenntnis der Beteiligten zu bringen. Die Laichschonstätten sind, soweit möglich, durch Aufstellung einer Tafel mit Inschrift kenntlich zu machen.

Vollzugsbekanntmachung.

„**§ 67.** Bevor die Distriktsverwaltungsbehörde auf Antrag der Fischereiberechtigten oder einer Fischereigenossenschaft eine Strecke eines nichtgeschlossenen Gewässers zu einer Laichschonstätte erklärt, sind die sämtlichen Beteiligten einzuvernehmen und Fischereisachverständige über den Antrag zu hören. Die Erklärung einer Gewässerstrecke zur Laichschonstätte hat für eine bestimmte Zeit zu erfolgen und ist wieder zurückzunehmen, wenn die Beibehaltung der Laichschonstätte im Interesse der Fischzucht nicht mehr erforderlich ist."

1. Der Antrag auf Bestimmung einer Gewässerstrecke als Laichschonstätte kann nur ausgehen von einem oder mehreren in dem betreffenden Gewässer zur F. Berechtigten (im weiteren Sinne: Einl. S. 17) mit Einschluß der beteiligten FGenossenschaften, auch wenn sie bloß die im Art. 37 Nr. 1 bezeichneten Zwecke verfolgen. Die Erklärung der Strecke als Schonstätte steht im *Ermessen* der Distriktsverwaltungsbehörde (Art. 89 f.). Anspruch auf vorheriges rechtliches Gehör haben nach der ausdrücklichen Vorschrift des Gesetzes „die *beteiligten* F*Berechtigten*" (wieweit die Beteiligung reicht, ist Tatfrage), die nicht Antragsteller sind, und bei Privatflüssen und -Bächen ohne Rücksicht auf die daran bestehenden Eigentumsverhältnisse der Eigentümer (Anlieger, der Staat, ein Dritter) des Gewässers. Art. 21, 23, 24 WG. Die *Inhaber besonderer Nutzungsrechte* (s. Bem. 1 zu Art. 82) können darnach in dem Verfahren über die Anlegung der Schonstätte als Beteiligte im engeren Sinne nicht erachtet werden. Es steht aber nichts im Wege, mit diesem Verfahren das Schätzungsverfahren nach Art. 98 zu verbinden. Daß die Verwaltungsbehörde eine Gewässerstrecke *von Amts wegen* als Schonstätte erklärt, sieht das Gesetz nicht vor. *Verfahren*: Art. 91 f., *Verwaltungsbeschwerde*: Art. 93. S. auch Art. 99 Abs. 2 (Kosten auswärtiger Termine).

2. Die Tafel (Abs. 2) wird regelmäßig an einer oder mehreren geeigneten Stellen des Gewässers aufzustellen sein. Sie kann auch am Ufer angebracht werden, wenn der Grundeigentümer oder sein Vertreter dagegen nichts erinnert.

3. *Geschlossene Gewässer* (Art. 2) oder Teile von ihnen können von der Behörde als Schonstätten mit den besonderen Folgen der Art. 81, 82 nicht erklärt werden. Beachtenswert ist hier, daß die Altwasser nicht geschlossene Gewässer sind (Art. 2 Abs. 1 Nr. 3).

Art. 81.

In den Laichschonstätten ist während der von der Verwaltungsbehörde bestimmten Zeit verboten

1. jede Art des Fangens von Fischen und von anderen Wassertieren,
2. jede anderweitige, mit einer Störung des Fortpflanzungsgeschäftes der Fische oder mit einer Gefährdung des Laiches oder der Brut der Fische verbundene Tätigkeit, wie insbesondere die Räumung des Bettes, die Entnahme von Wasserpflanzen, von Sand, Kies, Steinen und von Schlamm, das Befahren mit Fahrzeugen, die Vornahme von Uferbauten und das Fällen von Uferholz,
3. das Einlassen zahmer Enten, Gänse und Schwäne.

Abs. 2. Die Verwaltungsbehörde ist befugt, ausnahmsweise den Fang von Raubfischen und anderen Schädlingen in den Laichschonstätten und, falls es zum ungehinderten Abfluß des Wassers oder für Zwecke des Uferschutzes oder der Landeskultur oder im besonderen wirtschaftlichen Interesse einzelner

Beteiligter erforderlich ist, Ausnahmen von dem Verbote nach Abs. 1 Nr. 2 zuzulassen.

Abs. 3. Die Arbeiten der staatlichen Behörden unterliegen nicht diesem Verbot.

1. Der Grundgedanke des Art. 81 ist, daß während der behördlich (Bem. 1 zu Art. 80) nach dem Umfange des Schonbedürfnisses bestimmten Zeit — nicht während des ganzen Jahres — in den Laichschonstätten keine Tätigkeit vorgenommen werden darf, die mit einer Störung des Fortpflanzungsgeschäftes der Fische oder mit einer Gefährdung des Laiches oder der Fischbrut verbunden ist. Als Beispiele sind aufgezählt „jede Art" des Fangens von Fischen (Art. 1 Abs. 2) und von anderen nutzbaren und nicht nutzbaren, jagdbaren und nicht jagdbaren Wassertieren in der Laichschonstätte — auch die Ausübung der dem Staate oder besonders berechtigten Dritten vorbehaltenen Perlfischerei (Art. 26 Abs. 3 WG., Art. 1 Abs. 5) fällt unter das Verbot — ferner die Räumung des Flußbettes, die Entnahme von Wasserpflanzen, von Sand, Kies, Steinen, Schlamm, das Befahren mit Fahrzeugen aller Art, die Vornahme von Uferbauten und das Fällen von Holz, das am Ufer oder in dessen nächster Nähe steht. Nach Nr. 2 können nach den Umständen des Falles z. B. weiter verboten sein, ohne daß es einer besonderen behördlichen Untersagung bedarf, das Einwerfen von Steinen u. dgl., das Aufwühlen des Schlammes, das Baden, Tränken, Schwemmen, Waschen. Nach Nr. 3 ist das Einlassen zahmer Enten, Gänse und Schwäne verboten, da die Enten den Laich verzehren und die Gänse und Schwäne jedenfalls den Laich und die Brut schädigen (s. auch Bem. 3 zu Art. 72).

2. Das Verbot des Art. 81 richtet sich gegen jedermann (Ausnahme: Abs. 3), auch gegen den FBerechtigten und den Jagdberechtigten; es bringt weitgehende Beschränkungen des Gemeingebrauchs an Gewässern (Art. 26 Abs. 1 WG.) mit sich und trifft auch die Personen, die an sich zu der Handlung kraft Eigentums, besonderer Berechtigung oder behördlicher Erlaubnis befugt wären (s. bes. die Fälle des beschränkten Gemeingebrauchs nach Art. 26 Abs. 2 WG.). Die von staatlichen Behörden ausgeführten Arbeiten unterliegen nicht dem Verbote des Abs. 1. Arbeiten, die im staatlichen Auftrage oder mit staatlicher Erlaubnis von Privaten vorgenommen werden, sind dem Verbot unterworfen.

3. Der Abs. 2 läßt Ausnahmen von Abs. 1 Nr. 1 und 2, nicht von Nr. 3 zu. Raubfische sind namentlich Fische, die der Fischbrut nachstellen. Ein beachtenswertes wirtschaftliches Sonderinteresse kann z. B. gegeben sein, wenn die Gestattung der Entnahme von Sand und Kies aus der Schonstätte zum Bau eines abgebrannten Hauses empfindliche wirtschaftliche Nachteile abwenden kann. Solche Ausnahmen zu machen liegt im Ermessen der Distriktsverwaltungsbehörde. Die interessierten FBerechtigten und etwaige sonstige Beteiligte sind vorher zu hören (Art. 91 Abs. 2) und haben das Recht der Beschwerde wie der abgewiesene Antragsteller (Art. 93).

4. Strafbestimmung: Art. 101 Nr. 7 (Zuwiderhandlungen gegen Abs. 1).

Art. 82.

Insofern durch die Anlage einer Laichschonstätte oder durch ein hieraus nach Art. 81 sich ergebendes Verbot Beteiligte in bestehenden besonderen Rechten geschädigt werden, können sie von den Antragstellern (Art. 80 Abs. 1) eine angemessene Entschädigung beanspruchen. Die Antragsteller können verlangen, daß die Entschädigung in der Form einer Geldrente festgesetzt wird. Auf diese Rente finden die Vorschriften der §§ 913, 914 des Bürgerlichen Gesetzbuchs entsprechende Anwendung; die Vorschrift des § 914 Abs. 2 mit dem Abmaße, daß zum Verzicht auf das Recht sowie zur Festsetzung der Höhe der Rente durch Vertrag die Eintragung in das Grundbuch nicht erforderlich ist.

1. Die durch die Anlage einer Schonstätte veranlaßten Beschränkungen in der Vornahme an sich erlaubter Handlungen sind polizeilicher Natur und deshalb grundsätzlich ohne einen Anspruch auf Schadloshaltung einzuhalten. Das Gesetz erachtet es aber für billig, denjenigen Personen einen Ersatzanspruch zu gewähren, die gerade zur Vornahme der durch die Errichtung der Schonstätte betroffenen Handlung auf Grund eines vor oder nach dem Inkrafttreten des Gesetzes entstandenen **besonderen Rechtes** befugt wären. Da das Gesetz nicht unterscheidet, müssen darunter obligatorische und dingliche Privatrechte, aber auch etwaige Rechte öffentlichrechtlichen Ursprungs verstanden werden. Es muß sich jedoch um von der Rechtsordnung geschützte Interessen, nicht um bloße Vergünstigungen handeln. Hieraus geht hervor:

a) die übrigen beteiligten FBerechtigten und der Eigentümer des betr. Privatgewässers (Art. 80 Abs. 1), auch der Ufereigentümer (Art. 81 Abs. 1 Nr. 2) haben als solche keinen Ersatzanspruch;

b) als Ersatzberechtigte können in Frage kommen z. B. der jetzt von der Ausübung der F. zeitweise ausgeschlossene Inhaber eines Erlaubnisscheins (Art. 35), der zum Froschfange besonders Berechtigte (Art. 1 Abs. 4), der zur Perlfischerei besonders Berechtigte (Art. 26 Abs. 3 WG.); der zur Entnahme von Wasserpflanzen oder anderen im Art. 81 Abs. 1 Nr. 2 bezeichneten Nutzungen aus öffentlichen Flüssen oder Privatflüssen und Bächen besonders Berechtigte (s. die Vorbehalte in Art. 26 Abs. 2 WG.). Die Erlaubnis der Verwaltungsbehörde zur Entnahme von Nutzungen aus dem Bette öffentlicher Flüsse und Staatsprivatflüsse und -Bäche (Art. 26 Abs. 2 WG.) schafft ein privates oder öffentliches Recht auf die Entnahme auch dann nicht, wenn bei der Erteilung der Erlaubnis eine Staatsgebühr nach Art. 73 WG., §§ 166 f. VV. z. WG. erhoben wurde (vgl. Harster-Cassimir Anm. 9 zu Art. 26 und die dortige Literatur). Aber auch wenn die Erlaubnis als solche oder die Gebührenzahlung eine öffentlichrechtliche Befugnis des Begünstigten zur Entnahme der Nutzung begründen würde (vgl. Eymann Anm. 12 zu Art. 26), wäre noch kein besonderes Recht des Begünstigten gegeben, denn es steht im Ermessen der Verwaltungsbehörde die gleichen Nutzungen einer beliebig großen Zahl anderer Personen einzuräumen.

2. Die Art und der Umfang des Schadensersatzes bemessen sich zunächst nach §§ 249 f. BGB. mit der Maßgabe, daß der Antragsteller oder die Antragsteller — nicht auch der Ersatzberechtigte — im Streitfalle verlangen können, daß die Entschädigung in der Form einer Geldrente festgesetzt wird. Die mehreren Antragsteller werden als Gesamtschuldner nach §§ 421 f. BGB. haften, denn es liegt in der Absicht des Gesetzes, die Lage des Ersatzberechtigten nicht dadurch zu verschlechtern, daß er sich wegen der Leistung an eine Mehrheit von Schuldnern halten muß. Die entsprechend anzuwendenden Vorschriften des BGB. lauten:

§ 913. Die Rente für den Überbau ist dem jeweiligen Eigentümer des Nachbargrundstücks von dem jeweiligen Eigentümer des anderen Grundstücks zu entrichten.

Die Rente ist jährlich im voraus zu entrichten.

§ 914. Das Recht auf die Rente geht allen Rechten an dem belasteten Grundstück, auch den älteren, vor. Es erlischt mit der Beseitigung des Überbaues.

Das Recht wird nicht in das Grundbuch eingetragen. Zum Verzicht auf das Recht sowie zur Feststellung der Höhe der Rente durch Vertrag ist die Eintragung erforderlich.

Im übrigen finden die Vorschriften Anwendung, die für eine zu Gunsten des jeweiligen Eigenthümers eines Grundstücks bestehende Reallast gelten.

Die Rente ist demnach dem jeweiligen Inhaber des besonderen Rechtes von dem jeweiligen Inhaber des Eigentums-FRechts oder selbständigen FRechts jährlich im voraus zu entrichten. Das Recht auf die Rente geht allen Rechten an dem belasteten Grundstück oder FRecht, auch den älteren, vor. Es erlischt mit der Aufhebung der Schonstätte. Das Recht wird nicht in das Grundbuch eingetragen. Die Eintragung ist aber nach besonderer Vorschrift auch nicht erforderlich zum Verzicht auf das Recht und zur vertragsmäßigen Feststellung der Höhe der Rente. Vergleiche und sonstige Verträge über die Rente (wie über die Entschädigung überhaupt) bedürfen vielmehr grundsätzlich keiner Form, sie können deshalb auch vor der Verwaltungsbehörde eingegangen werden.

Aus dem Wortlaute der herangezogenen bürgerlichrechtlichen Vorschriften folgt schon, daß diese nicht anwendbar sind, wenn der ersatzpflichtige Antragsteller nicht der Inhaber des FRechts, sondern der Pächter, die Genossenschaft u. dgl. ist.

Art. 83.

Ist die Beibehaltung einer Laichschonstätte nicht mehr erforderlich, so kann dieselbe durch die Verwaltungsbehörde wieder aufgehoben werden. In diesem Falle treten hinsichtlich des Fischfanges die früheren Rechtsverhältnisse wieder ein.

1. Die Aufhebung der Schonstätte erfolgt durch die Distriktsverwaltungsbehörde (Art. 89 f.). Während die Erklärung zur Schonstätte einen Antrag voraussetzt (Art. 80 Abs. 1), kann die Aufhebung auch von Amts wegen erfolgen (beachte Art. 91 Abs. 2), wenn nach der Ansicht der Behörde für die Beibehaltung kein Bedürfnis mehr besteht. Die Aufhebung kann übrigens auch erfolgen, wenn die Behörde die sonstigen Voraussetzungen für die Errichtung nicht mehr als gegeben erachtet, besonders wenn sie glaubt, daß die Aufhebung durch Rücksichten des Gemeinwohls geboten ist. Anderseits ist die Behörde nicht gezwungen, die Schonstätte aufzuheben, wenn die Beteiligten, die früher die Erklärung zur Schonstätte beantragten, jetzt die Aufhebung beantragen; sie wird aber bei der Entscheidung berücksichtigen, daß das Gesetz die Anlage von Schonstätten als Angelegenheit des Privatinteresses behandelt. Verwaltungsbeschwerde: Art. 93. S. auch Art. 99 Abs. 2 (Kosten auswärtiger Termine).

2. Mit der Aufhebung der Schonstätte treten alle früheren, durch Art. 81 betroffenen Rechtsverhältnisse wieder ein, nicht nur hinsichtlich des im Gesetz ausdrücklich bezeichneten Fischfangs (Art. 1 Abs. 2).

Abschnitt 3. Winterlager der Fische.

Art. 84.

Es ist verboten, in nicht geschlossenen Gewässern an Stellen, welche von der Verwaltungsbehörde als Winterlager der Fische erklärt und als solche durch Zeichen kenntlich gemacht sind, die Eisdecke zu entfernen oder Schlamm, Sand, Kies, Steine oder Wasserpflanzen zu entnehmen.

1. Manche Fischgattungen sammeln sich zur Winterszeit in Scharen an geschützten Stellen unter dem Eise, um dort die kalte Jahreszeit zu verbringen. Es liegt im Interesse des Fischbestandes, diese Zufluchtsorte zu schützen (Begr. S. 357).

2. Die Erklärung der Gewässerstelle als Winterlager erfolgt auf Antrag oder von Amts wegen durch die Distriktsverwaltungsbehörde (Art. 89 f.) in dem gewöhnlichen Verwaltungsverfahren. Das Verbot wirkt gegen jedermann, auch gegen den FBerechtigten. Einzelne Ausnahmen können nicht zugelassen werden. Anderseits ist die Aufzählung der verbotenen Handlungen erschöpfend. Eine Entschädigung der Inhaber besonderer Nutzungsrechte sieht das Gesetz nicht vor.

3. Die Eisdecke wird nicht nur entfernt durch die Entnahme des Eises, sondern auch durch sonstige Handlungen, wie das Zertrümmern der Decke durch Steinwurf.

4. Wegen der Anbringung der Zeichen (insbesondere von Warnungstafeln) s. Bem. 2 zu Art. 80. Öffentliche Bekanntmachung ist nicht vorgeschrieben, aber zweckmäßig.

5. Die Erklärung der Gewässerstelle als Winterlager kann jederzeit wieder aufgehoben werden. Wie lange das Verbot ohne ausdrückliche Aufhebung wirksam ist, bemißt sich nach den Umständen des Falles. Es ist jedenfalls nicht wirksam für die Jahreszeit, in der die Benützung der Stelle durch die Fische als Winterlager ausgeschlossen scheint.

6. Auf geschlossene Gewässer jeder Art (Art. 2) findet Art. 84 keine Anwendung.

7. Strafbestimmung: Art. 101 Nr. 7.

Abschnitt 4. Schädliche Tiere.

Vorbemerkung.

1. Aus der Begr. S. 357: Der Fischbestand erleidet fortgesetzt eine ganz erhebliche Schädigung durch gewisse jagdbare Tiere, welchen die

Jagdberechtigten nicht in der für die F. erforderlichen Weise nachstellen. Es sind dies namentlich Fischotter, Fischreiher, Fischadler, Taucher, Wildenten, Kormorane und Möven, mit Ausnahme der Lachmöven, dann Seeschwalben. Außerdem fügen der F. nicht geringen Schaden die zwar nicht jagdbaren, aber nach dem Vogelschutzgesetze geschützten Eisvögel und Wasseramseln zu. (Hinsichtlich der Wasseramseln darf man wohl ein Fragezeichen machen. Der Verf.). Es ist ein altes Bestreben der FBerechtigten in Bayern, daß ihnen nach dem Vorbilde anderer Staaten die Befugnis eingeräumt wird, die der F. schädlichen Tiere zu fangen oder ohne Anwendung von Schußwaffen, von Giftstoffen und von Sprengstoffen zu erlegen. Diesem Verlangen kommt das Gesetz ohne zu weitgehenden Eingriff in die Sphäre der Jagdberechtigten entgegen. Von den Tieren wurden nur die schädlichsten aufgenommen. Um den aus einer verschiedenen Benennung der betreffenden Tiergattungen in einzelnen Landesteilen entstehenden Zweifeln zu begegnen, wurde der wissenschaftliche lateinische Name der Tiere beigefügt. Mit Rücksicht auf die Interessen der Jagd wurden namentlich die Wildenten und Taucher weggelassen. Kormorane kommen in Bayern sehr selten vor. An Stelle des FBerechtigten sind selbstverständlich auch die von ihm beauftragten Personen zum Fangen und Erlegen der Tiere befugt.

2. Dem FBerechtigten wird kein beschränktes Jagdrecht eingeräumt (Bem. 5). Das Jagdrecht des Jagdberechtigten besteht neben den Befugnissen des FBerechtigten ungeschmälert fort. Von Art. 85 abweichende gewohnheitsrechtliche Bildungen sind beseitigt (Art. 111 Abs. 1).

Art. 85.

Dem Fischereiberechtigten ist gestattet, Fischotter (Lutra vulgaris), **Reiher** (Ardea cinerea L. und Ardetta minuta, Gray), **Fischadler** Pandion haliaëtus, Cuvier), **Möwen d. h. die Arten der Gattungen** Lestris **und** Larus **mit Ausnahme der Lachmöwen** (Larus ridibundus, Linné) **und Eisvögel** (Alcedo ispida L.) **innerhalb seines Fischwassers und in einer Entfernung von höchstens** 3 m **vom Ufer des Fischwassers zu fangen oder ohne Anwendung von Schußwaffen, von Giftstoffen oder von Sprengstoffen zu erlegen. Die gleiche Befugnis steht dem in einem geschlossenen Gewässer der im Art.** 1 **Abs.** 1 **Nr.** 1, 2 **bezeichneten Art Fischereiberechtigten hinsichtlich der Wasseramsel** (Cinclus aquaticus, Brehm) **zu. Schlingen sowie andere Eisen als Ottereisen oder Pfahleisen dürfen nicht verwendet werden; Ottereisen dürfen nur unter Wasser gelegt werden; Pfahleisen müssen in einer Höhe von mindestens** 0,5 m **über dem Wasserspiegel oder dem Erdboden aufgestellt werden.**

Abs. 2. **Über den Ort der Aufstellung von Schlageisen zum Otterfange hat der Fischereiberechtigte dem Jagdberechtigten** 24 **Stunden vor ihrer Legung Mitteilung zu machen.**

Abs. 3. **Der Fischereiberechtigte hat die gefangenen oder** getöteten jagdbaren Tiere an den Jagdberechtigten innerhalb 24 Stunden nach ihrer Erbeutung abzuliefern. Dem Fischereiberechtigten ist erlaubt, die zur Erlangung einer Entlohnung allenfalls erforderlichen Körperteile der Tiere vor der Ablieferung sich anzueignen.

Abs. 4. Der Jagdberechtigte kann verlangen, daß die Mitteilung und die Ablieferung an den von ihm aufgestellten Vertreter erfolgen.

Abs. 5. Der Fischereiberechtigte ist für den jeglichen Schaden, der durch die Schlageisen jemandem zugeht, ersatzpflichtig.

Abs. 6. Wenn die im Abs. 1 bezeichneten Tiere in einer den Interessen der Fischerei schädlichen Weise überhandnehmen und der Jagdberechtigte trotz Aufforderung der Verwaltungsbehörde innerhalb einer bestimmten Frist die geforderte Abminderung nicht herbeigeführt hat, so kann die Verwaltungsbehörde nach Benehmen mit dem K. Forstamte auf Antrag und auf Kosten der Fischereiberechtigten das Abschießen der Tiere sowie die Zerstörung der Nester (Horste) der Vögel samt den Eiern und der Brut anordnen und über die erlegten Tiere verfügen.

1. Nach dem Regierungsentwurfe sollte der Berechtigte auch die Seeschwalbe (die Arten der Gattung Sterna) fangen und erlegen dürfen. Die Seeschwalbe wurde aus dem Verzeichnisse gestrichen. Das Recht zum Erlegen und Fangen der Wasseramsel, das nach dem Entwurf jedem FBerechtigten zustehen sollte, wurde nur den in einem geschlossenen Gewässer nach Art. 2 Abs. 1 Nr. 1, 2 — nicht auch Nr. 3 — FBerechtigten eingeräumt. Im übrigen ist ein Unterschied zwischen geschlossenen und nicht geschlossenen Gewässern nicht gemacht.

2. Von den im Abs. 1 bezeichneten Tieren sind alle jagdbar mit Ausnahme der Wasseramsel und des Eisvogels (Kgl. VO. vom 11. Juli 1900, die jagdbaren Tiere betreffend, GVBl. S. 693, mit Abänderungen vom 19. Oktober 1908, GVBl. S. 965 [abgedruckt im Anhange]). Der Eisvogel und die Wasseramsel sind an und für sich durch das Reichs-Vogelschutzgesetz vom 30. Mai 1908 (RGBl. S. 317) geschützt (vgl. Art. 9 Nr. 1 der internationalen Übereinkunft zum Schutze der für die Landwirtschaft nützlichen Vögel vom 19. März 1902, RGBl. 1906 S. 89). S. auch die Kgl. VO. vom 19. Oktober 1908 (GVBl. S. 965). Die Landesgesetzgebung war jedoch auf Grund des § 5 Abs. 1 VSchG. befugt, dem FBerechtigten und dessen Beauftragten das Fangen [ebenso Dalcke-Delius, Preuß Jagdrecht, 5. Aufl. S. 347] und Töten dieser Vögel zu gestatten. Auf die jagdbaren Vögel findet das VSchG. ohnehin keine Anwendung (§ 8b a. a. O.).

3. Das Recht des Fanges und der Erlegung der im Abs. 1 bezeichneten Tiere gehört zum gesetzlichen Inhalte des FRechts; es wird bei der Ausübung der FRechte verwirklicht. Träger der bezeichneten

Rechte (und Pflichten) ist deshalb der FBerechtigte in dem in der Einl. S. 17 festgestellten weiteren Sinne. Dies schließt nicht aus, daß sich der Berechtigte bei der Ausübung seiner Befugnisse (und der Erfüllung seiner Verpflichtungen) durch andere entsprechend ermächtigte oder beauftragte Personen vertreten läßt. Diese Personen haften aber dem Jagdberechtigten und überhaupt dritten Personen nur nach den allgemeinen bürgerlichrechtlichen Vorschriften. Auch der Berufsfischer (Art. 27 Abs. 2) und der Inhaber eines Erlaubnisscheins (Art. 35) bedürfen zu dem Fangen und Erlegen der Tiere einer besonderen Erlaubnis des FBerechtigten. Erhalten sie die (ausdrückliche oder stillschweigende) Erlaubnis, so stehen sie den Hilfspersonen des Berechtigten gleich. Stellen sie den jagdbaren Tieren nach, obwohl der Berechtigte es ihnen verboten hat, so sind sie wegen unberechtigter Ausübung der Jagd strafbar.

4. Die Ausübung des Rechtes ist örtlich beschränkt auf den Bereich des Fischwassers und einen Uferstreifen von 3 m. Da es sich um ein an strenge Voraussetzungen geknüpftes Ausnahmerecht handelt, muß die Ausübung auf dem Überschwemmungsgebiete (Art. 6) in einer Entfernung von über 3 m von der gewöhnlichen Uferlinie als unzulässig bezeichnet werden. Wo ist aber die gewöhnliche Uferlinie? Es können sich Schwierigkeiten dadurch ergeben, daß das Ufer im natürlichen Sinne durch eine nach dem jeweiligen Wasserstande verschiedene Linie (die Uferlinie) von dem Bette des Gewässers abgegrenzt wird. Soweit an öffentlichen Flüssen und Staatsprivatflüssen die Uferlinie durch die Verwaltungsbehörde festgesetzt ist (Art. 6, 23 WG.), hat bei gleichbleibenden Verhältnissen die Abgrenzung der Befugnis des FBerechtigten nach dieser Festsetzung zu erfolgen. Die Uferlinien der Anliegerflüsse und der Flüsse im Eigentume Dritter werden amtlich nicht festgesetzt (vgl. Art. 21, 24 WG., in denen Art. 6 nicht als anwendbar erklärt ist, s. Harster-Cassimir Anm. 5 zu Art. 21, Anm. 2 III zu Art. 24); ebenso nicht die Uferlinien geschlossener Gewässer. Auch soweit eine Festsetzung nicht erfolgte, wird die Uferlinie zu ziehen sein nicht nach dem jeweiligen Wasserstand oder dem bekannten höchsten Wasserstand oder dem bekannten niedrigsten Wasserstande, sondern nach dem mittleren Wasserstand unter besonderer Berücksichtigung der Grenze des Land- und Wasserpflanzenwuchses (vgl. Art. 6 WG.). Von der so bestimmten Uferlinie sind die 3 m zu berechnen. Das Steigen oder Sinken des Wassers über oder unter den mittleren Wasserstand hat auf die Grenze zwischen dem Uferstreifen und den anliegenden Grundstücken keinen Einfluß. Der Uferstreifen selbst ist nach dem Sinken oder Steigen des Wassers bald breiter bald schmäler oder ganz mit Wasser bedeckt. Der 3 m-Streifen gilt auch für Inseln, die im Fischwasser liegen. Der Art. 85 gibt dem FBerechtigten übrigens keine selbständige Befugnis, fremde Grundstücke zu betreten, er bestimmt nur die Voraussetzungen, unter denen sich der Jagdberechtigte einen Griff des FBerechtigten in seine Rechtssphäre gefallen lassen muß und unter denen ein Eingriff desselben in den gesetzlich geregelten Vogelschutz statthaft ist. Im allgemeinen gibt das Uferbenützungsrecht (Art. 70) die erforderliche rechtliche Grundlage. Ist es aber durch besondere Rechtsverhältnisse ausgeschlossen (Bem. 6 zu Art. 70), so kann ein Betretungsrecht aus Art. 85 nicht abgeleitet werden.

5. Die zulässigen Fang- und Erlegungsmittel sind bedeutend eingeschränkt. **Verboten ist:**

a) Die Anwendung von Schußwaffen. Blinde Schüsse, die den Zweck haben, schädliche Tiere zu verscheuchen, sind durch Art. 85 nicht verboten; s. aber § 367 Nr. 8 StGB., unter den auch das blinde Schießen fällt. Der FBerechtigte darf in dieser oder anderer Weise auch schädliche Tiere verscheuchen, die er zu erlegen nicht befugt ist, z. B. Wildenten.

b) Die Anwendung von Giftstoffen. Gifte sind Stoffe, deren Beibringung schon in kleinen Gaben durch ihre chemische Beschaffenheit die Gesundheit oder das Leben zu zerstören geeignet ist (s. Olshausen Nr. 3 zu § 229), namentlich giftige Köder. Stoffe, die vorübergehend betäuben und den Fang erleichtern sollen, gehören nicht dazu (s. die in § 2 Abs. 1 d VSchG. gemachte Unterscheidung). Der Begriff „Giftstoff" ist enger wie der des „schädlichen Stoffes" im § 296 StGB., fordert aber ähnlich diesem nur eine vergiftende Wirkung für die Tiere, denen er beigebracht werden soll, keine vergiftende Wirkung für Menschen.

c) Die Anwendung von Sprengstoffen. Sie stehen den explodierenden Stoffen des § 296 StGB. (Sprengpatronen und andere Sprengmittel) gleich. Werden trotz des Verbots des Art. 85 Sprengstoffe zur Erlegung angewendet, so sind die drakonischen Strafbestimmungen des Reichs-Sprengstoffgesetzes vom 9. Juni 1884, das ganz andere Fälle treffen will, in der Regel nicht anwendbar (s. Näheres in der entsprechend zutreffenden Entsch. des RG. in StS. 13 [307]).

d) Die Anwendung von Schlingen (nicht aber von Netzen).

e) Die Anwendung anderer Eisen als Ottereisen oder Pfahleisen. Ottereisen dürfen nur unter Wasser gelegt, können aber am Ufer befestigt werden. Pfahleisen dürfen im Wasser oder am Ufer aufgestellt werden, müssen aber mindestens ½ m über den Wasserspiegel oder den Boden hinausragen. Bei dem Legen von Schlageisen ist § 367 Nr. 8 StGB. zu beachten, der das Legen an bewohnten oder — regelmäßig — von Menschen besuchten Orten von polizeilicher Erlaubnis abhängig macht. Von der Einholung der Erlaubnis ist der FBerechtigte durch Art. 85 nicht befreit.

Im übrigen ist der Gebrauch der im § 2 VSchG. bezeichneten Fangarten (Fangen, solange der Boden mit Schnee bedeckt ist, mittels Leimes, zur Nachtzeit mittels Fallkästen, Reusen, Netze) nicht verboten. Auch die Kgl. VO. vom 6. Juni 1909, die Ausübung und Behandlung der Jagd und den Verkehr mit Wildbret betr. (GVBl. S. 409), findet auf den Fang und die Erlegung der im Abs. 1 bezeichneten jagdbaren Tiere keine Anwendung, denn dieses Recht des FBerechtigten ist kein beschränktes Jagdrecht, sondern ein gesetzlich geregeltes Recht zur Selbsthilfe. Aus dem gleichen Grunde braucht der FBerechtigte bei der Ausübung des Rechtes keine Jagdkarte (s. Art. 14 JagdG., anders z. B. in Preußen nach Ebner, Das Preuß. Jagdrecht S. 192, 460). Er bedarf dabei auch nicht der Fischerkarte (Bem. 1 c zu Art. 64).

6. Das Zerstören und das Ausheben von Nestern oder Brutstätten der im Abs. 1 bezeichneten Vögel, das Zerstören und Ausnehmen von Eiern, das Ausnehmen und Töten der noch im Neste befindlichen Jungen ist auch dem FBerechtigten verboten (s. aber Abs. 6, der besonders die Zerstörung von Reiherhorsten ermöglichen will). Das Ausnehmen der Eier oder Jungen von jagdbarem Federwild ist

Jagdvergehen (Art. 1a JagdG., der auch in der Pfalz gilt: Art. 43 AG. z. BGB.). Im übrigen §§ 1, 6 BSchG.

7. Überschreitet der FBerechtigte seine Befugnis, wendet er z. B. unzulässige Tötungsmittel an oder stellt er anderen Tieren nach, so kann er wegen unbefugter Ausübung der Jagd (§ 292 f. StGB.) oder Zuwiderhandlung gegen die Vorschriften über den Vogelschutz strafbar sein (s. auch Bem. 3, 6). Es ist aber zu beachten, daß der nach §§ 292 f. erforderliche Vorsatz das Bewußtsein der fehlenden Berechtigung umfaßt (Olshausen N. 11 zu § 292). Die zivilrechtliche Haftung des FBerechtigten hierfür bemißt sich nach allgemeinen Grundsätzen, ebenso seine Haftung für unerlaubte Handlungen der von ihm bestellten Personen (§ 831 BGB.). Anders liegt die Sache, wenn sich in dem Schlageisen ein nicht im Abs. 1 bezeichnetes jagdbares Tier zufällig fängt. Der FBerechtigte hat das Tier in entsprechender Anwendung des Abs. 3 S. 1, Abs. 4 abzuliefern und nach Abs. 5 dem Jagdberechtigten den allenfalls entstandenen Schaden zu ersetzen.

8. Die Ausübung des Fang- und Erlegungsrechts ist kein Rechtsgeschäft, sondern eine Rechtshandlung im weiteren Sinne. Hinsichtlich des Erwerbs des Eigentums an den gefangenen oder getöteten Tieren ist zu unterscheiden zwischen den nicht jagdbaren Tieren und den jagdbaren Tieren:

a) An einem nicht jagdbaren Tiere erwirbt der FBerechtigte das Eigentum dadurch, daß er an dem Tiere (unmittelbaren oder mittelbaren) Eigenbesitz erlangt (§ 958 Abs. 1 BGB.).

b) An einem jagdbaren Tiere erwirbt der FBerechtigte durch die Besitzergreifung nicht das Eigentum, denn er würde dadurch, daß er das Tier in Eigenbesitz nähme, das ausschließende Aneignungsrecht des Jagdberechtigten verletzen (§ 958 Abs. 2 mit Art. 69 EG. z. BGB.). Der FBerechtigte ist vielmehr gesetzlich nur ermächtigt, das Tier durch Fang oder Erlegung in seinen Fremdbesitz zu bringen. Ob er die Tätigkeit selbst oder durch einen Besitzdiener entfaltet, ist für die Beurteilung des Verhältnisses zum Jagdberechtigten gleichgültig. Da der FBerechtigte zugleich dem Jagdberechtigten gegenüber auf Zeit zum Besitze gesetzlich verpflichtet ist (er muß ihm ja das Tier abliefern und darf den Besitz auf andere Weise nicht aufgeben), so wird durch seine Besitzergreifung auch der Jagdberechtigte Besitzer (§ 868 BGB.) und zwar vermöge des bei ihm für die Fälle des Fanges und der Erlegung allgemein und im vornherein zu vermutenden Eigenbesitzwillens mittelbarer Eigenbesitzer (§ 872). Eigenbesitz erlangt der Jagdberechtigte deshalb im Augenblicke der Besitzergreifung durch den FBerechtigten oder dessen Beauftragten, selbst wenn er von der Besitzergreifung im konkreten Falle nichts weiß. Mit der Erlangung des Eigenbesitzes erwirbt der Jagdberechtigte auch das Eigentum an dem Tiere (§ 958 Abs. 1). Dem FBerechtigten ist jedoch erlaubt, daß er die zur Erlangung einer Entlohnung d. h. einer Fangprämie nach den Umständen des Falles als Beweisstücke erforderlichen Körperteile der Tiere (z. B. die Otterschnauze) sich aneignet (Abs. 3). Eignet er sich über diese Befugnis hinaus nachträglich das Tier zu, so begeht er Unterschlagung nach § 246 StGB. (nicht Diebstahl, denn der Jagdberechtigte hat vor der Ablieferung keinen strafrechtlichen Gewahrsam — RGSt. 37 [202]). Hatte der FBerechtigte schon bei der Besitzergreifung den Willen, das jagdbare Tier sich unbedingt anzueignen, so ist er wegen Jagdvergehens strafbar, denn er übt dann nicht sein Selbsthilferecht nach Art. 85 aus, sondern greift ohne Berechtigung in das ausschließende Aneignungsrecht des Jagdberechtigten ein (vgl. Frank 3 a. E. zu § 246 und den in der Bem. 2 vor Art. 100 behandelten Fall der Überschreitung der FBerechtigung).

Die im Abs. 3 begründete gesetzliche Verbindlichkeit des FBerechtigten, die jagdbaren Tiere an deren Eigentümer, den Jagdberechtigten oder dessen Vertreter (Abs. 4) abzuliefern, ist nicht unter Strafzwang gestellt; ihre schuldhafte Nichterfüllung (§ 276 BGB.) begründet einen Schadensersatzanspruch des Jagdberechtigten, auf den die §§ 249 f., auch § 254 BGB. Anwendung finden. Die Frist von 24 Stunden beginnt in dem Zeitpunkte, in dem der FBerechtigte oder sein Vertreter von der Besitzergreifung Kenntnis erhält, z. B. das Wild in dem Eisen vorfindet (Berechnung der Frist a momento ad momentum; sie läuft auch an Sonn- und Feiertagen). Die Frist ist gewahrt, wenn während ihres Laufes die ordnungsmäßige Absendung erfolgt. Bedient sich der FBerechtigte zur Erfüllung seiner Verbindlichkeit anderer Personen, so hat er deren Verschulden in gleichem Umfange zu vertreten wie eigenes Verschulden (§ 278 BGB.). Die Kosten der Ablieferung hat der FBerechtigte zu tragen.

9. Über den Ort der Aufstellung von Schlageisen zum Otterfange (nicht von Pfahleisen) hat der FBerechtigte dem Jagdberechtigten oder seinem Vertreter (Abs. 4) so rechtzeitig Mitteilung zu machen, daß die Benachrichtigung unter gewöhnlichen Umständen 24 Stunden vor dem in Aussicht genommenen Zeitpunkte der Aufstellung des Eisens an ihre Adresse gelangt (Abs. 2). Dem FBerechtigten kann, wenn er die Benachrichtigung durch Dritte, besonders durch die Post, besorgt, nur zugemutet werden, für die richtige und rechtzeitige Absendung der Benachrichtigung Sorge zu tragen. Trifft z. B. der Brief ohne sein Verschulden nicht rechtzeitig ein, so ist er nicht nach Art. 101 Nr. 6 strafbar. Die Anzeige hat in erster Linie den Zweck, den Jagdberechtigten vor Schaden bei der Begehung des Jagdgebiets zu schützen.

10. Der Berechtigung des FBerechtigten zur Aufstellung von Schlageisen steht seine Verpflichtung gegenüber, für den durch das Schlageisen verursachten Schaden dem Jagdberechtigten und jedem Dritten ohne Rücksicht auf eigenes Verschulden einzustehen (Abs. 5). Er haftet auch dann, wenn das Schlageisen ein anderer aufgestellt hat, der das Recht hierzu von ihm abgeleitet hat (Bem. 3). Daneben kann die Schadensersatzpflicht des FBerechtigten beruhen auf einer unerlaubten Handlung (s. § 823 Abs. 1 u. 2 BGB.) [z. B. Zuwiderhandlung gegen § 367 Nr. 8 StGB., der ein Schutzgesetz im Sinne des § 823 Abs. 2 ist] oder auf der vorsätzlichen oder fahrlässigen Nichterfüllung seiner Verbindlichkeit nach Abs. 2 (s. § 276 BGB.). Dabei ist wieder zu beachten, daß der FBerechtigte nach § 278 BGB. das Verschulden der Personen, deren er sich zur Erfüllung seiner Verbindlichkeit im Abs. 2 bedient, wie eigenes Verschulden vertreten muß. Selbstverständlich haftet er nicht für den Schaden, der dadurch entsteht, daß ein Unberechtigter (z. B. ein Wilderer; s. auch Bem. 3) ein Schlageisen aufstellt.

11. Aus den Bem. 7, 8, 10 geht hervor, daß der FBerechtigte für den Schaden, den der von ihm zum Fangen oder Erlegen bestellte oder ermächtigte Dritte dabei anrichtet, in verschiedener Weise haftet. Drei zusammenfassende Beispiele sollen die Rechtslage erläutern:

a) Der Hund des Jagdberechtigten gerät zufällig in das von dem Fischer des Berechtigten aufgestellte Schlageisen; Haftung des Berechtigten ohne Rücksicht auf sein oder des Fischers Verschulden nach Art. 85 Abs. 5.

b) Der angestellte Fischer versäumt die rechtzeitige Ablieferung des getöteten Tieres, das dadurch für den Jagdberechtigten wertlos wird; Haftung des Berechtigten nach § 278 BGB.

c) Der angestellte Fischer verwendet zum Fange eigenmächtig Gift, der Hund des Jagdberechtigten geht daran zugrunde; Haftung des Berechtigten nach § 831 BGB.

Hat bei der Entstehung des Schadens ein Verschulden des Beschädigten (z. B. Nichtbeachtung der Anzeige nach Abs. 2) mitgewirkt, so hängt die Verpflichtung zum Ersatze sowie der Umfang des zu leistenden Ersatzes von den Umständen, insbesondere davon ab, inwieweit der Schaden vorwiegend von dem einen oder dem anderen Teile verursacht worden ist (§ 254 Abs. 1 BGB.; s. auch Abs. 2). Im übrigen bestimmt sich die Art und der Umfang der Entschädigung nach §§ 249 bis 253 BGB.

12. Zu Abs. 6: Die Maßnahmen stehen im Ermessen der Distriktsverwaltungsbehörde (Art. 89 f.). Der Abs. 6 geht weiter als der § 5 Kgl. VO. v. 6. Juni 1909 über die Ausübung u. Behandlung der Jagd (GVBl. S. 409), der übrigens nur das Interesse der Land- und Forstwirtschaft berücksichtigt. Das Verfahren (Art. 91 f.) setzt einen Antrag des FBerechtigten (im weiteren Sinne: Einl. S. 17) voraus. Beschwerde mit aufschiebender Wirkung: Art. 93.

13. Strafbestimmung: Art. 101 Nr. 6 (Unterlassung der Anzeige nach Abs. 2). Das Weitere wurde in den Erläuterungen zu den einzelnen Bestimmungen bemerkt.

Abteilung V. Aufsicht. Pfändung.

Art. 86.

Die Fischereiberechtigten, Fischereigenossenschaften und Gemeinden können volljährige und unbescholtene Personen als Fischereiaufseher aufstellen. Dieselben werden auf Antrag durch die Verwaltungsbehörde des Wohnsitzes oder des Aufenthaltsorts eidlich verpflichtet, sofern gegen die Zuverlässigkeit keine Bedenken bestehen. Über die Verpflichtung wird eine Bestätigung ausgefertigt, welche der Fischereiaufseher im Dienste als Ausweis bei sich zu tragen hat.

Abs. 2. Die verpflichteten Fischereiaufseher sind in Bezug auf ihren Wirkungskreis in Gegenständen des Fischereischutzes den öffentlichen Bediensteten gleich zu achten. Sie sind innerhalb dieses Wirkungskreises Hilfsbeamte der Staatsanwaltschaft.

Vollzugsbekanntmachung.

„§ 68. Fischereiberechtigte, Fischereigenossenschaften oder Gemeinden, welche besondere Fischereiaufseher aufstellen, können deren eidliche Verpflichtung bei der Distriktsverwaltungsbehörde beantragen.

Die Verpflichtung erfolgt, wenn gegen die Zuverlässigkeit der gewählten Persönlichkeit keine Bedenken bestehen, auf die getreue Erfüllung der Dienstesobliegenheiten. Über die vorgenommene Verpflichtung, welche in ein besonderes Protokollbuch einzutragen ist, wird dem Fischereiaufseher eine Bestätigung ausgestellt, welche er bei seinen Dienstgängen mit sich zu führen hat.

Durch die Verpflichtung erhält der Fischereiaufseher innerhalb seines Wirkungskreises die Eigenschaft eines Beamten im Sinne des § 359 des Strafgesetzbuches und eines Hilfsbeamten der Staatsanwaltschaft. Er hat als solcher den Anordnungen der letzteren Folge zu leisten (§ 153 des Gerichtsverfassungsgesetzes und Art. 56 des Ausführungsgesetzes zu ihm). Ihm steht das Recht zur Durchsuchung und Beschlagnahme bei Gefahr im Verzuge unter Beachtung der Vorschriften der §§ 98, 102—105 der Strafprozeßordnung und das Recht der Pfändung von Fischereigeräten und Transportmitteln (Art. 87 des Fischereigesetzes) zu."

1. Vorgeschichte: § 19 LFO. vom 4. Oktober 1884. Die FBerechtigten im weiteren Sinne (Einl. S. 17), die öffentlichen FGenossenschaften und die politischen Gemeinden können FAufseher aufstellen, die volljährig (§§ 2 f. BGB.) und unbescholten sein sollen. Die Aufstellung minderjähriger oder bescholtener Aufsichtspersonen durch die FBerechtigten kann aber nicht verhindert werden, denn eine behördliche Bestätigung der Aufstellung oder ein amtliches Entlassungsrecht ist nicht vorgesehen. Gegen Genossenschaften und Gemeinden könnte in dieser Hinsicht mit Zwang vorgegangen werden. Die politischen Gemeinden können Aufseher aufstellen, deren Wirkungskreis entweder auf die gemeindlichen Fischwasser beschränkt ist oder die Handhabung des FSchutzes in dem ganzen Gemeindebezirk umfaßt. Letzterenfalls sind die Aufseher Bedienstete der örtlichen Polizeiverwaltung (Art. 95, 141 rechtsrhein. GemO., Art. 75 pfälz. GemO.).

2. Die nicht verpflichteten FAufseher sind Privatangestellte und können — wie die FBerechtigten selbst — obrigkeitliche Handlungen nicht ausüben. Sie haben bei der Handhabung des FSchutzes keine besonderen Rechte (Pfändungsrecht: Art. 87, vorläufige Festnahme: § 127 StPO.). Die eidliche Verpflichtung erfolgt auf Antrag des zur Aufstellung des Aufsehers Berechtigten, dem gegen die ablehnende Verfügung der Distriktsverwaltungsbehörde, die mit dem Hinweis auf die Minderjährigkeit, Bescholtenheit oder Unzuverlässigkeit (vgl. Art. 66) des Aufsehers begründet sein kann, Verwaltungsbeschwerde zur Regierung zusteht (Art. 93). Dem Aufseher steht kein Antrags- und kein Beschwerderecht zu (vgl. Kahr N. 12a zu Art. 141).

3. Die verpflichteten FAufseher sind den öffentlichen Bediensteten „gleich zu achten" (vgl. Art. 141 Abs. 3 rechtsrh. GemO.), soweit sie innerhalb ihres sachlichen und örtlichen Wirkungskreises tätig werden. Nach der Begr. S. 358 „erstreckt sich der Wirkungskreis der privaten Aufsichtsbediensteten nur auf das FGebiet ihrer Dienstherrn", wozu man wohl nicht bloß das Gewässer, sondern auch dessen Umgebung rechnen darf. Aber auch die verpflichteten Privataufseher sind außerhalb des zunächst ihrer Aufsicht unterstellten Gebiets unter bestimmten Umständen und besonders dann zu Amtshandlungen berechtigt, wenn das amtliche Einschreiten in dem ihrer Aufsicht unterstellten Gebiete begonnen hat und außerhalb dieses Gebiets zum Schutze desselben fortgesetzt wird. Z. B. der Privataufseher (dies ist auch der genossenschaftliche Aufseher) verfolgt eine Person, die des Fischfrevels in dem Gebiete seines Dienstherrn verdächtig ist, in fremdes FGebiet und beschlagnahmt dort nach körperlicher Durchsuchung des Verdächtigen die Fische, die dieser bei sich trägt (s. Art. 103 Nr. 4). Die verpflichteten Aufseher sind Beamte im Sinne des § 359 StGB. und Vollstreckungsbeamte im Sinne des § 113 StGB. Der besondere Schutz des § 117 StGB. ist ihnen nicht eingeräumt.

4. Die verpflichteten FAufseher haben innerhalb ihres Wirkungskreises (Bem. 3) die besondere Eigenschaft als Hilfsbeamte der Staatsanwaltschaft (§ 153 GVG., Kgl. VO. vom 31. August 1879, GVBl. S. 1057) und damit die diesen zustehenden besonderen Rechte der Entscheidung über unverzüglich erforderliche Beschlagnahmen und unverzüglich erforderliche Durchsuchungen (§§ 94, 98, 102, 103, 104, 105; s. auch §§ 159, 161 StPO.). Da sie aber diese Befugnisse nur innerhalb ihres Wirkungskreises haben, dessen Grenzen in manchen Fällen zweifelhaft sind, werden sie sich (besonders die Privataufseher) tunlichst der Mitwirkung anderer Hilfsbeamter der Staatsanwaltschaft, vor allem der Gendarmerie und der Landbürgermeister zu versichern haben (vgl. die bezeichnete VO. vom 31. August 1879, Art. 56 AG. zu GVG., Art. 138, 139 rechtsrh. GemO., Art. 71 f. pfälz. GemO.). Eine weitere Befugnis der verpflichteten Aufseher ist das unter Strafzwang gestellte Recht, die Herausgabe verbotener Fanggeräte oder verbotswidrig gefangener Fische zu verlangen (Art. 103 Nr. 4).

5. Die Entlassung von Aufsehern, die sich als ungeeignet, unzuverlässig u. a. erwiesen haben, kann von der Verwaltungsbehörde nur soweit erzwungen werden, als das Aufsichtsrecht gegenüber Genossenschaften und Gemeinden eine Handhabe bietet. Dagegen kann wohl die Eigenschaft als verpflichteter Aufseher entzogen werden, wenn die Voraussetzungen, unter denen die Verpflichtung erfolgte, weggefallen sind (z. B. nachträgliche Bestrafung des Aufsehers, die seine Unzuverlässigkeit zeigt). Der Aufseher hat dann die Bestätigung zurückzugeben (Zwang: Art. 94). Eine gesonderte Entziehung der Eigenschaft als Hilfsbeamter der Staatsanwaltschaft (vgl. § 2 Abs. 3 der bezeichneten VO. vom 31. August 1879) sieht das Gesetz nicht vor.

6. Die verpflichteten FAufseher tragen als solche kein Dienstzeichen. Als Ausweis dient ihnen die amtliche Bestätigung ihrer Verpflichtung (Abs. 1). Sie sind gehalten, sich gegebenenfalls durch die Vorzeigung des Ausweises zu legitimieren.

Art. 87.

Wird jemand bei einem Fischereifrevel oder bei einer Übertretung des Gesetzes oder gleich hienach betroffen oder verfolgt, so können zur Überführung der Täterschaft oder zur Sicherung des Anspruches auf Schadensersatz die bei der Übertretung

gebrauchten Fischereigeräte und Transportmittel gepfändet werden.

Abs. 2. Die Bestimmungen der Art. 7 bis 9, 11, 12 des Feldschadengesetzes vom 6. März 1902 finden entsprechende Anwendung.

1. Der Art. 87 räumt den in Bem. 2 bezeichneten Personen das Recht der Privatpfändung zu zwei verschiedenartigen Zwecken ein. Der Anspruch auf Duldung der Pfändung, der nötigenfalls durch Anwendung der erforderlichen Gewalt verwirklicht werden kann, richtet sich gegen jeden, der bei der Begehung eines FFrevels im weitesten Sinne, d. h. des Vergehens nach § 296 oder der Übertretung nach § 370 Nr. 4 StGB. oder eines Fischdiebstahls (Mundraubs), oder der Begehung einer Übertretung nach Abt. VII des FG. („auf frischer Tat") oder gleich hiernach betroffen oder nach der Begehung ohne Unterbrechung verfolgt wurde (vgl. § 127 StPO., Art. 6 FSchG.). Die Zulässigkeit der Pfändung ist nicht davon abhängig, daß der Täter strafrechtlich verfolgbar ist (vgl. z. B. §§ 51, 55, 56, 59 StGB.), noch weniger ist ihre Gültigkeit dadurch bedingt, daß der Täter später gestraft wird. Die Pfändung nach Art. 87 ist nicht zulässig, wenn der Täter nur zu straflosen (s. aber Art. 103 Nr. 1 bis 3) Vorbereitungen gelangt ist; sie ist weiter nicht zulässig gegenüber Personen, die nicht unter Strafe gestellte Zuwiderhandlungen gegen das FG. begehen (z. B. Überschreitung des Uferbenützungsrechts).

2. Die Pfändung darf, wie schon aus der Bezugnahme auf Art. 7 FSchG. hervorgeht, nicht von jedermann, sondern nur von dem durch die Handlung Verletzten oder Gefährdeten, d. h. in der Regel von dem FBerechtigten im weiteren Sinne (Einl. S. 17), unter Umständen auch den weiteren zur Ausübung der F. Berechtigten (Einl. S. 17), von ihren Familienangehörigen, d. h. den dauernd in die Hausgemeinschaft aufgenommenen, selbständigen oder nicht selbständigen Personen (weiter als Art. 65), ferner von ihren Bediensteten ohne Rücksicht darauf, ob sie im FBetriebe beschäftigt sind, und ihren im FBetriebe beschäftigten sonstigen „Arbeitsleuten", schließlich von den für den FSchutz verpflichteten FAufsehern (Art. 86 Abs. 2) vorgenommen werden. Die FGäste als solche sind zur Vornahme der Pfändung nicht berechtigt, sie können aber — wozu jedermann befugt ist — den Täter unter den Voraussetzungen des § 127 Abs. 1 StPO. vorläufig festnehmen und dem verpflichteten Aufseher, Landbürgermeister u. a. vorführen.

3. Die Pfändung darf erfolgen

a) zur Überführung der Täterschaft. Sie ist auch zulässig, wenn der Täter dem Pfändenden bekannt ist oder wenn er sich über seine Persönlichkeit einwandfrei ausweisen kann, denn dann hat der Verletzte (Gefährdete) oder sein Vertreter immer noch ein Interesse an der Sicherung der Beweismittel. Dagegen ist die Festnahme des Täters nur nach den strafprozeßrechtlichen Vorschriften gestattet.

Sie kann erfolgen:

b) zur Sicherung des Anspruchs auf Schadensersatz: Zur Rechtmäßigkeit der Pfändung ist hier erforderlich, daß dem Berechtigten (Bem. 2) durch die Handlung (Bem. 1) ein Schaden entstanden ist und daß der Geschädigte gegen den Täter einen Anspruch auf Ersatz des Schadens hat.

4. Gegenstand der Pfändung sind die von dem Betroffenen „bei der Übertretung gebrauchten FGeräte und Transportmittel“ (instrumenta sceleris), auch wenn sie dem Betroffenen nicht gehören. FGeräte sind die ihrer Beschaffenheit nach zur Ausübung des Fischfangs (Art. 1 Abs. 2) bestimmten und geeigneten leblosen Gegenstände. Es ist hier aber nicht erforderlich, daß die Geräte usw. gerade zur Ausübung des Fischfangs (Art. 1 Abs. 2) gebraucht wurden. Ob der Kahn dazu gehört, den der Betroffene benützt, ist Tatfrage (s. auf anderem Gebiete RGSt. 22 [15]). Werden auf ihm gefrevelte Fische fortgeschafft, so ist er ein bei der Übertretung gebrauchtes Transportmittel (ebenso der Korb, der Karren). Im übrigen gehören zu den Geräten Angelruten, Netze u. a., zu den Transportmitteln Fässer u. dgl. Es gehören nicht dazu die Wasserstiefel, die der Täter trägt, noch weniger seine Uhr, sein Geld u. a. Eine Pfändung der entwendeten oder gefrevelten oder sonst ohne Berechtigung gefangenen Fische sieht das Gesetz nicht vor. Ihre Wegnahme kann aber insbesondere gestattet sein.

a) zur Notwehr, wenn der Täter bei der rechtswidrigen Ausübung der F. betroffen wird, also der Angriff auf das Eigentum (geschlossene Privatgewässer!) oder das ausschließende Aneignungsrecht des anderen noch nicht abgeschlossen ist (§ 227 BGB., § 53 StGB.). Die Notwehr kann auch zugunsten eines andern angewendet werden (Nothilfe);

b) als erlaubte Selbsthilfe nach § 859 BGB., wenn der Täter die Fische dem Besitzer mittels verbotener Eigenmacht „weggenommen“ hat, sonst unter den Voraussetzungen der §§ 229, 230 Abs. 1 BGB. Letzterenfalls ist ein Arrestantrag nach § 230 Abs. 2 BGB. nicht veranlaßt, denn der FBerechtigte erwirbt durch die Besitzergreifung an den seinem ausschließenden Aneignungsrecht unterliegenden Wassertieren (auch während der Schonzeit usw., s. Bem. 2 vor Art. 1) sofort das Eigentum, wenn er nicht schon ihr Eigentümer war (vgl. Staudinger BlfRA. Bd. 63 S. 296, Kommentar Bem. 2 zu § 230). Zur Selbsthilfe nach § 229 ist befugt der FBerechtigte im weiteren Sinne (Einl. S. 17), der sich der Hilfe Dritter bedienen kann, ebenso sein gesetzlicher oder rechtsgeschäftlich ermächtigter Vertreter. Andere Personen können als Geschäftsführer ohne Auftrag tätig werden (Planck Erl. 4 zu § 229);

c) das Polizei- und Aufsichtspersonal kann die Herausgabe verbotswidrig gefangener Fische in allen Fällen verlangen. Die Weigerung ist nach Art. 103 Nr. 4 strafbar.

5. Die Wirkung der rechtmäßigen Pfändung ist verschieden je nach dem Zwecke, den sie verfolgt. Bezweckt sie die Sicherung des Anspruchs auf Schadensersatz, so verschafft sie dem geschädigten Berechtigten ein Pfandrecht an den in Besitz genommenen Sachen, d. h. das Recht, aus ihnen durch Verkauf Befriedigung der Schadensersatzforderung zu suchen (Art. 8 FSchG., §§ 1204, 1228 BGB.). Bezweckt die Pfändung dagegen ausschließlich die strafrechtliche Überführung des Täters, so erschöpft sich ihre Wirkung darin, daß sie dem Berechtigten unmittelbaren (Fremd-) Besitz verschafft. Eine Pfändung im Sinne des allgemeinen bürgerlichen Rechtes liegt dann nicht vor. Der Berechtigte ist zur Veräußerung der Sache im eigenen Interesse nicht befugt; er ist verpflichtet, die „Pfändung" binnen 24 Stunden nach der Vornahme der Ortspolizeibehörde anzuzeigen, die die Sachen in Verwahrung nehmen kann (vgl. Art. 9 FSchG.), er wird seiner Verpflichtung aber auch genügen, wenn er die „Pfandobjekte" unverzüglich einer anderen bei der Strafverfolgung mitwirkenden Behörde oder einem solchen Beamten zur Verfügung stellt. Die Vorschriften des Feldschadengesetzes (Abs. 2) können mit dieser Maßgabe nur auf die zur Sicherung des Schadensersatzanspruchs erfolgte Pfändung entsprechend angewendet werden. Hieraus ergibt sich: Durch die Pfändung, die diesen Zweck verfolgt, erwirbt der Geschädigte ein Pfandrecht an den gepfändeten Sachen, das allen anderen Rechten vorgeht, die daran bestehen. Der Besitzer (wohl auch der Eigentümer) kann jedes einzelne der gepfändeten Stücke dadurch von dem Pfandrechte befreien, daß er bis zum Wertbetrage Sicherheit leistet. Die Pfändung ist binnen 24 Stunden der Ortspolizeibehörde anzuzeigen; sonst erlischt das Pfandrecht. Bei der Anzeige ist der Betrag des Schadensersatzes anzumelden. Die Ortspolizeibehörde hat dem Besitzer (Eigentümer) der gepfändeten Sachen die Pfändung und den Ersatzanspruch mit der Androhung des Pfandverkaufs bekannt zu geben. Die öffentliche Versteigerung der gepfändeten Sachen wird von der Ortspolizeibehörde vorgenommen; sie darf erst nach Ablauf der Wartefrist erfolgen. Ist der Besitzer (Eigentümer) der gepfändeten Sachen unbekannt, so wird das Verfahren nach Art. 10 FSchG. jedenfalls zulässig (vgl. Art. 11 Abs. 1 S. 2), wenn auch nicht vorgeschrieben sein, obwohl der Art. 10 im Abs. 2 nicht ausdrücklich für entsprechend anwendbar erklärt ist (von Bedeutung wegen der Wartefrist, s. § 1234 Abs. 2 BGB.). Wegen der Einzelheiten sind die Erläuterungen in der Ausgabe des Feldschadengesetzes von Th. von der Pfordten, 2. Aufl. 1907, zu vergleichen. Die Art. 7—12 FSchG. (GVBl. 1902 S. 99) lauten:

> **Art. 7.** Die Pfändung kann auch von Familienangehörigen oder Bediensteten sowie von den auf dem Grundstücke beschäftigten Arbeitsleuten des Verletzten vorgenommen werden.
>
> Dieselbe Befugniß steht den für den Feldschutz aufgestellten öffentlichen Bediensteten zu.
>
> **Art. 8.** Durch die Pfändung erwirbt der Verletzte ein Pfandrecht an den gepfändeten Thieren.
>
> Das Pfandrecht geht allen Rechten vor, mit denen die gepfändeten Thiere zur Zeit der Pfändung belastet sind.
>
> Derjenige, welcher die Thiere hält, kann jedes einzelne der gepfändeten Stücke dadurch von dem Pfandrechte befreien, daß er für den Anspruch des Verletzten bis zu dem Betrage des Werthes des Stückes Sicherheit leistet.
>
> **Art. 9.** Die Pfändung ist binnen 24 Stunden nach der Vornahme der Ortspolizeibehörde anzuzeigen, widrigenfalls das Pfandrecht sowie der Anspruch auf Ersatz der durch die Pfändung entstandenen Kosten erlischt. Bei der Anzeige ist der Betrag des Schadensersatzes oder des Ersatzgeldes anzumelden.
>
> Die Ortspolizeibehörde hat demjenigen, welcher die gepfändeten Thiere hält, die Pfändung und den angemeldeten Ersatzanspruch mit

dem Hinweise bekannt zu machen, daß der Pfandverkauf zu gewärtigen sei, wenn nicht vor dem Ablauf einer Woche der Pfandgläubiger befriedigt oder Klage auf Rückgabe der gepfändeten Thiere erhoben werde.

Die Ortspolizeibehörde kann die gepfändeten Thiere in Verwahrung nehmen.

Art. 10. Ist unbekannt, wer die gepfändeten Thiere hält, so hat die Ortspolizeibehörde auf Antrag die erforderlichen Ermittelungen zu veranstalten und nöthigenfalls die Pfändung öffentlich bekannt zu machen.

Die öffentliche Bekanntmachung muß die Angabe des Betrags des angemeldeten Ersatzanspruchs und den Hinweis enthalten, daß der Pfandverkauf zu gewärtigen sei, wenn nicht vor dem Ablaufe der in der Bekanntmachung bestimmten Frist der Pfandgläubiger befriedigt oder Klage auf Rückgabe der gepfändeten Thiere erhoben werde. Die Frist wird von der Ortspolizeibehörde bestimmt; sie soll nicht weniger als zwei Wochen und nicht mehr als einen Monat betragen. Die Veröffentlichung der Bekanntmachung erfolgt nach den für die Bekanntmachung eines Fundes geltenden Vorschriften.

Die öffentliche Bekanntmachung der Pfändung hat auch zu erfolgen, wenn die im Artikel 9 Abs. 2 vorgeschriebene Bekanntmachung aus einem anderen als dem im Abs. 1 bezeichneten Grunde unthunlich ist.

Art. 11. Der Verkauf der gepfändeten Thiere ist erst zulässig, nachdem die Pfändung und der angemeldete Ersatzanspruch von der Ortspolizeibehörde demjenigen, welcher die Thiere hält, bekannt gemacht worden sind und seit der Bekanntmachung eine Woche verstrichen ist. Ist die Pfändung nach Artikel 10 öffentlich bekannt gemacht worden, so muß die in der Bekanntmachung bestimmte Frist verstrichen sein.

Wird vor dem Ablaufe der Frist die Klage auf Rückgabe der gepfändeten Thiere erhoben, so darf der Verkauf erst erfolgen, wenn die Klage rechtskräftig abgewiesen ist. Das Gericht kann auf Antrag die öffentliche Versteigerung der Thiere und die Hinterlegung des Erlöses durch einstweilige Verfügung anordnen.

Im Falle schuldhafter Verzögerung des Pfandverkaufs ist der Pfandgläubiger für den daraus entstehenden Schaden verantwortlich.

Art. 12. Die öffentliche Versteigerung der gepfändeten Thiere wird von der Ortspolizeibehörde vorgenommen.

Ist derjenige, welcher die Tiere hält, unbekannt oder nicht zu ermitteln, so finden, soweit der Erlös ihm gebührt, die für den Erlös aus gefundenen Sachen geltenden Vorschriften Anwendung.

6. Streitigkeiten über die Voraussetzungen und den Umfang der Pfändung entscheiden die Gerichte.

Abteilung VI. Zuständigkeit und Verfahren.

Art. 88.

Der Vollzug des Gesetzes sowie die Entscheidung der sich hiebei ergebenden Streitigkeiten obliegt vorbehaltlich der Zuständigkeit der Gerichte den Behörden der inneren Verwaltung.

1. Der Vollzug des Gesetzes liegt den Behörden der inneren Verwaltung auch in den Fällen ob, in denen das Gesetz nicht ohnehin die Verwaltungs- oder Polizeibehörden ausdrücklich für zuständig erklärt hat. Die erstinstanzielle *sachliche* Zuständigkeit geht aus Art. 89 und den einzelnen Artikeln hervor. Die erstinstanzielle *örtliche* Zuständigkeit regelt zunächst der Art. 90.

2. Die *Entscheidung* der sich bei dem Vollzuge des Gesetzes ergebenden *Streitigkeiten* kann zustehen
a) den (Zivil- oder Straf-)Gerichten,
b) den Verwaltungsgerichten,
c) den Verwaltungsbehörden.

Der Art. 88 bestimmt nicht, wann die Gerichte zuständig sind. Er schafft keine Vermutung für die Zuständigkeit der Verwaltungsinstanzen (b u. c); er schränkt die Zuständigkeit der Gerichte nicht ein und erweitert sie nicht. *Die Zuständigkeit der Gerichte bemißt sich nach allgemeinen Rechtsgrundsätzen* (§ 13 GVG.). Die Bestimmung der Zuständigkeit des *Strafrichters* macht keine Schwierigkeiten. Er kann über die Vorfrage (des Mangels) der FBerechtigung wie über andere zivilrechtliche Vorfragen entscheiden vorbehaltlich des § 261 Abs. 2 StPO. Bei der Beantwortung der Frage, ob eine nach § 13 GVG. vor die ordentlichen Gerichte gehörende *bürgerliche Rechtsstreitigkeit* vorliegt, kommt es darauf an, wie der geltend gemachte *Anspruch* in tatsächlicher Hinsicht *begründet* ist, und ob die zu seiner Begründung behaupteten Tatsachen an sich *geeignet* sind, einen dem Gebiete des bürgerlichen Rechtes angehörenden Anspruch zu begründen. Sache des Gerichts ist es, dann zu entscheiden, ob die tatsächlichen Klagebehauptungen wahr sind, und ob dem Kläger der geltend gemachte privatrechtliche Anspruch zusteht. Die Gegenbehauptung des *Beklagten*, die Verpflichtung beruhe auf einem öffentlichrechtlichen Verhältnis, ist für die gerichtliche *Zuständigkeit* zur Entscheidung über den Anspruch des Klägers ohne Belang. Es kommt also allein an auf die wirkliche Natur des *vom Kläger* behaupteten Rechtsverhältnisses, nicht auf die behauptete Natur des Rechtsverhältnisses, d. h. die rechtliche Eigenschaft, die der Kläger seinem Anspruche beilegt, auch nicht auf die Natur des wirklichen Rechtsverhältnisses (näheres bei *Seydel* Bd. 2 S. 430 f., 2. Aufl. Bd. 1 S. 584 f., *Reger-Dyroff* Anm. 1 zu Art. 13; Samml. der Entsch. des bayer. Gerichtshofs für Kompetenzkonfl. 1. Bd. 1907 [Entsch. aus den Jahrg. 1880 bis 1906] S. 22 f., 50, 93, 231, 265, 326, 356 f. uff.). Soweit hiernach die Entscheidung von Streitigkeiten *an sich* den Zivilgerichten obliegt, kann sie von den Verwaltungsinstanzen nur auf Grund ausdrücklicher gesetzlicher Sonderbestimmung in Anspruch genommen werden. Über einzelne Fälle, in denen ausnahmsweise die Verwaltungsgerichte über einen privatrechtlichen Anspruch entscheiden, s. Bem. 3 zu Art. 96. Eine Beschränkung der Zivilgerichtsbarkeit enthält ferner das Schätzungsverfahren nach Art. 98 und das im Art. 77 Abs. 4 vorgeschriebene Ausgleichsverfahren.

3. Eine Aufzählung der Fälle, in denen die Gerichte zuständig sind, ist untunlich und unmöglich. S. die Bem. zu den einzelnen Artikeln. Nach der Meinung der Begr. S. 358 sind die Gerichte zuständig, insbesondere Streitigkeiten zu entscheiden über die FBerechtigung nach Art. 1, 3, 4, 5, Art. 6 Abs. 1, 3, Art. 7, 9—16, 17 Abs. 1, Art. 24, 25 Abs. 1, über die Vorfrage bezüglich des FRechts in Art. 18, 25 Abs. 2, Art. 30 Abs. 2, über das Vorkaufsrecht nach Art. 26, über den Abschluß, den Inhalt und die Gültigkeit von Pachtverträgen nach Art. 31 bis 34, über Schadensersatzansprüche nach Art. 6 Abs. 1, Art. 70 Abs. 2, Art. 82, 85 Abs. 5, über Uferbetretungsrechte nach Art. 70 Abs. 4, über besondere Privatrechte nach Art. 77, 82 und über Pfändungen nach Art. 87.

4. Soweit die Gerichte nicht zuständig sind, werden Streitigkeiten von den Verwaltungsinstanzen entschieden. Die Abgrenzung des Verwaltungsrechtsverfahrens von dem reinen Verwaltungsverfahren ist im Art. 96 und den ihn ergänzenden Vorschriften (s. Bem. 2 zu Art. 96) erfolgt. Streitigkeiten, die nicht vor die Gerichte gehören und nicht dem Verwaltungsrichter zugewiesen sind, müssen von den Behörden der aktiven Verwaltung erledigt werden.

Art. 89.

Die den Verwaltungsbehörden eingeräumten Befugnisse werden, insoweit das Gesetz nichts anderes bestimmt, durch die Distriktsverwaltungsbehörde, in München durch den Stadtmagistrat, ausgeübt.

Die erstinstanzielle sachliche Zuständigkeit zum Vollzuge des Gesetzes und zur Entscheidung der von den Verwaltungsbehörden zu erledigenden Streitigkeiten steht regelmäßig den Distriktsverwaltungsbehörden — Bezirksämtern und Magistraten der unmittelbaren Städte — zu. Die Magistrate der unmittelbaren Städte sind auch dann erste Instanz, wenn die betreffende Stadtgemeinde beteiligt ist. In einzelnen Fällen fordert das Gesetz die Mitwirkung der Ortspolizeibehörde oder der Kreisregierung, Kammer des Innern, oder die Erlassung ortspolizeilicher, distriktspolizeilicher, oberpolizeilicher Vorschriften. Wegen der erstinstanziellen sachlichen Zuständigkeit in Verwaltungsrechtssachen s. Bem. 1 zu Art. 96.

Art. 90.

Erstinstanziell zuständig ist, soweit das Gesetz nichts anderes bestimmt, die Verwaltungsbehörde, in deren Bezirk die betreffende Gewässerstrecke oder Anlage gelegen ist. Ist die Gewässerstrecke in den Bezirken mehrerer Verwaltungsbehörden gelegen, so hat die zunächst vorgesetzte Stelle eine der Behörden mit der Sachbehandlung und Beschlußfassung zu beauftragen.

Abs. 2. Dieser Auftrag hat, wenn die mehreren zuständigen Behörden verschiedenen Kreisregierungen untergeordnet sind, von dem Staatsministerium des Innern auszugehen.

Art. 90 regelt die erstinstanzielle örtliche Zuständigkeit: forum rei sitae. Der Auftrag der vorgesetzten Stelle kann besonders erforderlich sein im Verfahren zur Bildung gemeinschaftlicher FBetriebe (Art. 19) und bei der Gründung von FGenossenschaften (Art. 37 f.). Der Art. 90 gilt auch im Verwaltungsrechtsverfahren (vgl. Art. 17 VGG.). Besondere Vorschriften über die örtliche Zuständigkeit enthalten Art. 46 Abs. 1, Art. 58 Abs. 2 (Aufsicht über FGenossenschaften).

Art. 91.

Bei allen Entscheidungen der Verwaltungsbehörden auf Grund dieses Gesetzes geschieht die Ermittelung des Sachverhaltes von Amts wegen.[1])

Abs. 2. Die Beteiligten sind, soweit tunlich, zu hören. Mehreren im gleichen Interesse Beteiligten kann die Bestellung eines gemeinsamen Bevollmächtigten aufgetragen werden.

Abs. 3. Mit den Beteiligten ist in der Regel mündlich zu verhandeln. Mit der Verhandlung kann ein Augenschein verbunden werden. Bei der Verhandlung können sich die Beteiligten durch Bevollmächtigte vertreten und durch Rechtsanwälte oder sachkundige Personen verbeistanden lassen.

Abs. 4. Die Verwaltungsbehörde ist befugt, zur Verhandlung die ermittelten Beteiligten schriftlich, etwa sonstige Beteiligte durch Ausschreiben im Amtsblatt zu laden mit dem Beifügen, daß Einwendungen gegen das Unternehmen bei Vermeidung des Verlustes spätestens in der Verhandlungstagfahrt geltend zu machen sind.

Abs. 5. Die Beteiligten sind befugt, Zeugen und Sachverständige in Vorschlag zu bringen. Die Auswahl und die Beeidigung der Zeugen und Sachverständigen erfolgt nach freiem Ermessen der Behörde.

Vollzugsbekanntmachung.

„§ 70. In den Fällen, in welchen bei den Entscheidungen der Verwaltungsbehörde öffentliche Flüsse oder sonstige Gewässer in Frage stehen, in welchen der Staat fischereiberechtigt ist, kommt die Vertretung des Staatsärars der Regierung, Kammer der Finanzen, und soweit es sich um Gewässer handelt, die innerhalb des Staatswaldes oder an dessen Grenzen verlaufen, auch der Regierung, Kammer der Forsten, zu; bei Gewässern, an denen die Zivilliste des Königs berechtigt ist, ist die zuständige Hofstelle als beteiligt anzusehen.

[1]) Vorschriften über die Herstellung der Pläne, die zum Vollzuge des FG. dienen, enthält die Bek. vom 25. Oktober 1911 (s. hier S. 263).

§ 71. Als Sachverständige im Sinne dieser Vollzugsvorschriften kommen in Betracht der Landesinspektor für Fischzucht, der Landesfischereiverein, die Kreisfischereivereine, die Kreiswanderlehrer für Fischerei und die für einzelne Regierungsbezirke aufgestellten Kreissachverständigen für Fischerei."

1. Der Art. 91 entspricht im allgemeinen dem Art. 168 WG. Er gilt im Verwaltungsrechtsverfahren und im Entschädigungsverfahren nach Art. 98, soweit nicht die besonderen Vorschriften über diese Verfahren Abweichendes oder Gleiches anordnen (s. Bem. 1 zu Art. 96, Bem. 1 zu Art. 98).

2. Nach Abs. 1 herrscht die Offizialmaxime; s. auch Abs. 5. Die Ermittelung des Sachverhalts, die Feststellung des Kreises der Beteiligten, die Bestimmung des Umfangs der Beweisaufnahme und die Entscheidung ist grundsätzlich unabhängig von Parteianträgen, Erklärungen, Beweisanerbieten u. a. In manchen Fällen hat jedoch der Anstoß zur behördlichen Tätigkeit von Anträgen der Beteiligten auszugehen, z. B. bei der Errichtung einer Laichschonstätte (Art. 80 Abs. 1). Dies schließt nicht aus, daß die Verwaltungsbehörde auf die Stellung der Anträge hinwirkt. Welchen Einfluß Parteianträge auf die Beendigung des Verfahrens haben, sagt das Gesetz nicht. Es kommt auf den einzelnen Fall an und das Vorherrschen des öffentlichen oder des Privatinteresses an der Durchführung. Bei der Zurücknahme des Antrags nach Art. 80 Abs. 1 wird die Behörde z. B. die Errichtung der Schonstätte zunächst nicht weiter verfolgen, wenn der Antrag nicht von anderer Seite aufgenommen wird.

3. Abs. 2 enthält den Grundsatz der Notwendigkeit des rechtlichen Gehörs. Der Mangel des rechtlichen Gehörs ist ein wesentlicher Mangel des Verfahrens. Wer zu den von Amts wegen zu ermittelnden Beteiligten gehört, bestimmt sich nach den Umständen des Einzelfalls. Sachlich beteiligt ist im allgemeinen jeder, dessen rechtliches Interesse durch die Angelegenheit berührt wird. Durch besondere Vorschriften kann der Kreis der sachlich Beteiligten eingeschränkt sein (§ 80 Abs 1). Zu den sachlich Beteiligten können außer den FBerechtigten im weiteren Sinne (Einl. S. 17) gehören u. a. die Eigentümer des Gewässers, die Ufereigentümer, die Wassernutzungsberechtigten. Insoweit öffentliche Gewässer oder Privatflüsse des Staates oder sonstige Gewässer mit staatlichem FRecht in Frage kommen, sind die Behörden zu hören, deren Verwaltung das Gewässer untersteht. Nach § 70 VollzB. wird das Staatsärar in der Regel von der Regierung, Kammer der Finanzen, vertreten. Die Verwaltung der Seen und Fischwasser der Zivilliste kommt jetzt dem Kgl. Obersthofmeisterstab zu (GVBl. 1908 S. 288). Für die zur Zivilliste gehörenden Seen und Fischwasser bei Berchtesgaden ist eine eigene äußere Verwaltung mit der amtlichen Bezeichnung „Kgl. Königsseeadministration" eingerichtet worden (GVBl. a. a. O.). Eine formelle (prozessuale) Beteiligung kommt zunächst den zum Verfahren zugezogenen sachlich Beteiligten, dann den Personen zu, die Anträge stellen, Einwendungen erheben, Beschwerden einreichen, ohne sachlich beteiligt zu sein. Die Worte „soweit tunlich" stellen die Anhörung der Beteiligten nicht in das Ermessen der Behörde; es sollen damit nur Schwierigkeiten für solche Fälle beseitigt werden, in denen Beteiligte abwesend oder sonst nicht erreichbar sind. Wenn die

Beteiligten trotz Aufforderung einen gemeinsamen Bevollmächtigten nicht bestellen, kann ihnen ein Vertreter nicht von Amts wegen bestellt werden (anders Art. 168 Abs. 2 WG.), noch weniger können sie auf Grund des Art. 94 durch Ordnungsstrafen zur Bestellung gezwungen werden (a. M. Schmitt Bem. 5), denn daraus, daß das Gesetz die behördliche Bestellung des Vertreters hier nicht zuläßt, folgt die Unzulässigkeit, zu noch schärferen Maßnahmen zu greifen.

4. Nach Abs. 3 soll mit den Beteiligten mündlich verhandelt werden, soweit es überhaupt einer Verhandlung bedarf und nicht die Erledigung auf dem schriftlichen Wege schneller erfolgen kann. Die Grundsätze des bürgerlichen und öffentlichen Rechtes über gesetzliche Stellvertretung sind zu beachten. Die rechtsgeschäftliche Vertretung durch geeignete dritte Personen kann auch im schriftlichen Verkehre mit den Behörden erfolgen. Anwaltszwang besteht nicht. Wegen der Kosten, die auf Abordnung von Kommissären zu Besichtigungen und Tagfahrten erwachsen, s. Art. 99 Abs. 2.

5. Zu Abs. 4: Durch den Ausschluß von Einwendungen gegen ein in Aussicht genommenes Unternehmen (im weiteren Sinne), die nicht spätestens bis zur Beendigung der Tagfahrt geltend gemacht wurden, werden auch Einwendungen betroffen, die zu verwaltungsrechtlichen Streitigkeiten führen (vgl. Bem. 2 zu Art. 61; Reger-Dyroff S. 408 3. Abs., VGH. 25[74]). Beabsichtigt die Verwaltungsbehörde diesen Ausschluß anzudrohen, so wird sie bei der Ermittelung der Beteiligten (Bem. 2, 3) mit besonderer Sorgfalt vorgehen müssen. Durch die schriftliche Geltendmachung der Einwendung bis zur Beendigung der Tagfahrt wird der Ausschluß auch verhindert, wenn der Einwendende bei der mündlichen Verhandlung nicht anwesend ist. Einen weitergehenden Nachteil als den in Abs. 4 bezeichneten kann die Behörde bei der Ladung zur Verhandlung nicht androhen (anders im WG.).

6. Zu Abs. 5: Die Verwaltungsbehörde befindet über die Notwendigkeit und den Umfang einer Beweisaufnahme nach pflichtmäßigem Ermessen. Sie entscheidet auch frei darüber, ob die Zeugen und Sachverständigen zu beeidigen sind und ob sie vor oder nach der Vernehmung (Erstattung des Gutachtens) zu beeidigen sind. In **Verwaltungsrechtssachen** gilt aber der Grundsatz, daß von der Beeidigung der Zeugen und Sachverständigen nur ausnahmsweise und mit Zustimmung der Beteiligten abgesehen werden darf (Art. 20 Abs. 2, 3, 5 VGG.). Die Beteiligten oder ihre gesetzlichen Vertreter können nicht als Zeugen oder Sachverständige vernommen werden.

Durch Art. 91 Abs. 5 ist für den Vollzug des FG. und die Entscheidung der sich dabei ergebenden Streitigkeiten außer Zweifel gestellt, daß die damit befaßten Verwaltungsbehörden Zeugen und Sachverständige eidlich vernehmen können (vgl. im allgemeinen OLGMünchen 3[308], VGH. 11[181], BlAdmPr. 22[231], 46[33]). Über die Form der Beeidigung enthält das Gesetz nichts. In der Praxis dürfte meistens die ZPO. entsprechend angewendet werden.

Als Sachverständige kommen in erster Linie in Betracht der Landesinspektor für Fischzucht, der Landesfischereiverein, die Kreisfischereivereine, die Kreiswanderlehrer für F., die für einzelne Regierungsbezirke aufgestellten Kreissachverständigen für F. (§ 71 VollzB., § 12 LFO.).

Dienstanweisungen für den Kreissachverständigen oder den Wanderlehrer: Niederbayern KrABl. 1910 S. 68, Pfalz 1910 S. 33, Oberpfalz 1909 S. 179, Oberfranken 1909 S. 112, Mittelfranken 1911 S. 17, Unterfranken 1909 S. 47, Schwaben 1909 S. 58, 1910 S. 27.

S. weiter Art. 232 GebG. (Auslagenvorschuß); VO. vom 22. September 1879, Gebühren der Zeugen und Sachverständigen betr. (GVBl. S. 1283) [wiederholt geändert; s. Reger-Dyroff S. 141].

Art. 92.

Den Antragstellern und Beteiligten, welche Einwendungen erhoben haben, ist ein schriftlicher Bescheid zu erteilen. Der Bescheid ist zu begründen, wenn eine Erlaubnis oder Genehmigung versagt oder nur unter Bedingungen erteilt, ein Antrag zurückgewiesen oder ein erhobener Einspruch als unbegründet erklärt wird.

Abs. 2. Mit der Entscheidung in der Hauptsache ist die Entscheidung im Kostenpunkte zu verbinden. Die Kosten des Verfahrens hat der Antragsteller zu tragen. Die durch unbegründete Einwendungen veranlaßten besonderen Kosten können demjenigen auferlegt werden, welcher die Einwendungen erhoben hat.

Abs. 3. Ist gegen ein Gesuch auf Grund bestehender Privatrechtsverhältnisse Einspruch erhoben worden, so kann die Verwaltungsbehörde entweder unter Vorbehalt der gesonderten Austragung dieses Einspruchs den Bescheid erteilen oder das Verfahren bis zur Erledigung des Einspruchs aussetzen.

1. Abs. 1 u. 2 entsprechen dem Art. 169 WG., Abs. 3 entspricht dem Art. 170 WG.

2. Allen formell beteiligten Personen (Bem. 3 zu Art. 91), nicht aber anderen Personen, die in dem Verfahren Erklärungen abgaben oder gehört wurden, ist ein schriftlicher Bescheid zu erteilen, d. h. zuzustellen. Die Zustellung setzt die Beschwerdefrist in Lauf (Art. 93 Abs. 2). Über die Ausführung der Zustellung s. § 6 der VollzV. z. VGG. vom 25. Januar 1901, die wie im wasserrechtlichen Verwaltungsverfahren (§ 269 Abs. 6 VV. z. WG.) entsprechend anwendbar sind. Der Bescheid bedarf keiner Begründung, wenn eine Erlaubnis oder Genehmigung unbedingt erteilt wird und kein zusammenhängender Antrag zurückgewiesen oder kein Einspruch als unbegründet erklärt wird. In anderen Fällen muß der Bescheid möglichst kurz aber ausreichend begründet werden (s. die MinBek. vom 28. April 1901, die Vereinfachung des dienstlichen Verkehrs betreffend, GVBl. S. 379). Für das Verwaltungsrechtsverfahren gilt zunächst Art. 21 Abs. 2, 4 VGG.

3. Die Kostenentscheidung ist mit der Entscheidung in der Hauptsache zu verbinden. Wird sie nicht verbunden, so muß ein Nachtragsbescheid über die Kosten ergehen. In Verwaltungsrechtssachen ist Art. 21 Abs. 3 VGG., im Schätzungsverfahren Art. 98 Abs. 3 maßgebend. Die Kosten des reinen Verwaltungsverfahrens hat ohne Rücksicht auf den Ausgang des Verfahrens der Antragsteller als der veranlassende Teil zu tragen. Mehrere Antragsteller haften wie im Verwaltungsrechtsverfahren (Reger-Dyroff S. 444) regelmäßig nach Kopfteilen. Antragsteller ist nicht, wer sich darauf beschränkt hat, ein Offizialverfahren anzuregen. Ist ein Antragsteller nicht da, so fallen mangels einer ersatzpflichtigen Person die Kosten der Staatskasse endgültig zur Last. Die entscheidende Behörde ist nicht verpflichtet aber berechtigt, die durch unbegründete Einwendungen veranlaßten besonderen Kosten (z. B. Gebühren von Zeugen) auszuscheiden und dem Einwendenden zu überbürden. Kostenpflichtig ist jeweils nicht der bevollmächtigte Rechtsanwalt, der gesetzliche Vertreter usw., sondern der Vertretene. Die Kosten, die der Antragsteller zu tragen und zu erstatten hat, umfassen Staatsgebühren, soweit solche erhoben werden (vgl. Art. 99 Abs. 1), und Auslagen, besonders Zeugen- und Sachverständigengebühren (s. aber Art. 99 Abs. 2). Die den anderen Beteiligten verursachten Auslagen, vor allem deren Vertretungs- und Reisekosten, hat der Antragsteller im reinen Verwaltungsverfahren nicht zu ersetzen, denn er steht mit den anderen in keinem Prozeßverhältnis, auch hängt seine Kostenpflicht nicht davon ab, ob er siegt oder unterliegt. Die gegenteilige Meinung würde zu höchst unbilligen Ergebnissen führen. Die Verwaltungsbehörde könnte nicht einmal — wie im Verwaltungsrechtsverfahren — aus Billigkeitsgründen, besonders dann, wenn die Zuziehung des Rechtsanwalts nicht veranlaßt war, den anderen Beteiligten ihre Kosten zur Selbsttragung überweisen (s. Reger-Dyroff S. 441). Schließlich geht aus der Fassung des Art. 98 Abs. 3 deutlich hervor, daß das Gesetz zu den Kosten des Verwaltungsverfahrens die den Beteiligten erwachsenen Auslagen nicht rechnet („sowie" nicht „mit Einschluß von"). A. M. anscheinend Harster-Cassimir Anm. 2 zu Art. 169, die von einer „obsiegenden Partei" sprechen. Unabhängig von dem Kostenausspruche kann die Verwaltungsbehörde in die Lage kommen, den Betrag der Gebühren und Auslagen des bei ihr tätig gewordenen Rechtsanwalts gegenüber seinem Auftraggeber festzusetzen (Art. 14 f. VO. vom 26. März 1902, die Gebühren der Rechtsanwälte in den Angelegenheiten der Verwaltung und der Verwaltungsrechtspflege betreffend, GVBl. S. 144, mit der authentischen Erläuterung im Justizministerialblatte 1902 S. 498, 510 f.).

4. Zu Art. 3: Die Entscheidung der Frage, ob im Falle eines privatrechtlichen Einspruchs Bescheid unter Vorbehalt der gesonderten Austragung des Einspruchs zu erteilen oder das Verfahren bis zur Erledigung des Einspruchs auszusetzen ist, steht im pflichtmäßigen Ermessen der Behörde, von dem nach den Umständen des Einzelfalles Gebrauch zu machen ist. Die Behörde soll auch auf die Ausgleichung solcher privatrechtlicher Einsprüche hinwirken. Bei liquiden Einsprüchen, die nicht zum Ausgleiche kommen, wird in der Regel die Aussetzung des Verfahrens notwendig sein (§ 271 VV. z. WG.). Die Verwaltungsbehörde kann den Beteiligten eine Frist setzen, innerhalb deren der Streit bei dem Zivilrichter anhängig zu machen ist, mit der Drohung, sonst ohne Rücksicht auf den Einspruch zu entscheiden. Durch Ordnungsstrafen kann sie die Klagestellung nicht erzwingen. Der Aussetzungsbeschluß ist den Beteiligten zuzustellen; er ist mit Beschwerde selbständig anfechtbar.

Art. 93.

Gegen die Bescheide und Verfügungen der Distriktsverwaltungsbehörden findet Beschwerde zur Kreisregierung, Kammer des Innern, statt, die in zweiter und letzter Instanz entscheidet. Gegen die erstinstanziellen Entscheidungen der Kreisregierungen, Kammern des Innern, ist Beschwerde zum K. Staatsministerium des Innern zulässig.

Abs. 2. Die Beschwerdefrist beträgt 14 Tage. Der Lauf der Frist beginnt mit dem Tage nach der Zustellung des Bescheides oder der Verfügung. Fällt das Ende der Frist auf einen Sonntag oder allgemeinen Feiertag, so endigt die Frist mit dem Ablaufe des nächstfolgenden Werktags. Die Beschwerdefrist ist gewahrt, wenn die Beschwerde innerhalb der Frist bei einer der Behörden des Instanzenzuges eingekommen ist.

1. Vgl. Art. 172, 173, 175 WG.

2. Der Abs. 1 regelt den Instanzenzug in reinen Verwaltungssachen. Über den Instanzenzug und das Beschwerderecht in Verwaltungsrechtssachen s. Art. 96 (Abs. 2!), das VGG. und die Kgl. Deklaration vom 15. Juni 1898, die Wahrung der Beschwerdefrist in Verwaltungsrechtssachen betreffend (GVBl. S. 294). Gegen die Feststellung der Entschädigung im Verfahren nach Art. 98 kann nur der Rechtsweg beschritten werden. In reinen Verwaltungssachen gibt es nur zwei Instanzen. Das Ministerium ist Instanz bloß dann, wenn die Kreisregierung, Kammer des Innern, ausnahmsweise in erster Instanz entschieden hat (z. B. Art. 21, 46, 61). Hat die Distriktsverwaltungsbehörde in erster Instanz entschieden, so ist das Ministerium nicht Instanz, nur Oberaufsichtsstelle (Art. 95). Hat die Kreisregierung in erster Instanz entschieden, so ist die Distriktsverwaltungsbehörde nicht Instanz (von Bedeutung bei der Einlegung der Beschwerde).

3. Die Beschwerde findet statt

a) gegen Bescheide,

b) gegen Verfügungen der Distriktsverwaltungsbehörden.

Bescheide werden die Beschlüsse sein, die zur materiellen Erledigung der Sache ergehen. Die Beschwerde kann auf einen Teil des Bescheids, auch auf die Erledigung im Kostenpunkte, beschränkt werden. Verfügungen sind Beschlüsse anderer Art, z. B. der Aussetzungsbeschluß nach Art. 92 Abs. 3. Zwischenverfügungen und prozeßleitende Verfügungen (z. B. die Ladung von Zeugen, die Ansetzung einer Tagfahrt) sind der selbständigen Anfechtung entzogen (ebenso Harster-Cassimir Anm. 3 zu Art. 172, a. M. Eymann Anm. 2 zu Art. 172); sie werden den Beteiligten auch nicht „zugestellt".

4. Zu einer gültigen Beschwerde gehört:

a) Die Legitimation zur Beschwerde, d. h. die Beschwerung des zu den Beteiligten (Bem. 3 zu Art. 91) gehörenden Beschwerdeführers durch die angefochtene Entscheidung. Beschwerde können auch betroffene sachlich beteiligte Personen erheben, die zum erstinstanziellen Verfahren nicht zugezogen wurden.

b) Die Einhaltung der vorgeschriebenen Form. Die Beschwerde ist schriftlich einzureichen oder zu Protokoll zu geben (Abs. 2: „wenn die Beschwerde .... eingekommen ist“). Ein besonderer Beschwerdeantrag ist nicht erforderlich; auch keine Begründung. Irrtümliche Bezeichnung der Beschwerdeinstanz ist unschädlich.

c) Die rechtzeitige Erhebung der Beschwerde. Die Beschwerde kann schon vor der Zustellung des Bescheides eingelegt werden. Verzicht und Zurücknahme begründen den Verlust des Beschwerderechts. Der erste Tag der unerstrecklichen Frist ist der auf die gültige Zustellung folgende Tag. Die Frist endigt mit dem Ablaufe des 14. Tages (Mitternacht). Ist dieser ein Sonntag oder allgemeiner Feiertag (hierüber Roth, Sonntagfeier und Sonntagruhe in Bayern 1899 S. 24, 26, 30 f., 38 f., Reger-Dyroff S. 476 f., MABl. 1909 S. 425 [Bennotag], in mancher Hinsicht abweichend Riedel-Sutner Bem. 3 zu § 366 Nr. 1 PStGB.), so endigt die Frist erst mit dem Ablaufe des nächstfolgenden Werktags. Ob ein allgemeiner Feiertag besteht, ist zu beurteilen nach den Verhältnissen an dem Sitze der Behörde, bei der Beschwerde eingelegt werden soll, und, wenn die Verhältnisse an den in Betracht kommenden Orten verschieden sind, nach den Verhältnissen des Ortes, an dem die Beschwerde eingelegt wird. Wird die Beschwerde an einer unrichtigen Stelle eingereicht, so ist die Frist nur gewahrt, wenn die Beschwerde noch innerhalb der Frist bei einer Instanzbehörde (Bem. 2) einläuft. Ueber einzelne zweifelhafte Fälle, die wie im Verwaltungsrechtsverfahren zu entscheiden sind, s. Reger-Dyroff S. 474. Wiedereinsetzung in den vorigen Stand gegen Versäumnis der Beschwerdefrist ist nicht zugelassen (anders Art. 22 Abs. 6 VGG.).

5. Die form- und fristgerechte Einlegung der Beschwerde bewirkt:

a) daß der Eintritt der formellen Rechtskraft und damit der Vollstreckbarkeit der angefochtenen Entscheidung aufgeschoben wird; Ausnahmen in Art. 46 Abs. 2, Art. 61 S. 2 (Bem. 2 zu Art. 46, Bem. 3 zu Art. 61). (Das Gesetz enthält keine ausdrückliche Vorschrift darüber; auch eine dem Art. 175 WG. entsprechende Bestimmung über die Zulässigkeit vorsorglicher Anordnungen fehlt);

b) daß die Sache vor der Beschwerdeinstanz anhängig wird, die nach dem Offizialprinzipe den Vorbescheid auch zuungunsten des Beschwerdeführers ändern kann (reformatio in peius). Die Regierung entscheidet im Bureauwege vorbehaltlich der den Senaten nach Art. 31 Abs. 2 VGG., Art. 96 zustehenden Befugnis, über Ermessensfragen gleichzeitig zu entscheiden (vgl. Bem. 1 zu Art. 61).

6. Die vorgesetzten Behörden können Bescheide und Verfügungen der Unterbehörden nicht nur auf Beschwerde aufheben, sondern auch nach Ablauf der Beschwerdefrist im dringenden öffentlichen Interesse von Aufsichts wegen, sei es auf Anrufen von Beteiligten, sei es von Amts wegen (sehr klare allgemeine Ausführungen bei Seydel 1. Aufl. Bd. 2 S. 393 f., 2. Aufl. Bd. 1 S. 563 f.). Das Oberaufsichtsrecht des Ministeriums behält der Art. 95 ausdrücklich vor. Daneben ist das Verhältnis des Art. 14 PStGB. zu Art. 93 zu beachten. Der Art. 14 PStGB. gibt zunächst jedermann, der sich durch Erlassung einer zum Vollzuge des FG. ergehenden ortspolizeilichen, distriktspolizeilichen oder von der Kreisregierung erlassenen oberpolizeilichen Vorschrift oder durch eine auf Grund einer solchen Vorschrift im einzelnen Falle erlassene polizeiliche Anordnung in seinen Rechten oder sonstigen Interessen für beschwert erachtet, die Befugnis, innerhalb des gesetzlichen Instanzenzuges hiergegen Abhilfe nachzusuchen. Die Einlegung der Beschwerde ist an keine Frist gebunden; aufschiebende Wirkung hat sie regelmäßig nicht. Die Beschwerde des Art. 14 PStGB. muß aber auch demjenigen eingeräumt werden, der sich durch eine unmittelbar auf das FG. gegründete polizeiliche Anordnung beschwert fühlt (vgl. Edel, Kommentar zum PStGB. 1871 S. 88, Seydel 1. Aufl. Bd. 3 S. 595 Anm. 5, 2. Aufl. Bd. 2 S. 336 Anm. 82). Im Grunde genommen ist die Beschwerde nach Art. 14 PStGB. wie die allgemeine Aufsichtsbeschwerde nichts anderes als die Anrufung des Eingreifens der Aufsichtsbehörde, sie gibt aber ein Recht auf Verbescheidung.

Art. 94.

Die Verwaltungsbehörden sind befugt, die Nichtbefolgung ihrer Anordnungen und Beschlüsse mit Ordnungsstrafen bis zu 100 *M* zu bedrohen und die angedrohte Strafe im Falle des Ungehorsams und zwar nötigenfalls zu wiederholten Malen für verwirkt zu erklären sowie die zum Vollzuge erforderlichen Maßnahmen, insbesondere auch die Beseitigung gesetzwidriger Anlagen, auf Kosten der Pflichtigen ausführen zu lassen.

1. Der Art. 94 ist eine wörtliche Wiedergabe von Art. 174 WG. Über die Zwangsgewalt der Polizei und das Vollstreckungsrecht der Verwaltungsbehörden im allgemeinen s. Seydel 1. Aufl. Bd. 5 S. 9 f., 2. Aufl. Bd. 3 S. 3 f.; BlAdmPr. Bd. 30 S. 169; Krais Handbuch 4. Aufl. Bd. 1 S. 86 f., Pechmann Wirkungskreis 5. Aufl. Bd. 1 S. 84, dann Art. 16 f. PStGB., Art. 4, 6, 7 AG. z. ZPO. u. KO. (GVBl. 1899 S. 406). Anordnungen im Sinne des Art. 94 sind sowohl allgemeine Anordnungen als Anordnungen an einzelne Personen oder in bestimmten Fällen (vgl. Art. 1 PStGB.). Wird die Anordnung oder der Beschluß (Nichtanfechtbarkeit — Rechtskraft — vorausgesetzt) nicht befolgt, so hat die Verwaltungsbehörde die Wahl, ob sie nach vorheriger Androhung mit einer Ordnungsstrafe vorgehen oder die zum unmittelbaren Zwangsvollzug erforderlichen Maßnahmen ausführen lassen will. Sie ist übrigens nicht gehindert, gleichzeitig die Ordnungsstrafe für verwirkt zu erklären und den Zwangsvollzug zu veranlassen. Sie kann mit dem Zwangsvollzug auch erst einsetzen nach der Verwirkung mehrerer Ordnungsstrafen. Die Ordnungsstrafe ist nur Zwangsmittel, nicht Strafe im Sinne der Strafgesetze. Sie kann deshalb nicht in Haft umgewandelt werden; ihrer Wiederholung steht der Grundsatz „ne bis in idem" nicht entgegen. Die Wiederholung der Bestrafung ist nicht davon abhängig, daß die Anordnung erneuert wurde (so Art. 21 Abs. 3 PStGB.), oder daß die Androhung wiederholt wurde, oder daß der unmittelbare Zwangsvollzug nicht eingeleitet werden kann oder nicht zum Ziele geführt hat. Mit den Wiederholungen kann fortgefahren werden, bis Gehorsam geleistet ist („zu wiederholten Malen"; vgl. Seydel a. a. O., a. M. Eymann Anm. 6 zu Art. 174).

2. Die Strafen und Kosten werden nach Art. 6, 7 AG. z. ZPO. u. KO. beigetrieben.

3. In Verwaltungsrechtssachen ist die Anwendung des Art. 94 neben Art. 46 VGG. nicht ausgeschlossen (s. Reger-Dyroff S. 534 für Art. 174 WG.). Die Strafverfolgung findet gegebenenfalls unabhängig von dem Einschreiten nach Art. 94 statt. Ueber das Verhältnis zu Art. 102 (richterliche Ermächtigung zur Beseitigung eines ordnungswidrigen Zustandes) s. dort Bem. 1, 2.

4. Beschwerderecht: Art. 93.

Art. 95.

Der Vollzug dieses Gesetzes durch die Behörden der inneren Verwaltung unterliegt der Oberaufsicht des K. Staatsministeriums des Innern.

1. Vgl. Art. 176 WG. Die Oberaufsicht enthält (s. Brenner a. a. O.) in sich

a) die Befugnis des Ministeriums, zum Vollzuge des Gesetzes allgemeine Weisungen (Vollzugsvorschriften) zu erlassen,

b) die Befugnis, die Verhandlungen der Unterbehörden zur Erteilung von Weisungen sich vorzulegen lassen.

Oberaufsicht im engeren Sinne ist

c) die Befugnis, auf Anrufen von Beteiligten oder aus eigenem Antrieb den Vollzug des Gesetzes durch die Unterbehörden im einzelnen Falle zu prüfen und, wenn daran ein öffentliches Interesse besteht, deren Entscheidungen aufzuheben (zu kassieren). Die Aufhebung kann im öffentlichen Interesse auch dann liegen, wenn die Unterbehörde zuungunsten eines einzelnen wesentliche Vorschriften des Verfahrens oder das materielle Recht verletzt hat. Das Anrufen der Oberaufsicht durch Beteiligte wird gewöhnlich Oberaufsichtsbeschwerde genannt; diese „Beschwerde" ist aber kein eigentliches Rechtsmittel, sie ist an keine Frist gebunden, setzt eine Legitimation nicht voraus, hindert den Vollzug der angefochtenen Entscheidung nicht, gibt kein Recht auf Bescheid und ist im Grunde nur die Anregung zum Einschreiten von Amts wegen. Das Aufsichtsrecht der Kreisregierungen wird durch Art. 95 nicht aufgehoben (Bem. 6 zu Art. 93). Vgl. Seydel 1. Aufl. Bd. 2 S. 394, 446 f., 2. Aufl. Bd. 1 S. 563 f., 594 f.; Reger-Dyroff Anm. 1, 2 zu Art. 15.

2. Beschlüsse aller Instanzen in Angelegenheiten, die nach Art. 8 VGG. mit Art. 96 FG. zur Zuständigkeit des VGH. gehören, können von (Ober-)Aufsichts wegen nicht aufgehoben werden (Art. 15 VGG.). Die Zuständigkeit der Aufsichtsbehörden in Fragen des freien Verwaltungsermessens wird dadurch nicht berührt.

Art. 96.

Streitigkeiten über Rechtsansprüche und Verbindlichkeiten in den Fällen der Art. 2 Abs. 2, Art. 5 Abs. 2, Art. 17 Abs. 1, 2, Art. 21, 22, 37 bis 57, 61, 63, 66, 75 Abs. 1, 2, Art. 76 und 79 sind Verwaltungsrechtssachen im Sinne des Art. 8 des Gesetzes vom 8. August 1878, die Errichtung eines Ver-

waltungsgerichtshofes und das Verfahren in Verwaltungsrechtssachen betr. Das Verfahren richtet sich nach Ziffer II dieses Gesetzes.

Abs. 2. In den Fällen der Art. 66 und 79 geht die Berufung gegen die Entscheidung der Distriktsverwaltungsbehörde unmittelbar an den Verwaltungsgerichtshof.

1. Über die einzelnen Fälle, in denen Streitigkeiten über Rechtsansprüche und Verbindlichkeiten Verwaltungsrechtssachen sind, s. die Bemerkungen zu den im Abs. 1 bezeichneten Artikeln. Die Streitigkeiten sind, da auf Art. 8 VGG. Bezug genommen wird, schon in den unteren Instanzen Verwaltungsrechtssachen und nach Art. 16 f. VGG. zu behandeln. Die Vorschriften des FG. über das Verfahren finden im Verwaltungsrechtsverfahren nur derart Anwendung, daß sie die Bestimmungen des VGG. und der sonstigen Prozeßnormen ergänzen (Bem. 1 zu Art. 91). Die Bemerkungen bei Reger-Dyroff S. 389 über das Verhältnis des WG. zum VGG. gelten entsprechend auch für das Verhältnis des FG. zum VGG. Die erstinstanzielle sachliche und örtliche Zuständigkeit für die Entscheidung der verwaltungsrechtlichen Streitigkeiten bemißt sich nach dem FG.; s. bes. Art. 89, 90 (Art. 17 Abs. 1 VGG.).

2. In Art. 96 Abs. 1 sind die verwaltungsrechtlichen Streitigkeiten beim Vollzuge des FG. nicht erschöpfend bezeichnet. Vgl. Art. 75 Abs. 6, Bem. 7 a. E. zu Art. 77, Bem. 2 zu Art. 97.

3. Kraft positiver gesetzlicher Vorschrift sind auch manche Streitigkeiten über privatrechtliche Ansprüche und Verbindlichkeiten als Verwaltungsrechtssachen erklärt. Vgl. Bem. 4 zu Art. 48, Bem. 2 zu Art. 97, Bem. 2 zu Art. 88.

4. Zweite Instanz ist der VGH. auch bei Streitigkeiten nach Art. 19 AbmG., s. Art. 97.

Art. 97.

Auf die Zuständigkeit und das Verfahren bei Streitigkeiten über die Abmarkung von Fischereirechten finden die Vorschriften der Art. 19 bis 21 des Gesetzes, die Abmarkung der Grundstücke betr., vom 30. Juni 1900 entsprechende Anwendung.

1. Die zivilrechtliche Abmarkungspflicht ist durch Art. 12 begründet.

2. Die entsprechend anwendbaren Vorschriften des Abmarkungsgesetzes lauten:

Art. 19. Streitigkeiten über die Abmarkungspflicht und die Art der Abmarkung, über die Giltigkeit einer solchen und über die Erhaltung von Grenzzeichen entscheidet die Distriktsverwaltungsbehörde in erster und der Verwaltungsgerichtshof in zweiter und letzter Instanz.

Bezüglich der Beschwerdefrist und des Verfahrens finden, soweit in diesem Gesetze nichts Besonderes bestimmt ist, die Bestimmungen des Abschnittes II des Gesetzes vom 8. August 1878, betreffend die Errichtung eines Verwaltungsgerichtshofes und das Verfahren in Verwaltungsrechtssachen, entsprechende Anwendung.

Streitigkeiten über Feststellung der Grenze bleiben der Entscheidung der Gerichte vorbehalten.

Art. 20. Wird die Entscheidung der Distriktsverwaltungsbehörde nach Art. 19 bezüglich einer neu vorzunehmenden oder zu erneuernden Abmarkung angerufen, so haben die Antragsteller die Plannummer der Grundstücke, um deren Abmarkung es sich handelt, die Namen der Grundeigenthümer, welche der Abmarkung widersprechen oder eine Erklärung noch nicht abgegeben haben, die Gründe, auf welche der Antrag gestützt wird, sowie die gewünschte Art der Abmarkung anzugeben und erforderlichen Falles den Katasterplan, auf welchem die zu setzenden Grenzzeichen eingetragen sein müssen, vorzulegen.

Art. 21. Die Distriktsverwaltungsbehörde vernimmt zunächst die widersprechenden und noch nicht gehörten Grundeigenthümer mit ihren Erinnerungen, erholt die erforderlichen Gutachten Sachverständiger und entscheidet hienach über den gestellten Antrag.

Findet für die Einvernahme der Betheiligten eine besondere Verhandlungstagfahrt statt, so sind sie hiezu gegen Nachweis mit dem Beifügen zu laden, daß diejenigen Grundeigenthümer, welche ohne Entschuldigung weder in Person erscheinen, noch durch einen Bevollmächtigten sich vertreten lassen, als der Abmarkung zustimmend gelten.

Hierzu ist zu bemerken (s. weiter v. Brettreich, Abmarkungsgesetz, und Meisner, Nachbarrecht 2. Aufl. S. 19 f.):

Obwohl die durch die Abmarkungspflicht begründeten Ansprüche und Verbindlichkeiten privatrechtliche Natur haben, entscheiden darüber im Streitfalle die Verwaltungsgerichte. Solange kein Streit besteht, wird die Abmarkung ohne Eingreifen der Verwaltungsbehörde von den Beteiligten im unmittelbaren Benehmen mit dem Abmarkungsorgane durchgeführt. Die Verwaltungsbehörde kann eine materielle Entscheidung nur treffen, wenn die Grenze der FBerechtigung unbestritten ist (s. § 2 der Bekanntmachung vom 19. März 1909, GVBl. S. 249). Ist die Grenze bestritten, so entscheiden darüber die Gerichte (s. § 920 BGB.). Die Verwaltungsbehörde kann den Antrag auf Abmarkung abweisen, weil die Grenze bestritten sei, oder das Verfahren bis zur Entscheidung über den Lauf der Grenze aussetzen. Streitigkeiten über die Verpflichtung zur Kostentragung fallen auch dann unter Art. 19, wenn ein besonderer Verpflichtungsgrund geltend gemacht wird, der zu einer anderen Regelung der Kostendeckung als der im Gesetze vorgesehenen führt (Art. 12 Abs. 4 FG.; s. VGH. 17[156]; Urteil des Gerichtshofs für Kompetenzkonflikte vom 31. Mai 1910 in BayZfR. 1910 S. 292, Beil. III z. GVBl. 1910). Wegen der Streitigkeiten nach Art. 71 s. Bem. 3 dort.

3. Das Verfahren in erster Instanz ist gebührenfrei (§ 8 der VollzVO.).

Art. 98.

In den Fällen der Art. 3 Abs. 2, Art. 6 Abs. 3 Satz 2 und Abs. 4, Art. 17 Abs. 1, 3, Art. 22, Art. 70 Abs. 2, Art. 71 Abs. 2, Art. 75 Abs. 3 und Art. 82 hat auf Antrag eines Beteiligten die Feststellung der Entschädigung im Wege

der Schätzung durch die Distriktsverwaltungsbehörde zu erfolgen.

Abs. 2. Die Bestimmungen des Art. 17 Abs. 1 Satz 2, 3, der Art. 18 bis 20, des Art. 21 Abs. 1, 3 und des Art. 26 des ersten Abschnitts des Gesetzes vom 23. Februar 1879 zur Ausführung der Reichszivilprozeßordnung und Konkursordnung in der Fassung der Bekanntmachung vom 26. Juni 1899 finden entsprechende Anwendung.

Abs. 3. Die Kosten des Verwaltungsverfahrens sowie die Vergütung der den Beteiligten hiedurch verursachten notwendigen Auslagen fallen vorbehaltlich der Vorschrift im Art. 92 Abs. 2 Satz 3 dem Entschädigungspflichtigen zur Last.

1. Das Schätzungsverfahren hat den Zweck, in den im Abs. 1 bezeichneten Fällen die baldige Feststellung der Entschädigung durch die Verwaltungsbehörde zu ermöglichen, von der erwartet wird, daß sie in dem Verfahren vor allem auf eine gütliche Einigung der Beteiligten hinarbeitet (s. Art. 195 WG.). Das Gesetz schließt sich in der Hauptsache an die Art. 17 ff. des AG. z. ZPO. u. KO. in der Fassung der Bekanntmachung vom 26. Juni 1899 (GVBl. S. 401) an. Die Vorschriften des FG. über das Verfahren in Verwaltungssachen kommen ergänzend zur Anwendung (Bem. 1 zu Art. 91). In dem Abs. 1 ist insofern ein Redaktionsversehen unterlaufen, als es statt „Art. 6 Abs. 3 S. 2" „Art. 6 Abs. 3 S. 1" heißen muß. Es wurde übersehen, die durch den Ausschuß der K. d. Abg. an dem Regierungsentwurfe vorgenommene Änderung der Interpunktion im Art. 6 Abs. 3 bei der endgültigen Fassung des Art. 98 (früher Art. 95) zu berücksichtigen. Über weitere Fälle, in denen das Schätzungsverfahren stattfindet, s. Bem. 7 a. E. zu Art. 77.

2. Das Schätzungsverfahren kann nur durchgeführt werden:

a) Wenn die Entschädigungspflicht dem Grunde nach von dem Verpflichteten anerkannt oder ihm gegenüber im Zivilprozeß oder im Verwaltungsrechtsverfahren (Art. 17 Abs. 1, Art. 22) rechtskräftig festgestellt ist. Siehe jedoch Art. 26 AG. z. ZPO. und Bem. 4. Ist die Ersatzverpflichtung auch dem Grunde nach bestritten, so wird die Zuständigkeit der Gerichte, in dem gleichen Verfahren über den Grund, die Art und die Höhe des Anspruchs zu entscheiden, durch Art. 98 nicht geschmälert. Im Gegenteil: der Kläger hat zu beachten, daß die Beschränkung des Klagantrags auf die **Feststellung** der Entschädigungspflicht (der Begründung des Anspruchs) nur unter den Voraussetzungen des § 256 ZPO. statthaft ist (RG. [Vereinigte Zivilsenate] Bd. 21 [382]; Seuffert N. 4 A V zu § 253).

b) Wenn ein Beteiligter (oder sein Vertreter) den Antrag auf Einleitung des Verfahrens stellt. Von Amts wegen darf das Verfahren nicht eingeleitet werden. Zum Antrage legitimiert sind (s. hierüber die einzelnen Artikel) der Entschädigungsberechtigte und der Entschädigungspflichtige. Auf die Höhe des Anspruchs kommt es nicht an. Der Antrag ist nicht befristet. Eine Form ist nicht vorgeschrieben. Er wird schriftlich oder zum Protokolle der Distriktsverwaltungsbehörde zu stellen sein, deren örtliche Zuständigkeit aus Art. 90 folgt.

3. Steht die Schadensersatzpflicht dem Grunde nach fest (Bem. 2 unter a), so schließt die Zuständigkeit der Distriktsverwaltungsbehörde zur Feststellung der Entschädigung, soweit sie reicht, die gerichtliche Zuständigkeit aus („hat .... zu erfolgen“): ausschließende, nicht konkurrierende Zuständigkeit. Es steht nicht in der Wahl der Beteiligten, das Gericht oder die Verwaltungsbehörde anzugehen. Auch eine Vereinbarung der Beteiligten, daß sofort das Gericht zuständig sein solle, ist wirkungslos. Wird das Gericht vorzeitig (s. Art. 21 AG. z. ZPO.) angegangen, so hat es die derzeitige Unzulässigkeit des Rechtswegs in jeder Lage des Verfahrens zu beachten und die Klage ohne Sachentscheidung abzuweisen (s. auch § 274 ZPO., Seuffert N. 4 dazu, N. 2c zu § 148). Damit darf der Fall nicht verwechselt werden, daß zur Begründung der Klage vorgebracht wird, der Beklagte habe sich vertragsmäßig zur Leistung der begehrten Entschädigung verpflichtet. Dann handelt es sich nicht um die Feststellung der Entschädigung durch Schätzung, sondern um die Erfüllung des Vertrags, worüber im Streitfalle die Gerichte entscheiden (vgl. v. Henle, Zwangsenteignungsgesetz 2. Aufl. S. 152 Anm. 5).

4. Ist das Schätzungsverfahren beantragt, so gestaltet sich das Verfahren im wesentlichen wie folgt: Die Distriktsverwaltungsbehörde prüft die Legitimation des Antragstellers und bestimmt, wenn sie diese für gegeben hält, „sofort“ einen Termin zur Abschätzung des in dem Antrage bezeichneten Schadens. Zu dem Termine sind die „Beteiligten“ zu laden. Die Ladung erfolgt nach Art. XV des ZwangsenteignungsG. mit der Einschränkung des Art. 18 Abs. 2 AG. z. ZPO. (Öffentliche Bekanntmachung unter Einhaltung einer 14tägigen Frist. Schriftliche Mitteilung nur an bestimmte Personen. Als Rechtsnachteil des Nichterscheinens ist anzudrohen

a) dem Antragsteller: Wiederaufnahme des Termins auf seine Kosten, Schadloshaltung der erschienenen Beteiligten, Annahme des Verzichts auf die Entschädigung bei abermaligem Ausbleiben;
b) dem Entschädigungspflichtigen für den Fall, daß der Antragsteller erscheint: Wiederaufnahme des Termins auf seine Kosten, Schadloshaltung des erschienenen Antragstellers, Annahme der Einwilligung zur Leistung der verlangten Entschädigung bei abermaligem Ausbleiben).

Zum Termine sind weiter drei Schätzleute zu laden. Die Schätzleute können von den Beteiligten gemeinsam bestimmt werden. In zweiter Linie sind sie von der Distriktsverwaltungsbehörde zu ernennen.

Im Termin wird der Augenschein eingenommen, wenn ein solcher erforderlich ist, die Beteiligten oder ihre Vertreter (Art. 91 Abs. 3) werden gehört, ihre Erklärungen — namentlich Forderung und Angebot — werden protokolliert und es wird versucht, eine gütliche Einigung herbeizuführen.

Der Vernehmung von Zeugen steht nichts entgegen (Art. 91 Abs. 5). Sollten beide Teile nicht erscheinen, so ruht das Verfahren (vgl. v. Henle a. a. O. S. 142 Anm. 13) vorbehaltlich der Beitreibung der Kosten, für die dann der Antragsteller haftet. Ein Vertrag der Beteiligten über die Entschädigung wird mit der Protokollierung durch die Distriktsverwaltungsbehörde rechtswirksam. Die Protokollierung ersetzt die etwa erforderliche notarielle Urkunde (vgl. § 313 BGB.; Art. 142 EG. dazu). Vor der Distriktsverwaltungsbehörde kann auch die im übrigen durch § 925 BGB. geregelte Auflassung erfolgen (Ausnahme nach Art. 143 EG. z. BGB., s. Art. 81 AG. dazu). Da die für den Erwerb des Eigentums geltenden Vorschriften auf die selbständigen FRechte entsprechende Anwendung finden (Art. 9 Abs. 2), kann die Einigung über die Uebertragung eines selbständigen FRechts und wohl auch die Einigung über die Bestellung eines FRechts (Art. 13) vor der Distriktsverwaltungsbehörde erklärt werden (s. § 148 Abs. 4 DAnw. für die Grundbuchämter r. d. Rh.). Die Beteiligten können solche Verträge übrigens auch außerhalb des Schätzungstermins schließen und auch dann, wenn sich bei den Verhandlungen eine Streitigkeit über den Grund der Entschädigungspflicht erhoben hat, wenn nur der Vertrag im Laufe des mit der Feststellung der Entschädigung abschließenden Schätzungsverfahrens von der Distriktsverwaltungsbehörde protokolliert wird.

Kommt im Termin ein Vergleich nicht zustande, so werden die Schätzleute beeidigt und die Schätzungen werden protokolliert. Nach Lage der Sache kann schriftliche Abgabe der Schätzung gestattet werden. Sodann ist die Entschädigung festzusetzen (sofern sich die Beteiligten nicht jetzt geeinigt haben). Bei übereinstimmenden Schätzungen muß die geschätzte Summe festgesetzt werden. Gehen die Schätzungen auseinander, so darf nicht unter der Mindestschätzung und über der Höchstschätzung festgesetzt werden. Der Beschluß ist den Beteiligten „bekanntzugeben", durch Verkündung im Termin oder Zustellung einer Ausfertigung. Die Entschädigung wird, wenn sich die Beteiligten nicht anderweit einigen, stets in Geld zu veranschlagen und, soweit nicht das Gesetz die Zahlung einer Rente vorsieht oder gestattet (Art. 22, Art. 82 mit § 913 BGB.), unter Kapitalisierung des Interesses zuzubilligen sein (arg. Art. 20, 21 AG. z. ZPO.).

Mit der Feststellung der Entschädigung ist die Entscheidung im Kostenpunkte zu verbinden (Art. 92 Abs. 2 S. 1). Die Kosten des Verwaltungsverfahrens sowie die Vergütung der den Beteiligten hierdurch verursachten notwendigen Auslagen, zu denen die Kosten für Vertretung durch einen Rechtsanwalt, Entschädigungen zum Schätzungstermine mitgebrachter Zeugen u. dgl. gehören können (vgl. VGH. 15 [253]), fallen vorbehaltlich der Möglichkeit, die durch unbegründete Einwendungen veranlaßten besonderen Kosten dem Einwendenden zu überbürden, und vorbehaltlich der Entscheidung über die Kosten einer durch Nichterscheinen vereitelten Tagfahrt (s. oben) stets dem Entschädigungspflichtigen zur Last. Das Verfahren ist jedoch gebührenfrei (Art. 99 Abs. 1; s. auch Abs. 2).

5. Gegen die Feststellung der Entschädigung in dem Verwaltungsbeschlusse, der mit Verwaltungsbeschwerde nicht anfechtbar ist (s. auch Art. 13 Abs. 1 Ziff. 2 VGG.), können der Entschädigungsberechtigte und der Entschädigungspflichtige innerhalb einer von der Bekanntgabe des Beschlusses laufenden einmonatigen Ausschlußfrist (Berechnung entsprechend dem § 222 ZPO. und den §§ 187 Abs. 1, 188, 193 BGB.) durch Klage oder Widerklage den Rechtsweg betreten (über einen besonderen Fall: ObLG. in ZS. [n. F.] 2 [61]). Die Zuständigkeit der Gerichte bemißt sich nach den allgemeinen Bestimmungen des GVG. und der ZPO. Der Wert des Streitgegenstandes besteht in dem Unter-

schied zwischen dem im Verwaltungsverfahren festgesetzten Betrag und dem höheren (niedrigeren) Betrage, den der Entschädigungsberechtigte (Entschädigungspflichtige) klagend beansprucht (anbietet): ObLG. in ZS. 13[481]. Auf Verlangen einer Partei ist das Gericht verpflichtet, eine neue Schätzung zu veranlassen. Das Gericht ist aber weder an die neue noch an die früheren Schätzungen gebunden (s. ferner §§ 286, 287 ZPO.; ObLG. in ZS. 13[44, 610]; 16[135]; n. F. 2[130]). Es ist jedoch folgendes zu beachten: Die Feststellung der Entschädigungssumme wird — jedenfalls dem Gesamtbetrage nach — insoweit unanfechtbar, als dagegen nicht rechtzeitig mit Klage (Widerklage) vorgegangen wird. Hat der Entschädigungsberechtigte (Entschädigungspflichtige) Klage auf Festsetzung eines höheren (niedrigeren) Betrags gestellt und gelangt das Gericht zur Überzeugung, daß schon die von der Verwaltungsbehörde festgesetzte Summe zu hoch (zu niedrig) ist, so hat das Gericht die Klage abzuweisen; es ist nicht befugt, die seiner Überzeugung entsprechende, gegenüber der Festsetzung durch die Verwaltungsbehörde niedrigere (höhere) Entschädigungssumme festzustellen. Anders liegt die Sache, wenn auch der Entschädigungspflichtige (Entschädigungsberechtigte) rechtzeitig den Rechtsweg beschritten und Widerklage erhoben hat (§§ 33, 281 ZPO.), oder wenn er rechtzeitig selbständige Klage erhoben hat und Verbindungsbeschluß nach § 147 ZPO. erging. Durch die Einrede des Beklagten, der Schaden sei geringer (höher) als von der Verwaltungsbehörde festgesetzt, wird die Rechtshängigkeit seines Gegenanspruchs nicht begründet (RG. in ZS. 16[375], 18[408]). Beispiel: Die Verwaltungsbehörde hat 500 Mk. festgesetzt. Der Entschädigungsberechtigte (Pflichtige) verlangt klageweise die Feststellung auf 1000 Mk. (200 Mk.). Nach der Überzeugung des Gerichts beträgt der Schaden 300 Mk. (700 Mk.). Der Pflichtige (Berechtigte) hat den Rechtsweg (s. o.) nicht beschritten. Urteil: Abweisung der Klage. Die Feststellung der Entschädigung auf 300 Mk. (700 Mk.) ist nur möglich, wenn auch der Entschädigungspflichtige (Berechtigte) klagend vorgegangen ist (vgl. v. Henle a. a. O. S. 166, v. Henle-Habel, AG. z. ZPO. u. KO., 3. Aufl., Anm. 5 zu Art. 21).

6. Für die Entscheidung der Gerichte über die Kosten sind die §§ 91 f. ZPO. maßgebend. Das gerichtliche Verfahren unterliegt der allgemeinen Gebührenpflicht. Gegen die gerichtlichen Entscheidungen sind die gewöhnlichen Rechtsmittel gegeben.

7. Die entsprechend anwendbaren Vorschriften des **AG. z. ZPO. u. KO.** lauten:

Art. 17 Abs. 1 S. 2, 3. Der Antrag hat die genaue Bezeichnung des abzutretenden Grundstücks sowie die Angabe des Abtretungspflichtigen und der sonstigen Betheiligten zu enthalten. Der Antrag soll soweit thunlich für die in demselben Verwaltungsbezirke belegenen Grundstücke gleichzeitig gestellt werden.

Art. 18. Die Distriktsverwaltungsbehörde bestimmt sofort einen Termin zur Abschätzung der in dem Antrage bezeichneten Gegenstände. Nach Lage der Sache können zur Abschätzung einzelner Gegenstände oder bestimmter Gruppen derselben gesonderte Termine bestimmt werden.

Zu dem Termine sind die Betheiligten zu laden sowie drei Sachverständige als Schätzleute entweder für alle zur Abschätzung bestimmten Gegenstände oder für einzelne Gegenstände oder einzelne Arten derselben beizuziehen. Auf die Ladung finden die Vorschriften des

Art. XV Abs. 1 Satz 2, Abs. 2, 3 des Gesetzes vom 17. November 1837 entsprechende Anwendung; schriftliche Mittheilung erfolgt nur an den Abtretungsberechtigten, die Abtretungspflichtigen und die sonstigen Betheiligten, die sich zur Theilnahme an dem Schätzungsverfahren bei der Distriktsverwaltungsbehörde gemeldet haben. Die Schätzleute sind, sofern sich nicht die Betheiligten über deren Wahl geeinigt und spätestens eine Woche vor dem Termine hievon Anzeige gemacht haben, von der Distriktsverwaltungsbehörde zu ernennen. Personen, welche als Entschädigungsberechtigte von der Enteignung betroffen sind oder welche an der Feststellung der Entschädigungssumme sonst ein rechtliches Interesse haben, können nicht als Schätzleute bestimmt werden.

Art. 19. In dem Abschätzungstermine hat zunächst mit Zuziehung der Schätzleute Einnahme des Augenscheins und Vernehmung der Betheiligten über etwaige besondere auf die Werthsbestimmung Einfluß äußernde Verhältnisse sowie über die von den Abtretungspflichtigen beanspruchten und von dem Abtretungsberechtigten angebotenen Summen zu Protokoll zu erfolgen und ist unter den Betheiligten eine gütliche Einigung zu versuchen. Im Falle des Nichtzustandekommens derselben wird sodann nach Beeidigung und entsprechender Belehrung der Schätzleute zur protokollarischen Aufnahme der Schätzungen geschritten. Für die Schätzung sind die in Tit. II des Gesetzes vom 17. November 1837 aufgestellten Grundsätze maßgebend.

Den Schätzleuten kann nach Lage der Sache auch eine kurze Frist zur schriftlichen Abgabe der Schätzung eröffnet werden. In diesem Falle sind die zu beantwortenden Fragen zum Protokolle festzustellen und den Schätzleuten in Abschrift zu übergeben.

Art. 20. Auf Grund der von den Schätzleuten abgegebenen Erklärungen hat die Distriktsverwaltungsbehörde die Entschädigungssummen für die einzelnen Abtretungsgegenstände auszusprechen. Hiebei ist dieselbe, falls die Werthsbestimmungen der Schätzleute übereinstimmen, an den hienach sich ergebenden Betrag gebunden. Besteht Meinungsverschiedenheit unter den Schätzleuten, so ist die Entschädigungssumme unter Würdigung der Begründung der verschiedenen Werthsangaben, jedoch innerhalb der Grenze derselben, festzustellen.

Art. 21 Abs. 1, 3. Gegen die Feststellung der Entschädigungssumme durch die Distriktsverwaltungsbehörde steht sowohl den Abtretungspflichtigen als auch den Abtretungsberechtigten innerhalb einer von Bekanntgabe der festgestellten Beträge an laufenden Ausschlußfrist von einem Monate die Betretung des Rechtswegs behufs richterlicher Entscheidung über den Betrag der zu leistenden Entschädigung offen.

Auf Verlangen einer Partei ist eine neue Schätzung vorzunehmen. Die Schätzleute, welche den Abtretungsgegenstand im Verfahren vor der Distriktsverwaltungsbehörde geschätzt haben, dürfen ohne Zustimmung der Parteien nicht als Sachverständige ernannt werden.

Art. 26. Eine gütliche Einigung der Betheiligten über die Abtretung oder über die zu leistende Entschädigung wird mit der Protokollirung durch die Distriktsverwaltungsbehörde rechtswirksam. Vor dieser kann auch die Auflassung erklärt werden.

Art. 99.

Das Verwaltungsverfahren in erster Instanz und das Verwaltungsverfahren nach Art. 98 sind gebührenfrei.

Abs. 2. Die Kosten, welche auf Abordnung von Kommissären zu Ortsbesichtigungen und Tagfahrten im Vollzuge der Art. 19 bis 22, 28, 37 bis 63, 80 bis 83 erwachsen, werden von der Staatskasse übernommen.

1. Nur das Verwaltungsverfahren erster Instanz mit Einschluß des Verwaltungsrechtsverfahrens erster Instanz, ferner das Schätzungsverfahren nach Art. 98, nicht ein etwa sich anschließendes gerichtliches Verfahren, ist gebührenfrei. Das Vollstreckungsverfahren nach Art. 94 ist nicht Verwaltungsverfahren erster Instanz im Sinne des Art. 99 Abs. 1, wird aber nach Art. 234 Ziff. 7 GebG. in erster Instanz gebührenfrei sein. Aus Art. 3 Ziff. 5 a. a. O. kann die Gebührenfreiheit nicht abgeleitet werden, denn es handelt sich nicht um Ordnungsstrafen im Sinne des Art. 3 Ziff. 1 AG. z. StPO. Siehe im übrigen besonders GebG. Art. 4 Abs. 1 (Anspruch auf einstweilige Gebührenbefreiung), Art. 201 f. (Gebühren auf dem Gebiete der inneren Verwaltung und der Verwaltungsrechtspflege), Art. 231, 285 (Schuldner der Gebühren), Art. 232 (Auslagenvorschuß). Art. 234 Ziff. 6 (Gebührenfreiheit oder -Minderung für das Verfahren in der Beschwerdeinstanz), Art. 235 (Niederschlagung von Gebühren), Art. 236 (Erhebung von Gebühren entgegen dem Art. 99 Abs. 1), Art. 284 (Spielraum bei dem Ansatze der Gebühr).

2. Abs. 2 befreit in den dort bezeichneten Fällen den Kostenpflichtigen von dem Ersatze der der Staatskasse durch die Abordnung von Kommissären entstehenden Auslagen ohne Rücksicht darauf, in welcher Instanz die Besichtigung oder Tagfahrt erfolgt.

Abteilung VII. Strafbestimmungen.

Vorbemerkung.

Die Abt. VII erschöpft nicht alle strafbaren Tatbestände in bezug auf das Fischen. Sie enthält die auf Grund des § 2 Abs. 2 EG. z. StGB. erlassenen (polizeilichen) Vorschriften im weiteren Sinne. Auf die Strafvorschriften des FG. finden die in der Einleitung und dem ersten (allgemeinen) Teile des StGB. enthaltenen Vorschriften Anwendung (Art. 4 Abs. 1 AG. z. StPO.). Besondere Schwierigkeiten bereitet öfters die Entscheidung, ob zum subjektiven Tatbestande Vorsatz erforderlich ist oder Fahrlässigkeit genügt. Die herrschende Lehre stellt als Auslegungsregel auf, daß Kriminaldelikte, die die Verletzung oder Gefährdung bestimmter Rechtsgüter mit Strafe bedrohen, im Zweifel nur vorsätzlich begangen werden können, während bloße Polizeidelikte, die den Ungehorsam gegen Verbote und Gebote schlechthin unter Strafe stellen, zwischen vorsätzlichem und fahrlässigem Handeln nicht unterscheiden (vgl. Olshausen Vorbem. 4 vor § 51, Frank Vorbem. II vor § 360, ObLG. in StS. 2[431]).

Die auf die F. sich **besonders** beziehenden Vorschriften des **Strafgesetzbuchs für das Deutsche Reich**

lauten:

§ 296. Wer zur Nachtzeit, bei Fackellicht oder unter Verwendung schädlicher oder explodierender Stoffe unberechtigt fischt oder krebst, wird mit Geldstrafe bis zu sechshundert Mark oder mit Gefängnis bis zu sechs Monaten bestraft.

§ 370 Nr. 4. Mit Geldstrafe bis zu einhundertfünfzig Mark oder mit Haft wird bestraft, wer unberechtigt fischt oder krebst.

§ 361 Nr. 9. Mit Haft wird bestraft, wer Kinder oder andere unter seiner Gewalt stehende Personen, welche seiner Aufsicht untergeben sind und zu seiner Hausgenossenschaft gehören, von der Begehung von Diebstählen, sowie von der Begehung strafbarer Verletzungen der Zoll- oder Steuergesetze, oder der Gesetze zum Schutze der Forsten, der Feldfrüchte, der Jagd oder der Fischerei abzuhalten unterläßt. Die Vorschriften dieser Gesetze über die Haftbarkeit für die den Täter treffenden Geldstrafen oder anderen Geldleistungen werden hierdurch nicht berührt.

In den Fällen der Nr. 9 . . kann statt der Haft auf Geldstrafe bis zu einhundertfünfzig Mark erkannt werden.

A. Allgemeines.

1. Wer sich Fische, Krebse oder andere nutzbare Wassertiere, auf die die FBerechtigung durch Kgl. VO. jeweils erstreckt ist (Art. 1 Abs. 1, 3; RG. in StS. 17[161]; a. M. Staudinger, Fischereischutz S. 10), unberechtigt aneignet, wird nach § 370 Nr. 4 (Übertretung), gegebenenfalls, wenn ein dort bezeichneter Straferhöhungsgrund vorliegt, nach § 296 (Vergehen) gestraft. § 296 und § 370 Nr. 4 dienen dem Schutze des ausschließenden Aneignungsrechts des FBerechtigten. Die andere Seite des FRechts — das Hegerecht — ist nur unvollkommen strafrechtlich geschützt, insbesondere ist die vorsätzliche oder fahrlässige, nicht in der Absicht der Aneignung erfolgende Vernichtung oder Beschädigung von Fischen, die ein anderer hegt, nicht als Fischfrevel strafbar (Nagler S. 513). U. U. trifft § 303 StGB. oder Art. 92, 93 PStGB. zu; s. auch Staudinger, Fischereischutz S. 48. Die Beschädigung und Zerstörung des Fischlaichs ist durch Art. 73, 101 Nr. 7 regelmäßig unter Strafe gestellt.

2. Ob jemand „unberechtigt" fischt, bestimmt sich nach dem Landesrechte, in erster Linie also nach dem FG. (vgl. ObLG. in StS. 6[393]). Unberechtigt fischt nicht nur, wer ohne jede Befugnis fischt, sondern auch, wer unter Überschreitung seiner Befugnis fischt (Staudinger, Fischereischutz S. 15). Wer z. B. auf den Fang von Aalen beschränkt ist (Art. 11), aber anderen Fischen nachstellt, ist als Frevler strafbar (Olshausen N. 5 zu § 296); ebenso, wer die ihm nach Art. 35 erteilte Erlaubnis vorsätzlich überschreitet (Bem. 7 zu Art. 35). Unberechtigt fischt auch, wer statt für den Berechtigten, wozu er befugt ist, für sich fischt (RG. in StS. 13[195]). Unberechtigt ist das Fischen ferner, wenn der Träger des FRechts, der die Ausübung des Rechtes vollständig und ohne einen Vorbehalt für sich (vgl. Bem. 2 zu Art. 31) kraft dinglichen oder obligatorischen Vertrags (z. B. als Nießbrauch oder mittels Verpachtung) einem anderen überlassen hat, ohne Ermächtigung dieses FBerechtigten im weiteren Sinne (Einl. S. 17) fischt oder für sich fischen läßt. Der vertragsmäßigen Überlassung der Ausübung steht die Überlassung aus einem sonstigen Rechtsgrunde (z. B. Art. 22) gleich. Anderseits ist zu beachten, daß nicht jede Zuwiderhandlung gegen die gesetzlichen Beschränkungen der Ausübung des FRechts den Tatbestand des strafbaren unberechtigten Fischens erfüllt. Strafbar ist nur der Eingriff in das ausschließende Aneignungsrecht eines andern. Dieser Eingriff wird vorliegen, wenn der einem gemeinschaftlichen FBetriebe mit drei und mehr Beteiligten (Art. 20) angeschlossene Berechtigte ohne Ermächtigung durch die Gesamtheit in seinem Fischwasser fischt, denn hinsichtlich der Ausübung sind die Beteiligten in der Gesamtheit als Berechtigte zu erachten (Einl. S. 17). Ähnlich liegt die Sache, soweit die Ausübung der FRechte auf eine Genossenschaft übergegangen ist (Einl. S. 17). Der Genosse, der entgegen der Genossenschaftssatzung in seinem Fischwasser fischt, fischt unberechtigt. Dagegen begründen Zuwiderhandlungen der FBerechtigten gegen die gesetzliche Ordnung der FAusübung im Art. 25 Abs. 2 und Art. 27 Abs. 1 oder gegen die behördliche Ordnung der FAusübung im Art. 28, insbesondere gegen die Zuteilung bestimmter Gewässerstrecken, nicht den Tatbestand des Fischfrevels, weil sie Eingriffe in das Aneignungsrecht Dritter nicht enthalten (s. Bem. 4 zu Art. 25 und zu Art. 27, Art. 28 Abs. 2 Nr. 8). S. auch Bem. 3 zu Art. 33 (Fischen auf Grund eines **nichtigen** Pachtvertrags) und Bem. 1 zu Art. 7 (Eingriff in das gemeindliche Ausübungsrecht).

3. Die Wegnahme von Fischen u. a., die sich in fremdem Eigentum und Gewahrsam befinden, ist Diebstahl (§§ 242 f.) oder Mundraub (§ 370 Nr. 5 StGB.). Die Verfolgung des Mundraubs tritt nur auf Antrag ein (§ 370 Abs. 2). Der Diebstahl und der Mundraub an Fischen unterscheidet sich hinsichtlich des Tatbestands nicht von dem allgemeinen Tatbestande des Diebstahls und des Mundraubs. Die Entwendung kann erfolgen z. B. aus Fischbehältern im engeren Sinne (Transportfässer, unbewegliche und bewegliche Fischkästen), aus Reusen und anderen Fangvorrichtungen, dann aus geschlossenen Privatgewässern (darüber Bem. 1 vor Art. 1, Bem. 1 zu Art. 2; ObLG. in StS. 1[269]). Über die Rechtsprechung vor 1900, die im allgemeinen zu den gleichen Ergebnissen gekommen ist, s. Staudinger, Fischereischutz S. 27 f.

4. Kommt in Frage, ob die Handlung des Fischfrevlers oder Fischdiebs zugleich gegen Strafvorschriften des FG. verstößt, so ist zu prüfen, ob die Strafvorschrift des FG. auch gegen den unberechtigt Fischenden gerichtet ist. Art. 104 Abs. 1 Nr. 1 straft z. B. wegen Fischens ohne Fischerkarte nur denjenigen, der von der ihm zustehenden Befugnis zum Fischen vor der Lösung der Karte Gebrauch macht. Daraus geht hervor, daß der Frevler oder Dieb nicht auch deshalb gestraft werden kann, weil er nicht im Besitz einer Fischerkarte war. Richtet sich die Strafvorschrift auch gegen den unberechtigt Fischenden, so treffen die Delikte rechtlich zusammen (§ 73 StGB.). Dies ist u. U. (z. B. bei Idealkonkurrenz von § 370 Nr. 4 StGB. mit Art. 101 Nr. 4 FG.) wichtig wegen der Möglichkeit, auf Einziehung nach Art. 106 zu erkennen, die nicht Nebenstrafe, sondern polizeiliche Präventivmaßregel ist. Erfolgt die Verurteilung aus § 296 StGB., so ist zu prüfen, ob nicht Gesetzeskonkurrenz vorliegt (vgl. Riedel-Sutner Anm. 2a zu Art. 126, Bem. 2 zu § 9 LFO.).

B. Materiellrechtliche Einzelheiten.

5. Zu § 296 und § 370 Nr. 4: „Fischen" ist nicht nur die Besitzergreifung an Fischen u. a. (Bem. 1), sondern jede die Fische aufsuchende, verfolgende, auf die Erlangung des Besitzes an ihnen abzielende Handlung ohne Rücksicht auf die Zweckdienlichkeit der Handlung (ObLG. in StS. 2[160]; Olshausen N. 3 zu § 296), z. B. auch das Einlegen von Angeln oder Netzen, das Absuchen von Krebslöchern. Zur Nachtzeit fischt auch, wer die bei Tage eingelegten Angeln oder Netze zum Zwecke des Fischfangs während der Nacht im Wasser beläßt (RGSt. 37[117]; Nagler S. 516). Schädliche Stoffe sind z. B. vergiftete Köder. Es genügt, daß der Stoff für die Fische schädlich ist. Explodierende Stoffe sind z. B. ungelöschter Kalk, Sprengpatronen (Staudinger, Fischereischutz S. 23). Zum subjektiven Tatbestand der §§ 296, 370 Nr. 4 gehört, daß der Täter vorsätzlich handelt. Der Vorsatz umfaßt das Bewußtsein des Mangels der Berechtigung (ObLG. in StS. 6[396]). Die Strafbarkeit der Mittäter und Teilnehmer richtet sich nach den allgemeinen Grundsätzen (§§ 47 f. StGB.). Zu beachten ist, daß danach die Hilfeleistung zur Übertretung nach § 370 Nr. 4 straffrei, die Hilfeleistung zum Vergehen nach § 296 strafbar ist. Ebenso ist die Einziehung von Geräten u. a., die bei Begehung der Übertretung gebraucht wurden, unzulässig, während die zur Begehung des Vergehens nach § 296 gebrauchten oder bestimmten Geräte u. a. eingezogen werden können, sofern sie dem Täter oder einem Teilnehmer gehören (§ 40 StGB.). Siehe aber Bem. 4.

6. Zu § 361 Nr. 9: Die Strafbarkeit des Gewalthabers wird schon durch Fahrlässigkeit begründet. Nach dem BGB. ist die Frau nicht der Gewalt des Mannes unterworfen, die volljährigen Kinder nicht der Gewalt der Eltern. „Gesetze zum Schutze der F." sind alle einschlägigen reichsrechtlichen und landesrechtlichen Strafvorschriften. Die Haftbarkeit des Gewalthabers für fremde Geldstrafen und andere Geldleistungen ist im Art. 107 geregelt.

C. Prozessuales.

7. Die Verfehlungen nach § 296 StGB. gehören als Vergehen zur Zuständigkeit der Strafkammern, können aber nach § 75 Nr. 14 GVG. zur Verhandlung und Entscheidung dem Schöffengericht überwiesen werden. Die Verfehlungen nach § 370 Nr. 4, § 361 Nr. 9 StGB. und alle strafbaren Handlungen nach dem FG. und auf Grund des FG. sind als Übertretungen von den Amtsgerichten und Schöffengerichten zu behandeln (§ 27 Nr. 1 GVG., Strafbefehlsverfahren: §§ 447 f. StPO.). Anweisung zu entschiedenem Einschreiten der Polizeibehörden gegen FFrevel und fpolizeiliche Übertretungen enthalten die Bekanntmachungen vom 19. Oktober 1898 und 30. März 1904 (MABl. S. 601, 105).

D. Staatsverträge.

8. Als Staatsverträge kommen in Betracht die bayerische Übereinkunft mit Österreich wegen Bestrafung der Forst-, Jagd-, Fisch- und Feldfrevel (RegBl. 1839 S. 825; 1844 S. 308; Vollzug: JMBl. 1880 S. 85), ferner der für Bayern wenig praktische deutsch-belgische Vertrag vom 29. April 1885 über die Bestrafung der auf den beiderseitigen Gebieten begangenen Forst-, Feld-, Fischerei und Jagdfrevel (RGBl. S. 251). Über die Streitfrage, ob und wieweit der bayerisch-österreichische Vertrag noch gilt, s. § 6 StGB., Olshausen zu § 6, anderseits Köhler, BlfRA. Bd. 68 S. 95. Soweit es sich um die Bestrafung der von Inländern in Österreich begangenen Übertretungen mit dem Tatbestande des § 370 Nr. 4 oder des § 361 Nr. 9 StGB. handelt, ist der Vertrag m. E. nicht mehr anwendbar, weil er durch § 6 StGB. überholt ist (arg. Art. 2 der Reichsverfassung; s. Laband, Das Staatsrecht des Deutschen Reiches, 4. Aufl. 2. Bd. S. 156 f.). Hinsichtlich der von Österreichern auf bayerischem Gebiete begangenen Delikte ist zu beachten, daß nach § 3 StGB. das Strafgesetzbuch auf alle in seinem Gebiete begangenen strafbaren Handlungen Anwendung findet, auch wenn der Täter ein Ausländer ist, und daß der Staatsanwalt reichsgesetzlich (§ 152 Abs. 2 StPO.) verpflichtet ist, wegen aller strafbaren und verfolgbaren Handlungen einzuschreiten, soweit nicht durch Gesetz ein anderes bestimmt ist. Die FStrafsachen gehören vor die ordentlichen Gerichte; die Strafprozeßordnung findet auf sie Anwendung (§ 3 Abs. 1 EG. z. StPO.). Der Staatsvertrag eines einzelnen Bundesstaats kann das für ihre Verfolgung geltende reichsgesetzliche Legalitätsprinzip nicht durchbrechen.

Art. 100.

An Geld bis zu 150 *M* oder mit Haft wird, soferne nicht nach den bestehenden gesetzlichen Bestimmungen eine höhere Strafe verwirkt ist, bestraft:

1. wer unbefugt Fischwege (Art. 75 Abs. 1, 2), Schutzvorrichtungen bei Triebwerken (Art. 76), Schutzrechen, -Gitter u. dgl. an Gräben (Art. 79) beseitigt oder beschädigt;
2. wer den Vorschriften des Art. 74 zuwiderhandelt;
3. wer unbefugt Zeichen, welche zum Zwecke der Abmarkung der Grenzen von Fischereirechten von den zuständigen Behörden oder Personen angebracht worden sind, wegnimmt, vernichtet, unkenntlich macht, beschädigt oder verrückt.

1. Geldstrafe bis zu 150 *M* und Haftstrafe bis zu sechs Wochen (StGB. § 18; Höchstmaß auch bei der Umwandlung: § 29 Abs. 2) sind wahlweise angedroht. Eine höhere Strafe kann besonders verwirkt sein nach StGB. §§ 303, 305 (Sachbeschädigung), § 274 Nr. 2 (Grenzverrückung).

2. Als Schuldform wird in den Fällen der Nr. 1 und 3 Fahrlässigkeit genügen, da die Verbote vorwiegend polizeilichen Charakter haben. Zum subjektiven Tatbestande der Nr. 2 ist erforderlich, daß der

Täter die Vorrichtungen vorsätzlich anlegt und überdies zu dem Zwecke handelt, den freien Zug der Fische zu verhindern oder zu beeinträchtigen. Die irrtümliche Annahme des Täters, das Gewässer sei „geschlossen" oder die behördliche Genehmigung sei nicht vorgeschrieben, wird nicht zu beachten sein.

3. Strafbar ist auch, wer die Fischwege an ihm gehörenden Wasserwerken und die Schutzvorrichtungen an ihm gehörenden Triebwerken unbefugt beseitigt oder beschädigt. Der FBerechtigte ist selbstverständlich befugt, die nach Art. 79 angebrachten Vorkehrungen wieder zu beseitigen.

4. Zu Nr. 3 s. Art. 12, 71; Art. 28 Nr. 2 des AbmarkungsG. vom 30. Juni 1900.

5. Ermächtigung der Verwaltungsbehörde zur Beseitigung des ordnungswidrigen Zustandes im Falle der Nr. 2: Art. 102.

Art. 101.

Mit Geldstrafe bis zu 60 *M* oder mit Haft bis zu 14 Tagen wird, soferne nicht nach den bestehenden gesetzlichen Bestimmungen eine höhere Strafe verwirkt ist, bestraft:

1. wer entgegen dem Art. 6 Abs. 2 Vorkehrungen anbringt, welche den Zweck haben, die Rückkehr des Wassers und der Fische in das Wasserbett zu hindern;
2. wer die nach Art. 6 Abs. 4 angelegten Gräben unbefugt beschädigt;
3. wer einen Erlaubnisschein unbefugt ausstellt oder die für die Ausstellung von der Verwaltungsbehörde festgesetzten Bedingungen nicht beachtet (Art. 35);
4. wer den bestehenden Fischereiordnungen und den auf Grund des Art. 72 erlassenen oberpolizeilichen Vorschriften zuwiderhandelt;
5. wer einen Fischweg ohne Genehmigung der Verwaltungsbehörde anlegt oder den über die Benützung und die Offenhaltung eines Fischwegs erlassenen Vorschriften zuwiderhandelt (Art. 75 Abs. 5);
6. wer den Vorschriften des Art. 77 Abs. 1, 2 zuwiderhandelt oder eine der in Art. 77 Abs. 3 und Art. 85 Abs. 2 vorgeschriebenen Anzeigen unterläßt;
7. wer den Vorschriften des Art. 1 Abs. 4, Art. 73, 81 Abs. 1, Art. 84 zuwiderhandelt;
8. wer unbefugt oder entgegen dem Art. 78 ohne Erlaubnis Fischwasser schlämmt oder aus denselben Binsen, Schilfgewächse oder andere Wasserpflanzen räumt oder Wassergräser an den Rinnsalen abmäht.

1. Geldstrafe bis zu 60 *M* und Haftstrafe bis zu 14 Tagen (Höchstmaß auch für die Umwandlung: StGB. § 29 Abs. 2) sind wahlweise angedroht.

2. Zu Nr. 1: Schon aus dem Wortlaute geht hervor, daß die Handlung vorsätzlich und zu einem bestimmten Zwecke begangen sein muß. Beseitigung des ordnungswidrigen Zustandes: Art. 102.

3. Zu Nr. 2: Die Handlung erfordert Vorsatz.

4. Zu Nr. 3: Nach dem Regierungsentwurf sollte bestraft werden „wer ohne Erlaubnis der Verwaltungsbehörde einen Erlaubnisschein... ausstellt oder die ... Bedingungen nicht beachtet." Für die Abänderung der Vorschrift war die Erwägung maßgebend, daß es möglich sein solle, denjenigen zu bestrafen, der „in Wirklichkeit unberechtigt, aber mit formeller Erlaubnis der Verwaltung versehen" Erlaubnisscheine ausstellt (IV. Prot. AKR. S. 537). Mit Rücksicht hierauf und auf das Verhältnis zu § 370 Nr. 4 StGB. wird in solchen Fällen zum subjektiven Tatbestande gehören, daß der Täter den Mangel seiner Befugnis kennt. Sonst genügt es, daß er weiß, er habe zur Ausstellung keine behördliche Genehmigung ohne Rücksicht darauf, ob er sie für erforderlich gehalten hat oder nicht.

5. Zu Nr. 4: Unter den bestehenden FO. sind nicht die FO. des Art. 28, sondern nach der Begr. S. 359 insbesondere die älteren, zum Teil auf Gesetz und landesherrlicher Verordnung beruhenden fpolizeilichen Vorschriften, wie sie für einzelne Gewässer gelten, zu verstehen, soweit sie nicht schon durch oberpolizeiliche Vorschriften auf Grund des Art. 126 Abs. 1 Ziff. 1 PStGB. ersetzt wurden oder durch Art. 111 FG. aufgehoben wurden (Bem. 2 dazu) oder durch oberpolizeiliche Vorschriften nach Art. 72 aufgehoben oder ersetzt werden. Die Regierung hat erklärt, daß ihr nicht alle älteren FO. bekannt seien, man habe auf diese FO. vorsichtshalber wieder Bezug genommen (IV. Prot. AKR. S. 537). Nachweisung früherer FO. und FMandate in Döllingers Repertorium über die Kreittmayrsche und Mayrsche Generaliensammlung 1834 S. 151, s. auch Staudinger LFO. von 1884 S. 28. Für die Bestrafung nach Nr. 4 genügt Fahrlässigkeit, wenn nicht die den Strafrahmen ausfüllende Vorschrift ausdrücklich nur vorsätzliches Handeln unter Strafe stellt.

6. Zu Nr. 5: Die Umgehung der Genehmigung ist nur strafbar, soweit die Genehmigung überhaupt erforderlich ist (Art. 75 Abs. 5). Das „Anlegen des Fischweges" wird vorsätzlich geschehen müssen; im übrigen genügt Fahrlässigkeit. Siehe Art. 102.

7. Zu Nr. 6: Als Schuldform genügt Fahrlässigkeit.

8. Zu Nr. 7: Dem Art. 1 Abs. 4 handelt insbesondere zuwider

a) wer unberechtigt den Froschfang ausübt; insoweit wird Vorsatz, also das Bewußtsein des Mangels der Berechtigung erforderlich sein;

b) wer zwar die erforderliche Erlaubnis hat, den Ausweis hierüber aber vorsätzlich oder fahrlässig nicht bei sich führt.

Zum Tatbestande der Übertretungen nach Art. 73, 81 Abs. 1, Art. 84 genügt Fahrlässigkeit.

9. Zu Nr. 8: Die fahrlässige Übertretung des polizeilichen Verbots des Art. 78 ist strafbar. Soweit das in die Berechtigung eines andern eingreifende, deshalb unbefugte Schlämmen des Fischwassers u. a. bestraft werden soll, wird Vorsatz des Täters erforderlich sein (s. Bem. 1 und 5 zu Art. 78).

Art. 102.

Im Falle rechtskräftiger Verurteilung nach Art. 6 Abs. 2 mit Art. 101 Nr. 1, dann nach Art. 74 mit Art. 100 Nr. 2 und nach Art. 75 Abs. 5 mit Art. 101 Nr. 5 ist die Verwaltungsbehörde zu ermächtigen, auf Kosten des Verurteilten die Beseitigung des ordnungswidrigen Zustandes herbeizuführen.

1. Vorbilder: Art. 105 PStGB. und Art. 205 WG., s. auch § 147 Abs. 3 GewO. Die Ermächtigung ist durch den Richter im Straferkenntnis auszusprechen, gleichzeitig mit der Verurteilung. Mit den Worten „im Falle *rechtskräftiger* Verurteilung" kommt nur zum Ausdrucke, daß die Ermächtigung mit der Rechtskraft der verurteilenden Entscheidung wirksam wird. ObLG. in StS. 10[35]. Die Ermächtigung kann auch im *Strafbefehl* erteilt werden, denn sie ist nicht (Neben-) „Strafe", sondern Straffolge (§§ 447, 450 StPO.). Die gegenteilige Meinung zu dem (übrigens gerade in dieser Hinsicht anders lautenden) Art. 105 PStGB. beruht auf einer Entsch. des OLG München St. 3[15]. Das gleiche Gericht hat aber in einer späteren Entsch. Bd. 5 S. 193 den Ausspruch als *Straffolge* bezeichnet. S. für den Ausspruch im Strafbefehl *Friedländer*, Zeitschrift für die gesamte Strafrechtswissenschaft 18[502], BayZfR. 1909 S. 206 f., 1910 S. 55; s. ferner *Riß*, BlfRA. 68[550]. A. M. als hier *Harster-Cassimir* Anm. zu Art. 205. Zweifelnd *Riedel-Sutner* Anm. 3 zu Art. 105 PStGB. Der Richter *muß* die Ermächtigung erteilen; ob und wie die Verwaltungsbehörde dann von der Ermächtigung Gebrauch machen will, ist Sache ihres *Ermessens*. Die Ermächtigung kann nur unterbleiben, wenn *feststeht*, daß ein ordnungswidriger Zustand nicht mehr vorliegt (z. B. wenn in der Strafanzeige berichtet wird, daß die nach Art. 6 Abs. 2 verbotenen Vorkehrungen beseitigt wurden, oder wenn die Verwaltungsbehörde mitteilt, daß sie nach Art. 94 die gesetzwidrige Anlage schon beseitigt habe). Die Ermächtigung darf nur im Anschluß an die *Verurteilung* ausgesprochen werden. Erfolgt aus irgendwelchem Grunde Freisprechung, Einstellung des Verfahrens u. a. oder ist die Verfolgung einer bestimmten Person nicht ausführbar oder hat der Richter die Ermächtigung versehentlich unterlassen, so kann die Ermächtigung *nicht* etwa in einer Art von objektivem Verfahren erteilt werden (anders Art. 18 Abs. 2 PStGB.).

2. Das selbständige Anordnungs- und Vollstreckungsrecht der Verwaltungsbehörden (Art. 94) wird durch Art. 102 nicht geschmälert. Es besteht fort unabhängig von der Möglichkeit, in den hier bezeichneten Angelegenheiten die Vollstreckung auf Grund des Richterspruchs durchzuführen.

Art. 103.

An Geld bis zu 60 *M* oder mit Haft bis zu 14 Tagen wird bestraft:

1. wer, ohne in dem betreffenden Gewässer zum Fischen befugt zu sein, nicht verpackte und nicht als Fracht- oder Passagiergut zu befördernde Fischereigerätschaften irgendwelcher Art in und an Schiffen, Flößen und anderen

Wasserfahrzeugen mitführt oder solche Geräte in Badeanstalten oder Mühlen hält oder deren Mitführen oder Halten durch seine zur Ausübung der Fischerei nicht befugten Angehörigen, Bediensteten, Lehrlinge, Arbeiter u. dgl. duldet;

2. **wer außerhalb der öffentlichen Wege in der Nähe von Fischwassern Fischereigeräte irgendwelcher Art in nicht verpacktem Zustande mit sich führt, ohne in dem Gewässer zur Fischereiausübung befugt zu sein oder in Begleitung des Fischereiberechtigten oder seines Stellvertreters sich zu befinden;**
3. **wer verbotene Fischgeräte unbefugt besitzt oder mit sich führt;**
4. **wer auf Aufforderung des Polizei- oder Aufsichtspersonals (Art. 86) sich weigert, verbotene Fanggeräte oder verbotswidrig gefangene Fische herauszugeben.**

Vollzugsbekanntmachung.

„**§ 69.** Von den Fischereiaufsichtsorganen ist als Verpackung (Art. 103 des Fischereigesetzes) eine Verwahrung nicht zu beanstanden, welche den sofortigen Gebrauch des Fischereigerätes ausschließt. Hiezu kann auch eine einfache Verschnürung genügen."

1. Von der in Nr. 1 u. 2 angedrohten Bestrafung sind alle Personen ausgenommen, die zur F. mit dem in Betracht kommenden F.Geräte (Art. 11!) irgendwie materiellrechtlich befugt sind z. B. auch kraft zulässigen Auftrags oder kraft zulässiger Erlaubnis des F.Berechtigten. Wer straflos ist, wenn er in dem fremden Fischwasser mit dem betreffenden Geräte den Fischfang (Art. 1 Abs. 2) ausübt, kann auch wegen der in Nr. 1 u. 2 unter selbständige Strafe gestellten Vorbereitungshandlungen nicht gestraft werden (s. auch Bem. 2 vor Art. 100). Auf die Einhaltung der Ordnungsvorschriften in Abt. III 6. Abschn. kommt es hier nicht an. Der Mangel der Fischerkarte oder des Ausweises nach Art. 68 begründet die Strafbarkeit nach Nr. 1 u. 2 nicht ohne weiteres; anderseits wird der Mangel der materiellen Berechtigung nicht durch den Besitz der Fischerkarte gedeckt. Von der Bestrafung nach Nr. 1 u. 2 ist weiter, obwohl das Gesetz darüber schweigt, ausgenommen, wer, ohne in dem betreffenden Gewässer zum Fischen befugt zu sein, nicht verpackte F.Geräte im Auftrag oder mit Erlaubnis des F.Berechtigten in sonst strafbarer Weise mit sich führt oder hält (vgl. § 368 Nr. 10 StGB.). Z. B. der Berechtigte beauftragt seinen Knecht, der nicht fischen darf, auf einem Kahne offene F.Geräte zu befördern, oder der F.Berechtigte benützt nach Vereinbarung mit dem in diesem Gewässer zum Fischen nicht berechtigten Müller das dem letzteren gehörende, in der Mühle aufbewahrte F.Geräte oder der Berechtigte erlaubt seinem in einem entfernteren Teile des Gewässers fberechtigten Nachbar, zur Abkürzung des Weges am Ufer des Fischwassers zum Fischfang ausgerüstet zu gehen. Die Begleitung des Berechtigten oder seines Stellvertreters (Nr. 2) ist letzterenfalls nicht erforderlich. Das Gesetz will dadurch, daß es das Verbot nur für den Fall der Begleitung ausdrücklich aufhebt, die Anwendung des oben bezeichneten Grundsatzes auf andere Fälle nicht ausschließen, denn die Verbote sind in erster Linie im Interesse des FBerechtigten gegeben, der selbst wissen muß, wieweit sein Interesse des strafrechtlichen Schutzes bedarf.

2. Das „Mitführen", „Halten" erfordert Besitzwillen, aber nicht die Absicht des Gebrauchmachens. Das „Dulden" des Mitführens oder Haltens der Geräte durch Personen, die in einem Abhängigkeitsverhältnisse stehen (vgl. Art. 107), erfordert das Wissen von dem Besitze der anderen und das Unterlassen ernstlichen Einschreitens dagegen.

3. Ob die FGeräte (Bem. 4 zu Art. 87) „verpackt" sind, ist Tatfrage. Nicht verpackt sind sie jedenfalls, wenn der Inhaber mit ihnen zur Ausübung des Fischfangs (Art. 1 Abs. 2) ausgerüstet erscheint (vgl. § 368 Nr. 10 StGB.), d. h. wenn sie sich in einem Zustande befinden, daß der Inhaber von ihnen bei Gelegenheit ohne besondere Vorbereitung zur Ausübung des Fischfangs Gebrauch machen kann. „Halten" kann man auch unbewegliche FGeräte (Fangvorrichtungen); s. OLGMünchenSt. 10[186].

4. „Öffentliche Wege" sind die innerhalb ihrer Zweckbestimmung (Fußweg, Fahrweg u. dgl.) der Benützung durch jedermann gewidmeten Wege (näheres Kahr Bd. 1 S. 344 f.). Wer sich auf einem öffentlichen Wege zum Fischfang ausgerüstet befindet, ist nach Nr. 2 nicht strafbar, auch wenn der Weg an einem fremden Fischwasser hinführt. Wer außerhalb der öffentlichen Wege zum Fischfang ausgerüstet verweilt, ist unter den anderen Voraussetzungen der Nr. 2 auch strafbar, wenn er im übrigen das betreffende Grundstück betreten usw. darf (er ist z. B. der Eigentümer des Grundstücks oder hat ein Gehrecht). Der in entfernteren Gewässern oder in entfernteren Teilen des Gewässers FBerechtigte muß also, wenn er zum Fischfang ausgerüstet ist, bei der Wahl des Weges zu seinem Fischwasser besonders vorsichtig sein (s. aber Bem. 2 a. E.).

5. Zu Nr. 3: Das „Besitzen", „Mitsichführen" erfordert Besitzwillen. Sonst genügt Fahrlässigkeit. Die Befugnis zum Besitze muß in jedem Falle besonders begründet sein. S. § 9 LFO.

6. Zu Nr. 4: Als Schuldform genügt Fahrlässigkeit. Über verbotene Fanggeräte s. Bem. 6. Die Fische (Art. 1 Abs. 2) sind verbotswidrig gefangen, wenn der Fang erfolgte ohne materielle Berechtigung (auch mittels Diebstahls) oder entgegen den polizeilichen Vorschriften, die Fangverbote oder Fangbeschränkungen enthalten. Das Gebot der Nr. 4 richtet sich demnach an den Fischfrevler und den FBerechtigten; es richtet sich weiter an jeden Dritten, der von anderen verbotswidrig gefangene Fische besitzt. Ob der Besitzer Eigentümer der Fische ist oder nicht (vgl. Bem. 2 vor Art. 1, §§ 932 f. BGB.), ist gleichgültig. An den Eigentumsverhältnissen wird durch die Herausgabe nichts geändert. Die Herausgabe wird in der Regel verlangt werden zur Ermöglichung der Einziehung (Art. 106). Wegen der Verfügung über die ohne materielle Berechtigung gefangenen Fische s. § 111 StPO. Die Aufforderung kann nur von dem Polizeipersonal oder einem verpflichteten Aufseher (Art. 86) ausgehen.

7. Fakultative Einziehung in den Fällen der Nr. 1 bis 3: Art. 106 Abs. 2.

Art. 104.

An Geld bis zu 30 *M* oder mit Haft bis zu einer Woche wird bestraft:

1. wer von der ihm zustehenden Befugnis zur Fischerei Gebrauch macht, bevor für ihn eine Fischerkarte gelöst ist oder nachdem die Zeit ihrer Gültigkeit abgelaufen ist;
2. wer seine Fischerkarte einem anderen zum Gebrauche überläßt;
3. wer der Vorschrift des Art. 68 oder des Art. 69 zuwiderhandelt.

Abs. 2. Der ohne Fischerkarte Betroffene ist unabhängig von der Bestrafung zur Nachzahlung der Gebühr des Art. 67 Abs. 1 verpflichtet.[1])

Abs. 3. Im Falle einer Bestrafung nach Abs. 1 Ziff. 2 ist die erteilte Karte von der Verwaltungsbehörde, welche sie ausgestellt hat, für ungültig zu erklären und einzuziehen.

1. Geldstrafe und Haftstrafe sind wahlweise angedroht. Die Geldstrafe darf für den Fall der Uneinbringlichkeit in eine Haftstrafe von höchstens sieben Tagen umgewandelt werden (StGB. § 29 Abs. 2).

2. Zu Abs. 1 Nr. 1: Der Fischfrevler u. a. kann nicht gestraft werden, weil er nicht im Besitz einer Fischerkarte ist (Bem. 4 vor Art. 100). Wer zwar eine gültige Fischerkarte besitzt, sie aber nicht bei sich führt, ist nach Art. 105 Nr. 1 straffällig. Die Zeit der Gültigkeit der Fischerkarte läuft spätestens ab mit dem kalendermäßigen Schlusse des Lösungsjahres (Art. 64 Abs. 2).

3. Zu Abs. 1 Nr. 2: Die Strafbarkeit setzt voraus, daß der rechtmäßige Inhaber bei der Überlassung weiß, der andere werde die Karte gebrauchen, um sie beim Fisch- oder Krebsfange bei sich zu führen und sich nötigenfalls damit zu legitimieren (Art. 64 Abs. 1). Daß der andere tatsächlich dem Fange nachgeht, ist nicht erforderlich. Der andere ist gegebenenfalls nach Nr. 1 strafbar; s. auch § 360 Nr. 8 StGB. (Angabe eines falschen Namens).

4. Zu Abs. 1 Nr. 3: Als Schuldform genügt Fahrlässigkeit. Fakultative Einziehung: Art. 106 Abs. 2.

5. Der Abs. 2 setzt nicht voraus, daß der Täter auf frischer Tat betroffen wird (vgl. § 368 Nr. 10 StGB.). Es genügt, daß dem in Anspruch Genommenen eine Zuwiderhandlung nach Nr. 1 nachgewiesen wird, auch wenn er deshalb (z. B. wegen Verjährung) nicht bestraft wird. Nachzuzahlen ist die Gebühr des Art. 67 Abs. 1, auch wenn für die Karte nur die Gebühr des Art. 67 Abs. 2 zu zahlen gewesen wäre. Da die Nachzahlung nicht den Charakter einer Strafe hat, wird dem Zahlungspflichtigen auf sein Verlangen und, wenn ein Grund zur Verweigerung (Art. 66) nicht besteht, eine Fischerkarte ohne Erhebung einer weiteren Gebühr auszustellen sein. Hieraus folgt weiter, daß die im Art. 67 Abs. 3 bezeichneten Personen zur Nachzahlung nicht verpflichtet sind. Es folgt endlich, daß die Verpflichtung zur Nachzahlung der Gebühr in das Straferkenntnis nicht aufzunehmen und daß die Beitreibung der Gebühr nicht Sache der Justizbehörden ist (vgl. die zum HundegebührenG. von $\frac{1876}{1888}$ ergangene Entsch. des ObLG. in StS. 7 312).

6. Der Abs. 3 setzt die rechtskräftige Bestrafung des rechtmäßigen In-

[1]) Zum Vollzug erging die Bek. vom 7. Okt. 1911 (hier S. 264).

habers nach Abs. 1 Ziff. (= Nr.) 2 voraus. Vollzug der Einziehung: Art. 94. Wer eine ungültige Fischerkarte weiter benützt, ist nach Abs. 1 Nr. 1 strafbar.

Art. 105.

An Geld bis zu 15 *M* wird bestraft:

1. wer zwar eine gültige, auf seinen Namen lautende Fischerkarte besitzt, dieselbe aber bei Ausübung der Fischerei nicht bei sich führt;
2. wer den Polizei- und Aufsichtsorganen die Vorzeigung der Fischerkarte oder des Ausweises nach Art. 1 Abs. 4, Art. 35 und 68 und bei sich ergebenden Anständen die Abgabe dieser Papiere verweigert;
3. wer den Vorschriften des Art. 33 hinsichtlich der Hinterlegung einer Ausfertigung des Pachtvertrags zuwiderhandelt.

1. Die Geldstrafe ist für den Fall der Uneinbringlichkeit in Haftstrafe von einem bis zu fünfzehn Tagen umzuwandeln (StGB. §§ 28, 29).

2. Zu Nr. 1: Bei Ausübung der F. = bei der Ausübung des Fisch- oder Krebsfangs, sofern nicht das Gewässer zu den geschlossenen Gewässern der im Art. 2 Abs. 1 Nr. 1 bezeichneten Art gehört (Art. 64).

3. Zu Nr. 2: Außer den Polizeiorganen sind nur die verpflichteten Aufseher (Art. 86) und diese nur innerhalb ihres Wirkungskreises (Bem. 3 zu Art. 86) berechtigt, die Vorzeigung der Ausweispapiere und gegebenenfalls deren Aushändigung zu verlangen.

4. Zu Nr. 3: Das unter Strafzwang stehende Gebot richtet sich nur an den Verpächter (auch den Unterverpächter: Art. 34) und betrifft nur die Hinterlegung der Ausfertigung der Vertragsurkunde. Übergangsvorschrift: Art. 108.

Art. 106.

Die bei der verbotenen Art der Ausübung des Fischfanges gebrauchten Geräte, dann Fische, welche entgegen den Vorschriften über Fangbeschränkungen gefangen wurden oder welche entgegen den fischereipolizeilichen Vorschriften gekauft, verkauft, feilgehalten oder sonst in den Verkehr gebracht werden, unterliegen der Einziehung, ohne Unterschied, ob die Geräte oder Fische dem Verurteilten gehören oder nicht.

Abs. 2. In den Fällen des Art. 103 Nr. 1 bis 3 und des Art. 104 Nr. 3 kann die Einziehung der Geräte und Fischerzeuge erkannt werden.

Abs. 3. Ist die Verfolgung oder Verurteilung einer bestimmten Person nicht ausführbar, so kann die Einziehung selbständig erkannt werden.

1. Wegen der Einziehung in den Fällen des § 296 und des § 370 Nr. 4 StGB. s. Bem. 5 vor Art. 100, wegen der Fälle des rechtlichen Zusammentreffens dieser Delikte mit Übertretungen fpolizeilicher Vorschriften s. Bem. 4 vor Art. 100.

2. Die Einziehung in den Fällen des Art. 106 ist polizeiliche Präventivmaßregel, nicht Nebenstrafe (Bem. 4 vor Art. 100; Olshausen Vorbem. N. 4 vor § 13, Frank I zu § 40, RGSt. 14[161]; vgl. § 42 StGB., Art. 18 PStGB., § 5 EG. z. StGB.). In den Fällen des Abs. 1, der voraussetzt, daß eine Verurteilung wegen eines dort bezeichneten Delikts stattfindet, ist die Einziehung obligatorisch und im Urteil oder im Strafbefehl (§ 447 StPO.) auszusprechen. In den Fällen des Abs. 2, der ebenfalls eine Verurteilung voraussetzt, ist die Einziehung fakultativ, d. h. in das Ermessen des Richters gestellt. Abs. 3 läßt das sog. objektive Verfahren zu.

3. Einzuziehen sind die bei der (polizeilich, nicht materiellrechtlich: Art. 11) verbotenen Art der Ausübung des Fischfangs (Art. 1 Abs. 2) gebrauchten beweglichen oder mit dem Boden fest verbundenen (OLGMünchenSt. 10[186]) Geräte (nicht Transportmittel), also insbesondere die gebrauchten verbotenen Fanggeräte (§ 9 LFO.), nicht aber z. B. die erlaubten Geräte, mit denen der Fischfang zur Schonzeit ausgeübt wird oder mit denen Fische unter dem Brittelmaße gefangen werden (s. bes. § 3 LFO.), denn dann werden nicht Vorschriften über die Art, sondern über die Zeit des Fischfangs und über besondere Fangbeschränkungen übertreten (s. Art. 72; unrichtig Schmitt Bem. 1 zu Art. 106, der das Gesetz auslegt, wie wenn es hieße: „Bei der verbotenen Ausübung des Fischfangs"). In den letzteren Fällen sind die Fische (Art. 1 Abs. 2) einzuziehen, soferne sie gegen die polizeilichen Verbote gefangen wurden. Einzuziehen sind ferner die Fische, die entgegen den fpolizeilichen Vorschriften in Verkehr gebracht wurden (s. bes. § 4 LFO., § 9 der oberpolizeilichen Vorschriften vom 15. März 1894 über den Fischfang im Bodensee — im Anhang). Dabei ist zu beachten, daß der Kauf von Fischen zur Zeit einem fpolizeilichen Verbot auch dann nicht unterliegt, wenn die Veräußerungshandlung verboten und strafbar ist. Da sich der Käufer strafrechtlich nicht verfehlt hat, unterliegen die gekauften Fische, die er im Besitze hat, nicht der Einziehung. Als Beweismittel können die Fische aber auch dem Käufer weggenommen werden (§§ 94 f. StPO.); die Herausgabe steht unter dem strafrechtlichen Zwange des § 103 Nr. 4 FG. (Bem. 7 dort). In dem Verfahren gegen den Verkäufer können die verkauften Fische zum Zwecke der Einziehung nur solange weggenommen werden, als dem Verkäufer die tatsächliche Gewalt darüber zusteht, mag er auch nicht mehr Eigentümer sein (s. Bem. zu § 4 LFO.).

4. Die Einziehung erfolgt in der Richtung gegen den FBerechtigten wie gegen den unberechtigt Fischenden (s. Bem. 4 vor Art. 100) und ohne Rücksicht darauf, wem die Geräte oder Fische gehören.

5. Bei den Verurteilungen, die im Abs. 2 bezeichnet sind, kann die Einziehung erfolgen ohne Rücksicht darauf, ob die Geräte oder Fischerzeuge dem Verurteilten zur Zeit der Urteilsfällung gehören oder nicht. Nach dem Wortlaute des Gesetzes wäre anzunehmen, daß die Einziehung der Geräte auch zulässig ist, wenn die Formvorschrift des Art. 68 (Art. 104 Abs. 1 Nr. 3) übertreten wurde. Es handelt sich aber um eine ungenaue Fassung. Die Bezugnahme auf Art. 104 (Abs. 1) Nr. 3

betrifft nur die darnach strafbaren Übertretungen des Art. 69 (vgl. Begr. S. 360).

6. Das objektive Verfahren ist zugelassen, wenn a) die Verfolgung oder wenigstens b) die Verurteilung einer bestimmten Person wegen des betr. im Abs. 1 oder Abs. 2 bezeichneten, nach dem objektiven Tatbestande vorliegenden Delikts aus einem tatsächlichen oder rechtlichen Grunde nicht ausführbar ist (z. B. Unbekanntheit, Tod, Unzurechnungsfähigkeit, Strafunmündigkeit, mangelndes Verschulden des Täters; Verjährung der Strafverfolgung). Die Einziehung wird ausgesprochen in dem freisprechenden Urteil oder in dem selbständigen Verfahren nach §§ 477 f. StPO. Die Staatsanwaltschaft ist entgegen der Regel des § 152 StPO. nicht verpflichtet, das selbständige Einziehungsverfahren zu veranlassen (Löwe a. a. O. N. 5b, § 477 N. 4b). Hat sie das Verfahren veranlaßt, so muß der Richter auch hier in den Fällen des Abs. 1 auf Einziehung erkennen, während die Einziehung in den Fällen des Abs. 2 in seinem Ermessen steht (vgl. Olshausen N. 9 zu § 42).

Art. 107.

Wer zur Begehung einer strafbaren Zuwiderhandlung gegen die zum Schutze der Fischerei erlassenen Vorschriften sich seiner Angehörigen, Dienstboten, Lehrlinge oder Arbeiter bedient, haftet, wenn sie nicht zahlungsfähig sind, neben der von ihm selbst verwirkten Strafe, für die von ihnen zu erlegenden Geldstrafen, Kosten und sonstigen Ersatzleistungen.

Abs. 2. **Die Haftung ist im Strafurteile auszusprechen.**

1. Ein eigenartiger Fall krimineller (nicht zivilrechtlicher) Haftung für die Zahlung der im Strafverfahren von anderen Personen geschuldeten Geldleistungen, der sein Vorbild u. a. im § 52 des Preuß. FG. vom 30. Mai 1874 hat. Vgl. Art. 69, 70 rechtsrhein. ForstG., Art. 13 Pfälz. ForstStGB., Art. 122 PStGB., § 361 Nr. 9 StGB.

2. Vorschriften zum Schutze der F. sind alle einschlägigen reichsrechtlichen und landesrechtlichen Strafvorschriften.

3. Die materiellen Voraussetzungen der Haftung sind:

a) daß der Haftpflichtige eine strafbare Zuwiderhandlung gegen eine Vorschrift der bezeichneten Art begeht und hierwegen bestraft wird,

b) daß der Angehörige, Dienstbote, Lehrling oder Arbeiter wegen der gleichen Zuwiderhandlung (an Geld oder sonstwie — wichtig wegen der Kosten!) gestraft wird,

c) der Nachweis, daß sich der Haftpflichtige zur Begehung der zur Bestrafung führenden Zuwiderhandlung des Angehörigen u. a. „bedient" hat, d. h. daß er ihn nach § 48 StGB. zur Tat angestiftet oder nach § 47 StGB. als Mittäter gebraucht hat. Hilfeleistung des Angehörigen u. a. zu einer Übertretung genügt nicht, denn sie ist nicht strafbar; Hilfeleistung des Angehörigen u. a. zum Vergehen nach § 296 StGB. begründet die Haftpflicht.

4. Die formelle Voraussetzung der Haftung ist ihr Ausspruch im Strafurteil. Ob sie in einem Strafbefehl (vgl. § 450 StPO.) festgesetzt werden kann, ist zweifelhaft. Die Entscheidung hängt davon ab, ob man die Haftung als „Strafe" im Sinne des § 447 Abs. 2 StPO. oder als Straffolge betrachtet. Ich möchte mich dahin entscheiden, daß sie Straffolge ist. (Gegen die Zulässigkeit Löwe N. 2a zu § 447, N. 3 vor § 151). Der Ausspruch der Haftung im Strafbefehl erfolgt, falls die übrigen Voraussetzungen vorliegen, im Anschluß an die Festsetzung der den Haftpflichtigen treffenden Strafe. Wird der Angehörige u. a. später verurteilt als der Haftpflichtige, so besteht kein rechtliches Hindernis, daß die Haftung in dem später ergehenden Strafurteil ausgesprochen wird, denn das Gesetz fordert nicht die gleichzeitige Verurteilung des Haftpflichtigen und des Angehörigen u. a.

5. Der Haftpflichtige kann nur in Anspruch genommen werden, wenn und soweit der Angehörige u. a. nicht zahlungsfähig ist, d. h. wenn und soweit die Geldstrafe usw. bei diesem nicht beizutreiben ist (subsidiäre Haftung). Sie erlischt hinsichtlich der Geldstrafe dadurch, daß der Angehörige u. a. die eventuelle Freiheitsstrafe verbüßt. Es ist aber zu beachten, daß sie sich auf die Kosten der Strafvollstreckung erstreckt. Die Vollstreckbarkeit der eventuellen Freiheitsstrafe gegen den Angehörigen u. a. ist nicht davon abhängig, daß auch die Zahlungsunfähigkeit des Haftpflichtigen feststeht (anders Art. 54 rechtsrhein. ForstG., Art. 122 Abs. 3 PStGB.). Der Angehörige u. a. hat kein Recht auf die Geltendmachung des Anspruchs aus der Haftung; er kann daraus, daß die Haftung nicht in Anspruch genommen wurde, Einwendungen gegen die Zulässigkeit der Strafvollstreckung (§ 490 StPO.) nicht ableiten. Selbstverständlich ist die gegen den Angehörigen u. a. ausgesprochene eventuelle Freiheitsstrafe gegen den zahlungsunfähigen Haftpflichtigen nicht vollstreckbar.

6. Ob jemand „Angehöriger" im Sinne des Art. 107 ist, bestimmt sich nach den Umständen des Falles. Aufnahme in die Hausgemeinschaft des in Anspruch Genommenen, Verwandtschaft oder Schwägerschaft mit ihm nach dem bürgerlichen Rechte oder ein Verhältnis nach § 52 Abs. 2 StGB. ist nicht erforderlich; dagegen ein — wenn auch nur tatsächliches — Abhängigkeitsverhältnis.

Abteilung VIII. Übergangs- und Schlußbestimmungen.

Art. 108.

Ein zur Zeit des Inkrafttretens dieses Gesetzes bestehendes Fischereipachtverhältnis, dessen Inhalt mit den Vorschriften des Art. 31 Abs. 1, 2, 4, 5 oder des Art. 34 im Widerspruch steht, endigt ein Jahr nach dem Inkrafttreten dieses Gesetzes, wenn es nicht vorher mit den bezeichneten Vorschriften in Einklang gebracht wird oder auf Grund des Art. 31 Abs. 6 Abweichungen gestattet werden.

Abs. 2. Die Vorschriften des Art. 31 Abs. 3 und des Art. 32 finden auf die zur Zeit des Inkrafttretens dieses Gesetzes bestehenden Fischereipachtverhältnisse von diesem Zeitpunkt an Anwendung.

Abs. 3. Alle beim Inkrafttreten dieses Gesetzes noch zu Recht bestehenden Fischereipachtverträge sind binnen sechs Monaten nach diesem Zeitpunkte in schriftlicher Ausfertigung in Gemäßheit des Art. 33 von dem Verpächter zu hinterlegen. Kann die Hinterlegung nicht erfolgen, weil ein schriftlicher Vertrag nicht vorliegt, so ist dies von dem Verpächter innerhalb der bezeichneten Frist bei der im Art. 33 bezeichneten Behörde anzuzeigen. Die Unterlassung der Hinterlegung oder Anzeige unterliegt der im Art. 105 angedrohten Strafe.

Vollzugsbekanntmachung.

„**§ 22.** Die Distriktsverwaltungsbehörde hat die Fischereiberechtigten, deren Fischwasser beim Inkrafttreten des Fischereigesetzes verpachtet sind, unter Hinweis auf die Bestimmungen des Art. 108 des Gesetzes aufzufordern, die Pachtverträge mit den Vorschriften des Art. 31 Abs. 1, 2, 4, 5 und des Art. 34 des Gesetzes in Einklang zu bringen. Hiebei ist zu beachten, daß auf Grund des Art. 108 Abs. 1 des Fischereigesetzes Abweichungen von den Bestimmungen des Art. 31 Abs. 1, 4 und 5 zulässig sind.

Die Verpächter von Fischwässern sind zur Hinterlegung einer schriftlichen Ausfertigung der am 1. April 1909 zu Recht bestehenden Fischereipachtverträge oder zur Anzeige darüber, daß ein schriftlicher Vertrag nicht vorliegt, mit dem Beifügen zu veranlassen, daß Hinterlegung oder Anzeige bis zum 1. Oktober 1909 bei Meidung der in Art. 105 des Gesetzes angedrohten Strafe zu geschehen hat."

1. Die am 1. April 1909 (Art. 113) bestehenden Pachtverträge — Unterpachtverträge —, die mit den Vorschriften des Gesetzes über die mit Einschluß der bisherigen Pachtzeit zu berechnende Pachtdauer, die Höchstzahl der Pächter, die Fischerkartenfähigkeit der Pächter, den rechtlichen Inhalt und den räumlichen Umfang der Verpachtung und die Notwendigkeit der Genehmigung des Verpächters für die Unterpacht in Widerspruch stehen, endigten kraft Gesetzes spätestens mit dem Ablaufe des 31. März 1910, wenn sie nicht v o r h e r von den Beteiligten mit den bezeichneten Vorschriften des FG. in Einklang gebracht wurden oder wenn nicht v o r h e r die Distriktsverwaltungsbehörde auf Anrufen eines Beteiligten oder beider Teile Dispensation nach Art. 31 Abs. 6 gewährt hat. Im übrigen sind die Bem. vor Art. 31 und die Bem. zu Art. 31 bis 34 zu vergleichen. Endigte das Pachtverhältnis aus einem anderen Grunde, z. B. wegen Ablaufs der Pachtzeit, v o r dem 1. April 1910, so hatte es dabei sein Verbleiben.

2. Die Vorschriften des Art. 31 Abs. 3 und des Art. 32 finden auf die Pachtverträge schon ab 1. April 1909 Anwendung. Über eine weitere Übergangsvorschrift (Beitritt des Pächters zu einer Genossenschaft) s. Art. 62 Abs. 4.

3. Bis zum 1. Oktober 1909 hatte der V e r p ä c h t e r — Unterverpächter — bei Vermeidung der Bestrafung eine schriftliche Ausfertigung des am 1. April 1909 bestehenden u n d b i s z u m 1. O k t o b e r 1909 n o c h n i c h t a b g e l a u f e n e n Pachtvertrags bei der örtlich (Art. 33) zuständigen Distriktspolizeibehörde zu hinterlegen oder anzuzeigen, daß die Hinterlegung mangels eines schriftlichen Vertrags nicht erfolgen könne.

4. Die Frage, welchem bürgerlichen Rechte die vor dem Inkrafttreten des Bürgerlichen Gesetzbuchs (1. Januar 1900) geschlossenen, noch nicht abgelaufenen Pachtverträge unterliegen, beantwortet sich nach Art. 171, 172 EG. z. BGB.

Art. 109.

Die vor dem Inkrafttreten dieses Gesetzes ausgestellten Erlaubnisscheine zur Ausübung der Fischerei erlöschen spätestens ein Jahr nach diesem Zeitpunkte.

S. Art. 35, 113. Die Erlaubnisscheine erloschen spätestens mit dem Ablaufe des 31. März 1910.

Art. 110.

Auf Grubenwässer findet dieses Gesetz keine Anwendung.

Vgl. Art. 203, 204 des Berggesetzes vom 13. August 1910 (GVBl. S. 815).

Art. 111.

Mit dem Inkrafttreten dieses Gesetzes treten die bisher in Geltung gewesenen fischereirechtlichen Vorschriften, soweit sie einen Gegenstand betreffen, der in diesem Gesetze geregelt ist, insbesondere der Art. 126 des Polizeistrafgesetzbuchs vom 26. Dezember 1871 außer Kraft.

Abs. 2. Die auf Staatsverträgen beruhenden Bestimmungen über die Fischerei in Gewässern, welche Bayern und anderen Staaten gemeinsam sind, bleiben unberührt.

1. Durch Art. 111 Abs. 1 ist (vorbehaltlich der nach Art. 112 für die Übergangszeit sich ergebenden Ausnahmen) das gesamte partikulare Zivilrecht, das bisher für die F. maßgebend war, ohne Rücksicht auf die Rechtsquelle außer Kraft gesetzt worden, also auch allgemeines oder örtlich beschränktes Gewohnheitsrecht (s. auch Einl. S. 2). Damit ist das Zurückgehen auf die älteren Rechtsnormen selbstverständlich nicht überflüssig geworden, soweit es sich um Rechtsverhältnisse handelt, die vor dem 1. April 1909 entstanden sind (s. aber Art. 15).

2. Auch die bisher in Geltung gewesenen öffentlichrechtlichen Vorschriften über F., besonders die polizeilichen Vorschriften sind grundsätzlich außer Kraft getreten. Von den „bestehenden Fischereiordnungen" (Art. 101 Nr. 4 u. Bem. 5 dazu) bleiben nur die Bestimmungen übrig, die einen im FG. nicht geregelten Gegenstand betreffen. Ob eine solche Ausnahme vorliegt, muß im Einzelfalle geprüft werden (vgl. Begr. S. 359, 360). S. a. Bem. 3 zu § 14 LFO.

3. Die Vorschriften des Wassergesetzes, die auf die F. Bezug haben (Einl. S. 8f.), werden durch das FG. nicht aufgehoben, sondern ergänzt.

4. Gewässer, die Bayern und anderen Staaten gemeinsam sind (Abs. 2), sind der Bodensee, die die Landesgrenze bildenden Wasserläufe und die Gewässer, die Bayern und andere Staaten durchfließen (Begr.

S. 360). Der Abs. 2 hält die auf den bestehenden Staatsverträgen ruhenden Bestimmungen über die F. im solchen Gewässern aufrecht und gibt der Staatsregierung die Befugnis, in künftig abzuschließenden derartigen Staatsverträgen von den Vorschriften des FG. abzuweichen.

Die bestehenden Staatsverträge und ihre Ausführungsvorschriften sind:

a) Die Bregenzer Übereinkunft der Bodenseeuferstaaten vom $\frac{\text{5. Juli 1893}}{\text{22. Dezember 1893}}$ über Anwendung gleichartiger Bestimmungen für die F. im Bodensee (abgedruckt bei Staudinger LFO. von 1884 2. Bd. 2. Aufl. S. 60), zu deren Vollzug die oberpolizeilichen Vorschriften über Zeit und Art des Fischfanges im Bodensee vom 15. März 1894 (GVBl. S. 132) ergangen sind. Sie erfuhren eine Ergänzung und Abänderung durch die oberpolizeilichen Vorschriften vom 6. November 1897 (GVBl. S. 359), 8. Februar 1904 (GVBl. S. 35) und 4. Dezember 1910 (GVBl. S. 1139).

b) Der Vertrag zwischen dem Deutschen Reiche, den Niederlanden und der Schweiz über die Regelung der Lachsfischerei im Stromgebiete des Rheins vom 30. Juni 1885 mit Schlußprotokoll (RGBl. 1886 S. 192); dazu die oberpolizeilichen Vorschriften vom 30. Januar 1887 (GVBl. S. 29).

Über die Ausübung der Berufsfischerei an Sonn- und Festtagen in den mehreren Staaten gemeinsamen Gewässern s. § 1 K. VO. vom 21. Mai 1897 (GVBl. S. 197).

Art. 112.

In den Landesteilen, in welchen das Grundbuch noch nicht für angelegt erklärt ist, finden die Art. 9 bis 16 mit der Maßgabe Anwendung, daß an die Stelle des Grundbuchs das Hypothekenbuch tritt.

Grundbuchbekanntmachung.

„**§ 9.** Die §§ 1 bis 5, 7, 8 finden auch in den Landesteilen, in denen das Grundbuch noch nicht für angelegt erklärt ist, entsprechende Anwendung (Art. 112 des Fischereigesetzes). Für die Begründung und die Übertragung eines Fischereirechts ist der Artikel 189 des Einführungsgesetzes zum Bürgerlichen Gesetzbuche maßgebend. Die rechtsgeschäftliche Begründung und Übertragung müssen nach Artikel 14 des Notariatsgesetzes vom 10. November 1861 notariell beurkundet werden. Für eine im Zeitpunkte des Inkrafttretens des Grundbuchrechts nicht vollendete Ersitzung gelten die Vorschriften des Artikel 169 und des Artikel 189 Abs. 2 des Einführungsgesetzes zum Bürgerlichen Gesetzbuche."

S. zunächst Bem. 14 vor Art. 9. Aus Art. 112 geht weiter folgendes hervor:

Vor dem Zeitpunkte, von dem an das Grundbuch als angelegt anzusehen ist, gelten für selbständige FRechte die sich auf Grundstücke beziehenden altrechtlichen Vorschriften nach Maßgabe der Übergangsbestimmungen (Art. 9 Abs. 1). Auf die Ansprüche aus den selbständigen FRechten finden die Vorschriften des BGB. Anwendung ebenso wie auf die Ansprüche aus dem Eigentum (arg. Art. 181, 189 EG. z. BGB.: a. M. in der 1. Aufl.).

Subjektiv dingliche und subjektiv persönliche selbständige FRechte (Art. 10) konnten vor dem Inkrafttreten des Grundbuchrechts bestellt werden, aber nicht mehr als Dienstbarkeiten. Denn das Verbot, ein FRecht als Dienstbarkeit zu bestellen (Art. 15 S. 1), gilt in allen Landesteilen ab 1. April 1909. Die kraft Gesetzes (Art. 15 S. 2) sich vollziehende Änderung des rechtlichen Inhalts der als Dienstbarkeiten bestehenden FRechte trat am gleichen Tage ein ohne Rücksicht auf die Vollendung der Grundbuchanlegung.

In der Übergangszeit stufte sich der Schutz der selbständigen FRechte gegen Störung der Ausübung (Art. 16) darnach ab, ob das Recht in das Hypothekenbuch eingetragen war oder nicht.

Die Vorschriften des Art. 14 galten übergangsweise für die Eintragung der FRechte in das Hypothekenbuch (s. §§ 33, 34 GrundbB.).

Die Art. 11 (beschränkte FRechte) und Art. 12 (Abmarkung der FRechte) boten für die Übergangszeit keine Besonderheiten.

Art. 113.

Die Vorschriften des Art. 14 treten mit der Verkündung des Gesetzes in Kraft. Im übrigen tritt das Gesetz am 1. April 1909 in Kraft.

Das Gesetz ist am 24. August 1908 verkündet worden, da die das Gesetz enthaltende Nr. 55 des GVBl. diesen Tag als den Tag der Ausgabe bezeichnet.

Gegeben zu Hohenschwangau, den 15. August 1908.

Luitpold,

Prinz von Bayern,

des Königreichs Bayern Verweser.

Dr. Frhr. v. Podewils. v. Miltner. Dr. v. Wehner. v. Pfaff. v. Brettreich.

I. V. Staatsrat Frhr. v. Schacky. I. V. Staatsrat Frhr. v. Speidel.

Auf Allerhöchsten Befehl:

Der Oberregierungsrat im K. Staatsministerium des Innern: Knözinger.

B. Königlich Allerhöchste Verordnung vom 18. März 1909, über den Vollzug des Fischereigesetzes für das Königreich Bayern vom 15. August 1908.

(GVBl. S. 245).

Im Namen Seiner Majestät des Königs.

Luitpold,
von Gottes Gnaden Königlicher Prinz von Bayern,
Regent.

Wir finden Uns bewogen, auf Grund des Art. 1 Abs. 3 und des Art. 12 Abs. 3 des Fischereigesetzes für das Königreich Bayern vom 15. August 1908 folgendes zu verordnen:

§ 1

[abgedruckt auf Seite 20].

§§ 2 bis 11

[abgedruckt auf Seite 46 bis 48].

§ 12.

Die zum Vollzuge gegenwärtiger Verordnung erforderlichen Vorschriften werden von den K. Staatsministerien der Justiz, des Innern und der Finanzen erlassen.

§ 13.

Die Verordnung tritt mit dem Fischereigesetze vom 15. August 1908 in Kraft.

München, den 18. März 1909.

Luitpold,
Prinz von Bayern,
des Königreichs Bayern Verweser.

v. Miltner. v. Pfaff. v. Brettreich.

Auf Allerh. Befehl
der General-Sekretär:
in dessen Statt: Ministerialrat v. Brenner.

C. Ministerialvorschriften.

1. Bekanntmachung vom 19. März 1909, den Vollzug des Fischereigesetzes für das Königreich Bayern vom 15. August 1908 betreffend.

(GVBl. S. 252).

K. Staatsministerien der Justiz, des Innern und der Finanzen.

Zum Vollzuge des Fischereigesetzes vom 15. August 1908 werden nachstehende Vorschriften erlassen.

[Die Vollzugsbekanntmachung ist bei den in Betracht kommenden Artikeln des Fischereigesetzes abgedruckt. Die beigefügte Übersicht ermöglicht die Auffindung. Der Übersicht folgt der Abdruck der Beilagen der Vollzugsbekanntmachung.]

München, den 19. März 1909.

v. Miltner. v. Pfaff. v. Brettreich.

Uebersicht über die Vollzugsbekanntmachung.

Art. des Fischereigesetzes	Betreff	§ der VollzB.	abgedruckt auf Seite
1	I. Allgemeines	1	20
1		2	21
2		3	24
4	II. Fischereiberechtigung . .	4	30
4, 5		5	31
6		6	34
7		7	36
18 f.	III. Ausübung der Fischereirechte	8	57
27	IV. Koppelfischerei	9	69
28		10 bis 13	71
30	V. Ausübung von Fischereien durch Gemeinden . . .	14, 15	73
33	VI. Pachtverträge	16	81
31		17, 18	78
30		19	73
34		20, 21	82
108		22	203
31		23	79
36		24	87
35	VII. Erlaubnisscheine . . .	25 bis 31	83
35, 36		32	85
37	VIII. Oeffentliche Fischereigenossenschaften	33	89
39		34	93
38		35 Abs. 1	91
39		35 Abs. 2, 36	93
37		37	90
62		38	118
38		39 bis 41	91
45		42, 43, 45, 46	102
46		44	103
41		47	95
61		48, 49	115

Art. des Fischereigesetzes	Betreff	§ der VollzV.	abgedruckt auf Seite
62		50	118
58, 59, 60		51	114
44		52	99
52		53	109
63		54	119
64	XI. Fischerkarten u. Ausweise	55, 56 Abs. 1, 2	121
64		57	122
67		56 Abs. 3, 58	126
68		59	128
69	X. Bezeichnung der zum Fischen ausliegenden Fischerzeuge	60	130
70	XI. Uferbenützungsrecht . .	61	132
72	XII. Schutz der Fischerei gegen Schädigungen	62 Abs. 1	135
73, 74		62 Abs. 2	137
75		63	139
76		64	143
77		65, 66	145
80, 83	XIII. Laichschonstätten . . .	67	151
86	XIV. Aufsicht	68	164
103		69	196
91		70, 71	172

Beilage 1.

Musterpachtvertrag.

N. N., welchem das Fischereirecht in . . . . zusteht, verpachtet hiemit sein Fischereirecht an . . . . *) unter nachstehenden Bedingungen:

§ 1. Das gepachtete Fischwasser erstreckt sich von . . . . bis . . . . in der Gemarkung . . . .

§ 2. Die Pachtzeit beträgt . . . . . . Jahre.**)
Sie beginnt am . . . .
und endigt am . . . .

§ 3. Der jährliche Pachtschilling beträgt . . . . ℳ (m. W.) und ist am Schlusse jedes Kalenderjahres (oder am . . . . . jedes Jahres) an den Verpächter zu zahlen.

§ 4. Wenn ohne Verschulden des Pächters durch äußere Einwirkungen auf das Fischwasser eine wesentliche Verringerung oder Vernichtung des Fischereiertrags stattgefunden hat, so kann entsprechender Nachlaß des Pachtschillings verlangt werden.

§ 5. Der Pächter ist befugt, die Fischerei in dem oben bezeichneten Fischwasser nach ihrem ganzen Umfang auszuüben, der Verpächter verzichtet während der Pachtzeit auf jede Art der Fischereiausübung in dem verpachteten Gewässer, insbesondere auch auf die Erteilung von Erlaubnisscheinen.

§ 6. Der Pächter hat bei der Ausübung der Fischerei die bestehenden Bestimmungen genau einzuhalten und die zur Fischerei erforderlichen Gerätschaften auf eigene Kosten anzuschaffen und zu unterhalten.

§ 7. Der Pächter ist verpflichtet, die gepachtete Fischerei pfleglich zu behandeln.

Er hat den Fischbestand an . . . . durch alljährliche Einsetzung von . . . . Stück Brut oder Jährlingen nach den Grundsätzen eines ordentlichen Fischereibetriebes zu ergänzen. Der Pächter hat dem Verpächter von Tag und Stunde sowie dem Orte des Beginnes der Brut- oder Jährlingseinsetzung mindestens drei Tage vorher Kenntnis zu geben und zu gestatten, daß der Verpächter oder ein von ihm Beauftragter der Einsetzung anwohnt.***)

Kommt der Pächter seiner Verpflichtung in einem Jahre nicht bis zum . . . . dieses Jahres nach, so ist der Verpächter berechtigt, die vertragsmäßige Menge von Fischbrut oder Jährlingen auf Kosten des Pächters einsetzen zu lassen.

---

*) Nicht mehr als drei Pächter.

**) 10 Jahre ist die Mindestdauer.

***) An Stelle des Abs. 2 kann auch folgendes vereinbart werden:
Er hat alljährlich . . . . . ℳ zur Einsetzung von Brut oder Jährlingen von . . . . aufzuwenden und über die Aufwendung bis zum . . . . (z. B. 1. Mai des nächsten Jahres) dem Verpächter Rechenschaft zu legen. Legt er bis dahin die Rechenschaft nicht, oder ergibt sich, daß er die vereinbarten Aufwendungen nicht gemacht hat, so ist der Verpächter berechtigt, für den vereinbarten Betrag auf Kosten des Pächters Fischbrut oder Jährlinge einsetzen zu lassen.

§ 8. Der Pächter ist verpflichtet, nach Möglichkeit solche Vertiefungen in Fischwassern, welche nur bei hohem Wasserstand gefüllt sind, beim Rückgang des Wassers aber austrocknen oder bis zum Grunde gefrieren, rechtzeitig auszufischen und die Fischbrut sowie die Fische, welche wegen bestehender Schonzeit oder weil sie das gesetzliche Mindestmaß nicht besitzen, nicht gefangen werden dürfen, sofort in das fließende Wasser zu versetzen. Kommt der Pächter dieser Verpflichtung nicht nach, so kann der Verpächter auf dessen Kosten das Ausfischen der genannten Stellen und das Versetzen der Fische vornehmen lassen.

§ 9. Der Pächter ist nur mit Genehmigung des Verpächters befugt, das Fischwasser in Unterpacht*) weiter zu vergeben. Der zur Unterpacht Zugelassene hat das Pachtverhältnis in seinem ganzen Umfange zu übernehmen und dasselbe bis zur Beendigung der vereinbarten Pachtzeit fortzusetzen. Für alle aus dem Pachtverhältnisse sich ergebenden Verpflichtungen, insbesondere für die regelmäßige Zahlung des Pachtschillings und für die Einsetzung von Brut und Jährlingen sind der Pächter und der Unterpächter gesamtverbindlich haftbar.

§ 10. Die Bestimmungen des § 9 gelten entsprechend, soweit der Pächter weitere Teilnehmer**) am Pachtvertrag annimmt.

§ 11. Das Pachtverhältnis erlischt, wenn das verpachtete Fischwasser durch die Distriktsverwaltungsbehörde einem gemeinschaftlichen Fischereibetriebe nach Art. 19 des Fischereigesetzes angeschlossen oder durch die Regierung gemäß Art. 39 des Gesetzes in eine Genossenschaft behufs gemeinsamer Bewirtschaftung und Nutzung einbezogen wird, soferne nicht der Pächter der Genossenschaft als Mitglied beitritt.

Wird das Pachtverhältnis in dieser Weise gelöst, so kann der Pächter einen Entschädigungsanspruch wegen des Erlöschens des Pachtverhältnisses nicht erheben; doch steht ihm wegen der zur Vermehrung des Fischbestandes nachweislich gemachten Aufwendungen ein Ersatzanspruch gegen den Verpächter zu. Dieser Anspruch muß bei Vermeidung des Ausschlusses innerhalb drei Monaten nach Beendigung des Pachtverhältnisses geltend gemacht werden.

§ 12. Die Bestimmungen des § 11 gelten für den Fall der Unterverpachtung auch für diese.

§ 13. Zum freiwilligen Beitritt in eine Fischereigenossenschaft, die sich über das gepachtete Fischwasser erstreckt, bedarf der Pächter der Einwilligung des Verpächters, wenn die Zeitdauer, für welche die Genossenschaft gegründet wurde, über die Dauer des Pachtverhältnisses hinausreicht.

§ 14. Stirbt der Pächter oder im Falle einer Mehrheit von Pächtern einer von ihnen während der Pachtzeit, so kann der Erbe des Pächters das Pachtverhältnis ohne Einhaltung einer Kündigungsfrist für den Ablauf des Jahres kündigen, in welchem der Pächter gestorben ist. Sind mehrere Pächter vorhanden, so bleiben, wenn der Erbe eines Mitpächters von dem Kündigungsrechte Gebrauch macht, die übrigen Mit-

*) An mehr als drei Personen kann die Unterpacht nicht vergeben werden.

**) Es können nur soviele Personen als Teilnehmer angenommen werden, daß mit dem (Verpächter) zusammen ihre Zahl nicht mehr als drei beträgt. (Redaktionsversehen: statt „Verpächter" muss es „Pächter" heissen. Der Verf.)

pächter auf die Pachtdauer an den Vertrag gebunden. Gleiches gilt im Falle des sonstigen Ausscheidens eines Mitpächters.

§ 15. Wird während der Pachtzeit die Fischerkarte des Pächters zurückgenommen oder nicht mehr ausgestellt, so kann der Verpächter das Pachtverhältnis ohne Einhaltung einer Kündigungsfrist kündigen. Sind mehrere Pächter vorhanden, so wird dadurch, daß die Fischerkarte eines von ihnen eingezogen oder verweigert wird, das Pachtverhältnis mit den übrigen nicht berührt; diese haften für den vollen Pachtzins.

§ 16. Der Verpächter ist berechtigt, das Pachtverhältnis ohne Einhaltung einer Kündigungsfrist zu kündigen, wenn der Pächter oder derjenige, welchem der Pächter die Nutzung des Fischwassers überlassen hat, ungeachtet einer Abmahnung des Verpächters einem Dritten die ihm unbefugt überlassene Nutzung des Fischwassers beläßt oder durch Veränderungen, welche auf die wirtschaftliche Bestimmung des Fischwassers nachteilig einwirken, die Rechte des Verpächters erheblich verletzt oder durch Vernachlässigung der dem Pächter bei der Fischereiausübung obliegenden Sorgfalt die Rechte des Verpächters erheblich gefährdet.

§ 17. Der Verpächter ist berechtigt, das Pachtverhältnis ohne Einhaltung einer Kündigungsfrist zu kündigen, wenn der Pächter mit der Entrichtung des Pachtzinses länger als drei Monate im Rückstande ist. Die Kündigung ist ausgeschlossen, wenn der Pächter den Verpächter befriedigt, bevor sie erfolgt.

§ 18. Kommt der Pächter oder derjenige, dem der Pächter die Nutzung des Fischwassers überlassen hat, seiner Verpflichtung, Brut oder Jährlinge einzusetzen (§ 7), trotz Aufforderung des Verpächters schuldhafter Weise nicht nach, so kann dieser das Pachtverhältnis ohne Einhaltung einer Kündigungsfrist kündigen.

§ 19. Für die Ausstellung von Erlaubnisscheinen kommen die Bestimmungen der §§ 25 ff. der Vollzugsvorschriften zum Fischereigesetze zur Anwendung.

§ 20. Besondere Bestimmungen.

§ 21. Von gegenwärtigem Pachtvertrage wird je eine Ausfertigung dem Verpächter und Pächter zugestellt.

Datum.

Der Verpächter: Die Pächter:

Beilage 2.

Erlaubnisschein zur Fischereiausübung.

Gemäß § 35 des Fischereigesetzes vom 15. August 1908 erteilt der Fischereiberechtigte (Fischereipächter oder Vorstand der Fischereigenossenschaft . . . .)

Vor- und Familienname: . . . .

Beruf: . . . .

Wohnort: . . . .

dem Herrn . . . .

(Vor und Familienname.

Alter: . . . . Beruf: . . . .

Wohnort: . . . .)

die Erlaubnis für die Zeit vom . . . .

bis . . . . in der Fischwasserstrecke $\frac{\text{des}}{\text{der}}$

. . . . von (Anfangs- und Endpunkt der Strecke) . . . . bis . . . .

zu fischen. Die Erlaubnis erstreckt sich auf das Fischen mit nachstehenden Fischergeräten: . . . .

Die Erlaubnis ist beschränkt auf . . . .

(das Fischen mit der Angel).

Datum.

Unterschrift des Ausstellers.

Zur Beglaubigung:

Datum.

Die Ortspolizeibehörde.

Nichtzutreffendes ist zu streichen.

Beilage 3.

Vorderseite.

Genehmigung zur Ausstellung von Erlaubnisscheinen zur Fischerei.

Es wird genehmigt, daß . . . .
(Vor= und Zuname) . . . . (Stand und Wohnort)
für das Fischwasser in . . . .
von . . . .
bis . . . .
. . . . (Anzahl in Worten) Erlaubnisscheine ausstellt.
Die Erlaubnisscheine gelten von . . . . bis . . . .
Besondere Beschränkungen: . . . .
. . . .

Datum. Fertigung.

Rückseite.

Name der Ortspolizeibehörde, welche die Beglaubigung erteilt	Name desjenigen, für welchen die Erlaubnis erteilt wird	Zeitdauer des Erlaubnisscheines	Beschränkungen	Bemerkungen

Beilage 4.

Mustersatzung einer öffentlichen Fischereigenossenschaft.

Satzung der Fischereigenossenschaft N. N.

Die Fischereiberechtigten des Fischereigebietes des . . . . haben auf Grund des Abschnitts 5 des Fischereigesetzes vom 15. August 1908 eine Genossenschaft gebildet und die Rechtsverhältnisse der Genossenschaft und der Genossen in nachstehender, durch die Kgl. Regierung von . . . . , K. d. J., mit Entschließung vom . . . . genehmigten Satzung geregelt:

§ 1. Die Genossenschaft führt den Namen „. . . . ." Fischereigenossenschaft für das Fischereigebiet des . . . . und hat ihren Sitz in . . . .

Das Genossenschaftsgebiet umfaßt die Gewässerstrecke des . . . . von . . . . bis . . . . ,

§ 2. Zweck der Genossenschaft ist:

1. Eine geregelte Aufsicht über die Ausübung der Fischerei im Genossenschaftsgebiete einzuführen und zu handhaben;
2. Maßnahmen zum Schutze und zur Hebung des Fischbestandes im Genossenschaftsgebiete zu treffen;
3. das Fischwasser im Genossenschaftsgebiete einer gemeinsamen Bewirtschaftung und Nutzung zu unterstellen.

Hiezu zählt die Einrichtung von Schonrevieren innerhalb des Genossenschaftsgebietes und die abwechselnde Besetzung derselben mit geeigneten Fischarten.

§ 3. Mitglieder der Genossenschaft sind die Inhaber der sämtlichen innerhalb des Genossenschaftsgebietes gelegenen Fischereirechte. Für diejenigen Fischereirechte, welche bereits verpachtet sind, treten die Pächter in die Genossenschaft ein, falls nicht im Pachtvertrage das Gegenteil vereinbart ist. Ist der Pächter der Genossenschaft beigetreten, so bedarf er zum Wiederaustritt der Einwilligung des Fischereiberechtigten.

Wird ein Fischereirecht erst nach Gründung der Genossenschaft verpachtet, so wird der Pächter kraft Gesetzes Mitglied der Genossenschaft.

Dem Fischereiberechtigten, welcher zur Zeit der Verpachtung bereits Mitglied der Genossenschaft war, steht der Austritt aus der Genossenschaft nur frei, wenn die Voraussetzungen des Art. 51 des Fischereigesetzes vorliegen.

§ 4. Zur Leitung der Geschäfte der Genossenschaft wird jeweils auf die Dauer eines Jahres durch die Genossenschaftsversammlung ein Vorstand gewählt, welcher sich zusammensetzt:

a) aus einem I. Vorsitzenden,
b) aus einem II. Vorsitzenden,
c) einem Schriftführer, welcher zugleich die Genossenschaftskasse zu führen hat,
d) aus 4 Beisitzern (oder aus . . . . Obmännern der einzelnen Fischereizonen).

Die unter a—c erwähnten Vorstandsmitglieder können auch Personen sein, welche nicht Genossen sind.

§ 5. Dem I. Vorsitzenden und in dessen Verhinderung dem II. Vorsitzenden kommt zu:

1. die Leitung der genossenschaftlichen Geschäfte, die Anregung der zur Erreichung des genossenschaftlichen Zwecks erforderlichen Maßnahmen, der Vollzug der Beschlüsse des Vorstandes und der Genossenschaftsversammlung, der unmittelbare Verkehr mit den Behörden und mit dritten Personen, dann die Einberufung und Leitung der Genossenschaftsversammlungen und Vorstandssitzungen;
2. die Führung des Genossenschaftskatasters (Art. 47 Abs. 1 des Fischereigesetzes).

Sind zur Ausführung der vom Vorstande oder der Genossenschaftsversammlung genehmigten Verträge oder Beschlüsse schriftliche Willenserklärungen abzugeben, so sind hiezu die Unterschriften zweier Vorstandsmitglieder erforderlich.

§ 6. Der Schriftführer hat die schriftlichen Arbeiten der Genossenschaft, die fortlaufende Niederschrift über die Beschlüsse der Genossenschaftsversammlungen zu besorgen und die Genossenschaftskasse zu führen. Er hat unter persönlicher Haftung alljährlich Rechnung über die Einnahmen und Ausgaben der Genossenschaft zu stellen. Die Rechnung ist vom gesamten Vorstande und außerdem von 2 durch die Genossenschaftsversammlung im voraus zu wählenden Mitgliedern zu prüfen.

Auszahlungen dürfen nur auf schriftliche Anweisung des Vorsitzenden erfolgen.

Ist der Schriftführer an Ausübung seines Amtes behindert, so überträgt der Vorsitzende die Vertretung einem anderen Vorstandsmitglied.

§ 7. Die Rechnung ist der Revisionsstelle des Landesfischereivereins zur Prüfung vorzulegen. Über die Rechnung und die von der Revisionsstelle erhobenen Beanstandungen hat der gesamte Vorstand unter Zuziehung von zwei durch die Genossenschaftsversammlung im voraus zu wählenden Mitgliedern Beschluß zu fassen. Der Beschluß sowie die von der Revisionsstelle erhobenen Beanstandungen sind der Genossenschaftsversammlung mitzuteilen.

§ 8. Der Vorstand bildet gleichzeitig den Wirtschaftsausschuß, welcher die Bewirtschaftung der im Genossenschaftsgebiete gelegenen Fischwasser durchzuführen hat (§ 2 der Satzung).

Der Vorstand trägt insbesondere Sorge, daß die Besetzung der Genossenschaftsstrecke mit Brut, Jährlingen oder größeren Fischen rechtzeitig und sachgemäß erfolgt, daß die innerhalb der Genossenschaftsstrecke anzulegenden Laichschonreviere zweckmäßig ausgewählt, durch Tafeln kenntlich gemacht und genügend geschützt werden.

Der Vorstand läßt die Genossenschaftsstrecke entsprechend überwachen. Allenfalls wahrgenommene Beschädigungen der Laichschonreviere und deren Bezeichnungen, allenfallsige Versandungen der Einlaßöffnungen der Altwässer und Buhnen, Verunreinigungen des Wassers, Auftreten eines außergewöhnlichen Fischsterbens oder besonderer Fischkrankheiten, unbefugtes Fischen in Schonrevieren usw. sind bei dem Vorsitzenden der Genossenschaft oder bei den zuständigen Behörden zur Anzeige zu bringen. Der Vorstand hat für die Beseitigung der wahrgenommenen Mängel Sorge zu tragen.

§ 9. Der Vorstand tritt jährlich wenigstens einmal auf Einberufung des Vorsitzenden zusammen.

Die Einberufung muß außerdem erfolgen, wenn mindestens 5 Mitglieder diese Einberufung schriftlich unter Angabe des zur Beratung zu stellenden Gegenstandes beantragen.

In den Sitzungen des Vorstandes ist über die Angelegenheiten der Genossenschaft und insbesondere auch über die Verwendung der von der Genossenschaftsversammlung bewilligten oder sonst zur Verfügung stehenden Mittel, über die notwendigen Besetzungen der Fischwasserstrecke und über die wirtschaftlichen Fragen Beschluß zu fassen.

§ 10. Der Vorstand ist beschlußfähig, wenn mindestens 5 Mitglieder erschienen sind.

Die Beschlußfassung des Vorstandes erfolgt mit absoluter Stimmenmehrheit; bei Stimmengleichheit entscheidet die Stimme des Vorsitzenden.

§ 11. Innerhalb der ersten drei Monate des Jahres beruft der Vorsitzende des Vorstandes die Genossenschaftsversammlung an den Sitz der Genossenschaft ein.

Die Einberufung ist durch Ausschreiben in der . . . . Zeitung wenigstens 14 Tage vor dem bestimmten Tage unter Angabe der Tagesordnung öffentlich bekannt zu machen.

Die Einberufung einer Genossenschaftsversammlung hat außerdem zu geschehen, wenn eine solche von wenigstens 10 Mitgliedern unter Angabe des Beratungsgegenstandes schriftlich beim Vorstand beantragt wird.

§ 12. Der Genossenschaftsversammlung kommt zu:

1. die Wahl des gesamten Vorstandes;
2. die Aufstellung des Voranschlages für das nächste Wirtschaftsjahr;
3. die Entgegennahme und Anerkennung der Rechnung und die Entlastung des Rechners;
4. die Beschlußfassung über Anträge, welche die wirtschaftliche Benützung und die Beaufsichtigung der Genossenschaftsstrecke betreffen;
5. die Festsetzung der von den Genossen zu leistenden Beiträge;
6. die Bestimmung über die Zahl der den einzelnen Genossen in den Fällen des § 13 der Satzung einzuräumenden Stimmen;
7. die Bestimmung über die Verteilung der Erträgnisse des genossenschaftlichen Fischereibetriebes;
8. die Wahl des Schiedsgerichts;
9. die Beschlußfassung über die Aufstellung besonderer Fischer.

§ 13. In der Genossenschaftsversammlung hat jedes Genossenschaftsmitglied eine Stimme.

Bei der Beschlußfassung über die Teilnahme an den Vorteilen und Lasten der Genossenschaft, dann bei der Beschlußfassung über die Auflösung der Genossenschaft, endlich wenn die Genossenschaft in eine Zwangsgenossenschaft behufs gemeinsamer Bewirtschaftung und Nutzung des Fischwassers umgewandelt werden soll, ist für das Stimmenverhältnis neben der Anzahl der Beteiligten auch der Umfang der Fischereirechte maßgebend.

Ein Mehrheitsbeschluß in diesem Sinne liegt nur dann vor, wenn mehr als die Hälfte der Beteiligten sich für den gestellten Antrag erklärt hat und wenn zugleich der Umfang der Fischereirechte der Zustimmenden größer ist, als jener der Widersprechenden.[1])

[1]) S. aber den Art. 52 Abs. 2 FG. (Auflösung der Genossenschaft). [Der Verf.]

Der Umfang der Fischereirechte bestimmt sich durch das räumliche Ausmaß des Rechtes des einzelnen Genossen, gerechnet nach den beiderseitigen Uferlängen des Fischwassers.

Die Anzahl der dem Inhaber des Fischwassers des Fischereiberechtigten N. N. in dem ..... Bache, welches wegen der darin vorkommenden Hauptnutzfische einen ungleich höheren Wert hat, als die Fischwasserstrecken der übrigen Genossen, einzuräumenden Stimmen wird durch die Genossenschaftsversammlung bestimmt. Diesem Fischereiberechtigten kommen jedoch mindestens 2 Stimmen zu.

§ 14. Das Stimmrecht wird ausgeübt:

1. wenn das Fischereirecht einer einzelnen Person zusteht, von dieser selbst;
2. wenn es einer Fischerinnung, einem Verein, einer Gemeinde oder einer öffentlichen Körperschaft oder einer Stiftung zusteht, von dem satzungsmäßigen oder gesetzlichen Vertreter;
3. bei verpachteten Fischereirechten sowohl dem Verpächter als dem Pächter, wenn beide Mitglieder der Genossenschaft sind.

Die Ausübung des Stimmrechts kann durch eine schriftliche Vollmacht einem anderen Genossenschaftsmitgliede übertragen werden.

§ 15. Ueber die Beschlüsse der Genossenschaftsversammlung ist von dem Schriftführer eine fortlaufende Niederschrift zu führen, welche von ihm und dem Vorsitzenden zu unterschreiben ist.

Die Beschlüsse der Genossenschaftsversammlung über die Wahl der Vorstandschaft, über die Anerkennung der Genossenschaftsrechnung und über die Festsetzung der von den Genossen zu leistenden Beiträge sind mangels anderweitiger Vereinbarung in der ..... Zeitung zu veröffentlichen.

§ 16. Für die Genossenschaft wird ein Schiedsgericht gebildet, welches aus 3 von der Genossenschaftsversammlung zu wählenden Mitgliedern besteht.

Das Schiedsgericht ist zuständig:

1. zur Entscheidung von Streitigkeiten, welche zwischen Genossen bei Ausübung der Fischerei entstehen,
2. zur Festsetzung von Vertragsstrafen bis zu 20 Mk. bei satzungswidrigem Befischen der Schonreviere oder sonstigen Zuwiderhandlungen gegen Beschlüsse der Genossenschaft, welche unter der Bestimmung von Vertragsstrafen zustande gekommen sind.

Nach erfolgter Wahl der Mitglieder des Schiedsgerichts tritt dieses zur Wahl eines Vorsitzenden und eines Schriftführers zusammen.

§ 17. Zu den Verhandlungen des Schiedsgerichts sind die Beteiligten mindestens 8 Tage vor dem anberaumten Termin gegen Nachweis und unter Angabe des Streitgegenstandes zu laden.

Dem nicht erschienenen Genossen ist der Beschluß des Schiedsgerichts schriftlich zu eröffnen.

Eine Beschwerde gegen den Bescheid des Schiedsgerichts ist ausgeschlossen.

§ 18. Die Genossen sind verpflichtet:

1. für die entsprechende Einsetzung von Fischbrut, Jährlingen oder sonstigem Besatzmaterial nach Maßgabe der Genossenschaftsbeschlüsse zu sorgen;

2. die von der Genossenschaftsversammlung festgesetzten Beiträge rechtzeitig an die Genossenschaftskasse zu entrichten;
3. den Anordnungen der Genossenschaft hinsichtlich der Befischung der Genossenschaftsstrecke nachzukommen;
4. sich dem Ausspruch des Schiedsgerichts zu unterwerfen und die von diesem etwa festgesetzten Vertragsstrafen zu zahlen;
5. dem Vorsitzenden den Verkauf oder die Verkaufsabsicht eines zur Genossenschaft gehörenden Fischereirechtes sofort anzuzeigen.

Die Genossen sind berechtigt, den Fischfang nach den Beschlüssen der Genossenschaftsversammlung auszuüben und an dem Ertrag der Genossenschafts-Fischerei nach den hierüber festgesetzten Bestimmungen Anteil zu nehmen.

§ 19. Die Satzung kann nur durch einen Beschluß der Genossenschaftsversammlung abgeändert werden, in welcher mindestens $^2/_3$ der Genossenschaftsmitglieder anwesend sind.

Außerdem ist zu jeder Abänderung der Satzung die Genehmigung der Regierung, Kammer des Innern, erforderlich.

Beilage 5.

Die größeren Seen im Sinne des Art. 67 Abs. 2 des Fischereigesetzes vom 15. August 1908 sind:

1. der Starnbergersee,
2. der Ammersee,
3. der Chiemsee,
4. der Simsee,
5. der Wagingersee,
6. der Kochelsee,
7. der Staffelsee,
8. der Walchensee,
9. der Tegernsee,
10. der Schliersee,
11. der Eibsee.

(8.–11.) aufgenommen durch die Bek. v. 9. Februar 1910 (GVBl. S. 74).

Beilage 6.

(Quittungsformular in 8°).

Gebühren-Reg. Nr. . . . des . . . Quartals 19 . .

Quittung

über

. . . . *M* — . . . . Mark —

Gebühr, welche . . . .

. . . .

behufs Erlangung einer Fischerkarte für die Zeit vom . . . . . .

. . . .

. . . . heute hierher bezahlt hat.

. . . ., den . . . . 19 . .

K. . . . Rentamt . . . . .

(L. S.) . . . .

Einnahms-Tagebuch S. . . .

Beilage 7.

Verzeichnis

der

beim K. Bezirksamte . . . . für Rechnung des K. Rentamts . . . . in Empfang genommenen Fischerkartengebühren für die Zeit vom . . . . bis . . . .

Fortlaufende Nr.	Fortlaufende Nummer des bezirksamtlichen Verzeichnisses der ausgestellten Fischerkarten	Tag der Einzahlung der Gebühr beim Bezirksamte	Name, Stand und Wohnort des Empfängers der Fischerkarte	Betrag der Gebühr	Bemerkungen

2. Bekanntmachung vom 15. März 1909, die Eintragung der Fischereirechte in das Grundbuch und in das Hypothekenbuch betreffend.

(JMBl. S. 136).

Königliches Staatsministerium der Justiz.

I. Fischereiberechtigung.

§ 1. Das Fischereirecht kann dem Eigentümer des Gewässers oder einem andern zustehen.

In das Grundbuch können nur selbständige Fischereirechte, d. h. solche Fischereirechte eingetragen werden, die nicht dem Eigentümer des Gewässers zustehen.

Ein Fischereirecht, das dem Eigentümer des Gewässers zusteht, wird in das Grundbuch auch dann nicht eingetragen, wenn das Gewässer nach Artikel 21 des Wassergesetzes vom 23. März 1907 Bestandteil seines Grundstücks ist (Art. 14 Abs. 1 des Fischereigesetzes).

§ 2. Ein Fischereirecht kann zu Gunsten des jeweiligen Eigentümers eines Grundstücks oder zu Gunsten einer bestimmten Person (Art. 10 des Fischereigesetzes), jedoch nicht als Dienstbarkeit bestellt werden (Art. 15 Satz 1 des Fischereigesetzes).

Bestehende Fischereirechte, welche nach dem bisherigen Rechte Dienstbarkeiten sind, gelten von dem Inkrafttreten des Fischereigesetzes an, sofern sie Grunddienstbarkeiten sind, als Fischereirechte, welche zu Gunsten des jeweiligen Eigentümers eines Grundstücks und, sofern sie beschränkte persönliche Dienstbarkeiten sind, als Fischereirechte, welche zu Gunsten einer bestimmten Person bestellt sind (Art. 15 Satz 2 des Fischereigesetzes).

§ 3. Nicht eingetragen werden kann eine Fischereiberechtigung, die überhaupt nicht die Natur eines dinglichen Nutzungsrechtes hat, z. B. die Pacht.

§ 4. Nicht eingetragen werden kann die bloße Befugnis zur Ausübung eines Fischereirechts; es wird also nicht eingetragen, daß ein selbständiger Fischereibetrieb vorliegt (Art. 18 des Fischereigesetzes), daß das Fischereirecht zu einem gemeinschaftlichen Fischereibetrieb gehört (Art. 19) oder einem anderen Fischereiberechtigten zur Ausübung überlassen (Art. 22) oder der Gemeinde zur Ausübung übertragen (Art. 7, 21, 30) ist. Unzulässig ist auch die Eintragung, daß die Ausübung der an einer Gewässerstrecke bestehenden Koppelfischereirechte durch eine Fischereiordnung geregelt ist (Art. 28).

§ 5. Für die selbständigen Fischereirechte gelten die sich auf Grundstücke beziehenden Vorschriften. Die für den Erwerb des Eigentums an Grundstücken geltenden Vorschriften finden auf die selbständigen Fischereirechte entsprechende Anwendung (Art. 9 des Fischereigesetzes).

§ 6. Zur Begründung eines Fischereirechts ist die Einigung des Eigentümers des Gewässers und des Erwerbers des Rechtes über den Eintritt der Rechtsänderung genügend; der Eintragung in das Grundbuch bedarf es nicht (Art. 9, 14 Abs. 5 des Fischereigesetzes). Die Einigung muß bei gleichzeitiger Anwesenheit der Beteiligten vor dem Grundbuchamt oder einem bayerischen Notar erklärt werden (Art. 13 des Fischereigesetzes).

Die Übertragung des Fischereirechts setzt die Einigung des bisherigen Fischereiberechtigten und des Erwerbers über den Eintritt der Rechtsänderung und die Eintragung auf dem Blatte des Fischereirechts (§ 26 Abs. 1) voraus.

Das Grundbuchamt soll die Erklärung der Einigung nur entgegennehmen, wenn die nach § 313 des Bürgerlichen Gesetzbuchs erforderliche Urkunde vorgelegt wird. Dasselbe gilt für die Notare; der Vorlegung der Urkunde steht die Aufnahme durch den Notar gleich (Art. 9 des Fischereigesetzes, Art. 12 des AG. z. GBO.).

§ 7. Ohne Genehmigung der Verwaltungsbehörde können an derselben Gewässerstrecke mehrere Fischereirechte nicht begründet werden; auch die Begründung eines Fischereirechts für mehrere Personen an derselben Gewässerstrecke ist ohne Genehmigung der Verwaltungsbehörde unzulässig (Art. 25 des Fischereigesetzes). Es kann daher ein Fischereirecht zwar in mehrere Fischereirechte zerlegt werden, jedoch nur in der Weise, daß jedem Fischereirecht ein bestimmter Teil der bisherigen Gewässerstrecke ausschließlich zugewiesen wird.

Wird ein Fischereirecht im Wege des Vertrags geteilt, so bedarf es zur Teilung der Zustimmung des Eigentümers des Gewässers (§ 877 des BGB.). Bei der Beurkundung sollen die Notare darauf bedacht sein, daß die Grenzen der einzelnen Teile durch geometrisch festgelegte Punkte bestimmt werden, z. B. durch die Grenzen bestimmter Ufergrundstücke, die Einmündung eines Nebenflusses u. dgl.

Zur Eintragung der Teilung ist die Vorlegung eines Messungsverzeichnisses weder in Ansehung des Wassergrundstücks noch in Ansehung des Fischereirechts erforderlich.

§ 8. Ein Fischereirecht, das auf das Hegen oder die Aneignung bestimmter Wassertiere oder auf die Benützung bestimmter Fangmittel oder ständiger Vorrichtungen beschränkt ist, kann nicht begründet werden (Art. 11 des Fischereigesetzes). Die Übertragung derartiger zur Zeit des Inkrafttretens des Fischereigesetzes bereits bestehender Fischereirechte ist zulässig.

§ 9. Die §§ 1 bis 5, 7, 8 finden auch in den Landesteilen, in denen das Grundbuch noch nicht für angelegt erklärt ist, entsprechende Anwendung (Art. 112 des Fischereigesetzes). Für die Begründung und die Übertragung eines Fischereirechts ist der Artikel 189 des Einführungsgesetzes zum Bürgerlichen Gesetzbuche maßgebend. Die rechtsgeschäftliche Begründung und Übertragung müssen nach Art. 14 des Notariatsgesetzes vom 10. November 1861 notariell beurkundet werden. Für eine im Zeitpunkte des Inkrafttretens des Grundbuchrechts nicht vollendete Ersitzung gelten die Vorschriften des Artikel 169 und des Artikel 189 Abs. 2 des Einführungsgesetzes zum Bürgerlichen Gesetzbuche.

II. Eintragung der Fischereirechte in das Grundbuch.

§ 10. Die Eintragung setzt einen Antrag des Fischereiberechtigten oder des Eigentümers des Gewässers voraus.

Der Eintragungsantrag kann auch von einem Bevollmächtigten des Antragsberechtigten oder von einem sonstigen Vertreter gestellt werden. Ist die zu einer Eintragung erforderliche Erklärung von einem Notar beurkundet oder beglaubigt, so gilt dieser ohne weiteres als ermächtigt, im Namen eines Antragsberechtigten die Eintragung zu beantragen.

Von mehreren zur Antragstellung Berechtigten kann jeder einzelne den Antrag für alle Mitberechtigten stellen.

Der Antrag kann auch von demjenigen gestellt werden, der im Besitze eines vollstreckbaren Titels gegen den Fischereiberechtigten ist.

§ 11. Der Eintragungsantrag bedarf keiner Form; er kann sowohl schriftlich in einer formlosen Urkunde als auch mündlich vor dem Grundbuchamte gestellt werden.

§ 12. Der Antrag soll das einzutragende Fischereirecht nach Inhalt, Umfang, Grund und Entstehung bezeichnen, insbesondere das Gewässer mit der diesem im Grundsteuerkataster zugeteilten Plannummer beschreiben.

Die zum Nachweise des Rechtes erforderlichen Belege sind beizufügen.

Anträge, welche diesen Erfordernissen nicht genügen, sollen zunächst unter Belehrung des Antragstellers zur Ergänzung zurückgegeben werden.

§ 13. Der Antragsteller hat einen Auszug aus dem Fischwassersteuerkataster vorzulegen.

Die zwischen der Eintragung im Fischwassersteuerkataster und dem Inhalte der Anmeldungen etwa bestehenden Widersprüche hat der Grundbuchbeamte aufzuklären, sofern dies ohne weitläufige Ermittlungen geschehen kann; im anderen Falle hat er nach Lage der Sache zu entscheiden.

Ist das Gewässer im Fischwassersteuerkataster nicht mit einer Plannummer bezeichnet, so hat der Grundbuchbeamte das Rentamt um Ergänzung des Katasters zu ersuchen, wenn das Gewässer im Grundsteuerkataster selbst mit einer besonderen Plannummer beschrieben ist.

§ 14. Aus der Bezeichnung des Fischereirechts im Fischwassersteuerkataster als Eingehörung oder Bestandteil eines Anwesens ist noch nicht mit Sicherheit darauf zu schließen, daß das Fischereirecht nur dem jeweiligen Eigentümer eines Grundstücks in der Weise zusteht, daß es vom Grundstück ohne Zustimmung des Eigentümers des belasteten Grundstücks nicht getrennt werden kann (Art. 10 des Fischereigesetzes). Eine solche Bezeichnung enthebt deshalb den Grundbuchbeamten nicht der genaueren Feststellung des Rechtsverhältnisses.

§ 15. Der Nachweis des Rechtes ist in der Regel durch öffentliche Urkunden, namentlich notarielle oder gerichtliche Urkunden zu führen; es genügt die Vorlegung einer Ausfertigung der Urkunde.

Ist die Beischaffung der Ausfertigung für die Beteiligten mit Weiterungen und besonderen Kosten verbunden, so soll das Grundbuchamt den Notar, der die Urkunde errichtet hat, um Aufschluß ersuchen oder von ihm die Urschrift erholen. Das Gericht hat zu den Akten die erforderlichen Auszüge und Feststellungen aus der Urkunde zu fertigen und diese dem Notar alsbald wieder zurückzugeben.

Die Vorschriften des Abs. 2 finden entsprechende Anwendung auf die gerichtlichen Protokollbücher und Akten, wenn sich die Beteiligten auf darin enthaltene Urkunden beziehen und die Erholung dieser Urkunden ohne besondere Ermittlungen möglich ist.

Stellt der Notar den Eintragungsantrag (§ 10 Abs. 2), so hat er zum Nachweise des Rechtes eine beglaubigte Abschrift der Urkunde, aus der die Bestellung des Rechtes sich ergibt, dem Antrage beizulegen.

Macht der Berechtigte das Fischereirecht als Rechtsnachfolger des Erwerbers geltend, so hat er auch die Rechtsnachfolge nachzuweisen. Auf diesen Nachweis finden die vorstehenden Bestimmungen entsprechende Anwendung.

§ 16. Ist es nicht möglich, die zum Nachweise eines vor dem Inkrafttreten des Fischereigesetzes begründeten Fischereirechts dienenden Urkunden beizuschaffen, oder wird die Begründung des Rechtes nicht auf ein Rechtsgeschäft, sondern auf andere rechtserhebliche Tatsachen (Ersitzung) gestützt und können auch diese nicht durch Urkunden nachgewiesen werden, so kann der Grundbuchbeamte das Recht als nachgewiesen erachten, wenn derjenige, gegen den das Recht eingetragen werden soll (Anmeldungsgegner), das Recht anerkennt. Soll das Recht den Rang vor schon bestehenden Eintragungen erhalten, so gelten als Anmeldungsgegner auch diejenigen Berechtigten, deren Rechte durch die Rangbestimmung betroffen werden.

Die Anerkennung soll vor dem Grundbuchamte zu Protokoll erklärt oder durch öffentliche oder öffentlich beglaubigte Urkunden nachgewiesen werden.

§ 17. Die Eintragung eines Fischereirechts darf nur erfolgen, wenn der Anmeldungsgegner der Eintragung zugestimmt hat. Die Eintragungsbewilligung soll vor dem Grundbuchamte zu Protokoll gegeben oder durch öffentliche oder öffentlich beglaubigte Urkunden nachgewiesen werden.

Enthält die Urkunde, die zum Nachweise des Rechtes in Bezug genommen worden ist (§ 15), schon die Eintragungsbewilligung des Anmeldungsgegners, so genügt der Hinweis auf die Urkunde.

§ 18. Wird mit dem Eintragungsantrag die Eintragungsbewilligung (§ 17) oder die Anerkennungserklärung des Anmeldungsgegners (§ 16) nicht vorgelegt, so ist der Anmeldungsgegner über den Eintragungsantrag zu hören.

Zu diesem Zwecke ist ihm der Eintragungsantrag unter Bestimmung einer Frist von zwei bis zu fünf Wochen zur Erhebung eines etwaigen Widerspruchs mitzuteilen. Die Mitteilung geschieht in allen Fällen, in denen es sich nicht um Gewässer handelt, die im Eigentume der Anlieger stehen (§ 20), durch persönliche Zustellung. Gleichzeitig ist dem Anmeldungsgegner zu eröffnen, daß die förmliche Eintragung des angemeldeten Rechtes erfolgen wird, wenn er innerhalb der gestellten Frist weder mündlich noch schriftlich Erinnerungen geltend macht. Von der Erklärung des Anmeldungsgegners ist der Antragsteller zu benachrichtigen.

§ 19. Liegt in dem Zeitpunkt, in welchem über die Anmeldung zu entscheiden ist, schon eine Erklärung vor, wonach der Anmeldungsgegner die Eintragungsbewilligung verweigert oder gegen die Eintragung Widerspruch erhebt, so bedarf es des Verfahrens nach § 18 nicht mehr; es ist sofort nach § 22 Abs. 1 und 2 zu verfahren.

§ 20. Wird die Eintragung eines Fischereirechts an einem Gewässer beantragt, das im Sinne des Artikel 21 des Wassergesetzes im Eigentume der Anlieger steht, so genügt es, wenn die Aufforderung im Sinne des § 18 mittels einmaliger öffentlicher Bekanntmachung im Amtsblatt und durch einen wenigstens vier Wochen währenden Anschlag an der Amtstafel der Gemeinde erfolgt, in deren Steuerbezirk das belastete Gewässer gelegen ist. In der Aufforderung sind die Anlieger darauf aufmerksam zu machen, daß, wenn ein Widerspruch nicht erhoben wird, das angemeldete Recht eingetragen wird.

§ 21. Stimmt der Anmeldungsgegner der Eintragung des Fischereirechts zu (§ 17) oder läßt er die ihm nach § 18 und § 20 bestimmte Frist verstreichen, ohne Erinnerungen geltend zu machen, so ist das Recht einzutragen. Der Anmeldungsgegner ist hievon im Wege der persönlichen Zustellung in Kenntnis zu setzen. Steht das Gewässer im Eigentume der Anlieger, bedarf es dieser Mitteilung nicht.

§ 22. Verweigert der Anmeldungsgegner oder, wenn mehrere vorhanden sind, einer von ihnen die Zustimmung zur Eintragung des Fischereirechts (§ 17) oder im Falle des § 16 überhaupt die Anerkennung des Rechtes, so hat der Grundbuchbeamte die Berechtigung des Widerspruchs zu prüfen; findet er ihn für berechtigt, so ist die Eintragung des Fischereirechts abzulehnen; hält er ihn für unberechtigt und das Bestehen des Fischereirechts für nachgewiesen oder doch, z. B. mit Rücksicht auf vorgelegte Erwerbsurkunden oder auf die Eintragungen im Fischwassersteuerkataster für glaubhaft gemacht, so trägt er das Fischereirecht und mit diesem den Widerspruch des Anmeldungsgegners ein (§ 31).

Zugleich hat der Grundbuchbeamte eine gütliche Ausgleichung zu versuchen; er kann die Beteiligten zu einem Termine laden oder durch ein ersuchtes Gericht vernehmen lassen. Erscheinen beide Teile und einigen sich in Güte, so ist die Einigung zu Protokoll festzustellen und nach ihrem Inhalt Anordnung zu erlassen. Gelingt die Einigung nicht oder sind beide Teile oder einer von ihnen unentschuldigt ausgeblieben, so ist diese Tatsache in den Akten zu vermerken; die Beteiligten sind auf den Rechtsweg zu verweisen; die Eintragung des Fischereirechts und des Widerspruchs bleibt aufrecht erhalten. Eine Frist zur Klagestellung wird nicht bestimmt.

§ 23. Als Verweigerung der Zustimmung gilt auch, wenn der Anmeldungsgegner in seiner Erklärung oder in seiner eigenen Anmeldung einen anderen Inhalt oder Umfang des Rechtes behauptet als der Berechtigte.

§ 24. Das selbständige Fischereirecht kann in das Grundbuch eingetragen werden

1. als Belastung des Gewässers durch Eintragung in die zweite Abteilung des für das Gewässer angelegten Blattes (§ 25),
2. als ein dem Fischereiberechtigten zustehendes Nutzungsrecht,
   a) wenn das Fischereirecht dem jeweiligen Eigentümer eines Grundstücks zusteht, durch Vermerkung auf dem Blatte dieses Grundstücks (§ 29),
   b) in den anderen Fällen durch Anlegung eines Grundbuchblattes für das Fischereirecht (§ 26).

§ 25. Das Fischereirecht ist in die zweite Abteilung des für das Gewässer angelegten Blattes einzutragen (§ 364 der Dienstanweisung, unten § 26 Abs. 3).

Die Eintragung in die zweite Abteilung kann jedoch nur verlangt werden, wenn für das Gewässer bereits ein Grundbuchblatt besteht (Art. 14 Abs. 5 des Fischereigesetzes), sie ist in jedem Falle ausgeschlossen, wenn für die Eigentumsverhältnisse bezüglich des Gewässers Artikel 21 des Wassergesetzes maßgebend ist, nach § 300 der Dienstanweisung also ein Blatt überhaupt nicht angelegt werden soll. Auch auf den für die Ufergrundstücke bestehenden Blättern darf das Fischereirecht nicht als Belastung in die zweite Abteilung eingetragen werden.

Ist für das Gewässer ein Blatt nicht angelegt, so kann die Eintragung des Fischereirechts in die zweite Abteilung nur verlangt werden,

a) wenn es sich um ein buchungsfreies Gewässer handelt, sofern der Eigentümer des Gewässers Buchungsantrag stellt,
b) wenn es sich um ein buchungspflichtiges Gewässer handelt, sofern nach Maßgabe der §§ 508, 509 der Dienstanweisung für die Grundbuchämter sofort ein Blatt für das Gewässer angelegt wird.

Wird für das Gewässer nachträglich ein Blatt angelegt, so ist, wenn für das Fischereirecht ein Blatt besteht, die Eintragung des Fischereirechts in die zweite Abteilung des für das Gewässer angelegten Blattes von Amts wegen nachzuholen. Das Gleiche gilt, wenn das Fischereirecht dem jeweiligen Eigentümer eines Grundstücks zusteht und auf dem Blatte dieses Grundstücks vermerkt ist.

§ 26. Die selbständigen Fischereirechte erhalten ein Grundbuchblatt nur auf besonderen Antrag oder wenn das Recht veräußert oder belastet werden soll (Art. 14 Abs. 2 des Fischereigesetzes).

Wird die Eintragung eines Fischereirechts als Belastung eines Gewässers beantragt, für welches ein Grundbuchblatt nicht besteht und die Anlegung eines Blattes auch nicht veranlaßt ist (§ 25 Abs. 3), so gilt dieser Antrag als Antrag auf Anlegung eines Grundbuchblattes für das Fischereirecht.

Der Anlegung eines besonderen Blattes für das Fischereirecht kommt es gleich, wenn nach Maßgabe der Vorschriften in §§ 219, 222 ff. der Dienstanweisung für das Fischereirecht und für Grundstücke oder andere Fischereirechte ein gemeinschaftliches Grundbuchblatt geführt oder das Fischereirecht einem Grundstück oder einem anderen Fischereirecht zugeschrieben wird.

§ 27. Die Anlegung eines Blattes für das Fischereirecht setzt die Durchführung eines Anmeldungsverfahrens im Sinne des § 3 der Königlichen Verordnung vom 23. Februar 1905, die Führung des Grundbuchs in den Landesteilen rechts des Rheins betreffend, nicht voraus.

§ 28. Für die Form der Eintragung eines Fischereirechts sind die §§ 366, 367, für die Bezeichnung des Berechtigten §§ 368, 369, 370, für die Bezeichnung des belasteten Grundstücks §§ 374 ff., für die Bezeichnung des Inhalts des Rechtes §§ 381, 383 der Dienstanweisung maßgebend.

Wird für ein Fischereirecht ein Grundbuchblatt angelegt, so ist das Recht im Titel des Grundbuchblattes in der gleichen Weise zu bezeichnen, in der es im Anhange zum Sachregister bezeichnet ist (§ 298 Abs. 1 der Dienstanweisung).

Ist das Gewässer im Grundsteuerkataster oder im Fischwassersteuerkataster mit einer Sternbezeichnung versehen, so hat die Sternbezeichnung bei der Beschreibung des Fischereirechts im Grundbuch wegzubleiben.

Wird ein Fischereirecht in der zweiten Abteilung des für das Gewässer angelegten Blattes eingetragen und wird zugleich für das Fischereirecht selbst ein Blatt angelegt (§ 25 Abs. 1 und § 26 Abs. 1), so ist bei der Eintragung des Rechtes in der zweiten Abteilung in der 3. Spalte die Anlegung des Blattes zu vermerken („Blatt angelegt VII 225"), während in Spalte 3 des Titels des für das Fischereirecht angelegten Blattes auf die Eintragung des Fischereirechts in der zweiten

Abteilung hinzuweisen ist („Eingetragen III 455"). Im übrigen gelten die Vorschriften des § 298 Abs. 2 und des § 398 der Dienstanweisung.

§ 29. Wenn das Fischereirecht zu Gunsten des jeweiligen Eigentümers eines Grundstücks besteht, so ist dies auf Antrag auf dem Blatte dieses Grundstücks zu vermerken. Antragsberechtigt ist der Eigentümer des Grundstücks, sowie jeder Dritte, zu dessen Gunsten das Grundstück belastet ist, wenn dessen Recht durch die Aufhebung des Fischereirechts berührt wird (Art. 14 Abs. 3 des Fischereigesetzes, § 8 der Grundbuchordnung, § 340 der Dienstanweisung).

Die Vermerkung hat auch dann zu geschehen, wenn für das Gewässer ein Blatt nicht angelegt, die Eintragung des Fischereirechts als Belastung des Gewässers also nicht möglich ist (Art. 14 Abs. 5 des Fischereigesetzes, § 25).

Für die Eintragung des Vermerkes finden die §§ 341, 342 der Dienstanweisung entsprechende Anwendung.

Ein selbständiges Grundbuchblatt kann für ein dem jeweiligen Eigentümer eines Grundstücks zustehendes Fischereirecht nicht angelegt werden (§ 24 Ziff. 2a).

§ 30. Fischereirechte, die sich ungeteilt auf ein Gewässer erstrecken, das mehrere Steuergemeinden desselben Amtsgerichtsbezirks durchfließt, sollen nur in dem Grundbuche einer der beteiligten Steuergemeinden ein Blatt erhalten.

Durchfließt das Gewässer Steuergemeinden mehrerer Amtsgerichtsbezirke, so kommt Artikel 5 des Ausführungsgesetzes zu der Grundbuchordnung und zu dem Gesetz über die Zwangsversteigerung und die Zwangsverwaltung zur Anwendung.

Die Eintragung in die zweite Abteilung muß in jedem Grundbuche erfolgen, in welchem für das Gewässer selbst ein Blatt besteht.

§ 31. Die Eintragung eines Widerspruchs im Sinne des § 22 Abs. 1 dieser Bekanntmachung erfolgt, wenn für das Fischereirecht ein Blatt angelegt, im Titel (in der Pfalz in der ersten Abteilung), und wenn das Fischereirecht auf dem Blatte des Gewässers eingetragen wurde, auch in der zweiten Abteilung, jeweils an der nächst offenen Stelle unter einer gesonderten Nummer in der Form einer selbständigen Eintragung (§§ 291, 293 Nr. 10, § 365 Nr. 26 der Dienstanweisung).

III. Behandlung der bereits im Grundbuch eingetragenen Fischereirechte.

§ 32. Für die grundbuchmäßige Behandlung der bereits im Grundbuch eingetragenen Fischereirechte sind die Vorschriften der Dienstanweisung für die Grundbuchämter maßgebend.

Wenn ein Fischereirecht in der zweiten Abteilung des für das Gewässer bestehenden Blattes eingetragen und zugleich für das Fischereirecht selbst ein Blatt angelegt ist, so ist ein Wechsel in der Person des Berechtigten nur auf dem Blatte des Fischereirechts einzutragen; die Eintragung in der zweiten Abteilung bleibt unberührt.

IV. Eintragung der Fischereirechte in das Hypothekenbuch. Behandlung der eingetragenen Fischereirechte.

§ 33. In den Landesteilen, in welchen das Grundbuch noch nicht für angelegt erklärt ist, finden bezüglich der Eintragung eines Fischereirechts die Vorschriften dieser Bekanntmachung mit der Maßgabe Anwendung, daß an die Stelle des Grundbuches das Hypothekenbuch tritt.

Wird die Eintragung eines Fischereirechts an einem blattfreien Gewässer verlangt, so ist zunächst nur für das Fischereirecht ein Blatt anzulegen; wird für das Gewässer ein Blatt angelegt, so ist die Eintragung des Fischereirechts in die zweite Abteilung dieses Blattes von Amts wegen nachzuholen.

Wird die Eintragung eines Fischereirechts im Anmeldungsverfahren beantragt, so kann die Anerkennungserklärung (§ 16) und die Zustimmungserklärung (§ 17) schriftlich oder mündlich erfolgen; sie sind an keine Form gebunden, doch kann das Gericht, wenn eine Erklärung formlos abgegeben wird, die Beglaubigung der Unterschrift verlangen oder den Erklärenden zur Vernehmung vorladen; das Gericht soll von dieser Befugnis nur Gebrauch machen, wenn besondere Gründe die formlose schriftliche Erklärung als ungenügend erscheinen lassen.

§ 34. Für die hypothekenbuchmäßige Behandlung der in das Hypothekenbuch bereits eingetragenen Fischereirechte gelten die Vorschriften dieser Bekanntmachung, soweit das Hypothekengesetz nicht abweichende Bestimmungen enthält.

V. Verkehr mit den Rentämtern.

§ 35. Das Grundbuchamt hat jede in das Grundbuch eingetragene Rechtsänderung wie jede Änderung im Bestand oder in der Bezeichnung eines Fischereirechts dem Rentamt, in dessen Bezirk das mit dem Fischereirecht belastete Gewässer liegt, anzumelden, sofern die Eintragung nicht auf Grund einer Mitteilung des Rentamts selbst erfolgt ist.

Die Vorschriften in §§ 578 ff. der Dienstanweisung finden entsprechende Anwendung.

Die Anmeldepflicht im Sinne des Abs. 1 obliegt auch dem Hypothekenamte.

VI. Sachregister.

§ 36. Die Fischereirechte sind in einem Anhange zum Sachregister zu verzeichnen, gleichviel ob für sie ein Blatt im Grundbuch angelegt ist oder nicht (§ 195 der Dienstanweisung).

1. Für den Inhalt des Verzeichnisses gilt folgendes:

a) Als Grundlage für die Bezeichnung dieser Rechte dient das Fischwassersteuerkataster. In das Verzeichnis sind auch solche Fischereirechte aufzunehmen, die im Fischwassersteuerkataster nicht vorgetragen sind; dem Rentamte ist von solchen Fischereirechten Mitteilung zu machen.

b) Ein Fischereirecht, das dem Berechtigten zusteht, weil das Fischwasser Bestandteil seines Grundstücks ist, ist im Verzeichnis der Rechte nicht vorzutragen (§ 1 Abs. 3).

c) Ist ein Fischereirecht im Fischwassersteuerkataster als Eingehörung eines Anwesens bezeichnet, so bietet die Aufnahme des Rechtes in das Verzeichnis allein noch keinen genügenden Anlaß, umfangreiche Erhebungen über die Natur des Rechtes anzustellen, wenn das Recht nicht bereits im Grundbuch eingetragen ist und auch ein Eintragungsantrag nicht gestellt wird; es genügt, im Verzeichnis zu bemerken, daß das Recht nach dem Fischwassersteuerkataster Zugehörung des Anwesens ist.

d) Ein Fischereirecht, das sich ungeteilt auf ein Gewässer erstreckt, das mehrere Steuergemeinden durchfließt, ist in die Verzeichnisse der sämtlichen in Betracht kommenden Steuergemeinden aufzunehmen; in den sämtlichen Verzeichnissen ist auf das gemeinschaftliche Blatt zu verweisen, das gegebenenfalls für ein solches Fischereirecht angelegt ist (§ 30).

2. Das Verzeichnis ist nach folgenden Grundsätzen einzurichten:

a) Die Fischereirechte sind in einer besonderen Abteilung des Verzeichnisses vorzutragen.

b) Das Verzeichnis umfaßt fünf Spalten und zwar für die
   a. fortlaufende Nummer,
   b. katastermäßige Beschreibung,
   c. belastete Plannummer,
   d. Grundbuchstelle, an welcher das Fischereirecht als selbständiges Recht im Titel (in der Pfalz in der ersten Abteilung) oder als Last in der zweiten Abteilung eingetragen ist,
   e. Bemerkungen.

c) Die Reihenfolge der Rechte wird soweit möglich durch die arithmetische Reihenfolge der belasteten Plannummern bestimmt. Der Fischereiberechtigte wird im Verzeichnisse der Rechte nicht genannt.

3. Das Verzeichnis ist mit den Eintragungen im Grundbuch oder im Hypothekenbuch in Übereinstimmung zu halten.

München, den 15. März 1909.

J. A.
Der K. Staatsrat
Dr. v. Henle.

3. Bekanntmachung vom 19. März 1909, betreffend die Abmarkung der Fischereirechte.

(GVBl. S. 249).

K. Staatsministerien der Justiz, des Innern und der Finanzen.

Auf Grund des § 12 der K. Verordnung vom 18. März 1909 über den Vollzug des Fischereigesetzes für das Königreich Bayern vom 15. August 1908 werden nachstehende Vorschriften erlassen.

§ 1. Zur Abmarkung der Fischereirechte besteht, abweichend von der Abmarkung der Grundstücke nach Art. 1 des Abmarkungsgesetzes vom 30. Juni 1900, keine öffentlichrechtliche Verpflichtung der Beteiligten. Recht und Pflicht der Abmarkung von Fischereirechten gehören vielmehr, wie die im § 919 des Bürgerlichen Gesetzbuchs geregelte Abmarkung der Grundstücke (Art. 30 des Abmarkungsgesetzes) dem bürgerlichen Rechte an.

§ 2. Die Abmarkung kann nur stattfinden, wenn

1. die Grenzlinien der abzumarkenden Fischereirechte unter den beteiligten Fischereiberechtigten unbestritten feststehen sowie
2. die Verpflichtung zur Abmarkung von den bei der Tagfahrt erschienenen Fischereiberechtigten anerkannt wird, oder eine Entscheidung über die Abmarkungspflicht ergangen ist.

Die Abmarkung kann nicht verlangt werden, soweit die Grenze des Fischereirechts mit der Grenze eines Ufergrundstücks zusammenfällt und letztere durch ein Grenzzeichen nach Maßgabe des Abmarkungsgesetzes vom 13.[1]) Juni 1900 schon gesichert ist.

§ 3. Den Antrag auf Abmarkung kann jeder Fischereiberechtigte stellen. Dies gilt auch dann, wenn der Fischereiberechtigte zur Ausübung der Fischerei nicht befugt ist, weil sein Recht einem gemeinschaftlichen Fischereibetrieb (Art. 19, 20) oder einem anderen Fischereibetrieb (Art. 22) zugeteilt ist oder zu einer Koppelfischerei gehört (Art. 24 ff.) oder einer Genossenschaft angeschlossen ist (Art. 21, 27, 37 ff. des Fischereigesetzes).

Antragsberechtigt ist auch die Gemeinde, welcher ein Fischereirecht zur Ausübung übertragen ist.

Der Pächter eines Fischereirechts ist nicht antragsberechtigt.

§ 4. Bei Grenzermittlungs- und Teilungsmessungen der Messungsämter hat die Abmarkung in der Regel sich unmittelbar der Messung anzuschließen.

Wollen die beteiligten Fischereiberechtigten sonstige Abmarkungsgeschäfte dem Messungsamt übertragen, so haben sie es bei diesem entweder unmittelbar oder durch Vermittlung der Gemeindebehörde anzumelden.

§ 5. Anträge auf Vornahme der Abmarkungsgeschäfte durch die Feldgeschworenen sind in Gemeinden beim Vorstande der Gemeindebehörde, in ausmärkischen Bezirken beim Obmann der Feldgeschworenen anzubringen; diese haben, soweit erforderlich, die außer dem Antragsteller noch beteiligten Fischereiberechtigten und Grundeigentümer über den Antrag einzuvernehmen und ihn sodann tunlichst bald zu erledigen.

§ 6. Als beteiligt sind zu dem Abmarkungsgeschäfte neben den Fischereiberechtigten, deren Fischereirechte abgemarkt werden sollen, auch die Fischereiberechtigten, deren Fischereirechte an die abzumarkende Grenze

[1]) richtig 30. Juni. Der Verf.

anstoßen, sowie die Eigentümer der Ufergrundstücke zu laden, auf die die Grenzzeichen gesetzt werden sollen. Ein Fischereiberechtigter, welcher hienach als beteiligt gilt, ist auch dann zu laden, wenn er zur Ausübung der Fischerei nicht befugt ist, weil sein Recht einem gemeinschaftlichen Fischereibetrieb (Art. 19, 20) oder einem anderen Fischereibetrieb (Art. 22) zugeteilt ist oder zu einer Koppelfischerei gehört (Art. 24 ff.) oder einer Genossenschaft angeschlossen ist (Art. 21, 27, 37 ff. des Fischereigesetzes); ist das Fischereirecht einer Gemeinde nach dem Art. 7 des Fischereigesetzes zur Ausübung übertragen, so ist nur die Gemeinde zu laden.

Zur Vertretung Beteiligter genügt eine durch den Bürgermeister des Wohnortes des Ausstellers beglaubigte Vollmacht.

Im übrigen finden hinsichtlich der Ladung der Beteiligten die Vorschriften des § 20 Ziff. 3 und des § 21 der Bekanntmachung vom 21. Dezember 1900 zum Vollzuge des Abmarkungsgesetzes entsprechende Anwendung.

§ 7. Bezüglich der Durchführung der Abmarkung, des Setzens, Hebens usw. der Grenzzeichen, der Beschaffenheit der Grenzzeichen und der Art ihrer Anbringung, des Siebnergeheimnisses und der Protokollierung des Abmarkungsgeschäfts gelten die entsprechenden Bestimmungen der angeführten Bekanntmachung vom 21. Dezember 1900.

Auf den Grenzzeichen sind die Buchstaben F. G. (Fischereigrenze) in deutlich sichtbarer Weise anzubringen.

§ 8. Die von den zuständigen Behörden und Personen gesetzten Grenzzeichen müssen von den beteiligten Fischereiberechtigten in Stand erhalten und, wenn sie verrückt werden oder unkenntlich geworden sind, wiederhergestellt werden.

Die Eigentümer der Ufergrundstücke sind verpflichtet, die Grenzzeichen sorgfältig zu schonen.

Werden Grenzzeichen der Fischereirechte entbehrlich, so können sie auf Antrag der beteiligten Fischereiberechtigten oder Grundeigentümer beseitigt werden.

§ 9. Das Verfahren bei Streitigkeiten richtet sich gemäß Art. 97 des Fischereigesetzes nach den Art. 19 bis 21 des Gesetzes, die Abmarkung der Grundstücke betreffend, vom 30. Juni 1900.

Der § 32 der Vollzugsvorschriften vom 21. Dezember 1900 zu diesem Gesetz ist entsprechend anzuwenden.

§ 10. Die in dem § 33 und dem § 34 Nr. 2, Nr. 3a, c und d dieser Vollzugsvorschriften getroffenen Bestimmungen über die Festsetzung der Gebühren der Feldgeschworenen und die Feststellung und Einhebung der Abmarkungskosten finden entsprechende Anwendung.

§ 11. Kommen Fischereiberechtigte ihrer Verpflichtung zur Errichtung oder Wiederherstellung eines Fischerei-Grenzzeichens trotz behördlicher Aufforderung innerhalb der vorgesetzten angemessenen Frist nicht nach, so kann die Erfüllung der Verpflichtung auf dem Wege der Zwangsvollstreckung nach dem Art. 46 des Gesetzes vom 8. August 1878 über die Errichtung eines Verwaltungsgerichtshofes und das Verfahren in Verwaltungsrechtssachen erzwungen werden.

München, den 19. März 1909.

v. Miltner. v. Pfaff. v. Brettreich.

4. Bekanntmachung vom 23. März 1909, die Landesfischereiordnung betreffend.

(GVBl. S. 294.)

K. Staatsministerium des Innern.

Auf Grund des Art. 72 des Fischereigesetzes für das Königreich Bayern vom 15. August 1908 wird nachstehende

Landesfischereiordnung [1])

erlassen:

Abschnitt I.

§ 1. Schonzeiten.

Für die nachgenannten Fischarten werden folgende Schonzeiten festgesetzt:

1. vom 1. März bis 30. April für Äsche (Asch, Thymallus vulgaris Nils.);
2. vom 16. März bis 30. April für Huchen (Rotfisch, Salmo hucho L.);
3. vom 1. April bis 15. Mai für Schill (Amaul, Sandbarsch, Zander, Lucioperca sandra L.);
4. vom 1. Mai bis 15. Juni für Barbe (Barbus fluviatilis Agass.);
5. vom 1. Oktober bis 15. Januar für Forelle (Bach-, Fluß-, Steinforelle, Trutta fario L.);
6. vom 1. Oktober bis 31. Dezember für Seeforelle (Rheinanke, Illanke, Seelachs, Lachsforelle, Grundforelle, Trutta lacustris L.);
7. vom 1. Oktober bis 31. Dezember für Bachsaibling (Salmo fontinalis Mitch.);
8. vom 16. Oktober bis 31. Dezember für Lachs (Rheinsalm, Trutta salar L.);
9. vom 1. November bis 31. Dezember für alle Renkenarten (Felchen, Maränen, Coregonus) mit Ausnahme des Kilches;
10. vom 1. November bis 31. Dezember für Saibling (Seesaibling, Ritter, Salmo salvelinus L.).

Abs. 2. Wenn in einem oder mehreren Bezirken die natürliche Laichperiode für Forellen, Bachsaiblinge, Lachse, Äschen und Huchen sich regelmäßig über den in Ziffer 1, 2, 5, 7 und 8 bezeichneten Zeitpunkt hinaus erstreckt oder früher beginnt, so kann

[1]) Über die Ergänzungen hiezu in den einzelnen Regierungsbezirken s. Bem. 2 zu Art. 72.

für diese Bezirke von der Regierung, Kammer des Innern, die Schonzeit für Forellen und Bachsaiblinge bis 15. September vorverlegt oder bis spätestens 1. März verlängert und die Schonzeit für Lachse bis spätestens 15. Januar, für Äschen und Huchen bis spätestens 15. Mai verlängert werden.

Abs. 3. Die vorgeschriebenen Anfangs- und Endtage sind in die Schonzeit miteingeschlossen.

Abs. 4. Die Regierungen, Kammern des Innern, sind ermächtigt, für ihren Regierungsbezirk oder für einzelne bestimmte Gewässer oder Teile derselben auch für Regenbogenforelle (Salmo irideus Gibb.), **Hecht** (Esox lucius L.), **Rutte** (Lota vulgaris C.), **Forellenbarsch** (Micropterus salmoides Lac.), **Barsch, Flußbarsch** (Perca fluviatilis L.), **Schied** (Aspius rapax Ag.), **Karpfen** (Cyprinus carpio L.), **Schleie** (Tinca vulgaris Cuv.), **Brachsen** (Abramis brama L.), **Aitel** (**Alten, Dickkopf, Schuppfisch, Döbel, Diebel, Dübling,** Squalius cephalus L.), **Hasel** (**Rüßling,** Squalius leuciscus L.), **Nerfling** (**Aland,** Idus melanotus Heck.), **Frauen-Nerfling** (Leuciscus virgo Heck.) **und Frauenfisch** (Leuciscus meidingeri Heck.), **sowie für Nase** (Chondrostoma nasus L.) **eine Schonzeit festzusetzen, welche jedoch die Dauer von zwei Monaten des Jahres nicht überschreiten darf.**

Abs. 5. Werden edlere Fische, welche in einem Gewässer bisher nicht einheimisch waren, oder schnellwüchsige Rassen als Ersatz für verkümmerte Fische in Gewässer neu eingesetzt, so kann mit Zustimmung des Fischereiberechtigten oder, falls mehrere Berechtigte vorhanden sind, der Mehrheit derselben für das betreffende Fischwasser, sowie für etwaige damit zusammenhängende andere Gewässer oder Wasserstrecken durch die Regierung, Kammer des Innern, auf eine bestimmte Zeitdauer unbedingte Schonung für Fische solcher Art angeordnet werden.

1. Der § 1 unterscheidet nicht zwischen geschlossenen (Art. 2 FG.) und nicht geschlossenen Gewässern.

2. Auch die neue LFO. steht auf dem Boden der Individualschonzeit, d. h. sie setzt die Schonzeit für die einzelnen zu schützenden Fischarten unter Berücksichtigung ihrer Laichzeit verschieden fest. Die sog. Wochenschonzeit ist auch in der neuen LFO. nicht eingeführt (s. aber Art. IV des Lachsfischereivertrags vom 30. Juni 1885). Nicht für alle Fischarten ist eine Schonzeit festgesetzt:

a) die im Abs. 1 bezeichneten 10 Fischarten werden im ganzen Lande geschützt (Landesschonzeit);
b) für die im Abs. 4 bezeichneten 15 Fischarten kann eine Provinzialschonzeit oder örtliche Schonzeit festgesetzt werden;
c) die übrigen Fischarten haben keine gebotene Schonzeit.

3. Gegenüber der LFO. von 1884 wurden der amerikanische Lachs, die kleine und die amerikanische Maräne, die Meerforelle, der Kilch und der Silberlachs gestrichen. Der Brachsen, der Hasel, die Schleie sind nach Abs. 4 verwiesen worden; neu eingestellt wurde dort u. a. die Regenbogenforelle. Die Schonzeit für Renken- und Schillarten wurde verkürzt. Die Schonzeit für Forellen wurde verlängert. Die Regierungen sind übrigens ermächtigt, für bestimmte Bezirke die Schonzeit der Forellen vorzuverlegen oder zu verlängern (Abs. 2). Auf andere minder wichtige Änderungen kann hier nicht eingegangen werden. Die LFO. von 1884 enthielt im § 3 Abs. 1, 2 Ausnahmen vom Schonzeitgebot zugunsten des Fanges von Aiteln, Brachsen, Forellen, Hechten, Huchen, Rutten, Seeforellen, soferne die Fische ein bestimmtes Gewicht erreicht hatten. Diese Bestimmung wurde gestrichen (s. aber § 7).

4. Der Abs. 4 räumt den Regierungen die Befugnis ein zu ermessen, ob für die dort bezeichneten Arten oder einzelne Arten eine Schonzeit festgesetzt werden soll, ob die Schonzeit für den ganzen Regierungsbezirk oder einzelne Gewässer oder Gewässerteile festgesetzt werden soll, in welche Jahreszeit die Schonzeit verlegt werden soll und wielange sie innerhalb der auf zwei Monate bemessenen Grenzen dauern soll.

5. Wie nach Abs. 5 die Mehrheit der FBerechtigten (im weiteren Sinne: Einl. S. 17) berechnet werden soll, sagt die LFO. nicht. Mangels einer anderen Bestimmung wird die Mehrheit *nach Köpfen* zu rechnen sein. Wird ein Berechtigter, dessen Berechtigung einen *besonders großen Umfang* hat, von den anderen Berechtigten überstimmt, so kann die Regierung darauf Rücksicht nehmen, da die Anwendung des Abs. 5 in ihrem *Ermessen* steht.

6. Für den Vollzug der Abs. 2, 4, 5 ist die Einvernahme eines oder mehrerer Sachverständiger *vorgeschrieben* (§ 12).

§ 2. Mindestmaße.

Für die nachbenannten Fischarten werden folgende Mindestmaße (Brittelmaße) und zwar für die ganze Länge des Fisches von der Kopfspitze bis zum Schwanzende (Schwanzspitzen) festgesetzt:

55 cm für **Huchen** (Salmo hucho L.);
50 cm für **Lachs** (Salm, Trutta salar L.);
50 cm für **Seeforelle** (Trutta lacustris L.);
40 cm für **Schill** (Amaul, Zander, Lucioperca sandra L.);
40 cm für **Hecht** (Esox lucius L.);
40 cm für **Aal** (Anguilla fluviatilis Flemm.);
30 cm. für **Große Maräne** (Peipusseemaräne, Coregonus maraena Bl.);
30 cm für **Aesche** (Thymallus vulgaris Nils.);
28 cm für **Barbe** (Barbus fluviatilis Agass.);
25 cm für **Saibling** (Seesaibling, Ritter, Salmo salvelinus L.);
24 cm für **Forelle** (Bach-, Fluß-, Steinforelle, Trutta fario L.);
24 cm für **Regenbogenforelle** (Salmo irideus, Gibb.);
24 cm für **Bachsaibling** (Salmo fontinalis Mitch.);

22 cm für alle Renken (Felchen, Maränen, Coregonus) mit Ausnahme der großen Maräne und des Kilches.

Abs. 2. Die Regierungen, Kammern des Innern, sind ermächtigt, für einzelne Bäche oder Flußstrecken, in welchen nachgewiesenermaßen die Forelle (Steinforelle) im allgemeinen nicht wesentlich über 18 cm groß wird, das Mindestmaß für Forellen (Trutta fario) bis zu 18 cm herabzusetzen.

Abs. 3. Die Regierungen können ferner für die im § 1 Abs. 4 bezeichneten Fischarten in dem dort vorgesehenen räumlichen Umfange Mindestmaße bestimmen, soweit solche Maße nicht schon in Abs. 1 festgesetzt sind.

Zur Ergänzung des § 2 erging folgende

Bekanntmachung vom 28. Januar 1911 über das Mindestmaß der Saiblinge.

(GVBl. S. 36).

K. Staatsministerium des Innern.

Auf Grund des Art. 72 des Fischereigesetzes für das Königreich Bayern vom 15. August 1908 wird in Ergänzung des § 2 Abs. 1 der Landesfischereiordnung vom 23. März 1909 (GVBl. 294) nachstehende oberpolizeiliche Vorschrift erlassen:

Für die kleinrassige Form des Seesaiblings (Salmo salvelinus L.), den sog. Schwarzreuter, wird das Mindestmaß im Königssee, Obersee, Mittersee, Funtensee, Grünsee und Hintersee auf 20 cm herabgesetzt.

Für den vollwüchsigen Seesaibling, den sog. Wildfangsaibling, gilt auch in diesen Seen das Mindestmaß von 25 cm nach § 2 Abs. 1 der Landesfischereiordnung.

1. Der § 2 unterscheidet nicht zwischen geschlossenen (Art. 2 FG.) und nicht geschlossenen Gewässern.

2. Gegenüber der LFO. von 1884 wurde

a) neu eingestellt ein Mindestmaß für Hechte (s. aber § 5 Abs. 6) und für Regenbogenforellen;

b) gestrichen das Mindestmaß für Meerforellen, kalifornische und amerik. Lachse, kleine Maränen, amerik. Maränen, Kilche;

c) erhöht das Mindestmaß für Huchen (früher 54 cm), Seeforellen (bisher 40 cm), Aale (bisher 35 cm), Aeschen (bisher 29 cm), Große Maränen (bisher 24 cm), Bachsaiblinge (bisher 22 cm).

d) Brachsen, Schleien, Hasel fallen unter Abs. 3.

3. Ein besonderes Mindestmaß ist vorgesehen für Regenbogenforellen und Bachsaiblinge, die in geschlossenen Gewässern gezüchtet wurden: § 7 Abs. 2.

4. Die Herabsetzung des Mindestmaßes für Forellen (Abs. 2) ist jetzt nur noch für einzelne Bäche oder Flußstrecken gestattet (nach § 5 Abs. 2 der alten LFO. „für einzelne Bezirke").

5. Die Befugnis der Regierung nach Abs. 3 ist gegenüber der Befugnis im § 1 Abs. 4 durchaus selbständig. Es ist nicht erforderlich, daß sie für Fischarten, die sie einer Provinzialschonzeit oder örtlichen Schonzeit unterwirft, zugleich ein Mindestmaß festsetzt, und umgekehrt.

6. Alle Fischarten, für die ein Mindestmaß nicht ausdrücklich festgesetzt ist, dürfen ohne Rücksicht auf ihre Länge gefangen werden.

7. Für den Vollzug der Abs. 2, 3 ist die Einvernahme eines oder mehrerer Sachverständiger vorgeschrieben (§ 12).

§ 3. Fangverbote.

Auf Fische darf, solange sie der Schonzeit unterliegen oder das festgesetzte Mindestmaß noch nicht erreicht haben, ein Fang nicht unternommen werden.

Abs. 2. Werden solche Fische bei erlaubtem Fange unabsichtlich mitgefangen, so sind sie in dasselbe Gewässer unverzüglich wieder frei einzusetzen.

1. Der § 3 macht keinen Unterschied zwischen geschlossenen (Art. 2 FG.) und nicht geschlossenen Gewässern.

2. Strafbestimmung: Art. 101 Nr. 4 FG. Schon das Unternehmen des Fanges ist strafbar. Es kommt nicht darauf an, ob ein Fang gemacht wurde (s. Bem. 5 vor Art. 100 FG.). Das Verbot des Abs. 1 richtet sich gegen den berechtigt Fischenden und den unberechtigt Fischenden. Im letzteren Falle trifft die Übertretung nach Art. 101 Nr. 4 mit dem Vergehen nach § 296 StGB. oder der Übertretung nach § 370 Nr. 4 StGB. rechtlich zusammen (Bem. 4 vor Art. 100 FG.).

3. Nach Abs. 2 ist eine Verbringung der gegen Abs. 1 unabsichtlich gefangenen Fische in ein anderes Gewässer verboten.

4. Auf tote Fische erstreckt sich weder das Verbot des Abs. 1, noch das Gebot des Abs. 2. Dagegen unterliegen dem Markt- und Verkehrsverbote (§ 4) auch tote Fische.

5. Ausnahmen:

a) von dem Verbote des Fanges während der Schonzeit: für den Fischfang in Seen (§ 5 Abs. 1), zugunsten wertvollerer Fischarten (§ 5 Abs. 2), für den Fang zu wissenschaftlichen Zwecken (§ 5 Abs. 3), für den Fang zum Zwecke der Gewinnung und Erbrütung von Fischeiern (§ 5 Abs. 4), für den Fang von Fischen in geschlossenen Gewässern (§ 7 Abs. 1), für das Abfischen von Teichen, in denen Fische vorübergehend gehalten werden (§ 7 Abs. 4);

b) von dem Verbote des Fanges unter dem Mindestmaße: zugunsten wertvollerer Fischarten (§ 5 Abs. 2), für den Fang zu wissenschaftlichen Zwecken (§ 5 Abs. 3), für den Fang zur Besetzung anderer Gewässer u. a. (§ 5 Abs. 5, § 7 Abs. 3), für den Fang von Hechten in Salmonidengewässern (§ 5 Abs. 6), für den Fang gezüchteter Regenbogenforellen und Bachsaiblinge in geschlossenen Gewässern (§ 7 Abs. 2).

6. Eine weitere Ausnahme von Abs. 1 muß notwendig gemacht werden für den Grundeigentümer, der nach Art 6 Abs. 3 FG. in Tümpeln, wassergefüllten Furchen u. dgl. zurückgebliebene Fische sich aneignen darf.

Von einer eigentlichen Fangtätigkeit kann hier nicht gesprochen werden. Es ist nicht die Absicht des Gesetzes, den Grundeigentümer zu zwingen, daß er mit der Aneignung wartet, bis die Fische verendet sind (Bem. 4). Das Markt- und Verkehrsverbot des § 4 gilt aber auch für den Grundeigentümer.

§ 4. Markt- und Verkehrsverbote.

Während der Schonzeit, ausschließlich der ersten drei Tage derselben, dürfen Fische, für welche eine Schonzeit festgesetzt ist, weder zu Markt gebracht, noch sonstwie feilgehalten oder veräußert oder zu solchem Zwecke versendet werden, gleichviel wann, wo und von wem sie gefangen wurden.

Abs. 2. Fische unter dem festgesetzten Mindestmaß dürfen weder zu Markt gebracht, noch sonstwie feilgehalten oder veräußert oder zu solchem Zwecke versendet werden, gleichviel wann, wo und von wem sie gefangen wurden.

Abs. 3. Diese Verbote erstrecken sich insbesondere auch auf das Feilhalten und den Verkauf von rohen oder zubereiteten Fischen solcher Art in Gasthäusern, Wirtschaften, Garküchen, Delikatessenhandlungen und ähnlichen Gewerbsbetrieben, sowie auf das Auflegen von Speisekarten mit Preisangaben für derlei Fische.

Abs. 4. Macht die Regierung, Kammer des Innern, von der im § 1 Abs. 4 und 5 erteilten Ermächtigung Gebrauch, so soll sie zugleich den Bezirk bezeichnen, in welchem während der festgesetzten Schonzeit die Bestimmungen der vorstehenden Absätze 1 und 3 Anwendung zu finden haben.

Abs. 5. Das öffentliche Feilhalten von Setzlingen unter dem Mindestmaße auf Märkten und in Verkaufslokalen ist verboten.

1. Der § 4 wird ergänzt durch § 9 der oberpolizeilichen Vorschriften über den Fischfang im Bodensee vom 15. März 1894.

2. Fangverbote und Markt- und Verkehrsverbote sind voneinander unabhängig. Unter den Voraussetzungen des § 4 ist auch das Inverkehrbringen von Fischen verboten, die ohne Verletzung des Fangverbots gefangen wurden. Das Markt- und Verkehrsverbot erstreckt sich grundsätzlich auch auf Fische, die aus einem Gebiet eingeführt werden, in dem die LFO. nicht gilt. Es erstreckt sich auf lebende und tote, rohe und zubereitete Fische.

3. „Feilhalten" bedeutet jedes Bereithalten der Ware für das Publikum, ein Anpreisen oder Zurschaustellen der Ware ist nicht erforderlich (s. RGSt. 4 274). Das Feilhalten kann auch außerhalb eines Gewerbebetriebs erfolgen. Unter „Veräußern" fällt auch das Verschenken, da Entgeltlichkeit der Veräußerung nicht verlangt ist. Die Verwendung der Fische im eigenen Haushalt ist im § 4 nicht verboten.

4. Nur die Veräußerung (im weiteren Sinne) ist verboten, nicht der Erwerb (Kauf u. a.) der Fische. Daraus folgt, daß nur die Tätigkeit des Veräußerers gegen ein gesetzmäßig erlassenes Verbot verstößt (§ 134 BGB.), nicht der auf die Übereignung gerichtete Vertrag des Veräußerers und des Erwerbers. Die zivilrechtliche Gültigkeit der Übereignung wird durch das Verbot der Veräußerung nicht betroffen (s. RG. [VerZS.] 60[275]). M. a. W.: Aus § 4 kann ein Verbot des Eigentumserwerbs (§ 958 Abs. 2 BGB.) nicht abgeleitet werden. Der Erwerber der Fische erlangt das Eigentum selbst dann, wenn er weiß, daß die Veräußerung nach § 4 polizeilich verboten ist. S. auch Bem. 2 vor Art. 1.

5. Nach Abs. 1 sind die Verhältnisse des Ortes maßgebend, an dem der Fisch in Verkehr gebracht (auf den Markt gebracht, sonst feilgehalten oder veräußert oder versendet) wird. Es macht keinen Unterschied, ob an dem Orte die Landesschonzeit nach § 1 Abs. 1 gilt oder ob sie dort nach § 1 Abs. 2 vorverlegt oder verlängert ist. Für die Fischarten, die nach § 1 Abs. 4 Provinzial- oder örtliche Schonzeit genießen, gilt das Markt- und Verkehrsverbot nur dann, wenn die Regierung in Befolgung der instruktionellen Vorschrift des Abs. 4 („soll") den Bezirk bezeichnet hat, in dem das Verbot zu gelten hat. Über den Regierungsbezirk hinaus kann die Regierung das Verbot nicht erstrecken. Erläßt die Regierung das Verbot nicht, so sind die betreffenden Fische zwar gegen den Fang geschützt (§ 3), sie dürfen aber straflos in Verkehr gebracht werden unbeschadet der Möglichkeit, verbotswidrig gefangene Fische einzuziehen (Art. 106 FG.).

6. Ausnahmen von § 4:

a) Steinforellen, deren Mindestmaß herabgesetzt wurde, dürfen überall in Verkehr gebracht werden (§ 6 Abs. 1 Nr. 1) vorbehaltlich des Nachweises des Ursprungs (§ 6 Abs. 2, § 13 Abs. 2);

b) das Gleiche gilt für die in Seen während der Schonzeit erlaubtermaßen (§ 5 Abs. 1) gefangenen Fische, ferner für die nach § 5 Abs. 2 erlaubtermaßen gefangenen Fische und für Hechte, deren Fang nach § 5 Abs. 6 erlaubt wurde (§ 6 Abs. 1 Nr. 2, Abs. 2, § 13 Abs. 2);

c) im Auslande gefangene Zander und Lachse, die das bayerische Mindestmaß erreicht haben, dürfen während der Schonzeit mit entsprechendem Nachweis in Verkehr gebracht werden (§ 6 Abs. 5, § 13 Abs. 2);

d) Fische, die erweislich zur künstlichen Fischzucht gedient haben, dürfen während der Schonzeit unter Nachweis des Ursprungs in Verkehr gebracht werden, sofern die Distriktsverwaltungsbehörde dies vorher gestattet hat (§ 6 Abs. 3, § 13 Abs. 2);

e) die Veräußerung von Setzlingen unter dem Mindestmaß ist mit Einschränkungen erlaubt (§ 5 Abs. 5, § 6 Abs. 4, s. § 7 Abs. 3);

f) besondere Ausnahmen gelten für das Inverkehrbringen von Fischen aus geschlossenen Gewässern (§ 7 Abs. 1, 2, 3, 4, § 13 Abs. 2).

7. Für den Vollzug des Abs. 4 ist die Einvernahme eines oder mehrerer Sachverständiger vorgeschrieben (§ 12).

§ 5. Ausnahmen von den Fangverboten.

Die Regierung, Kammer des Innern, kann in widerruflicher Weise gestatten, daß in Seen einzelne Fischarten auch während der festgesetzten Schonzeit oder innerhalb eines bestimmten Zeitraumes der Schonzeit gefangen werden dürfen, wenn diese Fischarten aus örtlichen oder sonstigen natürlichen Gründen zu anderer

Zeit nicht gefangen werden können. Die Fangerlaubnis kann hiebei auf die Anwendung bestimmter Fanggeräte und Fangarten oder auf bestimmte Fangplätze beschränkt werden.

Abs. 2. Bezüglich solcher Fische, welche für den Bestand oder die Vermehrung wertvollerer Fischarten nachteilig sind, kann die Distriktsverwaltungsbehörde einzelnen Fischereiberechtigten für bestimmte Gewässer und für eine bestimmte Zeitdauer den Fang auch während der Schonzeit und unter dem Mindestmaße gestatten, wenn festgestellt ist, daß eine weitere Vermehrung der fraglichen Fischart in dem Gewässer aus jenem Gesichtspunkte bedenklich sein würde.

Abs. 3. Die Distriktsverwaltungsbehörde kann einzelnen Personen in widerruflicher Weise gestatten, zu wissenschaftlichen Zwecken aus bestimmten Gewässern eine angemessene Zahl von Fischen auch während der Schonzeit und unter dem Mindestmaße zu fangen oder fangen zu lassen.

Abs. 4. Die gleiche Erlaubnis kann auch zum Zwecke der Gewinnung und Erbrütung von Fischeiern hinsichtlich bestimmter hiezu dienlicher Fischarten, namentlich von Edelfischen (Salmoniden), für einzelne offene Gewässer und für eine begrenzte Zeitdauer, sowie für eine wenigstens beiläufig festzusetzende Menge von Fischen oder zu befruchtenden Eiern unter der Bedingung erteilt werden, daß eine von der Distriktsverwaltungsbehörde festzusetzende Zahl von Brut oder Jährlingen dem Wasser zurückgegeben wird, aus dem die Fische entnommen wurden.

Abs. 5. Die Erlaubnis zum Fange untermaßiger Setzlinge aus offenen Gewässern zum Zwecke der Besetzung anderer Gewässer oder der Streckung und Mast kann von der Distriktsverwaltungsbehörde in widerruflicher Weise für eine im voraus festzusetzende Anzahl von Fischen und für eine begrenzte Zeitdauer erteilt werden. Hiedurch darf die dauernde Ertragsfähigkeit des Gewässers nicht beeinträchtigt werden. Diese Erlaubnis kann nicht auf die für die betreffenden Fische vorgeschriebene Schonzeit erstreckt werden und ist zu versagen, wenn sich bei Vorhandensein mehrerer Berechtigter die Mehrheit gegen die Erlaubniserteilung ausspricht.

Abs. 6. Die Distriktsverwaltungsbehörde kann in widerruflicher Weise gestatten, daß in Gewässern, die sich für Salmoniden besonders eignen, Hechte unter dem Mindestmaß gefangen werden.

1. § 5 enthält Ausnahmen von § 3.

2. Es kommt nicht darauf an, ob der See (Abs. 1) geschlossenes Gewässer im Sinne des Art. 2 FG. ist.

3. Zu dem Fange untermaßiger Setzlinge (Abs. 5) a u s geschlossenen Gewässern ist behördliche Erlaubnis nicht erforderlich (§ 7 Abs. 3). Die Mehrheit der FBerechtigten (im weiteren Sinne: Einl. S. 17) ist mangels einer anderen Bestimmung nach Köpfen zu rechnen. Beteiligt sind die FBerechtigten, deren Interesse durch die Entnahme von Setzlingen berührt wird.

4. Zu den in Abs. 2, 3, 5, 6 vorgesehenen Ausnahmsfängen dürfen Fanggeräte mit beliebig engen Öffnungen gebraucht werden, ohne daß dazu eine besondere behördliche Erlaubnis erforderlich ist (§ 9 Abs. 5).

5. Die vorsätzliche oder fahrlässige Überschreitung der Fangerlaubnis begründet eine Übertretung nach Art. 101 Nr. 4 FG.

6. Bei dem Vollzuge der Abs. 1 mit 6 ist die Einvernahme eines oder mehrerer Sachverständiger vorgeschrieben (§ 12).

§ 6. Ausnahmen von den Markt- und Verkehrsverboten.

Es ist gestattet in den Verkehr zu bringen:

1. Forellen aus Gewässern, für welche nach § 2 Abs. 2 das Mindestmaß auf 18 cm herabgesetzt wurde (Steinforellen), wenn sie dieses Mindestmaß erreicht haben, dann
2. Fische, deren Fang gemäß § 5 Abs. 1, 2 und 6 erlaubt wurde.

Abs. 2. In den Fällen der Nummer 1 und 2 muß jedoch nachgewiesen werden, daß die Fische aus diesen Gewässern stammen und von wem sie bezogen worden sind.

Abs. 3. Die Distriktsverwaltungsbehörde kann Fischzüchtern widerruflich gestatten, Fische, welche erweislich zur künstlichen Fischzucht gedient haben, ausnahmsweise auch während der Schonzeit unter Nachweis des Ursprungs in den Verkehr zu bringen.

Abs. 4. Setzlinge unter dem Mindestmaße, welche zum Zwecke der Besetzung anderer Gewässer, der Streckung oder Mast mit Erlaubnis der Distriktsverwaltungsbehörde offenen Gewässern entnommen wurden, dürfen verkauft und versendet werden; das öffentliche Feilhalten derselben auf Märkten und in Verkaufslokalen bleibt jedoch verboten.

Abs. 5. Die Bestimmungen in § 4 Abs. 1 und 3 beziehen sich nicht auf die im Auslande gefangenen Zander und Lachse. Der Verkauf dieser Fische während der Schonzeit ist jedoch nur unter dem Nachweis zulässig, daß sie aus dem Auslande stammen und von wem sie bezogen worden sind.

1. § 6 enthält Ausnahmen von § 4.

2. Der Ursprung und die Bezugsquelle wird in den Fällen des Abs. 1, 2, 3, 5 in der Regel durch die schriftliche Bestätigung des Lieferanten, durch die Vorlegung von Frachtbriefen u. dgl. nachgewiesen (§ 13 Abs. 2). Wird in einem Strafverfahren behauptet, daß ein erlaubter Ausnahmefall vorliege, so trifft den Beschuldigten, der sich darauf beruft, der Nachweis, daß die Voraussetzungen der behaupteten Ausnahmen vorliegen, oder wenigstens, daß er schuldlos das Vorliegen der Voraussetzungen angenommen hat. Der Beweis der Schuldlosigkeit wird schon erbracht sein, wenn für den Beschuldigten kein Anlaß bestand, die Angaben des Lieferanten für unrichtig zu halten.

3. „Ausland" (Abs. 5) sind nur Länder, die nicht zum Deutschen Reiche gehören (a. M. Malsen-Hofer S. 556). Während der Schonzeit darf z. B. der russische Zander und der amerikanische sowie der sibirische Lachs bei entsprechendem Nachweis in Verkehr gebracht werden.

4. Für den Vollzug des Abs. 3 ist die Einvernahme eines oder mehrerer Sachverständiger vorgeschrieben (§ 12).

§ 7. Besondere Ausnahmen für Fische aus Teichen und anderen geschlossenen Gewässern.

Fische, welche in Teichen oder in anderen gemäß Art. 2 des Fischereigesetzes vom 15. August 1908 als geschlossen zu erachtenden Gewässern gezüchtet wurden oder herangewachsen sind, dürfen während der in § 1 für Fische der gleichen Art festgesetzten Schonzeit gefangen und in den Verkehr gebracht werden, wenn sie das für ihre Art festgesetzte Mindestmaß erreicht haben; jedoch muß nachgewiesen werden, daß die Fische aus diesen Gewässern stammen und von wem sie bezogen worden sind.

Abs. 2. Regenbogenforellen und Bachsaiblinge, welche in Teichen oder in anderen gemäß Art. 2 des Fischereigesetzes als geschlossen zu erachtenden Gewässern gezüchtet werden, können zu jeder Zeit auch unter dem Mindestmaße, jedoch nicht unter 20 cm Länge gefangen und in den Verkehr gebracht werden, wenn der in Abs. 1 bezeichnete Nachweis erbracht wird.

Abs. 3. Die Vorschriften über Mindestmaße finden keine Anwendung auf den Fang, die Veräußerung und Versendung von Fischbrut und Setzlingen aus Teichen oder aus anderen gemäß Art. 2 des Fischereigesetzes als geschlossen zu erachtenden Gewässern, wenn die Fische zur Besetzung anderer Gewässer, zur Streckung oder Mast verwendet werden.

Abs. 4. Auf die Abfischung von Teichen, in welchen Fische nur vorübergehend gehalten werden, finden die bezüglich der Schonzeit erlassenen Verbote keine Anwendung, wenn infolge unabwendbarer Naturereignisse oder sonstigen Notstandes das sofortige Abfischen des Teiches geboten erscheint. Gleiches gilt in einem solchen Falle gegenüber dem Fischereiberechtigten von dem Verbote, die Fangergebnisse in den Verkehr zu bringen, wenn die sofortige Veräußerung zur Abwendung erheblichen Schadens notwendig ist.

1. § 7 gewährt der Teichwirtschaft wesentliche Vergünstigungen. Dem Teichwirte ist auch dadurch größere Bewegungsfreiheit gegeben, daß behördliche Erlaubnis des Fanges nicht erforderlich ist.

2. Abs. 1 bezieht sich nur auf Fische, die in einem geschlossenen Gewässer nach Art. 2 FG. gezüchtet wurden oder herangewachsen sind; s. dagegen Abs. 4. Noch enger ist Abs. 2, der verlangt, daß die Fische in einem geschlossenen Gewässer gezüchtet wurden.

3. Für den Fang und die Veräußerung von Forellen (Trutta fario) gilt die Vergünstigung des Abs. 2 nicht.

4. Über die nach Abs. 1, 2 erforderlichen Ursprungszeugnisse s. § 13 Abs. 2.

5. FBerechtigter im Sinne des Abs. 4 ist auch der Pächter, Nießbraucher, Nutznießer, u. U. die Genossenschaft u. a. (s. Einl. S. 17).

Abschnitt II.

§ 8. Krebse.

Der Fang weiblicher Krebse ist verboten; männliche Krebse dürfen nicht unter 10 cm Länge (von der Kopfspitze bis zum Schwanzende — Schwanzspitzen —) gefangen werden.

Abs. 2. Werden Krebse, deren Fang hienach untersagt ist, unabsichtlich gefangen, so sind sie unverzüglich in das nämliche Gewässer wieder frei einzusetzen.

Abs. 3. Bezüglich des Feilhaltens, der Veräußerung und Versendung weiblicher oder das vorgeschriebene Maß nicht erreichender männlicher Krebse gelten entsprechend die für Fische unter dem Mindestmaß festgesetzten Verbote.

Abs. 4. Die nach den Bestimmungen in § 5 Abs. 5, § 6 Abs. 4 und in § 7 Abs. 3, 4 vorgesehenen Ausnahmen finden in gleichem Umfange auch bezüglich weiblicher oder das vorgeschriebene Maß nicht erreichender männlicher Krebse, sowie für Krebsgewässer und Krebszucht entsprechende Anwendung. Auch sind die Distriktsverwaltungsbehörden ermächtigt, zu wissenschaftlichen Zwecken, sowie zu Zwecken der Krebszucht unter sinngemäßer Anwendung des § 5 Abs. 3 und 4 Erlaubnis zum Fange weiblicher oder das vorgeschriebene Maß nicht erreichender Krebse zu erteilen.

Abs. 5. Die Regierung, Kammer des Innern, kann für einzelne Bäche oder Flußstrecken, in welchen nachweislich nur der Steinkrebs vorkommt, das Mindestmaß für männliche Steinkrebse bis auf 7 cm herabsetzen. Solche Krebse dürfen in den Verkehr gebracht werden, wenn nachgewiesen wird, daß sie aus solchen Gewässern stammen und von wem sie bezogen worden sind.

1. Die Vorschriften der LFO., die sich auf Fische beziehen, gelten für den Fang usw. von Krebsen nur soweit, als sie ausdrücklich für anwendbar erklärt sind. Für die LFO. ist der Art. 1 Abs. 2 FG. nicht maßgebend.

2. Die neue LFO. hat das Dauerschongebot für weibliche Krebse wiederholt. Das polizeiliche Gebot der Schonung enthält übrigens auch jetzt kein zivilrechtliches Aneignungsverbot (s. Bleyer, BayZfR. 1908 S. 450 f.). Für die männlichen Krebse wurde an Stelle des bisherigen Mindestgewichts ein Mindestmaß eingeführt. Eine Schonzeit hat der männliche Krebs nicht.

3. Zu Abs. 2 s. § 3 Abs. 2.

4. Zu Abs. 3 s. § 4 Abs. 2, 3, 5.

5. Beim Vollzuge der Abs. 4, 5 ist die Einvernahme eines oder mehrerer Sachverständiger vorgeschrieben (§ 12).

Abschnitt III.

§ 9. Fangarten und Fanggeräte.

Fanggeräte jeder Art und Benennung, insbesondere Netze, Geflechte, Körbe, Reusen, sowie Fanggeräte aus Holzstäben oder Latten dürfen in nicht geschlossenen Gewässern nicht angewendet werden, wenn deren Oeffnungen (bei Maschen in nassem Zustande) sowohl in ihrer Höhe als in ihrer Breite nicht wenigstens $2^1/_2$ cm messen.

Abs. 2. Im Rheine und dessen Zuflüssen müssen beim Salmenfange die vorgenannten Fangvorrichtungen, sowie die Seitenteile (Flügel) der großen Zugnetze (Seegen, Zegen) und Fuiden (Bügelreusen) Oeffnungen von 6 cm, das Innere der Segen, Reusen und Fuiden von 4 cm in Höhe und Breite haben.

Abs. 3. Für den Fang der Kilche (Kropffelchen) ist die Verwendung von Netzen mit einer Maschenweite von 2,2 cm zulässig und für den Fang von Aalen ist der Gebrauch von besonderen Fanggeräten von mindestens 1,5 cm in Höhe und Breite gestattet.

Abs. 4. Bei der Ueberwachung der Fanggeräte ist eine Abweichung von $^1/_{10}$ bei einzelnen Maschen nicht zu beanstanden.

Abs. 5. Die gemäß des § 5 Abs. 2, 3, 5 und 6 begründeten ausnahmsweisen Fangbefugnisse schließen auch die Erlaubnis in sich, die zu jenen Zwecken erforderlichen Fanggeräte ohne Beschränkung der Höhe und Breite ihrer Oeffnungen hiebei zu gebrauchen.

Abs. 6. Die Regierungen, Kammern des Innern, können Abweichungen von der Vorschrift in Abs. 1, namentlich eine Verengerung der Maschenweite bestimmen, wenn und soweit dies die örtlichen Verhältnisse erfordern.

Abs. 7. Zum Zwecke des Fanges von Futter- und Köderfischen ist der Gebrauch von Fanggeräten mit geringerer Maschenweite gestattet; doch wird dadurch an den Bestimmungen über Schonzeit und Mindestmaße nichts geändert. An bestimmten Orten kann die Anwendung solcher Fanggeräte auch bei dem Fange von sog. Backfischen, d. h. von Grundeln, Lauben, Ellritzen, Koppen, kleinen Rotaugen u. dgl., welche weder ein Mindestmaß noch eine Schonzeit haben und dem menschlichen Genusse dienen sollen, von der Distriktsverwaltungsbehörde in widerruflicher Weise gestattet werden. Bei wahrgenommenem Mißbrauche dieser Befugnisse können sie von der Distriktsverwaltungsbehörde entzogen werden.

Abs. 8. Verboten ist:

1. die Anwendung schädlicher und explodierender Stoffe (insbesondere von giftigen Ködern oder von Mitteln zur Betäubung oder Vernichtung der Fische, von Sprengpatronen oder anderen dergleichen Sprengmitteln), sowie der Gebrauch von Fackeln oder sonstigen Beleuchtungsmitteln beim Fischen und Krebsen;
2. die Anwendung menschlicher Tätigkeit während der Nachtzeit zum Zwecke des Fischfanges mit Ausnahme des infolge unabwendbarer Naturereignisse oder sonstigen Notstandes etwa gebotenen sofortigen Abfischens;
3. das Tollkeulen der Fische unter dem Eise;
4. die Anwendung grober Werkzeuge beim Fischen oder von Mitteln zur Verwundung der Fische, namentlich das Erschlagen mit Prügeln, die Anwendung von Schußwaffen, von Leg- oder Schlageisen, Speeren und Fischgabeln (Harpunen, Gern), Reißangeln und Schlingen, sowie von Netzfallen, sofern sie nicht eine genügende Größe haben, um schwere Verletzungen der Fische zu vermeiden;
5. die Anlegung neuer, namentlich mit Mühlen oder sonstigen Wasserwerken verbundener sog. Selbstfänge.

Abs. 9. Für den Salmenfang (Lachsfang) im Rheine können von den Distriktsverwaltungsbehörden einzelnen Fischereiberechtigten Ausnahmen von dem Verbote unter Abs. 8 Nr. 2 durch Ausstellung besonderer Erlaubnisscheine widerruflich bewilligt werden.

Abs. 10. Von den Bestimmungen unter Abs. 8 Nr. 1, 2 und 4 können die Distriktsverwaltungsbehörden für einzelne Gewässer oder Bestandteile von solchen nach Maßgabe des wirtschaftlichen Bedürfnisses und der örtlichen Verhältnisse in widerruflicher Weise Ausnahmen bewilligen.

Abs. 11. Die Anwendung von Legangeln kann für bestimmte Gewässer oder einzelne Teile derselben durch Anordnung der Regierung, Kammer des Innern, verboten oder beschränkt werden, wenn dieses Fangmittel

1. zu Verfehlungen gegen die Schonvorschriften benützt worden ist, oder
2. in dem betreffenden Bezirke in einem die Interessen des Fischschutzes und der Fischerei überhaupt bedrohenden Umfange zu Mißbräuchen geführt hat.

Abs. 12. Die Regierungen, Kammern des Innern, können für ihren Regierungsbezirk oder für einzelne bestimmte Gewässer oder Teile derselben auch die Anwendung anderweiter als der nach den vorstehenden Bestimmungen schon verbotenen Fangarten, Fanggeräte und Fangvorrichtungen im Interesse der Fischhege verbieten.

1. In Abs. 1 wurde gegenüber § 8 Abs. 1 LFO. von 1884 die geringste zulässige Weite der Fangöffnungen im allgemeinen von 3 cm auf 2½ cm herabgesetzt. Für den Fang von Kilchen wurde sie noch weiter auf 2,2 cm gemindert (Abs. 3); ferner ist dort für den Fang von Aalen der Gebrauch besonderer Fanggeräte mit einer Weite bis herunter zu 1,5 cm allgemein gestattet (bisher § 11 LFO. von 1884). Die Beschränkungen gelten auch für Fanggeräte, die mit dem Grund und Boden fest verbunden sind.

2. Die Vorschriften der Abs. 1, 3 beziehen sich nicht auf den Fang in geschlossenen Gewässern im Sinne des Art. 2 FG. Für die Verwendung von Fanggeräten in diesen Gewässern ist eine Mindestweite der Öffnungen nicht vorgeschrieben.

3. Dagegen gelten die Beschränkungen des Abs. 8 auch für den Fang in geschlossenen Gewässern.

4. Die Auslegung des Abs. 8 hat unabhängig von der des § 296 StGB. zu erfolgen, der die Erschwerungsgründe des unberechtigten Fischens enthält. Immerhin ist nicht Idealkonkurrenz, sondern Gesetzeskonkurrenz anzunehmen, wenn die Handlung des Fischfrevlers zugleich den Tatbestand des § 296 und den des § 9 Abs. 8 LFO. erfüllt (s. Bem. 4 vor Art. 100). Dagegen liegt z. B. Idealkonkurrenz vor, wenn der Fischfrevler mit einem der Vorschrift des Abs. 1 nicht entsprechenden Fanggeräte fischt.

Im einzelnen ist zu Abs. 8 zu bemerken:

a) Auf das Fischen und Krebsen mit explodierenden Stoffen findet das Sprengstoffgesetz vom 9. Juni 1884 keine Anwendung (RGSt. 13 305).

b) Durch Nr. 2 ist nur die Anwendung menschlicher Tätigkeit zur Nachtzeit (= Zeit der Dunkelheit bis zum Wiedereintritt der Tageshelle; ebenso ObLG. in StS 9 304; anders § 4 Abs. 1 Nr. 3 der oberpolizeilichen Vorschriften über den Fischfang im Bodensee) zum Zwecke des Fischfangs verboten. Der FBerechtigte darf demnach die bei Tage eingelegten Fanggeräte zum Zwecke des Fischfangs während der Nacht im Wasser lassen, während dies für den Fischfrevler einen Erschwerungsgrund bildet (Bem. 5 vor Art. 100). Nr. 2 bezieht sich weiter nicht auf den Krebsfang (s. Bem. 1 zu § 8), den der Berechtigte auch in der Nacht betreiben darf, während wieder der zur Nachtzeit unberechtigt Krebsende hierwegen schwerer bestraft wird.

c) Das Verbot der Eisfischerei (Fischen unter Beseitigung der Eisdecke; § 9 Abs. 1 Nr. 3 LFO. von 1884) ist aufgehoben. S. aber Abs. 12 u. Art. 84 FG.

d) Die verbotenen Fälle der Anwendung grober Werkzeuge sind genauer bezeichnet, besonders ist das Erschlagen der Fische mit Prügeln, die Anwendung von Schußwaffen und Schlingen ausdrücklich verboten.

5. Für den Vollzug der Abs. 6, 7, 9 mit 12 ist die Vernehmung eines oder mehrerer Sachverständiger vorgeschrieben.

6. Einziehung und Wegnahme verbotener Geräte: Art. 103 Nr. 3, 4, Art. 106 Abs. 1 bis 3 FG.

§ 10. Absperren und Ablassen von Flüssen. Fischpässe.

Den Regierungen, Kammern des Innern, bleibt anheimgegeben, durch oberpolizeiliche Vorschrift beschränkende Bestimmungen in Bezug auf das Abdämmen, Absperren mittels Schleusen, Abzapfen oder Ablassen nicht geschlossener Fischwasser zum Zwecke des Fischfanges zu erlassen.[1])

Abs. 2. In den Fischpässen oder Fischwegen darf der Fischfang nicht ausgeübt werden. Oberhalb und unterhalb der Fischpässe oder Fischwege muß in einer nach den örtlichen Verhältnissen von der Distriktsverwaltungsbehörde zu bestimmenden angemessenen Ausdehnung für die Zeit, während welcher der Fischpaß geöffnet ist, der Fischfang verboten werden.

Ausnahmen dürfen von der Distriktsverwaltungsbehörde zu Zwecken der Fischzucht, wissenschaftlicher Untersuchungen und gemeinnütziger Versuche unter Anordnung von Sicherungsmaßregeln zugelassen werden.

1. Zu Abs. 1 s. Art. 77 FG. und Bem. 4 dort. Die Beschränkung hat durch oberpolizeiliche Vorschrift zu erfolgen (Art. 7, 10, 11 Abs. 2, Art. 13, 14 PStGB.). Sie darf sich nur auf nicht geschlossene Gewässer beziehen (s. Art. 2 FG.).

2. Der Abs. 2 bildet die notwendige fpolizeiliche Ergänzung des Art. 75 FG. (Bem. 6 dort).

3. Bei dem Vollzuge der Abs. 1, 2 muß die Behörde einen oder mehrere Sachverständige hören (§ 12).

§ 11. Einlaßverbot für Enten.

Das Einlassen von Enten in die Fischwasser während der Schonzeit der darin vorherrschenden Fischarten ist verboten.

Abs. 2. Die Distriktsverwaltungsbehörden können auf Antrag des Fischereiberechtigten weitere Beschränkungen des Einlassens von Enten, namentlich in räumlicher Beziehung, nach Bedürfnis verfügen.

---

[1]) S. die Nachschrift auf S. 251.

1. Das Verbot des Abs. 1 hat polizeilichen Charakter und richtet sich gegen jedermann, auch gegen den FBerechtigten. Es unterscheidet nicht zwischen geschlossenen und nicht geschlossenen Gewässern, setzt aber voraus

a) daß die F. in dem Gewässer eine gewisse wirtschaftliche Bedeutung hat; Gewässer, in denen die F. ruht, sind nicht geschützt;

b) daß die in dem Gewässer vorherrschende Fischart oder die dort vorherrschenden Fischarten Landes-, Provinzial- oder örtliche Schonzeit genießen. Es genügt nicht, daß in dem Gewässer auch Fische sind, die geschont werden. Welche Fischarten vorherrschen, ist Tatfrage.

2. Strafbares (Art. 101 Nr. 4 FG.) Einlassen liegt auch dann vor, wenn die Person, die die Enten hält, es unterläßt, die zur Verhinderung des Eintritts der Tiere in das Gewässer erforderlichen Vorkehrungen zu treffen.

3. Neben dem § 11 LFO. bestehen die zivilrechtlichen Beschränkungen des Einlassens von Enten und anderem Federvieh in fremde Fischwasser ungeschmälert fort. Das unbefugte Einlassen von Federvieh in Gewässer, in denen ein anderer fberechtigt ist, kann eine unbefugte Störung der Ausübung des FRechts (des Hegerechts) enthalten. Der FBerechtigte ist dagegen mit den ihm allgemein zustehenden Ansprüchen geschützt. Soweit fremde Enten in sein Fischwasser während der Schonzeit der darin hauptsächlich vorkommenden Fischarten eindringen, kommt auch der Art. 19 FSchG. in Betracht (s. weiter Bem. 3 zu Art. 72).

4. Vor der Verfügung weiterer Beschränkungen nach Abs. 2 hat die Behörde einen oder mehrere Sachverständige gutachtlich zu hören (§ 12).

Abschnitt IV.

§ 12. Bestimmungen über die Einvernahme von Sachverständigen.

Die Regierungen, Kammern des Innern, und die Distriktsverwaltungsbehörden haben vor Erlassung ihrer Vorschriften, Anordnungen und Verfügungen nach § 1 Abs. 2, 4, 5, § 2 Abs. 2, 3, § 4 Abs. 4, § 5 Abs. 1 mit 6, § 6 Abs. 3, § 8 Abs. 4, 5, § 9 Abs. 6, 7, 9 mit 12, § 10 und § 11 Abs. 2 Sachverständige gutachtlich einzuvernehmen. Als solche kommen in Betracht der Landesinspektor für Fischzucht, der Landesfischereiverein, die Kreisfischereivereine, die Kreiswanderlehrer für Fischerei und die für einzelne Regierungsbezirke aufgestellten Kreissachverständigen für Fischerei.

1. In den hier bezeichneten Fällen ist die vorausgehende Vernehmung von Sachverständigen Dienstpflicht der Behörde, die die Anordnung trifft. Voraussetzung für den rechtsgültigen Bestand der Anordnung ist die Vernehmung nicht. Es genügt, daß ein Sachverständiger gehört wird.

2. Die örtliche Zuständigkeit der Behörden bemißt sich entsprechend dem Art. 90 FG.

Abschnitt V.

§ 13. Ursprungszeugnisse.

Zur Durchführung der Überwachung während der Versendung zum Verkaufe bestimmter Fische müssen sämtliche Fischfässer, Fischkörbe und alle sonstigen zur Verpackung verwendeten Behälter mit Namen und Wohnort der Absender und Empfänger in deutlich sichtbarer Schrift versehen sein.

Abs. 2. Zum Nachweis des Ursprungs und der Bezugsquelle in den Fällen des § 6 Abs. 1, 2, 3, 5, des § 7 Abs. 1 und 2 genügen in der Regel die schriftliche Bestätigung des Lieferanten, Abrechnungen, Frachtbriefe u. dgl. Die Polizeibehörde kann für einheimische Fische eine ortspolizeiliche Beglaubigung der beigebrachten Bescheinigung verlangen.

Die Beischaffung der ortspolizeilichen Beglaubigung (Abs. 2) wird die Polizeibehörde (besonders die Marktpolizeibehörde — ohne Rücksicht darauf, ob sie Distriktspolizeibehörde oder eine dieser untergeordnete Ortspolizeibehörde ist), verlangen, wenn sie die vorgelegte Bestätigung des Lieferanten usw. aus besonderen Gründen für ungenügend erachtet. Die ortspolizeiliche Beglaubigung bezieht sich im Regelfalle zunächst auf die Echtheit der Unterschrift des Lieferanten. Hält jedoch die Ortspolizeibehörde den Inhalt der Erklärung für unrichtig, so hat sie die Beglaubigung zu verweigern.

Abschnitt VI.

§ 14. Schlußbestimmungen.

Durch die in der gegenwärtigen Landesfischereiordnung enthaltenen fischereipolizeilichen Bestimmungen wird an den weitergehenden und anderweiten Beschränkungen, welche in zivilrechtlichen oder gewerberechtlichen Verhältnissen begründet sind, nichts geändert.

Abs. 2. Die Landesfischereiordnung tritt mit dem 1. April 1909 für den gesamten Umfang des Königreichs in Geltung.

Abs. 3. Von dem gleichen Tage an sind alle entgegenstehenden Bestimmungen aufgehoben.

Abs. 4. Für die Fischerei in Gewässern, welche Bayern und anderen Staaten gemeinsam sind, bleiben die hiefür geltenden oder zu erlassenden besonderen Vorschriften maßgebend.

München, den 23. März 1909.

v. Brettreich.

1. Der Inhalt des Abs. 1 ist selbstverständlich. Über das Verhältnis der LFO. zu Art. 11 FG. s. dort Bem. 4. Über die Sonn- und Festtagsruhe in der Berufsfischerei s. § 1 K. VO. vom 21. Mai 1897 (GVBl. S. 197).

2. Abs. 2 wird durch Abs. 4 eingeschränkt.

3. Aufgehoben (Abs. 3) ist die Landesfischereiordnung vom 4. Oktober 1884 (GVBl. S. 459) mit ihren Ergänzungen, soweit sie nicht durch Abs. 4 aufrechterhalten sind. Soweit die spolizeilichen Anordnungen (jeder Art), die von den dem Staatsministerium des Innern untergeordneten Behörden erlassen wurden, nicht einen im FG. geregelten Gegenstand betreffen und deshalb nach Art. 111 Abs. 1 FG. außer Kraft getreten sind und soweit sie nicht der neuen LFO. entgegenstehen, bleiben sie zunächst in Kraft (s. auch Art. 10 PStGB.).

Neue Vorschriften in den Regierungsbezirken: Bem. 2 zu Art. 72.

4. Die durch Abs. 4 aufrechterhaltenen Vorschriften sind im Anhange abgedruckt.

Nachschrift zum § 10 Abs. 1 LFO. Nach Berolzheimer (BayZfR. 1911 S. 413) sind Verbote des Ablassens u. a. zum Zwecke des Fischfangs ungiltig, weil sie über „beschränkende Bestimmungen" hinausgehen. M. E. besteht für diese enge Auslegung kein zwingender Grund. Die LFO. will den Kreisregierungen ermöglichen, zum Schutze des Fischfangs in die zivilrechtliche Befugnis des Berechtigten durch polizeiliche Vorschriften einzugreifen und dadurch die Verfügungsgewalt des Berechtigten zu „beschränken". Zu diesem Zwecke können sie auch Verbote erlassen. Doch ist zuzugeben, daß eine einwandfreie Fassung der Vorschrift erwünscht wäre.

---

5. Bekanntmachung vom 15. Juni 1909 über den Vollzug des Fischereigesetzes (schriftliche Ausweise; Erlaubnisscheine).

(MABl. S. 469).

K. Staatsministerium des Innern.

[Die Bekanntmachung ist auf Seite 128 abgedruckt.]

---

6. Bekanntmachung (Entschließung) vom 17. Juni 1909, den Vollzug des Fischereigesetzes, hier die Fischereirechte des Staates betr.

(FMBl. S. 497, MABl. S. 586)

K. Staatsministerium der Finanzen.[1])

Gemäß Art. 36 des Fischereigesetzes vom 15. August 1908 finden von den Vorschriften im Abschnitte 4 (Pachtverträge, Erlaubnisscheine) jene des Art. 31 Abs. 1, 4, 5, des Art. 33 Satz 2 und des Art. 35 auf Gewässer, in denen das Fischereirecht dem Staate zusteht, keine Anwendung. Demzufolge haben auch die auf diese gesetzlichen Bestimmungen sich beziehenden Vorschriften der §§ 16 bis 23 und §§ 25 bis 31 der Ministerialbekanntmachung vom 19. März 1909, den Vollzug des Fischereigesetzes betr., für die Verpachtung der Fischereirechte des Staates und für die Ausstellung von Erlaubnisscheinen zur Ausübung der Fischerei in den staatlichen Fischwassern keine Geltung (§ 24 Abs. 2, § 32 der Bekanntmachung). Wenn hiernach dem Staate als Inhaber von Fischereirechten durch das Fischereigesetz eine Ausnahmestellung eingeräumt ist, so entspricht es doch der Absicht des Gesetzes, daß der Staat bei der Nutzung seiner Fischereirechte im Wege der Verpachtung und durch Ausstellung von Erlaubnisscheinen im wesentlichen nach den Grundsätzen verfährt, welche für andere Fischereiberechtigte nach den angeführten Vorschriften gelten.

Im einzelnen ergehen folgende Weisungen:

1. Die Verwaltung der Fischwasser, in denen der Staat fischereiberechtigt ist,[2]) obliegt — vorbehaltlich der Bestimmungen in Ziffer 15 — unter der Aufsicht der Regierungen, Kammern der Finanzen, den Rentämtern bezüglich der in ihren Bezirken befindlichen Gewässerstrecken.

2. Die staatlichen Fischereirechte können nutzbar gemacht werden:
a) durch Verpachtung, was die Regel zu bilden hat,
b) durch Bewirtschaftung im Eigenbetriebe des Staates, sofern ein Fischwasser sich hiezu besonders eignet,
c) durch Ausgabe von Erlaubnisscheinen an einzelne Personen, sei es ausschließlich oder neben der Verpachtung und dem Eigenbetriebe.

Empfiehlt es sich, an der bisherigen Art der Nutzbarmachung eines Fischwassers eine Änderung eintreten zu lassen, so ist hiezu die Genehmigung des Staatsministeriums der Finanzen erforderlich.

3. Wenn ein staatliches Fischereirecht durch Verpachtung genutzt werden soll, ist zunächst die Verpachtung im Wege der öffentlichen Versteigerung ins Auge zu fassen. Die Regierungsfinanzkammer hat jedoch

---

[1]) Nach der Entschl. des Kriegsministeriums vom 21. April 1910 (KMVBl. S. 194) ist die FMEntschl. v. 17. Juni 1909 im Bereiche der Militärverwaltung entsprechend anzuwenden. An die Stelle der Rentämter treten die besitzvertretenden örtlichen Militärbehörden, an die Stelle der Kreisregierungen die Korpsintendanturen oder die sonst zuständigen vorgesetzten Dienstesstellen, an die Stelle des Finanzministeriums das Kriegsministerium (Ausnahme bei Ziff. 14).

[2]) Ohne Rücksicht darauf, ob der Staat als Eigentümer des Gewässers oder in dem Gewässer eines dritten fberechtigt ist.

in jedem einzelnen Falle zu würdigen, ob nicht unter den gegebenen Verhältnissen und namentlich mit Rücksicht auf die fischereiwirtschaftlichen Interessen die Verpachtung aus freier Hand, sei es auf Grund vorgängigen öffentlichen Ausschreibens oder ohne solches, den Vorzug verdient.

Zur Anordnung der Verpachtung im Wege der öffentlichen Versteigerung ist die Regierung, Kammer der Finanzen, zuständig; zur Verpachtung aus freier Hand ist die Genehmigung des Staatsministeriums der Finanzen einzuholen.[1])

Die Regierung, Kammer der Finanzen, hat dafür Sorge zu tragen, daß zur Nutzbarmachung der staatlichen Fischereirechte stets rechtzeitig die erforderlichen Maßnahmen getroffen werden. Dies gilt insbesondere auch für die Einleitung der Verhandlungen wegen der Neuverpachtung der Fischereirechte, bezüglich welcher schon die dermalen noch laufenden Pachtverträge auf eine bestimmte Anzahl von Jahren abgeschlossen sind, damit durch die notwendig erscheinenden neuen Ermittlungen, z. B. über den Ertragswert der Fischwasser, keine Unterbrechung in der Verpachtung eintritt.

4. Bei der Verpachtung eines staatlichen Fischereirechtes ist auf die Erzielung einer angemessenen Pachtrente Bedacht zu nehmen. Im Interesse der Sicherung der Nachhaltigkeit des Ertrags des zu verpachtenden Fischwassers soll jedoch nicht ausschließlich oder in erster Linie auf einen möglichst hohen Pachtzins, sondern vor allem darauf gesehen werden, daß der Pächter nach seiner Persönlichkeit und seinen sonstigen Verhältnissen für eine ordnungsmäßige Instandhaltung und wirtschaftliche Behandlung des Fischwassers volle Gewähr bietet.

Es hat deshalb im Falle der Verpachtung eines Fischwassers aus freier Hand bei dem Vorhandensein mehrerer Pachtliebhaber derjenige, welcher das höchste Angebot macht, keinen unbedingten Vorzug vor den anderen Bewerbern. Ebensowenig soll bei der Verpachtung eines Fischwassers im Wege der öffentlichen Versteigerung dem Meistbietenden ein Rechtsanspruch auf den Pachtzuschlag zustehen.[2])

Bei der Bekanntgabe der allgemeinen Verpachtungsbedingungen ist hierauf besonders hinzuweisen. Den Versteigerungsbedingungen ist außerdem noch beizufügen, daß sämtliche Bieter bis zu der Entscheidung über die endgültige Erteilung des Zuschlags an ihr Gebot gebunden bleiben.[3])

5. Für das den Gegenstand der Verpachtung bildende Fischwasser dürfen höchstens drei Personen zur gemeinsamen Pacht zugelassen werden.[4])

6. Die Verpachtung eines Fischereirechtes hat sich in der Regel auf dessen ganzen Inhalt und räumlichen Umfang zu erstrecken. Zu einer Abweichung von dieser Bestimmung bedarf es der Genehmigung des Staatsministeriums der Finanzen. Die Ausgabe von Erlaubnisscheinen zur Fischereiausübung auf Grund eines Vorbehalts in dem

---

[1]) Für den Bereich der Militärverwaltung: Ob die öffentliche Versteigerung im einzelnen Falle zulässig ist, entscheiden in erster Linie militärische Interessen (z. B. in Festungen, auf Uebungsplätzen, bei der Pulverfabrik). KrMEntschl. a. a. O.

[2]) S. § 156 BGB.

[3]) Die Gebote erlöschen also nicht, wenn ein Übergebot abgegeben wird.

[4]) Für den Bereich der Militärverwaltung: Zur Abweichung in besonders begründeten Fällen Entscheidung des Kriegsministeriums erforderlich. Bei Verpachtung an Offizierskorps ist die Zahl der Ausübungsberechtigten auf drei zu beschränken. KrMEntschl. a. a. O.

Pachtvertrag ist jedoch ausnahmsweise auch ferner gestattet, soweit eine solche bereits bisher stattgefunden hat.

Die Trennung eines selbständigen Fischwassers oder Fischereigebietes in Abteilungen zum Zwecke der Verpachtung ist nur bei Seen und bei sonstigen Fischwassern von sehr großer räumlicher Ausdehnung zulässig und unterliegt der Genehmigung durch das Staatsministerium der Finanzen.

7. Die Pachtverträge sind stets schriftlich abzuschließen. Hinsichtlich der einzelnen Bestimmungen, welche die Pachtverträge in der Regel enthalten sollen, hat — vorbehaltlich der durch die besonderen Verhältnisse[1]) des Falls gebotenen Abweichungen — der in der Anlage I enthaltene Musterentwurf maßzugeben. Dazu wird bemerkt:

a) Das den Gegenstand der Verpachtung bildende Fischereirecht ist nach seinem kataster- bzw. grundbuchmäßigen Beschriebe genau zu bezeichnen.

b) Die Festsetzung der Pachtdauer auf zehn Jahre soll als Regel gelten. Empfiehlt sich mit Rücksicht auf die Beschaffenheit des Fischwassers und die für feine Bewirtschaftung in Betracht kommenden Verhältnisse die Festsetzung einer längeren Pachtdauer, ist sie dementsprechend zu bemessen. Die Festsetzung der Pachtdauer auf einen Zeitraum von unter zehn Jahren ist nur ausnahmsweise und unter der Voraussetzung zulässig, daß sich daraus wirtschaftliche Nachteile für das Fischwasser nicht ergeben können.

Vorstehende Bestimmungen haben auch bei der Verpachtung eines Fischwassers an einen Beamten, der im Fischwasserbezirke seinen dienstlichen Wohnsitz hat,[2]) mit dem Abmaß in Anwendung zu kommen, daß im Falle des Ausscheidens des Beamten aus seiner Amtsstelle der Pacht mit dem Schlusse des laufenden Pachtjahres erlischt, soferne das Fischwasser nicht mit Genehmigung des Ärars in Unterpacht weiter vergeben oder ein Mitpächter vorhanden ist (siehe lit. d).[3])

c) Der Mindestbetrag des Pachtschillings, der bei der Verpachtung im Wege der öffentlichen Versteigerung oder bei der freihändigen Verpachtung erreicht werden soll, ist in einer Höhe festzusetzen, wie sie der Ertragsfähigkeit und den sonstigen Verhältnissen des Fischwassers angemessen erscheint.

d) Die Genehmigung zur Weitervergebung des gepachteten Fischwassers in Unterpacht oder zur Annahme von Mitpächtern kann dem Pächter nur unter Beachtung der Vorschrift in Art. 34 Satz 1 des Fischereigesetzes mit der Einschränkung erteilt werden, daß die Zahl der Unterpächter oder der zugelassenen Mitpächter (einschl. des Pächters) nicht mehr als drei betragen darf. Der Pächter hat die Personen, um deren Zulassung zur Unterpacht oder als Mitpächter er nachsucht, namhaft zu machen und über ihre Verhältnisse die verlangten Aufschlüsse zu erteilen.

Erfolgt die Verpachtung eines Fischwassers an eine juristische Person, soll die Zahl der Ausübungsberechtigten gleichfalls nicht mehr als drei betragen.

e) Die Pacht eines Fischwassers berechtigt den Pächter nicht ohne weiteres, für andere Personen Erlaubnisscheine zur Ausübung der Fischerei auszustellen. Hiezu bedarf es vielmehr einer ausdrücklichen Einräumung

[1]) Im Bereiche der Militärverwaltung Aufnahme der besonderen auf militärdienstliche Rücksichten gegründeten Bedingungen in den Vertrag. KrMEntschl. a. a. O.

[2]) z. B. an einen Forstbeamten. S. Ziff. 10 Abs. 3.

[3]) Gilt auch für Offiziere: KrMEntschl. a. a. O.

im Pachtvertrag oder — soferne der Pachtvertrag hierüber nichts vorsieht — der Einholung einer besonderen Genehmigung (Ziff. 11).[1]) Bei der Einräumung der Befugnis zur Ausgabe von Erlaubnisscheinen ist auch zu bestimmen, ob und bis zu welcher Höhe der Pächter für die Erlaubnisscheine Vergütungen beanspruchen darf.

f) Der Beitritt des Pächters zu einem Fischereiverein ist in der Regel nicht zur Bedingung zu machen, wohl aber ihm zu empfehlen.[2])

g) Die Aufnahme besonderer Bedingungen in den Pachtvertrag erscheint hauptsächlich veranlaßt[3]):

1) bei den im Bereiche und in nächster Umgebung von Staatswaldungen verlaufenden Fischwassern im Interesse des Forst- und Jagdschutzes;

2) bei sogenannten Perlbächen, soweit sie sich überhaupt zum Fischereibetrieb eignen, zum entsprechenden Schutz des Vorkommens der edlen Perlmuschel;

3) in Fällen, wo Zweifel über das Bestehen und den Umfang des zu verpachtenden Rechtes möglich sind, indem es sich hier empfehlen wird, die Gewährleistung für das Nichtvorhandensein von Ansprüchen Dritter ausdrücklich abzulehnen.

8. Die Verpachtungsverhandlungen, welche vom Rentamte nach der ihm erteilten Instruktion zu führen sind, unterliegen der Genehmigung der Regierung, Kammer der Finanzen. Dieser steht auch die Entscheidung in allen jenen Fällen zu, in welchem nach dem Pachtvertrage für Maßnahmen und Rechtshandlungen des Pächters die Zustimmung des Ärars erforderlich ist.[4])

9. Um die Gewährung des polizeilichen Schutzes für die staatlichen Fischwasser zu fördern, ist von jedem Fischereipachtvertrag eine Ausfertigung der Distriktsverwaltungsbehörde zu übermitteln, in deren Bezirke das Fischwasser gelegen ist.

10. Die in Ansehung staatlicher Fischwasser zurzeit bestehenden Pachtverhältnisse sind, soferne nach den Bestimmungen des Pachtvertrages eine Kündigung stattfinden kann, unter Einhaltung der Kündigungsfrist zu lösen, wenn der Pächter zu einer Änderung des Pachtvertrags nach Maßgabe der gegenwärtigen Normativbestimmungen sich nicht herbeiläßt. Auch bezüglich der auf bestimmte Zeit abgeschlossenen Pachtverträge ist darauf hinzuwirken, daß der Pächter sich zu einer den neuen Vorschriften Rechnung tragenden Änderung der Pachtbedingungen versteht.[5])

Dazu wird bemerkt, daß die Vorschrift des Art. 108 Abs. 1 des Fischereigesetzes auch auf die hinsichtlich staatlicher Fischwasser bestehenden Pachtverträge insoweit Anwendung findet, als sie mit den Bestimmungen des Art. 31 Abs. 2 und Art. 34 des Fischereigesetzes im Widerspruch stehen.

---

1) Vgl. Art. 35 FG.

2) Im Bereiche der Militärverwaltung nur bei Verpachtung an Zivilpersonen anzuwenden. KrMEntschl. a. a. O.

3) Gegebenenfalls haben sich für militärische Fischwasser die Militärbehörden mit den Zivilbehörden ins Benehmen zu setzen und ihren Ersuchen möglichst Rechnung zu tragen. KrMEntschl. a. a. O.

4) Im Bereiche der Militärverwaltung nur soweit anwendbar, als nicht „durch bestehende Vorschriften und Erlasse“ in einzelnen Fällen die Entscheidung des Kriegsministeriums vorbehalten ist. KrMEntschl. a. a. O.

5) Gilt im Bereiche der Militärverwaltung nur für die Verträge mit Zivilpersonen. Für die Verträge mit Offizieren rc. gilt der Abs. 3. KrMEntschl. a. a. O.

Die mit Beamten abgeschlossenen Pachtverträge sind, sofern der derzeitige Pachtzins dem wahren Werte des Fischwassers nicht entspricht, baldtunlichst zu lösen. Bei der Neuverpachtung der betreffenden Fischwasser ist der bisherige Pächter in erster Linie zu berücksichtigen, sofern er sich bereit erklärt, einen nach dem erhobenen wahren Werte des Fischwassers bemessenen Pachtzins zu entrichten.

11. Die Ausgabe von Erlaubnisscheinen zur Ausübung der Fischerei in einem dem Staate gehörenden Fischwasser unterliegt im allgemeinen der Genehmigung der Regierung, Kammer der Finanzen. Diese soll nur unter der in Art. 35 Satz 2 des Fischereigesetzes bezeichneten Voraussetzung erteilt werden. In der genehmigenden Verfügung ist die Höchstzahl der Erlaubnisscheine, welche für das Fischwasser ausgestellt werden dürfen, unter angemessener Rücksichtnahme auf die durch die Wirtschaftlichkeit der Fischereinutzung gebotenen Schranken zu bestimmen und sind auch die Beschränkungen, welche etwa hinsichtlich der Zeit und der Art des Fischfangs angezeigt sein sollten, festzusetzen.

Der Inhalt des Erlaubnisscheines, dessen Gültigkeit nicht über einen Zeitraum von drei Jahren hinaus erstreckt werden soll, hat den als Anlagen II und III beigefügten Musterformularen zu entsprechen.

Die Erlaubnisscheine zur Ausübung der Fischerei in Fischwassern, die nicht der Verpachtung unterstellt werden, sind nach der von der Regierung, Kammer der Finanzen, getroffenen Anordnung durch das Rentamt auszufertigen. Das Gleiche gilt, wenn bei der Verpachtung eines Fischwassers dem Ärar die Ausstellung von Erlaubnisscheinen vorbehalten worden ist.

Der Pächter eines staatlichen Fischwassers hat, wenn er von einer ihm erteilten Genehmigung zur Ausgabe von Erlaubnisscheinen Gebrauch machen will, zuvor das ausgefüllte Formular des Erlaubnisscheins an das Rentamt zu übersenden. Das Rentamt bestätigt die Erfüllung dieser Verpflichtung durch Beisetzung eines Vermerks auf dem Erlaubnisschein. Erlaubnisscheine, welche den rentamtlichen Vermerk nicht enthalten, entbehren der Gültigkeit.

Von jeder Ausstellung eines Erlaubnisscheines ist der Distriktsverwaltungsbehörde behufs Verständigung der Ortspolizeibehörde und der Fischereiaufsichtsorgane durch das Rentamt Mitteilung zu machen.

Der Erlaubnisschein berechtigt nur denjenigen, auf dessen Namen er ausgestellt ist, zur Ausübung der Fischerei in dem im Erlaubnisscheine bezeichneten Umfang. Er verliert seine Gültigkeit insbesondere, wenn der Staat des Fischereirechtes in dem Gewässer, für welches der Erlaubnisschein ausgestellt ist, sich entäußert oder wenn in der Person des Pächters, der den Erlaubnisschein ausgestellt hat, ein Wechsel eintritt.

12. In allen die Nutzung der Fischereirechte des Staates berührenden wichtigeren fischereiwirtschaftlichen Fragen sind Fischereisachverständige (vgl. § 71 der Vollzugsvorschriften zum Fischereigesetze und § 12 der Landesfischereiordnung) um gutachtliche Äußerung anzugehen.

Soweit bei der Nutzung eines Fischwassers die Interessen eines anderen Staatsverwaltungszweiges mitbeteiligt erscheinen, ist mit der zuständigen Stelle ins Benehmen zu treten.

13. Sofern ein Bedürfnis besteht, für ein Fischwasser, in welchem der Staat fischereiberechtigt ist, einen besonderen Fischereiaufseher aufzustellen (vgl. hierzu Art. 86 des Fischereigesetzes, § 68 der Vollzugs-

vorschriften), hat die Regierung, Kammer der Finanzen, hiewegen das Erforderliche anzuregen.

Dem Pächter eines staatlichen Fischwassers kann die Aufstellung eines besonderen Fischereiaufsehers in eigener Zuständigkeit durch die Regierung, Kammer der Finanzen, gestattet werden.

14. Die Vertretung des Staates als Fischereiberechtigten gegenüber den mit dem Vollzuge des Fischereigesetzes und mit der Entscheidung von Streitigkeiten betrauten Behörden sowie bei den durch die Verwaltung und Nutzbarmachung der staatlichen Fischwasser bedingten Rechtsgeschäften usw. usw. obliegt der Regierung, Kammer der Finanzen, in deren Bezirke das Fischwasser gelegen ist, oder den von ihr bevollmächtigten Ämtern und Beamten.[1])

15. Hinsichtlich der Fischereirechte des Staates in Gewässern, welche

a) der Staatsforstverwaltung,

b) der Bergwerks-, Hütten- und Salinenverwaltung

unterstellt sind, werden die nach vorstehenden Bestimmungen den Regierungen, Kammern der Finanzen, und den Rentämtern zugewiesenen Aufgaben ad a — unbeschadet der Zuständigkeit der Regierungsfinanzkammern zur Vertretung des Ärars in Zivil- oder Verwaltungsrechtsstreitigkeiten — den Regierungen, Kammern der Forsten, und den Forstämtern, ad b der Generaldirektion der Berg-, Hütten- und Salzwerke und den ihr unterstehenden Betriebsämtern übertragen.

Empfiehlt sich die einheitliche Bewirtschaftung von Fischwassern oder Fischwasserstrecken, die verschiedenen Verwaltungen unterstellt sind, so wird die Behörde, welche die Verwaltung zu übernehmen hat, durch das Staatsministerium der Finanzen bestimmt.[2])

Die Forstämter haben von jeder durch sie erfolgten Verpachtung eines Fischwassers dem zuständigen Rentamte zum Zwecke der Einhebung des Pachtzinses Kenntnis zu geben. Die Erträgnisse aus der Nutzung der forstärarialischen Fischwasser sind als Forstnebennutzungen zu behandeln.

München, den 17. Juni 1909.

v. Pfaff.

---

[1]) Die Vertretung des Staates als FBerechtigten gegenüber den Behörden ist bei entstehenden Streitigkeiten im Bereiche der Militärverwaltung dem Kriegsministerium vorbehalten. KrMEntschl. a. a. O.

[2]) Im Bereiche der Militärverwaltung ist dem Kriegsministerium gutachtlich zu berichten. KrMEntschl. a. a. O.

Anlage I.

Entwurf
eines Fischereipachtvertrags.

Der . . . . handelnd für das K. Staatsärar, welchem das Fischereirecht in . . . . zusteht, verpachtet hiemit dieses Fischereirecht an . . . . unter nachstehenden Bedingungen:

§ 1. Das den Gegenstand der Verpachtung bildende Fischwasser umfaßt . . . .
Für die Richtigkeit des katastermäßigen Beschriebs der Fischwassergrenzen sowie für die Beschaffenheit des Fischwassers übernimmt das Ärar keine Haftung.

§ 2. Die Dauer des Pachtes erstreckt sich auf einen Zeitraum von zehn Jahren, beginnend vom . . . .

§ 3. Der jährliche Pachtzins beträgt . . . (mit Worten) Mark. Er ist bei Beginn eines jeden Pachtjahres mit dem ganzen Jahresbetrag im voraus zu entrichten und an das Rentamt . . . . abzuführen.

§ 4. Der Pächter kann einen entsprechenden Nachlaß an dem festgesetzten Jahrespachtzinse verlangen, wenn die Voraussetzungen gegeben sind, unter welchen gemäß Art. 109 Abs. 2 des Wassergesetzes dem Staat als Fischereiberechtigten wegen Beeinträchtigung seines Fischereirechts ein Schadensersatzanspruch an einen dritten Unternehmer zusteht. Dem Ärar steht es frei, in dem bezeichneten Fall an Stelle der Gewährung des Pachtzinsnachlasses die ihm zustehenden Schadensersatzansprüche ganz oder teilweise an den Pächter abzutreten.

Ein Nachlaß an dem Jahrespachtzinse wird auch gewährt, wenn durch ein eigenes Unternehmen des Staates eine Vernichtung oder wesentliche Schmälerung des Fischereiertrages bewirkt wird.

Im übrigen steht dem Pächter ein Anspruch auf Nachlaß oder Ermäßigung des Pachtzinses oder ein sonstiger Entschädigungsanspruch an das Ärar auch dann nicht zu, wenn ohne sein Verschulden durch äußere Einwirkungen auf das Fischwasser der Fischereiertrag beeinträchtigt wird. In diesem Falle kann er jedoch die Lösung des Pachtverhältnisses unter Einhaltung einer Kündigungsfrist von drei Monaten verlangen, soferne die Beeinträchtigung eine erhebliche und nicht bloß vorübergehende ist.

§ 5. Der Pächter ist befugt, das gepachtete Fischereirecht nach seinem ganzen Umfange auszuüben. Er verpflichtet sich zur genauen Beachtung der für die Ausübung der Fischerei maßgebenden gesetzlichen Bestimmungen und Vollzugsvorschriften und übernimmt die Haftung für Zuwiderhandlungen seines Personals sowie der Personen, welchen er die Ausübung der Fischerei überlassen hat.

§ 6. Der Pächter ist verpflichtet, das gepachtete Fischwasser sorgfältig zu überwachen und die Fischerei pfleglich zu behandeln. Er hat den Fischbestand an . . . . durch alljährliche Einsetzung von . . . Stück Brut oder Jährlingen nach den Grundsätzen eines ordentlichen Fischereibetriebes zu ergänzen. Der Pächter hat dem Rentamte von Tag und Stunde sowie von dem Orte des Beginnes der Brut- oder Jährlingseinsetzung mindestens drei Tage vorher Kenntnis zu geben und zu gestatten, daß das Amt oder eine von ihm beauftragte Person der Einsetzung anwohnt.

Kommt der Pächter seiner Verpflichtung in einem Jahre nicht bis zum . . . . dieses Jahres nach, so ist das Ärar berechtigt, die vertragsmäßige Menge von Fischbrut oder Jährlingen auf Kosten des Pächters einsetzen zu lassen.

§ 7. Der Pächter ist verpflichtet, nach Möglichkeit solche Vertiefungen in Fischwassern, welche nur bei hohem Wasserstande gefüllt sind, beim Rückgange des Wassers aber austrocknen oder bis zum Grunde gefrieren, rechtzeitig ausfischen und die Fischbrut sowie die Fische, welche wegen bestehender Schonzeit oder, weil sie das gesetzliche Mindestmaß nicht besitzen, nicht gefangen werden dürfen, sofort in das fließende Wasser zu versetzen. Kommt der Pächter dieser Verpflichtung nicht nach, so kann das Ärar auf dessen Kosten das Ausfischen der genannten Stellen und das Versetzen der Fische vornehmen lassen.

§ 8. Im Falle des Vorhandenseins mehrerer Pächter haften diese als Gesamtschuldner für den Pachtzins und für alle sonstigen aus dem Pachtverhältnisse sich ergebenden Verpflichtungen, insbesondere für die Einsetzung von Brut und Jährlingen.

§ 9. Der Pächter ist nur mit Genehmigung des Ärars befugt, das Fischwasser in Unterpacht weiter zu vergeben. Der zur Unterpacht Zugelassene hat das Pachtverhältnis in seinem ganzen Umfange zu übernehmen und bis zur Beendigung der vereinbarten Pachtzeit fortzusetzen. Für alle aus dem Pachtverhältnis sich ergebenden Verpflichtungen sind der Pächter und der Unterpächter samtverbindlich haftbar.

Auch zur Annahme von weiteren Teilnehmern an der Pacht (Mitpächtern) ist der Pächter nur mit Genehmigung des Ärars befugt.

§ 10. Die Ausstellung von Erlaubnisscheinen zur Ausübung der Fischerei ist dem Pächter nur mit Genehmigung des Ärars und nach Maßgabe der an die Genehmigung geknüpften Bedingungen gestattet.

§ 11. Zum freiwilligen Beitritt in eine Fischereigenossenschaft, die sich über das gepachtete Fischwasser erstreckt, bedarf der Pächter der Einwilligung des Ärars.

§ 12. Will der Pächter für das gepachtete Fischwasser einen besonderen Fischereiaufseher aufstellen, so hat er hiezu die Zustimmung des Ärars einzuholen.

§ 13. In allen Fällen, in welchen nach dem Fischereigesetze zur Anbringung von Vorrichtungen in einem Fischwasser die Genehmigung der Verwaltungsbehörde erforderlich ist, hat der Pächter vor der Stellung des Gesuchs bei der letzteren die Genehmigung des Ärars zu erholen.

§ 14. Der Pächter haftet für allen Schaden, der dem Ärar durch einen vertragswidrigen Betrieb der Fischerei und eine Vernachlässigung der pfleglichen Behandlung des Fischwassers entsteht, und ist dem Ärar ersatzpflichtig in Ansehung aller Kosten, die ihm infolge der Geltendmachung von Entschädigungsansprüchen aus dem Fischereibetriebe seitens Dritter, z. B. auf Grund des Art. 70 Abs. 2 des Fischereigesetzes, erwachsen.

§ 15. Das Pachtverhältnis erlischt, wenn das verpachtete Fischwasser durch die Distriktsverwaltungsbehörde einem gemeinschaftlichen Fischereibetriebe nach Artikel 19 des Fischereigesetzes angeschlossen oder durch die Regierung, Kammer des Innern, gemäß Artikel 39 des Fischereigesetzes in eine Genossenschaft behufs gemeinsamer Bewirtschaftung und Nutzung einbezogen wird, sofern nicht der Pächter der Genossenschaft als Mitglied beitritt.

Wird das Pachtverhältnis in dieser Weise gelöst, so kann der Pächter einen Entschädigungsanspruch wegen des Erlöschens des Pachtverhältnisses nicht erheben; doch steht ihm wegen der zur Vermehrung des Fischbestandes innerhalb der letzten drei Jahre vor dem Erlöschen des Pachtverhältnisses nachweislich gemachten Aufwendungen ein Ersatzanspruch gegen das Ärar zu. Dieser Anspruch muß bei Vermeidung des Ausschlusses innerhalb dreier Monate nach Beendigung des Pachtverhältnisses geltend gemacht werden.

Vorstehende Bestimmungen gelten im Falle einer Unterverpachtung auch für diese.

§ 16. Stirbt der Pächter oder im Falle einer Mehrheit von Pächtern einer von ihnen während der Pachtzeit, so kann sowohl das Ärar wie der Erbe des Pächters das Pachtverhältnis ohne Einhaltung einer Kündigungsfrist für den Ablauf des Pachtjahres kündigen, in welchem der Pächter gestorben ist. Im Falle der Kündigung durch das Ärar findet die Bestimmung des § 15 Abs. 2 entsprechende Anwendung. Sind mehrere Pächter vorhanden, so treten, wenn das Ärar oder der Erbe eines Mitpächters von dem Kündigungsrechte Gebrauch macht, die übrigen Mitpächter an die Stelle des verstorbenen Mitpächters. Gleiches gilt im Falle des Ausscheidens eines Mitpächters aus dem Pachtverhältnis auf Grund einer zwischen dem Ärar und den Pächtern getroffenen Vereinbarung.

§ 17. Das Ärar ist berechtigt, das Pachtverhältnis ohne Einhaltung einer Kündigungsfrist unter Ausschluß jedes Anspruchs auf Entschädigung und auf Pachtzinsrückersatz sofort zu lösen,

a) wenn der Pächter unbefugt einem andern die Nutzung oder Mitnutzung des Fischwassers überläßt oder wenn derjenige, welchem der Pächter mit Genehmigung des Ärars die Nutzung oder Mitnutzung des Fischwassers eingeräumt hat, diese unbefugt an einen Dritten überläßt;

b) wenn der Pächter durch Veränderungen, welche auf die wirtschaftliche Bestimmung des Fischwassers nachteilig einwirken, die Rechte des Ärars erheblich verletzt oder durch Vernachlässigung der dem Pächter bei der Fischereiausübung obliegenden Sorgfalt die Rechte des Ärars erheblich gefährdet;

c) wenn der Pächter mit der Entrichtung des Pachtzinses länger als drei Monate im Rückstande bleibt, soferne nicht die Zahlung noch vor der Eröffnung der Kündigung nachgeholt wird;

d) wenn der Pächter oder derjenige, dem der Pächter die Nutzung des Fischwassers überlassen hat, seiner Verpflichtung, Brut- oder Jährlinge einzusetzen (§ 6), trotz Aufforderung des Ärars schuldhafterweise nicht nachkommt;

e) wenn der Pächter, dessen Personal oder eine von ihm zur Ausübung der Fischerei zugelassene Person den sonstigen Pachtbedingungen, insbesondere der Verpflichtung zur Beobachtung der fischereipolizeilichen Vorschriften (§ 5), zuwiderhandelt;

f) wenn dem Pächter während der Pachtzeit die Fischerkarte entzogen oder verweigert wird (Artikel 31 Abs. 2 des Fischereigesetzes). Beim Vorhandensein mehrerer Pächter wird dadurch, daß die Fischerkarte eines von ihnen eingezogen oder verweigert wird, das Pachtverhältnis mit den übrigen nicht berührt; diese treten an die Stelle des ausgeschiedenen Teilnehmers und haften demgemäß für den vollen Pachtzins.

§ 18. Soll ein verpachtetes Fischwasser veräußert werden, oder wird es vom Ärar für Zwecke benötigt, mit denen eine Fortsetzung des Pachtverhältnisses nicht vereinbar ist, kann das Pachtverhältnis vom Ärar vor Ablauf der vertragsmäßigen Dauer unter Einhaltung einer Kündigungsfrist von drei Monaten gekündigt werden. In diesem Falle ist dem Pächter, wenn die Lösung des Pachtverhältnisses vor Ablauf des Pachtjahres in Wirksamkeit tritt, die treffende Pachtzinsrate rückzuvergüten und findet im übrigen die Bestimmung des § 15 Abs. 2 Anwendung.

§ 19. Etwa veranlaßte Sonderbestimmungen z. B. sind bezüglich jener Fischwasser, die innerhalb der Staatswaldungen oder in deren nächsten Nähe verlaufen, insbesondere folgende Zusatzbestimmungen vorzusehen:

a) Der Pächter und die von ihm zur Ausübung der Fischerei zugelassenen Personen haben den forstpolizeilichen Vorschriften genaue Beachtung zuzuwenden und sich insbesondere eines unnötigen Betretens der Forstkulturen zu enthalten.

b) Wird in dem Staatswald, in oder an welchem das Fischwasser verläuft, die Jagd in staatlicher Regie betrieben, so hat der Pächter das etwa beabsichtigte Aufstellen von Fallen dem zuständigen Forstamt anzuzeigen. An dieses sind auch die etwa gefangenen jagdbaren Tiere (Art. 85 des Fischereigesetzes) abzuliefern.

c) Der Pächter und die zur Ausübung der Fischerei zugelassenen Personen sind gehalten, ihre Fischerkarten, Erlaubnisscheine und Ausweise außer den sonst zur Kontrolle berechtigten Organen dem K. Forstpersonal auf Verlangen jederzeit vorzuzeigen.

§ 20. Von dem Pachtvertrag erhält das K. Staatsärar und der Pächter je eine Ausfertigung.

Datum:

Unterschriften:

Für das K. Staatsärar: Der Pächter:

Anlage II.

Erlaubnisschein zur Fischereiausübung.

Das K. . . . . . amt . . . . erteilt dem
(Vor- und Familienname: . . . .
Alter: . . . . Beruf: . . . .
Wohnort: . . . .)
die Erlaubnis, für die Zeit vom . . . . . bis . . . .
in der dem Staat gehörenden Fischwasserstrecke von
(Anfangspunkt der Strecke) . . . . bis
(Endpunkt der Strecke) . . . .
zu fischen.

Die Erlaubnis erstreckt sich auf das Fischen mit nachbezeichneten Fischgeräten . . . .
. . . .

Die Erlaubnis ist beschränkt auf . . . .
(z. B. auf das Fischen mit der Angel) . . . .

. . . . (amtliche Fertigung) . . . .
. . . .
. . . .

Nichtzutreffendes ist zu streichen.

Anlage III.

Erlaubnisschein zur Fischereiausübung.

Der (des Fischpächters Vor- und Familienname: . . . .
. . . . Beruf: . . . .
Wohnort: . . . .)
erteilt dem (Vor- und Familienname: . . . .
Alter: . . . . Beruf: . . . .
Wohnort: . . . .)
die Erlaubnis, für die Zeit vom . . . . . . bis . . . .
in der gepachteten, dem Staat gehörenden Fischwasserstrecke von
(Anfangspunkt der Strecke) . . . . bis
(Endpunkt der Strecke) . . . .
zu fischen.

Die Erlaubnis erstreckt sich auf das Fischen mit nachbezeichneten Fischgeräten . . . .
. . . .

Die Erlaubnis ist beschränkt auf . . . .
(z. B. auf das Fischen mit der Angel) . . . .
(Datum und Unterschrift des Ausstellers) . . . .
. . . .

Vermerk des . . . . amts.

Bemerkung:
Erlaubnisscheine, welche den amtlichen Vermerk nicht enthalten, entbehren der Gültigkeit.

Nichtzutreffendes ist zu streichen.

7. Bekanntmachung vom 22. Juni 1910 über den Vollzug des Fischereigesetzes, hier den Begriff „Gewerbsfischer".

(MABl. S. 429).

K. Staatsministerium des Innern.

[Die Bekanntmachung ist auf S. 127 abgedruckt].

8. Bekanntmachung vom 7. Oktober 1911, Vollzug des Fischereigesetzes betreffend.

(JMBl. S. 368; MABl. S. 718).

K. Staatsministerien der Justiz, des Innern und der Finanzen.

Zum Vollzuge des Artikel 104 Abs. 2 des Fischereigesetzes haben die Distriktsverwaltungsbehörden jede Zuwiderhandlung nach Artikel 104 Abs. 1 Nr. 1 des Fischereigesetzes, die zu ihrer Kenntnis gelangt, dem Rentamt mitzuteilen. Die gleiche Verpflichtung hat der Staatsanwalt oder der Amtsanwalt, wenn das Rentamt von der Zuwiderhandlung nicht schon durch das Einzugsregister Kenntnis erhält.

Dr. v. Pfaff. Dr. v. Brettreich.

J. V. Staatsrat v. Treutlein-Mördes.

9. Bekanntmachung vom 25. Oktober 1911 über den Vollzug des Wassergesetzes und des Fischereigesetzes.

(MABl. S. 733).

K. Staatsministerien des Innern und der Finanzen.

[Die in erster Linie zum Vollzuge des Wassergesetzes bestimmte und deshalb hier nur auszugsweise abgedruckte Bekanntmachung enthält auch Vorschriften über die Herstellung der Pläne, die zum Vollzuge des Fischereigesetzes dienen, das Zusammenwirken der Behörden dabei und den Ansatz von Gebühren.]

. . . .

3. In die Pläne, die zum Vollzuge des Fischereigesetzes dienen, werden in der Regel nur die Plannummern der Fischwasser und der für die Beschreibung der Fischwassergrenzen in Betracht kommenden Grundstücke sowie die Flur- und Gemeindegrenzen eingetragen.

D. Anhang.

1. Vertrag zwischen Deutschland, den Niederlanden und der Schweiz, betr. die Regelung der Lachsfischerei im Stromgebiete des Rheins, vom 30. Juni 1885.*)

(RGBl. 1886 S. 192.)

a) Vertrag.

Art. I. Im Rheinstrom vom Fall bei Schaffhausen an abwärts und allen Ausflüssen desselben, durch welche Wasser von dem bei Lobith ungeteilten Rhein in das Meer abfließen kann, soll beim Fischfange weder mittelst ständiger Vorrichtungen (Fischwehr, Fach, Zalmsteek), noch mittelst am Ufer oder im Flußbette befestigter oder verankerter Fischereivorrichtungen (Reusen, Sperrnetze) der Stromlauf auf mehr als auf die Hälfte seiner Breite bei gewöhnlichem niedrigen Wasserstande in der kürzesten geraden Linie von Ufer zu Ufer gemessen, für den Zug der Wanderfische versperrt werden dürfen.

Diese Vorschrift soll auch auf die Nebenflüsse des Rheins Anwendung finden; jedoch auf diejenigen Strecken der Nebenflüsse, welche Grenzgewässer mit einem an der Übereinkunft nicht beteiligten Staate bilden, nur soweit, als in dem Nachbarlande ein gleiches Vorgehen beobachtet wird.

Die an einzelnen Nebenflüssen bestehenden ständigen Fischereivorrichtungen sollen dieser Vorschrift nicht unterliegen, wenn mit denselben eine auf dieses besondere Fangmittel gerichtete Fischereiberechtigung verbunden ist.

Art. II. In den im Art. I (Abs. 1) bezeichneten Strecken des Rheinstroms und in den daselbst (Abs. 2) bezeichneten Nebenflüssen des Rheins, soweit sie den Durchzug der Lachse und Maifische zu den Laichplätzen vermitteln, dürfen Treibnetze beim Fischfange nur angewendet werden, wenn sie zwischen Ober- und Unter-Simm (Ober- und Unter-Leine) nicht über $2,_5$ m breit sind. Einwandige Netze, welche nur zum Fange von Stör bestimmt und geeignet sind, sollen dieser Beschränkung nicht unterworfen sein.

Mehrere Treibnetze dürfen nur in einer Entfernung von einander ausgeworfen werden, welche mindestens das Doppelte der Länge des größten Netzes beträgt.

Art. III. Im Rheinstrom vom Fall bei Schaffhausen an abwärts, in allen Ausflüssen desselben, durch welche Wasser von dem bei Lobith ungeteilten Rhein in das Meer abfließen kann, und in allen Nebenflüssen desselben soll jede Lachsfischerei mit Zegensbetrieb alljährlich auf die Dauer von zwei Monaten verboten sein.

---

*) S. Art. 111 Abs. 2 FG., § 14 Abs. 4 LFO. vom 23. März 1909 und die zur Ausführung des Vertrags ergangene MinBek. vom 30. Januar 1887 (GBBl. S. 29).

Die Einstellung dieser Fischereibetriebe soll umfassen:

1. auf Königlich niederländischem Gebiete die Zeit vom 16. August bis zum 15. Oktober einschließlich;
2. auf der Strecke von der niederländisch-preußischen Grenze an aufwärts die Zeit vom 27. August bis zum 26. Oktober einschließlich.

Die Regierungen der beteiligten Uferstaaten werden für ihr Gebiet feststellen, welche Fischereibetriebe dieser Vorschrift zu unterwerfen sind, und dabei Vorsorge treffen, daß nicht unter dem Vorwande der Fischerei auf andere Fischarten tatsächlich Lachsfischerei betrieben wird.

Über die getroffenen Anordnungen werden sich die Regierungen gegenseitig Mitteilung machen.

Art. IV. Von Basel an abwärts soll im Rheinstrom und in denjenigen Strecken seiner Nebenflüsse, welche den Durchzug der Lachse und Maifische zu den Laichstellen vermitteln, sowie in seinen im Artikel I bezeichneten Ausflüssen die Fischerei auf Lachse und Maifische mit Geräten jeder Art auf die Dauer von 24 Stunden in jeder Woche von Samstag Abend 6 Uhr bis Sonntag Abend 6 Uhr eingestellt werden.

Der Königlich niederländischen Regierung bleibt vorbehalten, für die Lachsfischerei mit Reusen (Steekfischerei) im Flutgebiete den Beginn dieser wöchentlichen Schonzeit auf die erste tiefste Ebbe (laag water) nach Samstag Abend 6 Uhr und die Dauer der Schonzeit auf 2 Tiden festzusetzen.

Art. V. In denjenigen Strecken der Nebenflüsse des Rheins, in welchen sich geeignete Laichstellen für den Lachs finden, und im oberen Stromlaufe des Rheins selbst von Mannheim-Ludwigshafen an aufwärts bis zum Fall von Schaffhausen soll die Lachsfischerei während der Dauer von mindestens 6 Wochen innerhalb der Zeit vom 15. Oktober bis 31. Dezember nur mit ausdrücklicher obrigkeitlicher Genehmigung betrieben und diese nur erteilt werden dürfen, wenn die Benutzung der Fortpflanzungselemente (Rogen und Milch) der gefangenen laichreifen oder der Laichreife nahestehenden Lachse zum Zweck der künstlichen Fischzucht gesichert ist. Unter dieser Voraussetzung darf die Lachsfischerei auch während der wöchentlichen Schonzeit (Art. IV) obrigkeitlich gestattet werden.

Art. VI. Die Vorschriften der Artikel I bis V dieser Übereinkunft finden auf die Mosel von ihrem Austritt aus Elsaß-Lothringen bis Trier und auf alle diejenigen linksseitigen Nebenflüsse der Mosel, welche in ihrem Laufe preußisches und luxemburgisches Gebiet berühren, keine Anwendung.

Der Königlich preußischen Regierung bleibt vorbehalten, die Fischereiverhältnisse dieser Gewässer durch Verständigung mit der Großherzoglich luxemburgischen Regierung im Sinne dieser Übereinkunft zu regeln.

Art. VII. Zur Hebung des Lachsbestandes im Rheingebiete soll darauf Bedacht genommen werden, daß

1. die natürlichen Laichplätze in den Nebenflüssen den aufsteigenden Lachsen wieder möglichst erschlossen und zugänglich gemacht werden;
2. die Fortpflanzungselemente (Rogen und Milch) der gefangenen Lachse möglichst zu Zwecken der künstlichen Zucht verwendet werden.

Art. VIII. Die Regierungen der beteiligten Uferstaaten werden für ihr Gebiet ein Mindestmaß feststellen, unter welchem Lachse weder gefangen, noch in den Verkehr gebracht werden dürfen.

Art. IX. Die Regierungen der beteiligten Uferstaaten werden die zum Vollzuge dieser Übereinkunft erforderlichen Vorschriften erlassen und deren Übertretung mit angemessenen Strafen bedrohen, auch das zur Handhabung dieser Vorschriften erforderliche Aufsichtspersonal bestellen.

Durch gegenwärtige Übereinkunft wird die Befugnis der einzelnen Staaten nicht ausgeschlossen, für ihre Gebiete strengere Bestimmungen zum Schutze der Fische zu treffen.

Art. X. Jede Regierung der beteiligten Uferstaaten wird für ihr Gebiet einen Bevollmächtigten bestellen.

Diese Bevollmächtigten werden sich die von ihren Regierungen getroffenen Anordnungen über das Fischereiwesen im Rheingebiete gegenseitig mitteilen und von Zeit zu Zeit zusammenkommen, um über die zur Förderung der Lachsfischerei im Rheingebiete zu ergreifenden Maßregeln zu beraten.

Art. XI. Diese Übereinkunft tritt sofort nach ihrer Ratifikation in Kraft, bleibt von diesem Tage an zehn Jahre lang in Wirksamkeit und, wenn sie nicht zwölf Monate vor diesem Zeitpunkte von einer der vertragschließenden Regierungen gekündigt worden ist, weiter von Jahr zu Jahr bis zum Ablauf eines Jahres von dem Tage an gerechnet, an welchem die eine oder andere der vertragschließenden Regierungen die Kündigung erklärt hat.

Art. XII. Die gegenwärtige Übereinkunft soll ratifiziert und die Auswechselung der Ratifikationen soll binnen möglichst kurzer Frist in Berlin bewirkt werden.

b) Schlußprotokoll.

Bei der heute stattgehabten Unterzeichnung der Übereinkunft zwischen dem Deutschen Reich, dem Königreich der Niederlande und der Schweiz über die Regelung der Lachsfischerei im Stromgebiete des Rheins wurde das Einverständnis der Bevollmächtigten sämtlicher beteiligten Uferstaaten über folgende Punkte konstatiert:

I. Auf die in den verlassenen Nebenarmen des Rheins betriebenen Fischereien jeglicher Art sollen die Bestimmungen der Übereinkunft keine Anwendung finden, sofern diese Nebenarme nicht von beiden Seiten mit dem Hauptstrome derartig in Verbindung stehen, daß die Wanderfische jederzeit frei hindurchziehen können.

II. Den einschränkenden Vorschriften der Artikel II und III der Übereinkunft sollen diejenigen Zug- und Treibnetzfischereien unterworfen werden, welche vorzugsweise auf den Fang von Lachsen gerichtet sind; insbesondere auch

a) die mit Treibnetzen — dreiwandigen Netzen — an bestimmten Stellen betriebenen Fischereien;

b) die in den Niederlanden mittels großer Zugnetze — einwandiger Netze — unter Anwendung von Dampf- oder Pferdekraft betriebenen sogenannten „großen Zegensfischereien";

c) die vornehmlich auf der niederländischen und der preußischen Flußstrecke unter Anwendung von Zugnetzen — einwandigen Netzen — jedoch ohne Anwendung von Dampf- oder Pferdekraft betriebenen sogenannten „Hand-Zegensfischereien".

III. Nach Maßgabe des vorletzten Absatzes des Artikels III der Übereinkunft soll insbesondere dafür Vorsorge getroffen werden, daß während der Herbstschonzeit nicht der Fang von anderen Wanderfischen, namentlich Schnäpeln (Coregonus oxyrynchus) — holländisch Houting — zum Vorwande genommen wird, um tatsächlich Lachsfischerei zu betreiben.

IV. Sobald der Beitritt des Großherzogtums Luxemburg zu gegenwärtiger Übereinkunft erfolgt sein wird, soll der Artikel VI der Übereinkunft außer Kraft treten.

V. In Ausführung der Bestimmungen im Artikel V und VII der Übereinkunft werden die Regierungen der beteiligten Uferstaaten sich die Erhaltung und Vermehrung des Lachsbestandes im Rhein unter ausgiebigster Benutzung der künstlichen Fischzucht angelegen sein lassen.

VI. Vor der Unterzeichnung der Übereinkunft und des Schlußprotokolls haben die niederländischen Bevollmächtigten ausdrücklich erklärt, daß die Übereinkunft Seiner Majestät dem Könige der Niederlande zur Ratifikation erst werde vorgelegt werden, nachdem sie von den Generalstaaten genehmigt worden.

2. Bekanntmachung vom 30. Januar 1887, die Landes-Fischereiordnung betreffend.

(GVBl. S. 29).

K. Staatsministerium des Innern.

Zur Ausführung des Vertrags zwischen Deutschland, den Niederlanden und der Schweiz, betr. die Regelung der Lachsfischerei im Stromgebiete des Rheines, vom 30. Juni 1885 (RGBl. 1886 S. 192) werden in Ergänzung der Landes-Fischereiordnung vom 4. Oktober 1884[1]) . . . . . für die bayerische Strecke des Rheines sowie für dessen in Bayern gelegene Nebenflüsse, soweit der Lachs (Rheinsalm, Salmo Salar, L.) oder der Maifisch (Alosa vulgaris, Cuv.) darin aufsteigt oder dieselben durchzieht, auf Grund des Art. 126 Ziff. 1 PStGB.[2]) . . . . nachstehende oberpolizeiliche Vorschriften erlassen:

§ 1. Zu § 1 Ziff. 12, dann zu § 4 Abs. 4 und 5 der Landesfischereiordnung.[3]) Die Fischerei auf Lachse und Maifische mit Geräten jeder Art muß auf die Dauer von 24 Stunden in jeder Woche von Samstag Abend 6 Uhr bis Sonntag Abend 6 Uhr eingestellt werden.

Jedoch können auch gegenüber dieser wöchentlichen Schonzeit die in § 4 Abs. 4 und 5 der LFO. enthaltenen Bestimmungen in Anwendung gebracht werden.

§ 2. Zu § 8 der Landesfischereiordnung.[4]) Jede Lachsfischerei mit Zegensbetrieb ist jeweils während der Zeit vom 27. August bis 26. Oktober einschließlich verboten.

An den sonstigen in der LFO. oder in KreisFO. enthaltenen Beschränkungen in bezug auf den Gebrauch von Zegen (Segen) wird hiedurch nichts geändert.

[1]) Die Bekanntmachung gilt jetzt in Ergänzung der LFO. vom 23. März 1909 (§ 14 Abs. 4).

[2]) Strafbestimmung jetzt Art. 101 Nr. 4 FG. (s. Art. 111 Abs. 1).

[3]) Jetzt § 1 Abs. 1 Ziff. 8, § 5 Abs. 4, § 6 Abs. 3 LFO. vom 23. März 1909.

[4]) Jetzt § 9 LFO. vom 23. März 1909. Soweit die Zeit des Abs. 1 mit der bayerischen Schonzeit des Lachses zusammenfällt (16. bis 26. Oktober), ist selbstverständlich grundsätzlich jeder Lachsfang verboten (§ 3 LFO.).

§ 3. Zu § 12 der Landesfischereiordnung.[1]) Die Bestimmung in § 12 Abs. 1 der LFO. wird auf diejenigen Fischereivorrichtungen (Reusen, Sperrnetze) ausgedehnt, welche am Ufer oder im Flußbette befestigt oder verankert sind. Treibnetze (dreiwandige Netze) dürfen beim Fange der Lachse und Maifische nur angewendet werden, wenn sie zwischen Ober- und Unter-Simm (Ober- und Unter-Leine) nicht über 2,5 m breit sind.

Mehrere Treibnetze dürfen nur in einer Entfernung voneinander ausgeworfen werden, welche mindestens das Doppelte der Länge des größten Netzes beträgt.

§ 4. Vorstehende Bestimmungen finden keine Anwendung auf die Buhnen am Maine und auf die Nebenarme des Rheines, soferne dieselben nicht von beiden Seiten mit dem Hauptstrome derartig in Verbindung stehen, daß die Wanderfische jederzeit frei hindurchziehen können.

3. Oberpolizeiliche Vorschriften vom 15. März 1894, Zeit und Art des Fischfanges im Bodensee betreffend.

(GVBl. S. 132).[2])

K. Staatsministerium des Innern,
Abteilung für Landwirtschaft, Gewerbe und Handel.

Auf Grund des Art. 126 Ziff. 1 des Polizei-Strafgesetzbuches vom 26. Dezember 1871[3]) werden zum Vollzuge der am 5. Juli 1893 in Bregenz abgeschlossenen und am 22. Dezember vor. Js. in Kraft getretenen Übereinkunft über Anwendung gleichartiger Bestimmungen für die Fischerei im Bodensee nachstehende oberpolizeiliche Vorschriften über die Zeit und Art des Fischfanges im Bodensee erlassen:

§ 1. In dem Teile des Bodensees, welcher zwischen dem Eisenbahndamme und der Landtorbrücke in der Stadt Lindau gelegen ist, wird das Fischen mit Netzen aller Art überhaupt verboten.

Ausnahmsweise kann in dem bezeichneten Schonrevier mit Bewilligung der Distriktspolizeibehörde und unter entsprechender Aufsicht nach großen Fischen mit Netzen von vorgeschriebener Maschenweite gefischt werden.

Das Absperren der Durchlässe im Eisenbahndamme in der Absicht, den Fischen die Verbindung zwischen dem kleinen und großen See abzuschneiden, ist verboten.

§ 2. Fanggeräte jeder Art und Benennung dürfen nicht angewendet werden, wenn die Öffnungen (bei Maschen in nassem Zustande) in Höhe und Breite nicht wenigstens eine Weite von 3 cm haben.[4])

Für Gangfische und Kropffelchen (Kilche) ist die Verwendung von Netzen mit 2,3 cm[5]) Maschenweite zugelassen.

Zum Zwecke des Fanges von Futterfischen für die Fischzuchtanstalten sowie von Köderfischen kann von der Distriktspolizeibehörde

[1]) § 12 LFO. von 1884 ist durch Art. 74 FG. ersetzt. Es ist aber zu beachten, daß hier in erster Linie die Art. I, II des Staatsvertrags vom 30. Juni 1885 maßgebend sind.

[2]) Beachte aber die Ergänzungen und Aenderungen durch die oberpolizeilichen Vorschriften vom 6. November 1897 und 4. Dezember 1910 (abgedruckt unter Nr. 4, 5).

[3]) Art. 126 PStGB. ist durch Art. 111 Abs. 1 FG. aufgehoben. Strafbestimmung jetzt Art. 101 Nr. 4 FG. S. § 14 Abs. 4 LFO. vom 23. März 1909.

[4])[5]) Dabei hat es trotz der milderen Bestimmungen der neuen LFO. § 9 Abs. 1, 3 sein Verbleiben. Ausnahmen: § 10 hier.

unter den geeigneten Kontrollmaßregeln der Gebrauch von Netzen mit geringerer Maschenweite gestattet werden; doch wird dadurch an den Bestimmungen über Mindestmaße (§ 5) und Schonzeiten (§ 6) der Fische Nichts geändert.

Die Erlaubnis ist schriftlich zu erteilen.

In dem Erlaubnisscheine sind jeweils die Arten der Fische, welche zu diesem Zwecke gefangen werden dürfen, die Zeit des Fangens und die Wasserstrecke, in welcher derselbe ausgeübt werden darf, zu bezeichnen sowie etwaige andere zur Verhütung von Mißbrauch erforderlichen Bestimmungen zu treffen.

Der Fang von Laugelen (Lauben) kann in gleicher Weise durch die Distriktspolizeibehörde gestattet werden, auch wenn solche als Speisefische zur Verwendung gelangen sollen. In diesem Falle sind jedoch nur Netze von wenigstens 1,4 cm Maschenweite zulässig.

Bei der Kontrolle der Geflechte und Netze ist eine Abweichung von einem Zehntteil bei einzelnen Maschen nicht zu beanstanden.

§ 3. Stellnetze dürfen nur in einer Entfernung von 20 Meter voneinander ausgesetzt werden.

Bei besonders steilen Halden kann durch die Distriktspolizeibehörde von dieser Vorschrift Nachsicht erteilt werden.

§ 4. Es ist verboten:

1. die Anwendung explodierender oder sonst schädlicher Stoffe (insbesondere von Dynamit, Sprengpatronen, giftigen Ködern), sowie von Mitteln zur Betäubung der Fische;[1]
2. die Anwendung von Fischgabeln und Geeren (Harpunen), Schießwaffen und anderen derartigen Fangmitteln, welche eine Verwundung der Fische herbeiführen können. Der Gebrauch von Angeln — mit Ausschluß der Zockschnur (Juckschnur) — ist gestattet;
3. der Fang zur Nachtzeit (von einer Stunde nach Sonnenuntergang bis eine Stunde vor Sonnenaufgang)[2] unter Anwendung menschlicher Tätigkeit.

Ausnahmen von diesem Verbote können nur im Falle eines nachgewiesenen besonderen Bedürfnisses durch die Distriktspolizeibehörde zugelassen werden.

§ 5. Werden untermäßige Fische der nachbenannten Arten gefangen, so sind dieselben sofort in den See zurückzuversetzen.

Als untermäßig gelten diese Fische, wenn sie von der Kopfspitze bis zum Schwanzende (Schwanzspitzen) gemessen, nicht wenigstens folgende Längen haben:[3]

Aal	35	cm
Zander (Schill)	35	„
Hecht	30	„
Seeforelle	30	„
Äsche	25	„
Saibling (Rötheli)	25	„
Barbe	25	„
Karpfen	25	„

[1]) Enger als § 9 Abs. 8 Nr. 1 LFO. (s. dort).
[2]) Die Nachtzeit ist hier im Gegensatze zu § Abs. 8 Nr. 2 LFO. genau bestimmt.
[3]) Das Verzeichnis weicht von dem des § 2 LFO. vielfach ab. Die Mindestmaße sind meist bedeutend kleiner.

Weißfelchen (Sandfelchen)	20 cm	[1]
Blaufelchen	20 „	
Kropffelchen	20 „	
Große Maräne	20 „	
Amerikanische Maräne	20 „	
Schleie	20 „	

§ 6. Für die nachbenannten Fischarten werden folgende Schonzeiten, während welcher dieselben nicht gefangen werden dürfen, festgesetzt:[2])

1. vom 1. März bis 30. April für Äschen;
2. vom 1. April bis 31. Mai für Zander;
3. vom 1. Oktober bis 31. Dezember für Seeforellen;
4. vom 1. November bis 31. Dezember für Saiblinge;
5. vom 15. November bis 15. Dezember für Felchen (Weiß-, Blau- Kropffelchen und Maränen).

Werden beim erlaubten Fange Fische, welche der Schonzeit unterliegen, mitgefangen, so sind dieselben sofort in den See zurückzuversetzen.

Die Fischerei auf Seeforellen, Saiblinge und Felchen (Weiß-, Blau- Kropffelchen und Maränen) kann auch während der Schonzeit (Abs. I) betrieben werden, jedoch nur mit ausdrücklicher, stets widerruflicher Erlaubnis der Distriktspolizeibehörde. Diese Erlaubnis ist zu erteilen, wenn Sicherheit besteht, daß die Fortpflanzungselemente (Rogen und Milch) der gefangenen laichreifen Fische zu Zwecken der künstlichen Fischzucht Verwendung finden.

Wo letztere Voraussetzung vorliegt, kann in einzelnen Fällen auch hinsichtlich der anderen obenerwähnten Fischarten (Abs. I) die Erlaubnis zum Fange während der Schonzeit durch die Distriktspolizeibehörde erteilt werden.

Der Fang der sogenannten Silber- oder Schweb- (unfruchtbaren) Forelle ist auch während der Schonzeit für Seeforellen ohne besondere Erlaubnis gestattet.

§ 7. Während des Gangfischlaiches sind die befruchteten Eier der im Bodensee gefangenen Gangfische nach Anordnung der Distriktspolizeibehörde an die Fischzuchtanstalten abzuliefern oder an geeigneten Stellen des Sees auszusäen.

§ 8. In der Zeit vom 15. April bis Ende Mai ist im Bodensee die Fischerei mit Zugnetzen verboten.

Die Fischerei mit schwebenden Netzen an den tiefen Stellen des Sees, bei welcher jede Berührung der Halden, der Reiser und der Wasserflora (Kräbs) vermieden wird, ferner die Fischerei mit Steh- (Stell-) Netzen und Böhren (Reusen), gleichviel, wo diese zur Aufstellung gelangen, endlich die Angelfischerei einschließlich der gewerbsmäßig betriebenen bleibt auch während der obigen Zeit für alle einer Schonzeit nicht unterworfenen Fischarten gestattet.

§ 9. Fische, deren Fang unter einem bestimmten Maß (§ 5) oder deren Fang zu einer bestimmten Zeit (§ 6) verboten ist, dürfen im ersten Falle nicht unter diesem Maße, im anderen Falle nicht während dieser Zeit — die ersten 3 Tage ausgenommen — feilgeboten, verkauft oder versendet werden.

---

[1]) 30 cm; § 3 der abändernden oberpol. Vorschr. vom 6. November 1897.

[2]) § 6 zeigt große Abweichungen von § 1 LFO.

Unter den gleichen Voraussetzungen ist auch die Verabreichung solcher Fische in Wirtschaften untersagt.[1])

Diese Verbote gelten für das gesamte bayerische Staatsgebiet.[2])

Auf Felchen, zu deren Fang gemäß § 6 Abs. III Erlaubnis erteilt worden ist, finden diese Verbote keine Anwendung. Für andere Fische, insbesondere Seeforellen, insoferne dieselben zu Zwecken der Fischzucht bestimmt oder verwendet worden sind, kann die Distriktspolizeibehörde unter der geeigneten Kontrolle Erlaubnis zum Verkaufe und Versand erteilen.

Während der Schonzeit für Seeforellen unterliegt auch das Feilbieten, der Verkauf und der Versand der Silber- und Schwebforellen (§ 6 Abs. V) geeigneter Kontrolle.

§ 10. Von den Vorschriften über Maschenweite, Mindestmaße und Schonzeiten können von der Distriktspolizeibehörde zu wissenschaftlichen Zwecken Ausnahmen bewilligt werden.

§ 11. In den Bodensee dürfen neue Fischarten nur mit Bewilligung der Distriktspolizeibehörde eingesetzt werden.

§ 12.[3]) Wer den Fisch- oder Krebsfang im Bodensee ausübt, hat sich gegenüber den Organen des Aufsichtsdienstes durch einen schriftlichen Ausweis zu legitimieren.

Dieser Ausweis hat Vor- und Zuname, Alter, Stand und Wohnort des Inhabers, dann die Zeitdauer seiner Gültigkeit zu enthalten und ist von der Distriktspolizeibehörde auszustellen. Die Ausstellung der Ausweise ist als Offizialsache zu behandeln und erfolgt demgemäß, vorbehaltlich der Festsetzung und Erhebung besonderer Gebühren für die Gestattung der Ausübung der Fischerei oder des Krebsfanges im Bodensee, gebührenfrei.

Das beim Fischen in Anwesenheit des Inhabers des Ausweises beschäftigte Hilfspersonal bedarf keiner besonderen Legitimation.

Die Ausstellung des Ausweises kann Jedem verweigert werden, der in den letzten fünf Jahren wegen Übertretung der gesetzlichen Bestimmungen über Jagd und[4]) Fischerei, dann der Zollgesetze zu einer Freiheitsstrafe verurteilt worden ist.

§ 13. Die in §§ 1, 2, 3, 4, 6, 10 und 11 vorbehaltenen Bewilligungen der Distriktspolizeibehörden sind als Offizialsachen zu behandeln und erfolgen demgemäß gebührenfrei.

Gegen die Versagung solcher Bewilligungen oder von Legitimationskarten (§ 12) ist binnen 14 Tagen unerstrecklicher Frist Berufung an die Kreisregierung, Kammer des Innern, zulässig.

Bei unbegründet erachteten Berufungen tritt die gesetzliche Gebührenpflicht ein.

Wer eine erteilte Bewilligung mißbraucht oder die hiebei fest-

---

1) Das Auflegen von Speisekarten mit Preisangaben für derartige Fische ist hier nicht selbständig unter Strafe gestellt (anders § 4 Abs. 3 LFO.).

2) Dadurch erhält § 4 LFO. eine Ergänzung.

3) Da § 12 aufrechterhalten ist (Art. 111 Abs. 2 FG.), schließt er für den Fisch- und Krebsfang im Bodensee die Anwendung der Art. 64 f. FG. aus. Auch an der Gebührenfreiheit der Ausstellung der Legitimationskarte ist nichts geändert (Bem. 2 vor Art. 64 FG.). Die früheren Zweifel über die Gültigkeit des § 12 (s. Staudinger, LFO. von 1884, 2. Bd. 2. Aufl. S. 80) sind beseitigt, da § 12 jetzt in Art. 111 Abs. 2 FG. eine gesetzliche Grundlage hat.

4) = oder.

gesetzten Bedingungen nicht erfüllt, kann von der Distriktspolizeibehörde auf kürzere oder längere Zeit des Anspruches hierauf verlustig erklärt werden.

§ 14. Bei den in § 6 und § 8 näher bezeichneten Fristen hat sowohl der dort genannte erste als auch der letzte Tag als in die Frist eingeschlossen zu gelten.

§ 15. Vorstehende Vorschriften treten am 1. Juli 1894 in Kraft. Mit dem gleichen Tage erlischt die Gültigkeit der von der k. Regierung Kammer des Innern, von Schwaben und Neuburg erlassenen oberpolizeilichen Vorschriften vom 26. Juni 1883, die Zeit und Art des Fischfanges im Bodensee betreffend.

4. Oberpolizeiliche Vorschriften vom 6. November 1897, Zeit und Art des Fischfanges im Bodensee betreffend.

(GVBl. S. 359).

K. Staatsministerium des Innern,
Abteilung für Landwirtschaft, Gewerbe und Handel.

Auf Grund des Artikels 126 Ziffer 1 des Polizei-Strafgesetzbuches vom 26. Dezember 1871 werden die Oberpolizeilichen Vorschriften, Zeit und Art des Fischfanges im Bodensee betreffend, vom 15. März 1894 (Ges.- u. Verordn.-Blatt Seite 132) durch die nachfolgenden Bestimmungen ergänzt, bzw. in den §§ 2, 5 und 8 abgeändert:

§ 1. Die Länge der schwebenden Netze (Schwebenetze) darf 120 m und die Höhe derselben 1,5 m nicht übersteigen.

In einem Betriebe dürfen gleichzeitig mehr als dreißig Schwebenetze nicht zur Verwendung gelangen. Verboten ist ferner eine größere als die vorbezeichnete Anzahl von Schwebenetzen in einem Schiffe zu führen und zu einem Satze zu vereinigen.

§ 2 [in der Fassung der oberpol. Vorschr. vom 8. Februar 1904, GVBl. S. 35]. Zum Fang von Blau- und Weißfelchen dürfen nur Netze von mindestens 4 cm Maschenweite verwendet werden.

§ 3. Blau- und Weißfelchen gelten als untermäßig, wenn sie von der Kopfspitze bis zum Schwanzende (Schwanzspitzen) gemessen nicht wenigstens eine Länge von 30 cm haben.

§ 4. In der Zeit vom 15. April bis Ende Mai ist das Umstellen der Reiser, Errachen genannt, mit Netzen zum Zwecke des Fischfanges verboten. Das Angeln an den Errachen ist stets untersagt.

Verboten ist ferner das Anhängen von Kähnen an den Errachen.

§ 5. Die Bestimmungen des § 1 Absatz I, der §§ 2 und 3 treten mit dem 1. Januar 1900 in Kraft.

5. Oberpolizeiliche Vorschrift über Zeit und Art des Fischfanges im Bodensee vom 4. Dezember 1910.

(GVBl. S. 1139).

K. Staatsministerium des Innern.

Auf Grund der Art. 72 und 101 Ziff. 4 des Fischereigesetzes vom 15. August 1908 werden die oberpolizeilichen Vorschriften vom 15. März 1894, 6. November 1897 und 8. Februar 1904 (GVBl. 1894 S. 132, 1897 S. 359, 1904 S. 35) durch folgende Vorschrift ergänzt.

§ 1. Die Verwendung von Motorbooten bei Ausübung jeglicher Art von Fischerei auf dem Bodensee (Obersee) ist verboten. Jedoch ist gestattet, zum Abholen gefangener Fische, zum Schleppen der Fischerboote von dem Wohnorte der Fischer nach dem Fangort und zum Aufsuchen der vom Sturme fortgetriebenen Netze Motorboote zu verwenden.

§ 2. Diese Vorschrift tritt am 1. Januar 1911 in Kraft.

6. Bekanntmachung vom 14. Februar 1900, Hebung der Flußfischerei betreffend.

(MABl. S. 169).[1])

K. Staatsministerium des Innern.

An das k. Staatsministerium des Innern sind wiederholt Klagen der Flußfischer über die Schädigung ihrer Fischereirechte durch die zur Ausführung kommenden Flußkorrektionen gelangt.

Wenn nun auch eine Entschädigungspflicht des Staates bezüglich dieser Schädigung der Fischer nicht anerkannt werden kann,[2]) so ist das k. Staatsministerium gleichwohl bereit, auf eine tunlichste Beseitigung dieser Klagen hinzuwirken.

Demgemäß ergehen folgende Anordnungen:

1. Bei Korrektionsbauten an öffentlichen Flüssen sind seitens der beteiligten k. Straßen- und Flußbauämter die Fischereiinteressen zu berücksichtigen, soweit es die hydrotechnischen Rücksichten und namentlich die Aufgabe der Korrektion irgendwie zulassen.[3])

Zu diesem Zwecke sind auch ohne Antrag der Fischereiberechtigten s o w o h l i n d e n b e r e i t s b e s t e h e n d e n a l s a u c h i n n e u e n K o r r e k t i o n s b a u t e n V o r k e h r u n g e n z u t r e f f e n , w e l c h e d i e Z u c h t u n d H e g e d e r F i s c h e z u f ö r d e r n g e e i g n e t s i n d. Was in dieser Richtung geboten ist, bestimmt sich nach den örtlichen Verhältnissen; im allgemeinen kommt hiebei die möglichste Offenhaltung der Altwässer, die Anbringung von bis zur Sohle reichenden, genügend breiten Öffnungen in den Längs- und Querbauten und die Schaffung von sonstigen Unterstandsplätzen für die Fische an den Ufern in Frage.[4])

Zur Durchführung dieser Maßnahmen haben die k. Straßen- und Flußbauämter nach und nach die korrigierten Flußstrecken, bezüglich welcher

[1]) Auf die Weisungen dieser Entschl. ist in § 189 VB. z. WG. Bezug genommen.
[2]) Jetzt ist die Entschädigungspflicht in Art. 109 Abs. 2 WG. geregelt.
[3]) S. § 189 VB. z. WG.
[4]) S. Art. 5 Abs FG.

Klagen über Beeinträchtigung bestehen, mit den Fischern oder ihren Vertretern und dem staatlichen Konsulenten für Fischerei (vgl. Min.-Amtsbl. 1899 S. 60 ff.) zu bereisen und auf Grund des Ergebnisses der Bereisung die veranlaßten Anordnungen zu treffen.

Die Kosten der Anlage und Unterhaltung solcher Einrichtungen sind auf die betreffenden Wasserbauetats zu übernehmen.

Bei der Ausführung neuer Korrektionen u. dgl. haben sich die beteiligten Baubehörden rechtzeitig mit den Fischereiinteressenten und dem staatlichen Konsulenten für Fischerei ins Benehmen zu setzen, damit die für die Zucht und Hege der Fische nötigen Maßnahmen, wie sie bereits oben erwähnt sind, durchgeführt werden.

Zu den Bereisungen der Flußläufe seitens der k. Straßen- und Flußbauämter sind zeitweise die Fischereiinteressenten oder ihre Vertreter, sowie der staatliche Konsulent für Fischerei beizuziehen, damit allenfalls zur Hebung der Fischerei angezeigte Vorkehrungen an den Korrektionsbauten getroffen werden.

2. Den Fischereiberechtigten steht allerdings ein Widerspruchsrecht gegen Anlagen zur Wasserbenützung weder in öffentlichen noch in Privatflüssen zu, allein hiedurch ist nicht ausgeschlossen, daß sie vor der Genehmigung solcher Anlagen gehört werden, damit sie Gelegenheit zur Wahrung ihrer Interessen erhalten.[1])

3. In Flüssen mit wertvollerem Fischbestande ist im Interesse der Fischzucht von großer Wichtigkeit die Errichtung zweckentsprechender Fischleitern an den Wehranlagen.[2])

Es ist daher bei Wehranlagen, welche vom Staate hergestellt werden, wie es bereits bisher geschehen ist, auf Herstellung von Fischleitern und auf die ordentliche Instandhaltung derselben Bedacht zu nehmen.

Für die Wehranlagen Privater in öffentlichen Flüssen und in den sogenannten Privatflüssen des Staates (Art. 40 des Wasserbenützungsgesetzes vom 28. Mai 1852) [Art. 23 des Wassergesetzes vom 23. März 1907] ist bei der Genehmigung der Anlagen die Errichtung der nötigen Fischleitern zu verlangen und zugleich deren Instandhaltung durch eine entsprechende Konzessionsbedingung sicher zu stellen.

Bei privaten Wehranlagen an anderen Privatflüssen ist gleichfalls in diesem Sinne bei der Genehmigung der Anlage tunlichst einzuwirken.

4. Beachtung ist ferner der an vielen Orten zunehmenden Verunreinigung der Flüsse zu widmen.

Bei öffentlichen Flüssen und sogenannten Privatflüssen des Staates werden die Art. 1, 10 ff. und 40 a. a. O. und bei Privatflüssen Art. 58 a. a. O. eine in der Regel ausreichende Handhabe zur Wahrung der Interessen der Fischerei bieten.[3])

Gutachten über einschlägige Fragen werden seitens der Biologischen Station für Fischkrankheiten in München (Leiter Professor Dr. Hofer an der K. Tierärztlichen Hochschule) abgegeben.

5. Zur Ausgleichung der Schäden, welche in nicht vermeidbarer Weise den Fischern durch Korrektionen der Flüsse, durch industrielle Anlagen an denselben u. a. entstehen, ist aber auch nötig, daß die Fischer eine ordentliche, bestimmte Ziele verfolgende Fisch-

---

[1]) Das rechtliche Gehör ist jetzt in Art. 109 WG. vorgeschrieben.
[2]) S. jetzt Art. 75 FG.
[3]) S. jetzt Art. 37 f., 109 WG.

wirtschaft in ihren Fischereigebieten treiben, namentlich die Bestimmungen der Landesfischereiordnung vom 4. Oktober 1884 über Schonzeit, Brittelmaß und Fanggeräte genau einhalten,[1]) sich der Raubfischerei enthalten, nicht eine übertriebene Anzahl von Fischereikarten nach § 18 a. a. O.[2]) ausgeben, Schonreviere in erhaltenen Altwässern einrichten und auch für gemeinsame Besetzung des Fischereigebietes mit geeigneten Fischen sorgen.

Zu diesem Zwecke empfiehlt sich vor allem, daß die Fischer der einzelnen Gebiete sich zu wirtschaftlichen Vereinigungen zusammenschließen, wie es mit nachgewiesenem Erfolge bereits an einigen Seen Oberbayerns und an mehreren bayerischen Flußläufen geschehen ist.[3])

Der staatliche Konsulent für Fischerei ist bereit, den Fischern bei solchen Organisationen mit Rat und Tat an die Hand zu gehen. Die K. Regierungen, Kammern des Innern, und die Distriktsverwaltungsbehörden werden angewiesen, im Benehmen mit den beteiligten Fischereivereinen die Errichtung und Entwicklung fraglicher Vereinigungen tunlichst zu fördern.

Zu zweckentsprechender Besetzung der Gewässer mit Fischen stellt der bayerische Landesfischereiverein in München geeignetes Fischmaterial unter günstigen Bedingungen zur Verfügung, wozu er aus Staatsmitteln Zuschüsse erhält.

6. Schließlich ergeht noch der Auftrag, wo es erforderlich ist, die Fischereipolizei mit angemessener Strenge zu handhaben.[4])

7. Bekanntmachung vom 23. März 1902, Fischpässe betreffend.

(MABl. S. 149.)

K. Staatsministerium des Innern.

Gemäß Ziff. 3 der Ministerialentschließung vom 14. Februar 1900, Hebung der Flußfischerei betreffend (MABl. S. 169), ist darauf zu sehen, daß an Wehranlagen in Flüssen mit wertvollerem Fischbestande zweckentsprechende Verbindungen zwischen dem Ober- und Unterwasser hergestellt werden.

Die Art und Weise, in welcher diese Verbindungen, Fischpässe, im einzelnen Falle auszuführen sind, muß allerdings zunächst dem Ermessen der zuständigen Behörde überlassen werden, da die Verhältnisse zu verschieden sind, allein immerhin erscheint es nach den vorliegenden Erfahrungen angezeigt, in dieser Richtung auf folgende Richtpunkte hinzuweisen:

Die Fischpässe können entweder als Fischsteige, Fischleitern, oder als Umgehungskanäle des Stauwerks angelegt werden.

Wo die Verhältnisse so liegen, daß nicht die ganze Niederwassermenge dem Triebwerk zugeleitet werden muß, sondern ein Teil des

[1]) S. jetzt die Landesfischereiordnung vom 23. März 1909.
[2]) S. jetzt Art. 35 FG.
[3]) S. jetzt Art. 37 f. FG.
[4]) S. auch die Bekanntmachungen vom 19. Oktober 1898 und 30. März 1904 (MABl. S. 601; S. 105).

Wassers, welcher ausreichend ist, um den Durchzug der Fische zu ermöglichen, im Flußbette bleibt, wird der Fischpaß am Wehre selbst anzubringen sein. In vielen Fällen ist aber diese Voraussetzung nicht gegeben, sondern es wird entweder die ganze Niederwassermenge vom Werkkanale aufgenommen oder der im Flußbette verbleibende Rest ist so gering, daß er — namentlich bei breiten Flußbetten — sich in kleine Rinnen verästelt und für den Durchzug der Fische ungeeignet ist. Hier kann damit abgeholfen werden, daß ein Fischpaß für niedere Wasserstände im Werkkanale unmittelbar beim Triebwerke und außerdem am Wehre ein zweiter Fischpaß für höhere Wasserstände angelegt wird.

Technische Schwierigkeiten werden der Ausführung der Fischpässe in der Regel nicht entgegenstehen. In dieser Hinsicht wird auf eine neue und eigenartige Konstruktion, welche im Zentralblatt für Bauverwaltung, Jahrgang 1901 Nr. 101 veröffentlicht ist, aufmerksam gemacht.

In den beiden beschriebenen Fällen entgeht dem Triebwerksberechtigten diejenige Wassermenge, welche zur Speisung der Fischpässe notwendig ist.

Es wird aber auch Fälle geben, wo keine der bezeichneten Maßregeln anwendbar ist, z. B. wenn das Gefälle sehr groß und die Wassermenge sehr gering ist.

Die ordentliche Unterhaltung und Reinigung der Fischpässe ist durch ausreichende Bedingungen bei der Genehmigung der Stauanlagen sicher zu stellen.

Zum Schutze der Fischpässe hinsichtlich des Fischfanges sind die etwa erforderlichen Verbote und Beschränkungen auf Grund des § 14 Abs. 2 der Landesfischereiordnung zu erlassen.[1])

Schließlich wird noch darauf aufmerksam gemacht, wie es sich empfiehlt, bei den Verhandlungen über die Genehmigung von Stauanlagen dahin zu wirken, daß die Fischereiberechtigung im Werkkanale womöglich dem im Hauptflusse Fischereiberechtigten und nicht dem Werkbesitzer zufällt, damit jener noch eine gewisse Überwachung hinsichtlich der Behandlung des Fischwassers ausüben kann.

8. Bekanntmachung vom 30. Januar 1899, den Konsulenten für Fischerei betreffend.

(MABl. S. 60.)

K. Staatsministerium des Innern.

Nachstehend wird die Dienstesinstruktion des mit dem Sitze in München aufgestellten Konsulenten für Fischerei in Bayern bekannt gegeben.

Abs. 2 veraltet.

Dienstes-Instruktion des Konsulenten für Fischerei in Bayern.[2])

§ 1. Der Konsulent für Fischerei hat die Aufgabe, sich mit den fischereiwirtschaftlichen Verhältnissen Bayerns möglichst vertraut zu

[1]) Veraltet; s. jetzt § 10 Abs. 2. LFO. vom 23. März 1909.

[2]) Der Konsulent führt jetzt den Titel „Landesinspektor für Fischzucht" (Kgl. VO. vom 10. Dezember 1908, GVBl. S. 1051, § 13). S. auch MABl. 1909 S. 688.

machen und im Benehmen mit den Fischerei-Vereinen, namentlich mit dem b. Landesfischereivereine, sowie mit den landwirtschaftlichen Vereinen auf eine zielbewußte Pflege und Hebung der Fischerei und Fischzucht in Bayern hinzuwirken.

§ 2. Die Gebiete, auf welche die Tätigkeit des Konsulenten für Fischerei sich hauptsächlich zu erstrecken hat, sind:

1. Pflege und Hege, sowie richtige wirtschaftliche Ausnützung der vorhandenen Fischwässer, namentlich der Teiche als Nebenbetrieb der Landwirtschaft;
2. Anlage von neuen Fischwasserteichen;
3. Anlage von Anstalten zum Betriebe der künstlichen Fischzucht;
4. Wirtschaftlicher Betrieb des Fischfanges und
5. Organisation eines tunlichst lohnenden Absatzes der Fische seitens der Fischwasserbesitzer.

§ 3. Behufs Ausübung seiner Tätigkeit hat der Konsulent für Fischerei

a) allen Interessenten, wie Besitzern von Fischwassern, Berufsfischern, Fischereivereinen u. a. auf Verlangen mit fachmännischem Rate, gebotenen Falles an Ort und Stelle, an die Hand zu gehen,
b) auf Einladung beteiligter Vereine und sonstiger Interessenten Vorträge in Versammlungen u. dgl. zu halten und
c) auch ohne Einladung Fischereibetriebe zu besuchen und sich mit den Interessenten behufs Besserung der betreffenden Verhältnisse ins Benehmen zu setzen.

§ 4. In allen fischereiwirtschaftlichen Fragen hat der Konsulent für Fischerei der K. Staatsregierung als sachverständiges Organ zu dienen.

§ 5. Der Konsulent für Fischerei hat ein Geschäftstagebuch zu führen, in welches die in Ausübung seiner Dienstesaufgabe besorgten Geschäfte nach der Zeitfolge mit nachstehenden Spalten einzutragen sind: 1. Datum; 2. Ort und Bezeichnung des Geschäftes und 3. besondere Wahrnehmungen und Bemerkungen.

§ 6. Am Schlusse eines jeden Jahres hat der Konsulent für Fischerei über seine Tätigkeit und seine Beobachtungen einen Bericht an das K. Staatsministerium des Innern, Abteilung für Landwirtschaft, Gewerbe und Handel, zu erstatten.

§ 7. Der Konsulent für Fischerei hat auf Einladung als technisches Mitglied den Verhandlungen des b. Landesfischereivereines beizuwohnen.

§ 8. Der Konsulent für Fischerei steht unmittelbar unter der Dienstesaufsicht des K. Staatsministeriums des Innern, Abteilung für Landwirtschaft, Gewerbe und Handel.

Die Stellen und Behörden der inneren Verwaltung, die Organe der Fischereivereine und landwirtschaftlichen Vereine, sowie die sonstigen Interessenten können jedoch in Bezug auf Inanspruchnahme des Konsulenten nach Maßgabe dieser Dienstes-Instruktion mit demselben unmittelbar verkehren.

9. Bekanntmachung vom 11. Februar 1901, die k. biologische Versuchsstation für Fischerei an der k. Tierärztlichen Hochschule in München betreffend.[1])

(MABl. S. 85.)

K. Staatsministerium des Innern.

Nachstehend folgt Abdruck der Statuten der k. bayerischen biologischen Versuchsstation für Fischerei an der k. bayerischen Tierärztlichen Hochschule zu München zur Kenntnisnahme mit dem Auftrage, die interessierten Kreise, namentlich die Fischereivereine, landwirtschaftlichen Kreis- und Bezirksausschüsse auf die Einrichtung aufmerksam zu machen.

Statuten

der k. bayerischen biologischen Versuchsstation für Fischerei an der k. bayerischen Tierärztlichen Hochschule zu München.

§ 1. Die biologische Versuchsstation für Fischerei hat den Zweck, im Interesse der Fischerei und Fischzucht wissenschaftliche Untersuchungen, insbesondere auf dem Gebiete der Fischkrankheiten, der Fischernährung und der Fischwasserverunreinigungen anzustellen, an Fischer, Fischzüchter und sonstige Fischerei-Interessenten Deutschlands Auskünfte und Ratschläge auf Anfrage zu erteilen und durch Veröffentlichungen auf den erwähnten Gebieten aufklärend und belehrend zu wirken.

§ 2. Anfragen an die Biologische Versuchsstation und Anträge auf Untersuchungen können von jedem Fischerei-Interessenten des Deutschen Reiches gestellt werden.

Sendungen sind zu richten an die k. b. biologische Versuchsstation für Fischerei, zoologische Abteilung der k. b. Tierärztlichen Hochschule, München, Veterinärstraße $6/_1$.

§ 3. Vorschriften für die Einsendung von Untersuchungsmaterial:

1. Für die Untersuchung von Fischkrankheiten sind lebende erkrankte Fische am geeignetsten. Dieselben können in Fässern oder Fischkannen nach den allgemeinen Vorschriften über Fischtransporte versendet werden. Zur ersten Orientierung, sowie zur Erkennung zahlreicher Krankheiten genügt es indessen auch, tote Fische zur Untersuchung einzusenden. Dieselben sind jedoch sorgfältig zu verpacken, d. h. möglichst einzeln in Papier oder Leinwand einzuwickeln und zwischen Holzwolle, Moos, Stroh, Torfmull oder Sägespähne zu verwahren und, wenn nicht gerade strenge Kälte herrscht, mit soviel Eis zu versenden, als vermutlich bis zum Eintreffen am Bestimmungsort abschmelzen wird. Die ganze Verpackung muß in leichten Holzkisten oder Schachteln, nicht aber in Papier vorgenommen werden.

2. Bei der Übersendung der Fische sind, wenn irgend möglich, nicht nur tote Exemplare, sondern auch zur Zeit des Verpackens noch nicht abgestorbene Tiere auszuwählen, welche die Zeichen einer Erkrankung

---

[1]) Anweisungen über die Bekämpfung der Fischfurunkulose enthalten die Bek. des Staatsministeriums des Innern vom 1. Juli und 18. Oktober 1909 (MABl. S. 558, 838), 16. Juni 1910 (MABl. S. 395) und 14. Juli 1911 (MABl. S. 472).

an sich tragen. Dieselben dürfen jedoch nicht vorher durch einen Schlag auf den Kopf getötet werden. Dringend erwünscht ist, daß nicht nur ein oder zwei Exemplare, sondern bis zu etwa einem halben Dutzend und darüber eingesandt werden.

3. Ist lebendes oder besonders zu konservierendes Untersuchungsmaterial nötig, so wird die Station in jedem Einzelfalle darüber genauere Angaben, sowie Gläser und Konservierungsflüssigkeiten übermitteln.

4. Jeder Sendung ist eine ausführliche briefliche Mitteilung beizufügen und zwar womöglich voraus-, nicht nachzusenden. Dieselbe muß Angaben enthalten:

a) über den Umfang und die Dauer der Fischerkrankung.

b) über die Beschaffenheit des Wassers (Teich-, See-, Fluß-, Quellwasser), Temperatur, Pflanzenwuchs, Reinheit, Untergrund desselben. Bei Quellwasser ist anzugeben, ob dasselbe direkt nach dem Austreten aus der Erde oder erst nach längerem Lauf zur Haltung der Fische verwandt wird.

c) über die äußerlich sichtbaren Symptome, z. B. abnorme Verfärbungen, blutige oder sonstige Flecken, Geschwüre auf der Haut, auffallende Bewegungen beim Schwimmen, Verlassen der Unterstände, Herausspringen aus dem Wasser, Reiben oder Scheuern an Steinen und Wurzeln, heftiges, ruckweises Atmen oder lethargisches Liegen am Boden, Erblindung der Augen, Anschwellungen in den Kiemen und in der Rachenhöhle, sowie Blutergüsse in diese usw., d. h. alles, was von dem normalen Aussehen der Fische irgendwie abweicht und auffällt.

d) über die Art der Fütterung in Teichen und Aufzuchtsgräben, d. h. über das Futter selbst, sowie darüber, in welcher Menge, Gestalt und Häufigkeit dasselbe verabreicht und aufgenommen wird.

e) über das Vorhandensein oder Fehlen von chemischen oder mechanischen Verunreinigungen der betreffenden Gewässer, sowie ob Fabrikanlagen, Düngergruben usw. damit in Verbindung stehen oder bei Hochwasser stehen können.

f) über allenfalls schon früher in dem betreffenden Wasser beobachtete ähnliche Erkrankungen.

5. die Sendungen haben durch die Post zu erfolgen. An besonders heißen Tagen ist es erwünscht, die Sendungen über Nacht auszuführen und darauf zu achten, daß dieselben nicht an Sonn- und Feiertagen in München eintreffen, wo sie leicht auf der Post stehen bleiben können. Lebende Fische sind möglichst so abzusenden, daß sie nicht während der Nachtzeit in der Station eintreffen; auch ist ihr Eintreffen vorher, wenn nötig, telegraphisch anzuzeigen.

6. Zur Untersuchung des Sauerstoffgehaltes der Gewässer werden von der Station die nötigen Behälter und Reagentien mit einer Gebrauchsanweisung dem Anfragenden zugesandt.

§ 4. Ratschläge und Gutachten werden zunächst nur den Fragestellenden persönlich mitgeteilt. Allgemein interessierende und zur Belehrung geeignete Ergebnisse der Untersuchungen werden jedoch ohne Nennung der Namen der Fragesteller in der Allgemeinen Fischereizeitung veröffentlicht. In diesem Organe wird auch der jährliche Geschäftsbericht der Station bekannt gegeben. Die Veröffentlichung umfassenderer wissenschaftlicher Untersuchungen der biologischen Versuchsstation in einem besonderen Publikationsorgan ist in Aussicht genommen.

§ 5. Für die in der biologischen Versuchsstation für Fischerei angestellten Untersuchungen werden Gebühren nach Maßgabe folgender Bestimmungen erhoben:

a) Untersuchungen des Sauerstoffgehaltes im Wasser unterliegen einer Gebühr von 3—5 Mk.

b) Für die Untersuchungen von Fabrikabwässern, welche sich jedoch nur auf den Grad und die Art ihrer Schädlichkeit für die Fische erstrecken können, ist neben dem Ersatz für die Barauslagen, welche der Station erwachsen, eine Gebühr von 3 Mk. für jede aufgewendete Arbeitsstunde zu erheben. Ausführliche chemische Wasseranalysen werden in der Station nicht durchgeführt.

c) Die Untersuchungen von Fischkrankheiten werden vorerst im allgemeinen unentgeltlich ausgeführt, wenn die Einsender des Untersuchungsmaterials einem Fischereivereine, oder einer Fischereigenossenschaft, oder einer Fischerinnung des Deutschen Reiches als Mitglied angehören. Jedoch ist die Station berechtigt, die erwachsenen Barauslagen oder wenn ein erheblicher Arbeitsaufwand durch die Untersuchung veranlaßt wird, für die aufgewendete Arbeitsstunde eine Gebühr von 3 Mk. zu beanspruchen. Berufsfischer und Fischzüchter mit kleinen Betrieben können aber auf Antrag auch von dieser Gebührenzahlung befreit werden.

d) Größere schriftliche Gutachten, welche von dem Vorstande der Station nur insoweit übernommen werden können, als die übrigen Dienstesaufgaben desselben dadurch nicht beeinträchtigt werden, unterliegen einer besonderen Gebühr, über welche mit den Einsendern von Fall zu Fall Abmachungen vorbehalten bleiben.

e) Für im öffentlichen Interesse von bayerischen staatlichen Behörden und Stellen erholte Gutachten sind Gebühren nicht zu entrichten, wenn nicht etwa dieselben einer Partei überbürdet werden.

f) Für Reisen an Ort und Stelle sind zu entrichten:
   1. dem Vorstande der Station die Reiseauslagen (Eisenbahnfahrt II. Klasse) und 15 Mk. Tagesdiäten;
   2. dem Stationsassistenten die Reiseauslagen (Eisenbahnfahrt II. Klasse) und 10 Mk. Tagesdiäten.

§ 6. Die biologische Versuchsstation für Fischerei ist dem K. Bayerischen Staatsministerium des Innern für Kirchen- und Schulangelegenheiten unmittelbar unterstellt. Deren Aufgaben, Organisation usw. werden von diesem K. Staatsministerium im Einvernehmen mit dem K. Staatsministerium des Innern festgesetzt. Der Station steht ein Kuratorium zur Seite, welchem angehören:

1. Ein Vertreter des K. Staatsministeriums des Innern für Kirchen- und Schulangelegenheiten, zugleich Vorsitzender.
2. Ein Vertreter des K. Staatsministeriums des Innern.
3. Der staatliche Konsulent für Fischerei.
4. Der Vorstand der Station.
5. Ein Vertreter des Bayerischen Landes-Fischerei-Vereines, welcher von diesem Vereine gewählt wird.
6. Drei weiter vom K. Staatsministerium des Innern für Kirchen- und Schulangelegenheiten ernannte Mitglieder.

Dem Kuratorium ist der Arbeitsplan, der Jahresvoranschlag und der jährliche Rechenschaftsbericht der Station zur gutachtlichen Beurteilung vorzulegen: den Vortrag hierüber erstattet der Vorstand der Station.

10. Königlich Allerhöchste Verordnung vom 11. Juli 1900, die jagdbaren Tiere betreffend.

(GVBl. S. 693.)

Im Namen Seiner Majestät des Königs.

Luitpold,

von Gottes Gnaden Königlicher Prinz von Bayern,

Regent.

Wir finden Uns bewogen, auf Grund des Artikel 1 a, Absatz 1 des Gesetzes vom 30. März 1850, die Ausübung der Jagd betreffend, in der Fassung des Artikels 143, Absatz 1, Ziffer I des bayerischen Ausführungsgesetzes zum Bürgerlichen Gesetzbuch zu verordnen, was folgt:

§ 1. Folgende Tiere werden für jagdbar erklärt:

A. Haarwild.

1. Rotwild
2. Damwild
3. Rehwild
4. Gemswild
5. Schwarzwild
6. der gemeine Hase und der Alpenhase
7. das wilde Kaninchen
8. das Murmeltier
9. der Biber
10. der Fuchs
11. die Wildkatze und die verwilderte Hauskatze
12. der Dachs
13. der Fischotter
14. der Sumpfotter (Nörz)
15. die Marder
16. der Iltis
17. die Wiesel.

B. Federwild.

1. Auerwild
2. Birkwild
3. Rackelwild
4. das Haselhuhn
5. das Schneehuhn
6. das Steinhuhn
7. das Feldhuhn
8. die Wachtel
9. die Fasanen
10. das wilde Truthuhn
11. das Steppenhuhn
12. die Wildtauben (Ringel-, Hohl- und Turteltaube)
13. der Krammetsvogel (Wachholder-Drossel)
14. die Waldschnepfen und die Bekassinen
15. der Kiebitz
16. der Brachvogel (Moosgrille)

17. die Trappen
18. der Kranich
19. die Reiher, darunter die Rohrdommel
20. alle übrigen Sumpfvögel sowie Wasser- und Rohrhühner mit Ausnahme der Störche
21. die wilden Schwäne
22. die Wildgänse
23. die Wildenten
24. die Säger
25. die Möven mit Ausnahme der Lachmöve und die Seeschwalben
26. der Kormoran (Scharbe)
27. die Taucher
28. der Uhu
29. die Adler mit Ausnahme der Schrei- und Seeadler
30. die Falken mit Ausnahme des Turmfalken.
31. der Habicht und der Sperber
32. die Weihen
[33. die Bussarde]
[34. die Milane]
33. [35.] die Geier.

§ 2. Die Staatsministerien der Justiz, des Innern und der Finanzen werden ermächtigt, weitere Tiergattungen, welche der Begriffsbestimmung in Art. 1a des Jagdgesetzes vom 30. März 1850 entsprechen und durch Einwanderung oder künstliche Einbürgerung in das Gebiet des Königreichs gelangt sind oder gelangen werden, für jagdbar zu erklären.

§ 3. Diese Verordnung gilt auch für die Pfalz.

Anmerkung: Die aus dem Drucke ersichtlichen Änderungen wurden durch § 5 K. VO. vom 19. Oktober 1908, den Schutz von Vögeln betreffend (GVBl. S. 965), vorgenommen.

11. Verzeichnis der öffentlichen Flüsse in Bayern. Anlage I zur Bekanntmachung vom 3. Dezember 1907, den Vollzug des Wassergesetzes für das Königreich Bayern vom 23. März 1907 betreffend.

(GVBl. S. 876; 1005.)

Lfde. Nr.	Bezeichnung des Flußlaufes	Anfangspunkt des öffentlichen Flusses	Endpunkt des öffentlichen Flusses	Länge in km	Bemerkungen
		I. Donau-Gebiet.			
1	**Donau**	Landesgrenze gegen Württemberg	Landesgrenze gegen Oesterreich	386,7	
2	**Iller**	Stadtwehr in Kempten	Einmündung in die Donau	103,3	
3	**Lech**	Schwarzenbachwehr in Füssen	Einmündung in die Donau	166,1	
4	**Wertach**	Pforzer-Brücke	Einmündung in den Lech	61,7	

Lfde. Nr.	Bezeichnung des Flußlaufes	Anfangspunkt des öffentlichen Flusses	Endpunkt des öffentlichen Flusses	Länge in km	Bemerkungen
5	**Raab**	Einmündung der Vils bei Kallmünz	Einmündung in die Donau	22,1	
6	**Vils**	Vilswehr bei Kallmünz	Einmündung in die Naab	0,5	
7	**Regen**	Zusammenfluß des schwarzen und weißen Regen	Einmündung in die Donau	107,3	
8	**Schwarzer Regen**	Zusammenfluß des großen und kleinen Regen bei Zwiesel	Zusammenfluß des schwarzen und weißen Regen	60,0	
9	**Weißer Regen**	Englmühle in der Steuergemeinde Rimbach	Zusammenfluß mit dem schwarzen Regen	8,3	
10	**Isar**	Landesgrenze gegen Oesterreich	Einmündung in die Donau	263,3	
11	**Loisach**	Einmündung des Hammerbaches bei Schmölz oberhalb Garmisch	Einmündung in die Isar	89,8	
12	**Ramsach**	Brücke bei Hechendorf (Murnau)	Einmündung in die Loisach	2,7	
13	**Amper**	Ausfluß aus dem Ammersee	Wehr bei Ottershausen	47,4	
14	**Ammer**	Distriktsstraßenbrücke bei Ammerhöfe auf Distriktsstraße Unterpeißenberg-Böbing	Einmündung in den Ammersee	28,1	
15	**Ilz**	Aumühle in der Steuergemeinde München, B.A. Passau	Einmündung in die Donau	22,3	
16	**Inn**	Landesgrenze gegen Oesterreich bei Kiefersfelden	Einmündung in die Donau	217,6	Hievon liegen 139,0 km ganz in Bayern. In der übrigen Strecke von 78,6 km ist der Inn Grenzfluß.
17	**Salzach**	Landesgrenze gegen Oesterreich bei der Saalachmündung	Einmündung in den Inn	59,3	
			Se. Donaugebiet:	**1646,5**	

Lfde. Nr.	Bezeichnung des Flußlaufes	Anfangspunkt des öffentlichen Flusses	Endpunkt des öffentlichen Flusses	Länge in km	Bemerkungen
	II. Rhein-Gebiet.				
1	**Rhein**	Landesgrenze gegen Elsaß-Lothringen	Landesgrenze gegen Hessen	85,7	
2	**Main**	Straßenbrücke in Mainleus	Landesgrenze gegen Preußen	398,9	Diese Zahl steht noch nicht fest, da der obere Main noch nicht kilometrisch eingeteilt ist.
	Floßbäche des Frankenwaldes.				
3	**Rodach** (Steinwiesener Rodach)	Einmündung der „Fränkischen Muschwitz" bei den sog. zwei Wassern	Einmündung in den Main	48,2	
4	**Fränkische Muschwitz**	Floßteich „Schwarzer Teich"	Einmündung in die Steinwiesener Rodach	3,0	
5	**Oelsnitz**	Oelsnitzschutzteich 1,5 km oberhalb der Langenbachmündung	Einmündung in die Steinwiesener Rodach	4,5	
6	**Langenauer-Bach**	220 m unterhalb des Forsthauses Langenau	Einmündung in die Steinwiesener Rodach	4,1	
7	**Kurner Ködel**	Vereinigung des Tschirner u. Nordhalbener Ködel	Einmündung in die Steinwiesener Rodach	5,0	
8	**Tschirner Ködel**	Tschirner Ködelteich	Vereinigung mit dem Nordhalbener Ködel	7,3	
9	**Nordhalbener Ködel**	Vereinigung des Rosenbaumbaches und Krumbaches	Vereinigung mit dem Tschirner Ködel	5,1	
10	**Rosenbaumbach**	Rosenbaumteich	Vereinigung des Rosenbaumbaches und Grumbaches	2,5	
11	**Grumbach**	Landesgrenze gegen Reuß j. L.	Vereinigung des Rosenbaumbaches und Grumbaches	1,2	
12	**Wilde Rodach**	Rodachschutzteich unterhalb Bischofsmühle	Einmündung in die Steinwiesener Rodach	20,2	

Lfde. Nr.	Bezeichnung des Flußlaufes	Anfangspunkt des öffentlichen Flusses	Endpunkt des öffentlichen Flusses	Länge in km	Bemerkungen
13	**Lamitzbach**	Lamitzschutzteich	Einmündung in die „Wilde Rodach"	5,1	
14	**Haslach**	Schutzsteg oberhalb Förtschendorf	Einmündung in die Steinwiesener Rodach	24,0	
15	**Landleitenbach**	Schutzteich im Landleitengrund	Einmündung in die Haslach	5,4	
16	**Tettau**	Schutzteich im Sattelgrund	Einmündung in die Haslach	9,3	Die ganze Länge der Tettau ist 16,3 km. Hievon verlaufen 5,2 km ganz in Bayern, 7,0 km ganz in Sachsen-Meiningen und sind 4,1 km Grenzfluß.
17	**Kronach**	Zusammenfluß der Kremnitz und Grümpel	Einmündung in die Haslach	8,7	
18	**Kremnitz**	Brücke über die Kremnitz an der Verbindungsstraße Teuschnitz—Rapoltengrün	Zusammenfluß mit der Grümpel	15,2	
19	**Doberbach**	Aerarialischer Doberteich	Einmündung in die Kremnitz	10,0	
20	**Teuschnitz**	Oberhalb Possecker Gemeindeteich bei der Herzog'schen Stemme	Einmündung in die Kremnitz bei Gifting	5,4	
21	**Grümpel**	Grümpelteich	Zusammenfluß mit der Kremnitz	10,0	
22	**Regnitz**	Straßenbrücke in Forchheim	Einmündung in den Main	30,9	
23	**Saale**	Einmündung der Schondra	Einmündung in den Main	11,3	
			Se. Rheingebiet:	**721,0**	

Zusammenstellung.

I. Donau-Gebiet: . . . . **1646,5 km**
II. Rhein-Gebiet: . . . . **721,0 km**

Gesamt-Summe: 2367,5 km

12. Verzeichnis der im Eigentum des K. Staatsärars stehenden Seen (und größeren Weiher) im Königreiche Bayern.

(Anlage 2 zum BAKA. über den Entwurf eines Wassergesetzes; Verhandlungen der AbgK. 1905/06 BeilBd. 3 [301] f.).

Lfde. Nr.	Name des Sees	Steuergemeinde	Fläche des Sees	Rentamtsbezirk	Bemerkungen
		I. Regierungsbezirk Oberbayern.			
1	Königssee	Forstamt Bartholomä Plan Nr. 277	528,856 ha	Berchtesgaden	S. **aber jetzt** GVBl. 1908 S. 288 (der Verf.).
2	Obersee	Forstamt Bartholomä Plan Nr. 204	56,561 ha	"	
3	Grünsee	Forstamt Bartholomä Plan Nr. 99	3,738 ha	"	
4	Funtensee	Forstamt Bartholomä Plan Nr. 79	3,309 ha	"	
5	Hintersee	Forstbezirk Hintersee Plan Nr. 94	19,493 ha	"	
6	Schachensee	Partenkirchen Plan Nr. 3308	0,923 ha	Garmisch	
7	Blaue Gumpe	Partenkirchen Plan Nr. 3322	1,758 ha	"	
8	Stoibensee (unter der Alpspitze)	Garmisch Plan Nr. 2922	0,634 ha	"	

Lfde. Nr.	Name des Sees	Steuergemeinde	Fläche des Sees	Rentamtsbezirk	Bemerkungen
9	Oberer Soiernsee	Mittenwald Plan Nr. 2973	0,886 ha	Garmisch	
10	Mittlerer Soiernsee	Mittenwald Plan Nr. 2974	3,448 ha	"	
11	Unterer Soiernsee	Mittenwald Plan Nr. 2975	3,411 ha	"	
12	Ammersee	Seebezirk Ammersee		Landsberg	Dient der Dampfschiffahrt.
		Plan Nr. 1931	4649,079 ha		
		" " 1931 $^1/_2$	73,665 "		
		" " 1931 $^1/_2$	31,708 "		
			4754,452 ha		
13	Waginger See (mit Ausnahme des Tachinger Sees)	Waginger See	810,983 ha	Laufen	
14	Leutgeringer See	Asten Plan Nr. 667	13,725 ha	"	
15	Soinsee	Bayrischzell	5,012 ha	Miesbach	Gehören zum zivillistischen Staatsgute.
16	Schliersee	Schliersee Plan Nr. 295	223,604 ha	"	
17	Spitzingsee	Schliersee Plan Nr. 1877	24,151 ha	"	
18	Grünsee	Schliersee Plan Nr. 1834	2,307 ha	"	

19	Tegernsee	Tegernsee Plan Nr. 1255	906,469 ha	"	Gehören zum zivillistischen Staatsgute. (Nr. 19–22)
20	Der kleine See mit Fischrecht	Nymphenburg Plan Nr. 13	2,133 ha	Stadtrentamt München I	
21	Der große See mit Fischrecht	Nymphenburg Plan Nr. 16	6,764 ha	"	
22	Kleinhesseloher See mit Fischrecht (ohne Inseln)	München Sektion II Hs. Nr. 2 Engl. Garten Plan Nr. 3123	8,179 ha	"	
23	Galgensee	Starnberg Plan Nr. 899	0,613 ha	Starnberg	Das Fischereirecht steht der K. Zivilliste zu.
24	Würmsee	Seebezirk Würmsee Plan Nr. 13	5717,944 ha	"	Gehört zum zivillistischen Staatsgute. Dient der Dampfschiffahrt.
25	Rettersee	Benediktbeuren Plan Nr. 1194	0,293 ha	Tölz	Der Höll- und Rettersee sind durch die Tieferlegung des Kochelsees trockengelegt worden. (Nr. 25–26)
26	Höllsee	Benediktbeuren Plan Nr. 1229	1,346 ha	"	
27	Kochelsee mit Rohr-, Weit- und Bleichensee (einschl. des im Rentamtsbezirke Weilheim gelegenen Seeteiles)	Kochel Plan Nr. 2971 a Plan Nr. 2971 b	442,154 ha 287,900 ha 730,054 ha	"	Der Rohrsee ist durch die Tieferlegung des Kochelsees trockengelegt worden.
28	Walchensee	Kochel Plan Nr. 3300	346,822 ha	"	Das Fischereirecht steht dem Staatsärar nicht zu.

Lfde. Nr.	Name des Sees	Steuergemeinde	Fläche des Sees	Rentamtsbezirk	Bemerkungen
29	Chiemsee	Seebezirk Chiemsee	8425,224 ha	(Trostberg, Traunstein, Rosenheim) Chiemsee-Administration Bergen	Dient der Dampfschiffahrt.
30	Bannsee	Seeon Plan Nr. 2847	3,452 ha	Trostberg	
31	Eichsee	Großweil Plan Nr. 207	5,152 ha	Weilheim	Das Eigentum des Aerars an diesem See wird von den darin fischereiberechtigten Schlehdorfer Fischern bestritten.
32	Haselsee	Kleinweil Plan Nr. 919	2,201 ha	"	Das Fischereirecht steht den Schlehdorfer Fischern zu.
33	Adlwartsee mit Fischereirecht	Sindelsdorf Plan Nr. 1759	2,143 ha	"	
34	Staffelsee	Seehausen Plan Nr. 1742 und Plan Nr. 1765	3,239 ha 762,883 ha	"	

II. Regierungsbezirk Niederbayern.

35 (1)	Rachelsee	Oswald Plan Nr. 2150	4,297 ha	Schönberg	
36 (2)	Arbersee	Rabenstein Plan Nr. 778	3,019 ha	Zwiesel	

III. Regierungsbezirk Pfalz.

—	—	—	—	—	

IV. Regierungsbezirk Oberpfalz.

37 (1)	Hammerweiher	Neuenschwand Plan Nr. 613	34,366 ha	Neunburg v./W.	Dienen als Betriebsweiher den Zwecken des ärarialischen Hüttenwerks Bodenwöhr.
38 (2)	Wahrbruckerweiher	Neuenschwand Plan Nr. 663	20,822 ha	"	
39 (3)	Weichselbrunnerweiher	Neuenschwand Plan Nr. 671	9,959 ha	"	
40 (4)	Tuchbleichenweiher	Mögendorf Plan Nr. 324	0,068 ha	Walderbach	
41 (5)	Forsterweiher mit Damm	Egelsried Plan Nr. 720 a	3,308 ha	"	
42 (6)	Breitenbruckerweiher	Egelsried Plan Nr. 713 a	19,503 ha	"	
43 (7)	Fuchsenweiher	Egelsried Plan Nr. 715	1,717 ha	Neunburg v./W.	
44 (8)	Großer Barmooser-weiher	Egelsried Plan Nr. 716 a	7,564 ha	"	
45 (9)	Kleiner Barmooser-weiher	Egelsried Plan Nr. 727	6,494 ha	"	

V. Regierungsbezirk Oberfranken.

—	—	—	—	—	

Lfde. Nr.	Name des Sees	Steuergemeinde	Fläche des Sees	Rentamts-bezirk	Bemerkungen
VI. Regierungsbezirk Mittelfranken.					
—	—	—	—	—	
VII. Regierungsbezirk Unterfranken.					
—	—	—	—	—	
VIII. Regierungsbezirk Schwaben.					
46 (1)	Schwansee	Schwangau Plan Nr. 1516	17,398 ha	Füssen	Beide Seen sind an die Administration des Privatfamilienfideikommisses Seiner Majestät des Königs Maximilian II. von Bayern verpachtet.
47 (2)	Alpsee	Schwangau Plan Nr. 2216	87,805 ha	„	

13. Auszug aus dem Wassergesetz vom 23. März 1907.

(GVBl. S. 157).

Art. 4. Jeder Fluß und jeder Teil eines solchen kann, wenn er vom Staate oder von einem dritten zur Schiff- oder Floßfahrt eingerichtet wird, von der Staatsregierung zum öffentlichen Flusse erklärt werden. Die Eigenschaft als öffentlicher Fluß beginnt mit dem von der Staatsregierung bezeichneten Zeitpunkte.

Abs. 2. Ist zur Durchführung der Umwandlung die Abtretung eines Grundstücks oder die Belastung eines Grundstücks mit einer Dienstbarkeit erforderlich, so finden die Bestimmungen in den Artikeln 154 bis 156 Anwendung.

Abs. 3. Für die Entziehung des Flußbetts kann eine Entschädigung nicht verlangt werden. Wird infolge der Umwandlung eines Flusses oder eines Flußteils in einen öffentlichen Fluß die bisherige Benützung des Wassers oder des Flußbetts oder eines Teiles desselben zum Nachteil eines Berechtigten aufgehoben oder beeinträchtigt, so kann dieser Entschädigung verlangen.

Art. 11. Die Staatsregierung ist ermächtigt, über die gemäß Art. 10 dem Staate erworbenen Verlandungen, soweit nicht ihre Beibehaltung als Staatseigentum für die Zwecke der Anlagen oder aus anderen Rücksichten des Gemeinwohls notwendig erscheint, zum Vorteile der geschädigten Grundeigentümer und sonstigen Berechtigten zu verfügen.

Abs. 2. Die Zuteilung darf erst stattfinden, wenn die Verlandung zu festem Bestande gelangt ist. Bei der Zuteilung sind die zur Sicherung des Erfolges der Anlage erforderlichen Bestimmungen über die künftige Benützung der Verlandung zu treffen.

Abs. 3. Mit der Verfügung der Staatsregierung geht das Eigentum an den Verlandungen auf diejenigen über, denen sie zugeteilt sind.

Art. 19. Die Zutageförderung oder Ableitung von Grund- und Quellwasser sowie die Änderung am Abfluß eines Sees oder Weihers unterliegen der Erlaubnis der Verwaltungsbehörde. Die Erlaubnis ist nicht erforderlich für die Anlage von Brunnen, welche vorübergehenden Zwecken oder dem eigenen Haus- und Wirtschaftsbedarf einschließlich des Bedarfs für landwirtschaftliche Nebenbetriebe dienen.

Abs. 2. Die Erlaubnis ist zu versagen oder an Bedingungen zu knüpfen, wenn und soweit Rücksichten des Gemeinwohls es erfordern.

Abs. 3. Erleiden durch die in Abs. 1 bezeichneten Maßnahmen Beteiligte erheblichen Schaden, die als Besitzer von Wasserbenützungsanlagen oder als Grundeigentümer das Wasser seit mindestens dreißig Jahren selbst oder durch ihre Rechtsvorgänger ununterbrochen benützt oder unter den gleichen Voraussetzungen die Fischerei ausgeübt haben, so ist bei Erteilung der Erlaubnis in allen Fällen, auch wenn Rücksichten des Gemeinwohls nicht vorliegen, dem Gesuchsteller als Bedingung die angemessene Entschädigung der einzelnen Beteiligten aufzuerlegen, soweit nicht der Schaden durch andere Bedingungen abgewendet werden kann.

Abs. 4 Wird in den Fällen des Abs. 2 und 3 als Bedingung die Gewährung einer Entschädigung auferlegt, so ist ihre Höhe nach billigem Ermessen der Verwaltungsbehörde unter Ausschluß des Rechtsweges festzusetzen. Die Verwaltungsbehörde kann den Vollzug der Erlaubnis davon abhängig machen, daß der Gesuchsteller für die Erfüllung seiner Entschädigungspflicht entsprechende Sicherheit leistet.

Abs. 5. Privatrechtliche Ansprüche auf Fortdauer des bisherigen Zustandes werden durch die Erteilung der Erlaubnis nicht berührt.

Art. 25. Hat ein Privatfluß oder Bach (Art. 21, 24) sein bisheriges Bett verlassen, so sind die Beteiligten insgesamt oder einzeln befugt, den früheren Zustand auf ihre Kosten wieder herzustellen.

Abs. 2. Die Befugnis zur Wiederherstellung erlischt, wenn sie nicht binnen Jahresfrist bei der Verwaltungsbehörde angemeldet oder wenn die angemeldete Wiederherstellung nicht binnen der von der Verwaltungsbehörde auf die Anmeldung bestimmten Frist ausgeführt wird. Die Frist zur Anmeldung beginnt mit dem Schlusse des Jahres, in welchem die Veränderung des Wasserlaufes erfolgt ist.

Art. 26. In den öffentlichen Gewässern sowie in den Privatflüssen und Bächen ist der Gebrauch des Wassers durch Schöpfen mit Handgefäßen, zum Baden, Waschen, Tränken, Schwemmen sowie zur Eisbahn, soweit es ohne rechtswidrige Benützung fremder Grundstücke geschehen kann, jedem gestattet. Die Ausübung dieses Gebrauches kann durch polizeiliche Vorschrift geregelt oder beschränkt werden.

Abs. 2. Zur Entnahme von Eis, Sand, Kies, Steinen, Schlamm, Erde und Pflanzen aus dem Flußbett öffentlicher Gewässer sowie der im Eigentum des Staates stehenden Privatflüsse und Bäche, ferner zur Goldwäscherei in solchen ist vorbehaltlich besonderer Berechtigungen die Erlaubnis der Verwaltungsbehörde erforderlich. In den übrigen Privatflüssen und Bächen ist hierzu vorbehaltlich besonderer Berechtigungen dritter nur der Eigentümer des Flußbettes befugt, soweit es ohne Nachteil für andere, besonders in Bezug auf die Tiefe des Flusses und die Sicherheit der Ufer geschehen kann.

Abs. 3. Die Perlfischerei ist, soweit das Recht hierauf nicht dritten zusteht, dem Staate vorbehalten. Die Ausübung unterliegt den polizeilichen Schutzvorschriften.

Art. 27. Der Gemeingebrauch darf nur in der Weise ausgeübt werden, daß dadurch der Gemeingebrauch anderer oder die besonderen Rechte dritter nicht gefährdet oder ausgeschlossen werden.

Art. 28. In Fällen gemeiner Gefahr ist die Entnahme von Wasser aus öffentlichen und Privatgewässern ohne Entschädigung zulässig. Für den hierbei an Grundstücken oder Anlagen entstehenden Schaden kann von der Gemeinde Ersatz verlangt werden.

Abs. 2. Entsteht durch die Entnahme des Wassers ein unverhältnismäßiger Schaden, so ist dem Beschädigten insoweit Ersatz zu leisten, als die Billigkeit nach den Umständen eine Schadloshaltung erfordert.

Art. 35. Für Beschädigungen, die den Ufereigentümern, den Besitzern von Triebwerken oder anderen Beteiligten durch die Ausübung der Trift unmittelbar verursacht werden, sind, soweit nicht erworbene Rechte entgegenstehen oder die Beschädigungen als eine natürliche Folge versäumter Unterhaltung der Ufer oder Triebwerke erscheinen, diejenigen ersatzpflichtig, welche die Trift ausüben.

Art. 37. Öffentlichen Gewässern, Privatflüssen und Bächen sowie solchen geschlossenen Gewässern, an denen ein anderer mitberechtigt oder in denen ein anderer fischereiberechtigt ist, dürfen Flüssigkeiten oder andere nicht feste Stoffe, die eine schädliche Veränderung der Eigenschaften des Wassers zur Folge haben, nur mit Erlaubnis der Verwaltungsbehörde zugeführt werden. Die Erlaubnis ist auch erforderlich, wenn eine bereits genehmigte Zuführung bezüglich der Art oder Menge der zuzuführenden Flüssigkeit in einer für die Eigenschaften des Gewässers schädlichen Weise geändert wird.

Abs. 2. Die Erlaubnis ist in widerruflicher Weise zu erteilen.

Abs. 3. Die Erlaubnis ist zu versagen oder an einschränkende Bedingungen zu knüpfen, wenn und soweit durch die Zuführung gesundheitliche oder erhebliche wirtschaftliche Nachteile zu besorgen sind und wenn in letzterem Falle der von der Zuführung zu erwartende Vorteil von geringerer wirtschaftlicher Bedeutung ist als der durch die Zuführung entstehende Nachteil.

Abs. 4. Der Unternehmer kann jederzeit von der Verwaltungsbehörde angehalten werden, diejenigen Einrichtungen zu treffen, welche erforderlich sind, um schädliche Einwirkungen der Zuführung auszuschließen oder möglichst einzuschränken, soweit die Einrichtungen mit dem ordnungsmäßigen Betriebe der Anlage vereinbar sind.

Abs. 5. Der Unternehmer der Zuführung ist zum Ersatze des Schadens verpflichtet, der anderen an dem Wasser Berechtigten durch die Zuführung entsteht.

Art. 38. Die Einbringung von festen Stoffen, welche die Eigenschaften des Wassers in schädlicher Weise verändern oder auf den Wasserabfluß und Wasserstand nachteilig einwirken, insbesondere das Einwerfen von Schutt, Unrat, Tierleichen sowie das Einlegen von Flachs und Hanf in Gewässer der in Art. 37 Abs. 1 bezeichneten Art ist verboten. Ausnahmen können von der Verwaltungsbehörde in widerruflicher Weise zugelassen werden.

Art. 39. Die in den Artikeln 37, 38 bezeichneten Handlungen können auch bei solchen geschlossenen Gewässern, die nicht zu den in Art. 37 Abs. 1 genannten gehören, durch die Verwaltungsbehörde insoweit untersagt werden, als es das Gemeinwohl erfordert.

Art. 40. Aus Gründen des Gemeinwohls kann dem Besitzer einer bei dem Inkrafttreten dieses Gesetzes bestehenden Anlage, durch deren Betrieb die Eigenschaften eines öffentlichen oder eines Privatgewässers in schädlicher Weise verändert werden (Art. 37 bis 39), die Befugnis zur Zuführung von Flüssigkeiten oder anderen nicht festen Stoffen oder von festen Stoffen, die eine solche Veränderung bewirken, durch die Verwaltungsbehörde entzogen oder beschränkt werden.

Abs. 2. Entsteht durch einen solchen Betrieb ein erheblicher Schaden für dritte, denen Rechte an dem Gewässer zustehen, so kann auf Antrag der Geschädigten oder eines von ihnen der Unternehmer durch die Verwaltungsbehörde angehalten werden, Einrichtungen zu treffen, welche die schädliche Einwirkung der Zuführung von Flüssigkeiten oder anderen nicht festen Stoffen oder von festen Stoffen ausschließen oder möglichst einschränken, soweit die Einrichtungen mit dem ordnungsmäßigen Betriebe der Anlage vereinbar sind. Handelt es sich um eine den bestehenden Rechtsverhältnissen entsprechende Anlage, so hat der Antragsteller dem Unternehmer die Kosten der Einrichtung zu ersetzen. Etwaige Schadensersatzansprüche dritter bleiben unberührt.

Art. 41. Die Reinhaltung der Gewässer, insbesondere die Erfüllung der an die Erlaubnis zur Zuführung von Flüssigkeiten oder anderen nicht festen Stoffen oder von festen Stoffen geknüpften Bedingungen unterliegt der ständigen Beaufsichtigung durch die Verwaltungsbehörden.

Art. 42. Jede Art von Wasserbenützung, die sich nicht als Gemeingebrauch darstellt oder die mittels einer besonderen Anlage in oder an öffentlichen Gewässern erfolgt, insbesondere die Errichtung von Triebwerken ohne gespannte Wasserkraft, Wasser-Aus- und -Einleitungen, Schöpfwerken, Bade- oder Waschhäusern u. dgl., und die Abänderung solcher Anlagen unterliegt der Erlaubnis der Verwaltungsbehörde.

Art. 43. Die Erlaubnis wird von der Verwaltungsbehörde und zwar in der Regel auf eine bestimmte Zeit oder in widerruflicher Weise erteilt. Die Behörde bestimmt das Maß und die Art der Benützung.

Abs. 2. Die Verwaltungsbehörde ist hierbei insbesondere befugt, dem Unternehmer weitere Bedingungen im Interesse der Land- und Forstwirtschaft, der Landeskultur und der Fischerei sowie der Industrie und des Gewerbebetriebs aufzulegen, ferner bei dem Zusammentreffen mehrerer Unternehmungen vom Standpunkte des Gemeinwohls die Wahl zu treffen, endlich die Erlaubnis auf gewisse Betriebszwecke oder auf bestimmte Unternehmer einzuschränken.

Abs. 3. Eine auf Grund unwiderruflicher Erlaubnis eingeräumte Nutzung kann nur im Wege der Zwangsenteignung nach Maßgabe der Bestimmungen der Art. 154 bis 156 entzogen oder geschmälert werden. Das Gleiche gilt, wenn eine auf eine bestimmte Zeit eingeräumte Nutzung vor Ablauf der Zeit entzogen oder geschmälert wird.

Abs. 4. Die zeitweise Entziehung oder Schmälerung der Wasserbenützung hat der Berechtigte vorbehaltlich des Art. 82 gegen Entschädigung zu gestatten. Entgegenstehende Rechtsverhältnisse bleiben unberührt.

Art. 44. Der Ufereigentümer darf das Wasser nur mit Rücksicht auf die Rechte der übrigen Ufereigentümer und der sonstigen Wasserberechtigten und unter den nachfolgenden Bestimmungen benützen.

Art. 46. Die Benützung der im Staatseigentum befindlichen Privatflüsse und Bäche (Art. 23) durch andere bemißt sich nach Art. 42 und 43.

Art. 50. Die vorgängige Genehmigung der Verwaltungsbehörde ist erforderlich

1. zur Errichtung von Stauanlagen oder Triebwerken mit gespannter Wasserkraft an öffentlichen Gewässern oder Privatflüssen und Bächen, auch abgesehen von den Fällen des § 16 der Gewerbeordnung;
2. für Änderungen an solchen Anlagen, wenn die Änderung auf den Verbrauch des Wassers, die Wassermenge, die Art des Verbrauchs, das Gefälle oder die Höhe des Oberwassers Einfluß hat;
3. zu jeder Abänderung oder Auswechslung von Hauptteilen bestehender Stau- und Triebwerksanlagen, selbst wenn dadurch die in Ziff. 2 bezeichneten Wirkungen nicht verursacht werden.

Art. 51. Bei Anlagen an öffentlichen Gewässern und an den im Staatseigentum stehenden Privatflüssen und Bächen hat die Verwaltungsbehörde in dem Bescheide, der auf das Gesuch um Erteilung der Genehmigung zu erlassen ist, gesonderten Ausspruch darüber zu treffen, ob

1. nach Maßgabe der Bestimmungen in Art. 43 Abs. 1, 2 und in Art. 46 die Erlaubnis zur Wasserbenützung, dann
2. gemäß § 18 Satz 1 bis 3 und § 19 der Gewerbeordnung die Genehmigung der Stauanlage

erteilt, von Bedingungen abhängig gemacht oder versagt wird.

Abs. 2. Bezüglich der Anlagen an den übrigen Privatflüssen und Bächen hat die Verwaltungsbehörde zu prüfen, ob mit Rücksicht auf die Bestimmungen der Art. 44, 45 und des Art. 47 dieses Gesetzes, dann des § 18 Satz 1 bis 3 und des § 19 der Gewerbeordnung oder aus sonstigen Gründen des Gemeinwohls die Genehmigung zu versagen oder nur unter Bedingungen zu erteilen ist.

Art. 109. Vor der Erteilung der Erlaubnis oder Genehmigung zu Anlagen für die Wasserbenützung an öffentlichen und Privatgewässern, zur Zuführung von Flüssigkeiten oder anderen nicht festen Stoffen oder von festen Stoffen in solche Gewässer, sowie zu Regulierungsbauten (Art. 77) sind die Fischereiberechtigten zu hören. Bei der Erteilung der Erlaubnis oder Genehmigung sind die Interessen der Fischereiberechtigten möglichst zu berücksichtigen.

Abs. 2. Wird durch die Wasserbenützungsanlage, die Zuführung oder den Regulierungsbau das Fischereirecht beeinträchtigt, so hat der Unternehmer dem Berechtigten den daraus entstehenden Schaden zu ersetzen. Die gleiche Verpflichtung trifft den Staat und die Kreisgemeinde als Unternehmer von Regulierungsbauten.

Art. 157. Das von den Berechtigten nicht benützte Wasser eines Privatflusses kann sowohl von den Ufereigentümern, welche nicht schon auf Grund des Art. 45 benützungsberechtigt sind, als auch von den Besitzern von Grundstücken, die nicht an dem Flusse liegen, gegen vorgängige volle Entschädigung in Anspruch genommen und ihnen durch die Verwaltungsbehörde zugewiesen werden,

1. wenn der beabsichtigte Gebrauch einen erheblichen Nutzen für die Landeskultur einschließlich der Teichwirtschaft oder für die Industrie mit hoher Wahrscheinlichkeit erwarten läßt, und
2. wenn der Berechtigte auf ergangene Aufforderung der Verwaltungsbehörde nicht innerhalb einer angemessenen Frist das Wasser selbst nutzbar verwendet oder besondere Umstände nachweist, die ihn an dieser Verwendung hindern.

Art. 160. Zum Zwecke der Bewässerung und Entwässerung, der Förderung der Teichwirtschaft sowie für Stau- und Triebswerksanlagen kann der Eigentümer eines fremden Grundstücks angehalten werden, die ober- und unterirdische Zu- oder Ableitung des Wassers über das Grundstück zu dulden,

1. wenn die Anlage einem öffentlichen Bedürfnis entspricht, ferner wenn sie einen erheblichen Nutzen für die Landeskultur einschließlich der Teichwirtschaft oder für die Industrie mit hoher Wahrscheinlichkeit erwarten läßt,
2. wenn ohne die Inanspruchnahme des fremden Grundstücks die Anlage nicht in einer im Verhältnisse zum Nutzen und zur Bedeutung des Unternehmens stehenden Weise oder nicht ohne gleiche oder größere Belästigung anderer ausgeführt werden kann,

3. wenn die Anlage dem Besitzer des in Anspruch genommenen Grundstücks einen wesentlichen Nachteil bezüglich der besonderen Benützung des Grundstücks oder seines Wirtschaftsbetriebs überhaupt nicht verursacht,
4. wenn die Zuleitung oder Ableitung des Wassers nicht durch Gebäude oder einen Gebäudekomplex oder durch zum Umfange derselben gehörende Höfe oder Gärten geführt wird, und
5. wenn für die Belastung volle Entschädigung geleistet wird.

Art. 207. Die beim Inkrafttreten dieses Gesetzes bestehenden, auf Privatrechtstiteln beruhenden Eigentums-, Nutzungs- und sonstigen Rechte an den Gewässern bleiben aufrecht erhalten.

14. Auszug aus der Bekanntmachung vom 3. Dezember 1907, den Vollzug des Wassergesetzes vom 23. März 1907 betreffend.

(GVBl. S. 873).

Zu Art. 109. **Fischerei.**

§ 234. Durch die Bestimmung in Art. 109 ist den Fischereiberechtigten ausdrücklich zugesichert, daß sie vor der Erteilung der Erlaubnis oder Genehmigung zu Anlagen für die Wasserbenützung an öffentlichen und Privatgewässern, zur Zuführung von Flüssigkeiten oder anderen nicht festen Stoffen oder von festen Stoffen in solche Gewässer sowie zu Regulierungsbauten gehört werden.

Dieses rechtliche Gehör besteht im allgemeinen darin, daß die Fischereiberechtigten von dem Gesuche, dessen Verbescheidung in Frage steht, in geeigneter Weise in Kenntnis gesetzt werden und daß ihnen die Möglichkeit gegeben wird, ihre Einwendungen geltend zu machen.

In welchem Umfange Fischereiberechtigte in dem Verfahren über die in Frage stehenden Gesuche als beteiligt zu erachten sind, hat die Distriktsverwaltungsbehörde im einzelnen Fall zu ermessen. Hiebei wird es auf die Art, die Bedeutung und den Umfang der beabsichtigten Anlage ankommen; zur richtigen Beurteilung dieser Frage kann die Distriktsverwaltungsbehörde Fischerei-Sachverständige, insbesondere den staatlichen Konsulenten für Fischerei einvernehmen. Im übrigen wird im besonderen auf die §§ 97 Abs. 1, 108 Abs. 1, 123 Abs. 1 und 218 Abs. 2 hingewiesen.

§ 235. Wenn von den Fischereiberechtigten Einwendungen erhoben werden, hat die Distriktsverwaltungsbehörde darüber, ob die Einwendungen begründet sind, sowie darüber, in welcher Weise den Einwendungen durch Auflagen Rechnung zu tragen ist, Fischerei-Sachverständige sowie die örtlichen Fischerei-Vereine nötigenfalls den Landesfischereiverein zu hören. In besonders gelagerten Fällen wird sich auch die Beiziehung eines Fischerei-Sachverständigen sowie eines Vertreters des betreffenden Fischerei-Vereins zur mündlichen Verhandlung über die von den Fischereiberechtigten erhobenen Einwendungen empfehlen.

Bei der auf diese Weise ermöglichten gründlichen Erörterung der bedrohten Fischereirechte ist auf eine gütliche Verständigung zwischen dem Gesuchsteller und den Fischereiberechtigten hinzuwirken.

§ 236. Die in Art. 109 Abs. 1 Satz 2 vorgeschriebene „möglichste Berücksichtigung" der Interessen der Fischereiberechtigten bei der Erteilung der Erlaubnis oder Genehmigung wird sich durch entsprechende Bedingungen erreichen lassen, die dem Gesuchsteller bei Erteilung der Erlaubnis oder Genehmigung auferlegt werden.

Bei der Auflegung derartiger Bedingungen ist übrigens davon auszugehen, daß dieselben sich innerhalb vernünftiger, die wirtschaftliche Bedeutung der Fischereiberechtigungen nicht überschreitenden Grenzen bewegen und daß daher die dem Unternehmer der Anlagen zu machenden Auflagen bezüglich des Kostenaufwandes und der Erschwerung des Betriebs nicht in offenbarem Mißverhältnis zu dem wirtschaftlichen Wert der Fischereirechte stehen.

§ 237. Wird durch die Wasserbenützungsanlage, die Zuführung oder den Regulierungsbau das Fischereirecht beeinträchtigt und beansprucht der Fischereiberechtigte vom Unternehmer Ersatz des Schadens, so hat auf Antrag eines Beteiligten, wenn die Schadensersatzpflicht des Unternehmers feststeht, die Feststellung der Entschädigung im Wege der Schätzung durch die zuständige Distriktsverwaltungsbehörde zu erfolgen (Art. 195).

§ 238. Wegen der Einvernahme der Fischereiberechtigten bei Regulierungsbauten, die vom Staate oder von den Kreisgemeinden unternommen werden, sind die §§ 231, 232 zu beachten. § 237 findet auch Anwendung, wenn der Staat oder die Kreisgemeinde Unternehmer von Regulierungsbauten sind (Art. 109 Abs. 2 Satz 2).

15. Bekanntmachung vom 13. Dezember 1909, die Fischereischule in Starnberg betreffend.

(MABl. S. 1071.)

[Die hier nicht abgedruckte Bekanntmachung des Staatsministeriums des Innern enthält Näheres über die Fischereischule des Bayerischen Landesfischereivereins in Starnberg mit dem Lehrplan der Schule. S. weiter die Bekanntmachung gleichen Betreffs vom 9. November 1910, MABl. S. 872.]

16. Bekanntmachung vom 22. Juni 1910, die Gewährung staatlicher Unterstützungen .... zur Förderung der Fischzucht betr.

(MABl. S. 419.)

[Die Bekanntmachung des Staatsministeriums des Innern, die hier nicht abgedruckt wird, stellt unter V. die Grundsätze auf, von denen bei Unterstützungen zur Förderung der Fischzucht aus Staatsmitteln ausgegangen wird, und enthält Vorschriften über die Behandlung von Unterstützungsgesuchen.]

Alphabetisches Sachregister.

Die Zahlen verweisen auf die Seiten.

A.

Aal, Mindestmaß 236.
— besondere Fanggeräte 245, 247.
Aalfangrecht als beschränktes Recht 45.
Ablaufenlassen von Fischwassern 144, 248, 251.
Ableitung künstliche, Einfluß auf das FRecht 32.
Ablieferung der getöteten oder gefangenen jagdbaren Tiere 158, 162.
Abmähen von Wassergräsern 149.
Abmarkung der FRechtsgrenzen 46.
— Art der Abmarkung 46 f.
— Kosten 47, 48.
— Duldungspflicht des Ufereigentümers 134.
— Entscheidung von Streitigkeiten 134, 181.
— Schadensersatzpflicht der FBerechtigten 134.
Abramis brama, Schonzeit 235.
Abschießen schädlicher Tiere 158.
Absperrung von Fischwassern 137, 138, 150, 248; s. auch freier Zug der Fische.
Abzapfen von Fischwassern 144.
— zum Zwecke des Fischfangs 146, 248, 251.
Abzweigungen fließender Gewässer, FRecht in 30, 32.
Aelteres Privatrecht, Bezeichnung der Rechtsquellen 2.
Aesche, Schonzeit 234.
— Mindestmaß 236.
Aitel, Schonzeit 235.
Altwasser, nicht geschlossene Gewässer 24, 26.
— FRecht in bestehenden und neu sich bildenden 31.
— Verbindung mit dem Hauptwasser 32.
Amaul, Schonzeit 234.
— Mindestmaß 236.
Aneignung von Fischen 20, 21.
— gesetzliches Verbot der Aneignung 20.
— von Fischen auf Ueberschwemmungsgebiet 34.
Angehörige, Haftung für ihre strafbaren Handlungen 201.
— wann brauchen sie keine Fischerkarte? 123.
Angelfischerei, Aufhebung der freien 37.
— als beschränktes Recht 45.
Anguilla fluviatilis, Mindestmaß 236.
Anliegerprivatflüsse, Bestellung selbständiger FRechte an 40.
Anzeige von Ableitungen des Wassers 145, 147.
Arbeiter, Haftung für ihre strafbaren Handlungen 201.
Aspius rapax, Schonzeit 235.
Aufsichtsbeschwerde 178.
Aufsichtsrecht der Oberbehörden in Verwaltungssachen 178, 180.
— Zwangsgewalt der Verwaltungsbehörden 179.
Ausgleichsverfahren bei Wasserbezug 12, 145, 148.
Ausweis über die Befugnis zum Fisch- oder Krebsfang 128.
— über die Befugnis zum Schildkrötenfang 128.
— FBerechtigter braucht keinen Ausweis 128, 129.
— Verhältnis zur Fischerkarte 120, 129.
— Verhältnis zum Erlaubnisschein 128, 129.
— Aussteller des Ausweises 130.
— Form und Inhalt 130.
— Erlöschen der Gültigkeit 130.
— Strafbestimmung 198, 200.

B.

Bachsaibling, Schonzeit 234.
— Mindestmaß 236.

Badeanstalten, Halten von FGeräten in 195, 196.
Barbe (Barbus fluviatilis), Schonzeit 234.
— Mindestmaß 236.
Barsch, Schonzeit 235.
Bayerisches Landrecht und FRecht 3.
Beeidigung von Zeugen und Sachverständigen 174.
Belgien, Vertrag über die Bestrafung von FFreveln 192.
Bescheide im Verwaltungsverfahren, Form 175.
Beschränkte Fischereirechte, Begriff 44, 45.
— konkurrierend oder ausschließend? 45.
— Bestellung eines allgemeinen FRechts neben dem beschränkten 45.
— und fpolizeiliche Vorschriften 45.
— Zwangsaufhebung und Zwangsbeschränkung 56.
Beschwerde in Verwaltungssachen 177.
— rechtliche Voraussetzungen 177, 178.
— Wirkung 178.
Besitz, Inhaber des selbständigen FRechts nicht Besitzer des Fischwassers 55.
Besondere Rechtsverhältnisse als Grundlagen der FBerechtigung, Begriff 28, 29, 30.
— in Abzweigungen 30.
Beteiligte im Verfahren 173.
— Beschwerdeberechtigung 177.
Betreten des Wassergrundstücks durch den Fischer 21, 132.
Bewässerungsgräben, FRecht in 30.
Beweisaufnahme im Verwaltungsverfahren 173, 174.
Biologische Versuchsstation 279.
Blutegel, nicht Gegenstand des FRechts 22.
Bodensee, Vorschriften für die F. 205, 269 f.
— Legitimationskarte statt Fischerkarte 121.
Brachsen, Schonzeit 235.
Buhnen, FRecht 32.
— Verbindung mit dem Hauptwasser 32.
Bürger, Uebergang der Ausübung der FRechte auf die Gemeinde ꝛc. 36, 37.
Bürgerliches Gesetzbuch und Fischereirecht 1.

C.

Chondrostoma nasus, Schonzeit 235.
Code civil und FRecht 3, 4.
Coregonus, Schonzeit 234.
— Mindestmaß 237.
— maraena, Mindestmaß 236.
Cyprinus carpio, Schonzeit 235.

D.

Dammbauten und Fischerei 6, 7, 13, 14.
Dienstanweisungen der Sachverständigen 174, 175.
Dienstbarkeit, FRecht kann als D. nicht bestellt werden 54.
— Veränderung des rechtlichen Inhalts bestehender D. 54.
Dienstboten, Haftung für ihre strafbaren Handlungen 201.
Distriktsgemeinden, Ausübung der F. 75.
Durchstiche, Einfluß auf das FRecht 32.

E.

Eigentum an Wassertieren 19.
— an gefangenen und getöteten schädlichen Tieren 161.
Eingehörung, Bezeichnung eines FRechts als solche 44.
Einwendungen, Ausschluß von E. im Verfahren 172, 174.
Einziehung, obligatorisch 200 f.
— fakultativ 200 f.
— rechtliche Natur 191, 200.
— objektives Verfahren 201.
Eisfischerei, Aufhebung des früheren Verbots 248.
Eisnutzung gehört nicht zum Inhalte des FRechts 23.
Eisvögel, Fang und Erlegen 157, 158.
Enten, Einlassen zahmer in Fischwasser 136, 248.
— Einlassen zahmer in Laichschonstätten 152.
Entstehung des Fischereigesetzes 14.
Entwässerungsgräben, FRecht in 31.
Erlaubnisschein zur Ausübung der Fischerei 83.
— Wer bedarf eines Erlaubnisscheins? 85.
— rechtliche Grundlage und Inhalt 86.

Erlaubnisschein, Zulässigkeit der Ausstellung 86.
— Stellung des Inhabers 85.
— Unbefugte Ausstellung 86, 193.
— Erlöschen der Erlaubnis 87.
— Vorschriften für die Verwaltungsbehörde 84.
— Beglaubigung durch die Ortspolizeibehörde 84, 86.
— Uebergangsvorschrift 204.
Ermächtigung, richterliche zur Beseitigung eines ordnungswidrigen Zustandes 195.
Ersitzung, Vollendung der E. des älteren Rechtes 28.
— selbständiger FRechte 39.
Esox lucius, Schonzeit 235.
— Mindestmaß 236.

F.

Fahren auf dem Fischwasser, Recht des FBerechtigten 21.
— in Laichschonstätten verboten 152.
Fangbeschränkungen, polizeiliche 135.
Fanggeräte, polizeiliche Beschränkungen 135.
Fangprämien, Aneignung von Körperteilen zur Erlangung von F. 158, 161.
Fangverbote der LFO. 238.
— Ausnahmen davon 240.
Federvieh, Einlassen von F. in Fischwasser 136.
— Einlassen von F. in Laichschonstätten 152.
— s. Enten, Einlassen von
Fideikommiß begründet nicht Koppelfischerei 64.
— Beitritt des Fideikommißbesitzers zu einer FGenossenschaft 95 f.
Fischadler, Fang und Erlegen 157.
Fischbehälter, geschlossene Gewässer 23, 25.
Fischdiebstahl 190.
Fische, Gegenstand des Fischereirechts 20.
— Begriff im FG. 20.
— Fang der auf das Trockene geratenen 22.
Fischen, verbotenes 189 f.
— strafrechtlicher Begriff des Fischens 191.
Fischerei und Gewerbeordnung 23.
Fischereiaufseher, Aufstellung 163.
— Verpflichtung 163.
— rechtliche Stellung 164, 165.
— Entlassung 165.
— Dienstlicher Ausweis 163, 165.
Fischereiberechtigter, rechtlicher Begriff 15 f.
Fischereiberechtigung des Staates 29.
— des Gewässereigentümers 29.
Fischereibetrieb, gemeinschaftlicher, Voraussetzungen für die Zusammenlegung 57, 59.
— Ausübung der F. im 60.
— Verhältnis der Beteiligten untereinander 61.
— Zwangsmaßnahmen 61, 62.
— Zuweisung an andere FBerechtigte 62.
— Zuteilung und Aufteilung von Inklaven 63.
Fischereibetrieb, selbständiger, Voraussetzungen 57, 58.
— Ausübung der F. im 59.
Fischereigast, rechtliche Stellung 18.
— Braucht er einen Erlaubnisschein? 85.
Fischereigenossenschaften, öffentliche, s. Genossenschaften des FG.
Fischereigeräte, Begriff 167.
— verbotenes Mitführen oder Halten 195, 196.
— verbotene, unbefugtes Besitzen oder Mitführen 196, 197.
— Herausgabe verbotener 196, 197.
— Einziehung 199, 200.
Fischereiordnung für Koppel-FBerechtigte 70.
— deren rechtliche Natur 72.
— ältere FOrdnungen 193, 194, 204.
Fischereipacht s. Pachtvertrag.
Fischereipolizeiliche Vorschriften, zivilrechtliche Wirkung 1, 20.
— oberpolizeiliche Vorschriften über Zeit und Art des Fischfangs u. a. 135.
— Aufhebung der älteren 204.
Fischereirecht, Begriff und Inhalt 20.
— Abgrenzung vom Jagdrecht 20.
— verschafft nicht Besitz am Fischwasser 55.
— Unterscheidung zwischen Eigentums-FRechten und selbständigen FRechten 27.

Fischereirecht, Schutz des Eigentums-FRechts 38.
— Anwendung des BGB. und der GBO. auf die selbständigen FRechte 38.
— Begründung des selbständigen F-Rechts 38, 39, 48 f.
— Bestellung unter Bedingung oder auf Zeit 39.
— Bestellung für mehrere Personen 39.
— Verbindung mit anderen Rechten 39.
— Bedeutung der Eintragung in das Grundbuch für die Entstehung des selbständigen Rechtes 49.
— Stellung des begründeten selbständigen Rechtes 39, 40 f.
— selbständiges FRecht kann nicht Dienstbarkeit sein 54.
— selbständige FRechte an Anliegergewässern? 40.
— Uebertragung des selbständigen Rechtes 41, 49. Eintragung ins Grundbuch erforderlich? 49.
— außerrechtsgeschäftlicher Uebergang auf einen anderen 42.
— Verlust, besonders Aufhebung des selbständigen Rechtes 42.
— Teilung des selbständigen Rechtes 42.
— Teilung des belasteten Grundstücks 43.
— Verpflichtung zur Bestellung eines selbständigen Rechtes 49
— Verpflichtung zur Uebertragung des selbständigen Rechtes 41.
— Verpflichtung zur Aufhebung des selbständigen Rechtes 51.
— subjektiv dingliche und subjektiv persönliche Rechte, rechtliche Natur 38, 43.
— subjektiv dingliche und subjektiv persönliche Rechte, Veränderung der rechtlichen Natur 44.
— Teilung des Grundstücks des Berechtigten 44.
— Schutz des selbständigen FRechts 43.
— Schutz der Ausübung selbständiger FRechte 55.
— beschränkte FRechte s. dort.
— grundbuchrechtliche Behandlung vor dem FG. 51.
— auf Grund des FG. 51 f.
— Anlegung eines Grundbuchblatts für das selbständige Recht 52.
Fischereirecht, Eintragung subjektiv dinglicher Rechte 52.
— Oeffentlicher Glaube des Grundbuchs 53.
— Eintragung der vom Buchungszwange freien Gewässer 53.
— Vollzugsvorschriften 53.
Fischereirechte in fremden Gewässern (älteres Recht) 4.
— **rechtliche Natur (älteres Recht) 4, 5.**
— **rechtlicher Inhalt seit 1. April 1909 54.**
— Wegen der selbständigen FRechte des FG. s. Fischereirecht.
Fischereischule 299.
Fischerinnungen, ältere, FRecht 36, 70.
— Ausübung ihrer Koppel-FRechte 67, 69.
— Umwandlung in FGenossenschaften 88.
Fischerkarte, rechtliche Natur 120.
— besondere Vorschriften für den Bodensee 121.
— Beschränkung auf Fisch- und Krebsfang 120, 121, 122.
— Ausstellung u. Gültigkeitsdauer 121.
— Fischen ohne F. 123.
— Verweigerung der Ausstellung 124.
— Ungültigkeitserklärung, Einziehung 124, 128.
— Gebühr 125 f.
— rechnerische Behandlung der Gebühr 127.
— Nachzahlung der Gebühr 198, 264.
— beschränkte Fischerkarte 126, 127.
— und Pachtvertrag 77, 79.
— Strafbestimmungen 197, 198, 199.
Fischerzeuge, Begriff 131.
— ihre Bezeichnung, wenn sie zum Fischen ausliegen 130.
Fischerzunft, s. Fischerinnungen.
Fischfang, nicht Gewerbebetrieb 23.
— polizeiliche Beschränkungen der Zeit und Art 135.
Fischhege s. Hegerecht.
Fischleitern s. Fischwege.
Fischnacheile, Recht der F. 33, 34.
— wer darf sie ausüben? 35.
Fischotter, Fang und Erlegen 157, 160.
— Entfernung der Otterschnauze zur Erlangung der Fangprämie 158, 161.
Fischpässe s. Fischwege.

Fischreiher, Fang und Erlegen 157.
Fischteiche, geschlossene Gewässer 23.
Fischwege an Wasserwerken 138 f., 276.
— Ersatz des dem Wasserwerkbesitzer entstehenden Schadens 139.
— Verwaltungsvorschriften über die Benützung 139, 143.
— Zwangsenteignung zu ihrer Anlegung 139.
— Fischfang in Fischwegen und deren Umgebung 143, 248.
— Strafvorschriften 192, 193.
Fiskus, Ausübung der F. durch 76, 87.
— s. auch staatliche Fischwasser.
Flurbereinigung und FRechte 41.
Flußregulierungen s. auch Korrektionen.
— Verteilung von Verlandungen 9.
— und FRecht 13.
— Einfluß anf das FRecht 32.
Forelle, Schonzeit 234.
— Mindestmaß 236, 237.
Forellenbarsch, Schonzeit 235.
Frauenfisch, Schonzeit 235.
Frauen-Nerfling, Schonzeit 235.
Freier Fischfang, Aufhebung 36.
Freier Zug der Fische, Verbot der Verhinderung 137.
— Ausnahme zugunsten des im Hauptwasser Berechtigten 150.
— Beeinträchtigung durch Wasserwerke 138 f.
— strafrechtlicher Schutz 192.
Frösche, nicht Gegenstand des FRechts, aber Fang beschränkt 20, 22.
— Ausweis für den Froschfang 20, 22.
Futterfische, Fang von F. mit besonderen Geräten 245.

G.

Gänse, Einlassen in Laichschonstätten 152.
— s. auch Federvieh.
Gebührenfreiheit des Verfahrens 188.
Gegenstände des Fischereirechts 20.
Gemeinden, Ausübung der F. durch 36, 62, 73.
— Verpachtung von F. durch G. 73, 74.
— Ausstellung von Erlaubnisscheinen durch G. 73, 76.
Gemeindenutzungsberechtigte, FRecht 37.
Gemeingebrauch und Fischerei 10.
Gemeinsame Gewässer, Staatsverträge werden durch das FG. nicht berührt 204.
Genossenschaften des FG., Begriff und rechtliche Stellung im allgemeinen 87 f.
— zulässige Zwecke 89.
— Bildung im allgemeinen 91 f., 93 f.
— Bildung der freiwilligen G. 91 f.
— Keine freiwillige G. mit Beitrittszwang 88, 93.
— Bildung der Zwangsg. 93, 115.
— Pächtergenossenschaft 117.
— Beitritt von Fideikommißbesitzern 95 f.
— Beitritt des Pächters und Verpächters 118 f.
— Beitritt von Minderjährigen, Stiftungen, juristischen Personen des öffentlichen Rechtes 95, 96.
— Beitritt keine „Verfügung" über das FRecht 96.
— die G. als juristische Person 97.
— Umfang des Vermögens 98.
— Haftung der Genossen für die G. 98.
— Zwangsvollstreckung gegen die G. 98.
— Konkurs über das GVermögen 98.
— Sitz der G. 98, 99.
— allgemeiner Gerichtsstand 99.
— gesetzlich notwendiger Inhalt der Satzung 99.
— Bildung eines Schiedsgerichts 99.
— Wahl, rechtliche Stellung des Vorstands 99, 103 f.
— Haftung des V. gegenüber der G. 105.
— Haftung des V. gegenüber Dritten 106.
— Haftung der G. für den Vorstand und andere Angestellte 106.
— Genossenschaftsversammlung, notwendiges Organ 100.
— Berufung derselben 106.
— Stimmberechtigung 112.
— Stimmberechtigung des Pächters, Verpächters 119, 120.
— Genossenschaftskataster 104.
— Aufnahme neuer Genossen 107.
— Austritt der Genossen 107.
— Austritt des Pächters 117.
— Feststellung der Satzung der freiw. G. 101.

Genossenschaften des FG., Behördliche Genehmigung dieser Satzung 103.
— Erlassung der Satzung der Zwangsg. 115, 116.
— Auflösung der G. 108.
— Verlust der Rechtsfähigkeit 109.
— Liquidation, Allgemeines 110.
— Stellung der Liquidatoren 110, 111.
— Beendigung der Liquidation 112.
— Staatsaufsicht 113 f.
— Ordnungsstrafen und ihre Beitreibung 114, 115.
Genossenschaften, vor dem FG. bestehende, rechtliche Stellung 88.
Gerichte, Zuständigkeit zur Entscheidung von Streitigkeiten 170.
Geschlossene Gewässer, Begriff 23, 24.
— Entscheidung darüber 26.
— Ausnahmestellung im Fischereigesetze 27.
— in der LFO. 243.
Gewässer, Befahren des G. durch den FBerechtigten 21.
— stehende, fließende, offene 25.
— s. geschlossene Gewässer, öffentliche Gewässer, Privatgewässer.
Gewerbe, Beschränkung der Wässerungen 145.
Gewerbsfischer, Begriff 127, 128.
— Fischerkarte 126.
Gewohnheitsrecht, Aufhebung des älteren 204.
Giftstoffe, keine Anwendung von G. 157, 160, 246.
Gitter, Anbringung von G. an den Einmündungen von Gräben 151.
— strafrechtlicher Schutz 192.
Gräben, Absperrung von G. durch Gitter u. a. 150.
Grenzzeichen, strafrechtlicher Schutz 192.
Große Maräne, Mindestmaß 236.
Grubenwasser, keine Anwendung des FG. 204.
Grundbuchanlegung, Uebergangsvorschriften bis zur 39, 205.
Grundeigentümer, FRecht bei Ueberschwemmungen 33, 36.
Gütergemeinschaft, FRecht als Bestandteil des Gesamtguts 64, 65.

H.

Haftung für die Folgen strafbarer Handlungen Dritter 201.
Harpunen, Anwendung beim Fischfang 246.
Hasel, Schonzeit 235.
Hecht, Schonzeit 235.
— Mindestmaß 236.
— Fang in Salmonidengewässern 241.
Hegerecht, rechtlicher Inhalt 21.
— strafrechtlicher Schutz 189.
Himmelteiche, geschlossene Gewässer 24, 26.
Huchen, Schonzeit 234.
— Mindestmaß 236.

J.

Jagdbare Tiere 282.
Jagdkarte, der FBerechtigte braucht keine J. bei der Ausübung des Fang- und Tötungsrechts 160.
Jagdrecht, Abgrenzung vom FRecht 22, 157, 158, 161.
Idus melanotus, Schonzeit 235.
Immissionen, früheres Recht 6.
— jetziges Recht 10.
Industrie, Beschränkung der Wässerungen 145.
Inklave, Zuteilung u. Aufteilung 63.
Inkrafttreten des Gesetzes 206.
Instandhaltung der Gewässer und Fischerei 13, 14, 146.
Instanzenzug im Verwaltungsverfahren 177.
Juristische Personen, Ausübung der F. durch j. P. 16, 75.

K.

Kahnfahren durch den FBerechtigten 21.
Kanäle, FBerechtigung in K. 30, 31.
Karpfen, Schonzeit 235.
Kirchengemeinden, Ausübung der F. 75.
Koppelfischerei, Begriff 64.
— Verbot der Neubegründung 65.
— einer Erbengemeinschaft 65, 66.
— bei Mehrheit von Vermächtnisnehmern 65.
— Beschränkungen in der Ausübung der K. 65, 69, 70 f.
— Ausstellung von Erlaubnisscheinen

durch die Koppel-FBerechtigten 66, 69, 71.
— Fischereiordnung für die Koppel-FBerechtigten 70.
— Vorkaufsrecht der anderen Koppel-FBerechtigten 66.
Kormorane, Fang und Erlegen 157.
Korrektionen des Flußbetts und Fischerei (älteres Recht) 6, 7; s. auch Flußregulierungen.
Kosten, Entscheidung über die K. des Verfahrens 176, 183.
Krebse, Gegenstand des FRechts 20.
— auf Krebsfang beschränktes FRecht 45.
— polizeiliche Verbote und Beschränkungen des Fanges 244.
Kreisfischereiordnungen und sonstige Provinzialvorschriften 135.
Kreisgemeinden, Ausübung der F. 75.

L.

Lachmöven, Fang und Erlegen 157.
Lachs, Schonzeit 234.
— Mindestmaß 236.
— Verkauf von ausländischem L. 242.
Lachsfischerei im Stromgebiete des Rheins, Staatsvertrag 205, 265 f.
Laich, Zerstörung, Wegnahme, Beschädigung 137.
Laichschonstätten, Voraussetzungen der Errichtung 151.
— Kennzeichnung 151.
— polizeiliche Beschränkungen der Vornahme von Handlungen in 152.
— Entschädigung der durch die Anlage Geschädigten 154.
— Aufhebung 155.
Landesfischereiordnung, gesetzliche Grundlage 135.
— vom 23. März 1909 234 f.
Landesinspektor für Fischzucht 277.
Landwirtschaft, Beschränkung der Wässerungen 145.
Legangeln, fakultatives Verbot 246.
Lehen, begründet nicht Koppelfischerei 64.
Lehrlinge, Haftung für ihre strafbaren Handlungen 201.
Leuciscus virgo, Schonzeit 235.
— meidingeri, Schonzeit 235.
Lota vulgaris, Schonzeit 235.
Lucioperca sandra, Schonzeit 234.
— Mindestmaß 236.

M.

Maräne, Schonzeit 234.
— Mindestmaß 236.
Markt- und Verkehrsverbote, polizeiliche 135, 239 f.
— Ausnahmen von 242.
Materialien zum FG. 15.
Micropterus salmoides, Schonzeit 235.
Militärische Fischwasser 252 f.
Möven, Fang und Erlegen 157.
Mühlen, Anlegung von Selbstfängen verboten 246.
Mühlgräben, FRecht in 26, 32.
Müller, kein gesetzliches FRecht 32.
— Halten von FGeräten in der Mühle 196.
Mündliche Verhandlung im Verfahren 172.
Mundraub an Fischen 190.

N.

Nachfischen, Beseitigung des freien 36.
Nachtfischen, polizeiliche Beschränkung 246.
Nase, Schonzeit 235.
Nebenarme von Flüssen, Begriff 26.
— FBerechtigung in 30.
Nerfling, Schonzeit 235.
Nießbraucher des FRechts, rechtliche Stellung 17.
— Schutz 55.
Nutznießer des FRechts, s. Nießbraucher.

O.

Oberaufsichtsrecht des Ministeriums in Verwaltungssachen 177, 180.
Oberpolizeiliche Vorschriften über Zeit und Art des Fischfangs u. a. 135.
Objektives Verfahren zur Einziehung von Geräten oder Fischen 199.
Oeffentliche Fischereigenossenschaften s. Genossenschaften des FG.
Oeffentliche Gewässer, Begriff 29.
— FRecht in 29.
— Verzeichnis der öffentlichen Flüsse 283.

Oeffentlicher Glaube des Grundbuchs, Ausschluß seiner Wirksamkeit 51, 53.
Offizialmaxime, Grundlage des Verwaltungsverfahrens 173.
Ordnungsstrafen wegen Nichtbefolgung der FO. 71.
— gegenüber dem Genossenschaftsvorstand 114.
— wegen Nichtbefolgung von Anordnungen der Verwaltungsbehörden 179.
Ortschaften, Ausübung der F. durch 36, 73, 75.
Oesterreich, Vertrag über die Bestrafung von FFreveln 192.
Otter s. Fischotter.
Ottereisen, Legen von 157, 160.

P.

Pächter, Schutz des P. bei der Ausübung des FRechts 55.
— s. sonst Pachtvertrag.
Pachtvertrag über FRechte, Abschluß und Inhalt 76 f.
— rechtliche Stellung des Pächters gegenüber Störern 76.
— Entscheidung von Streitigkeiten 77.
— gesetzliche Mindestdauer 77.
— Höchstzahl der Pächter 77.
— Verpachtung von Koppelfischereien 77.
— Pachtvertrag und Fischerkarte 77, 79.
— Ausschließlichkeit des Rechtes des Pächters? 79.
— Geschlossenes FGebiet 79.
— Dispensation durch die Verwaltungsbehörde 78, 79.
— Erlöschen kraft Gesetzes 80.
— Einfluß der Bildung einer Genossenschaft auf das Pachtverhältnis 117 f.
— Kündigung 77, 80.
— Schriftliche Form 81.
— Hinterlegung einer Ausfertigung 81, 82.
— Mündliche Nebenabreden 81.
— Voraussetzungen für die Zulässigkeit der Unterpacht 82.
— Rechtliche Stellung des Unterpächters 83.
— Uebergangsvorschriften im FG. 202.
Pachtvertrag über FRechte, Uebergangsvorschriften im BGB. 204.
— Musterpachtvertrag 211.
Perca fluviatilis, Schonzeit 235.
Perlfischerei, besonders geregelt 20, 23.
Pfahleisen, Anbringen von 157, 160.
Pfälzisches FRecht (älteres Recht) 4.
Pfändung, Recht der Pf., Allgemeines 165 f.
— Voraussetzungen 166.
— wer darf sie vornehmen? 166.
— zulässige Zwecke 166.
— Gegenstand 167.
— Wegnahme gefrevelter Fische 167.
— Wirkung der rechtmäßigen Pfändung 167.
— entsprechende Anwendung des FeldschadenG. 168.
— Entscheidung von Streitigkeiten 169.
Pfründestiftungen, Ausübung der F. durch ihre Nutznießer 73, 75.
Pläne zum Vollzug des FG. 172, 264.
Polizeistrafgesetzbuch, Außerkrafttreten des Art. 126 204.
Preußisches Landrecht und FRecht 4.
Privatgewässer, Begriff 29.
— FRecht in 29.
Privatpfändung, Recht der, s. Pfändung.
Privatrechtlicher Einspruch im Verwaltungsverfahren 175, 176.

R.

Räumung des Fischwassers 9, 14, 149.
Rechtliches Gehör, Grundsatz der Notwendigkeit des 173.
Rechtsanwälte, Mitwirkung im Verfahren 172.
— Festsetzung der Kosten 176.
Regenbogenforelle, Schonzeit 235.
— Mindestmaß 236.
Regulierungen des Flußlaufs, Einfluß auf das FRecht 13, 32.
Reiher, Fang und Töten durch den FBerechtigten 157.
— Zerstörung der Horste 158.
Renke, Schonzeit 234.
— Mindestmaß 237.
Rheinsalm, Schonzeit 234.
— Mindestmaß 236.
Rinnsale als geschlossene Gewässer 23.

Rotfisch, Schonzeit 234.
— Mindestmaß 236.
Rutte, Schonzeit 235.

S.

Sachverständige, Vernehmung von S. im Verwaltungsverfahren 172, 174
— amtliche 174.
— Vernehmung von S. beim Vollzug der LFO. 249.
Saibling, Schonzeit 234.
— Mindestmaß 236.
Salamander, nicht Gegenstand des FRechts 22.
Salmo fontinalis, — irideus, — salvelinus, — hucho: Schonzeit 234, 235. Mindestmaß 236.
Sand, Entnahme aus Fischwassern 149.
— aus Laichschonstätten 152.
— aus Winterlagern 156.
Sandbarsch, Schonzeit 234.
— Mindestmaß 236.
Schädliche Tiere, Fang und Erlegung durch den FBerechtigten 156 f.
— Träger des Rechtes 158.
— örtliche Beschränkung der Ausübung 159.
— Fang- und Erlegungsmittel 159.
— Zerstören und Ausheben von Nestern 160.
— Eigentumserwerb 161.
— Verhältnis zum Jagdrecht 157, 161.
— Haftung des FBerechtigten für Dritte 162.
— Abschießen auf behördliche Anordnung 158, 163.
Schätzungsverfahren der Distriktsverwaltungsbehörde, Bezeichnung der Fälle 182.
— Anwendung der Vorschriften über das Verwaltungsverfahren 183.
— Voraussetzungen der Zulässigkeit 183.
— zeitlicher Ausschluß des Rechtswegs 184.
— Verfahren im einzelnen 184 f.
— Entscheidung im Kostenpunkt 185.
— Verwaltungsbeschwerde? 185.
— Betreten des Rechtswegs 185.
— Gerichtliches Verfahren 185, 186.
Schied, Schonzeit 235.
Schildkröten, Gegenstand des Fischereirechts 20.
Schill, Schonzeit 234.
— Mindestmaß 236.
Schlageisen zum Otterfang, Aufstellung, Anzeige 157.
— Schadensersatzpflicht des FBerechtigten 158, 162.
— zum Fischfang 246.
Schlämmen von Fischwassern 149.
— Begriff 150.
— Erlaubnis dazu 150.
— in Laichschonstätten 152.
— in Winterlagern 156.
Schleie, Schonzeit 235.
Schlingen, Anwendung bei dem Erlegen schädlicher Tiere 157, 160.
— Verwendung zum Fischfang 246.
Schonstätten s. Laichschonstätten.
Schußwaffen, Anwendung bei dem Töten schädlicher Tiere 157, 160.
— Verwendung beim Fischfang 246.
Schutzgitter, Schutzrechen, Anbringung im Hauptwasser 151.
— strafrechtlicher Schutz 192.
Schutzvorrichtungen an Triebwerken 143.
— Strafvorschrift 192.
Schwäne, Einlassen in Laichschonstätten 152.
Schwarzreuter 237.
Seen als geschlossene Gewässer 26.
Seeforelle, Schonzeit 234.
— Mindestmaß 236.
Seeschwalben, Fang und Erlegen 157, 158.
Seitenarme, FBerechtigung in 30.
Selbständiger Fischereibetrieb, Voraussetzungen 57.
Selbstfänge dürfen nicht mehr angelegt werden 246.
Setzlinge, Marktverkauf 239.
— anderer Kauf 242.
— s. a. 241, 243.
Sonntagsruhe und Berufsfischerei 205.
Speisekarten mit Preisangaben für geschonte Fische u. a. 239, 271.
Sperrnetz, Anbringen zum Fischfang 137.
Sprengstoffe, Anwendung bei dem Erlegen schädlicher Tiere 157, 160.

Sprengstoffe beim Fischfang 246.
Squalius cephalus, Schonzeit 235.
— leuciscus, Schonzeit 235.
Staatliche Fischwasser, Sonderstellung bei Verpachtung und Ausstellung von Erlaubnisscheinen 87, 252.
Staatsverträge über Fischerei 192, 204, 264.
Stammgut begründet nicht Koppelfischerei 64.
Stauanlagen und Fischerei 12.
Steine, Entnahme aus Fischwassern 149.
— Entnahme aus Laichschonstätten 152.
— aus Winterlagern 156.
Stiftungen, Ausübung der F. durch 73.
— Verpachtung der Stiftungsfischereien 74.
Strafbestimmungen, Verhältnis der Abt. VII zum Reichsstrafrechte 188.
— strafrechtlicher Schutz des Aneignungsrechts und des Hegerechts 189.
— wer fischt unberechtigt? 189.
— Fischdiebstahl 190.
— Konkurrenz mehrerer strafbarer Handlungen 190.
— Begriff des Fischens; Straferhöhungsgründe 191.
— Prozessuales 191.
Staatsverträge 192.
Streitigkeiten beim Vollzug des FG., Entscheidung 170.
Streuberechtigung nicht Ausfluß des Fischereirechts 23.
— Beschränkung der Nutzung 149.

T.

Tagfahrten, Uebernahme der Kosten auf die Staatskasse 188.
Taucher, Fang und Erlegen von 157.
Teiche, künstliche, natürliche, als geschlossene Gewässer 23, 24, 26.
Teichwirtschaft, Beschränkung der Wässerungen 145.
— Vorzugsbehandlung in der LFO. 243.
Thymallus, Schonzeit 234.
— Mindestmaß 236.
Tinca vulgaris, Schonzeit 235.
Tollkeulen der Fische, unter dem Eise verboten 246.
Triebwerke, Schutz der Fische vor 143.
Trift und Fischerei 10.
Trutta fario — lacustris — salar: Schonzeit 234. Mindestmaß 236.

U.

Ueberflutung s. Ueberschwemmung.
Ueberhandnehmen schädlicher Tiere, Abhilfe 156 f.
Ueberschwemmung und FRecht 33, 34.
Ufer, Verlauf des 34.
Uferbenützungsrecht, früheres Recht 131.
— Begriff und Umfang 131, 132, 159.
— Träger des Rechtes 133.
— Schadensersatzpflicht 133.
— besondere Rechtsverhältnisse 133.
— Entscheidung von Streitigkeiten 134.
Uferlinie, Bedeutung 34, 159.
Uferschutz und Fischereirecht; älteres Recht 6.
— jetziges Recht 13.
Uferschutzbauten, Einfluß auf das FRecht 32.
Umfang der FRechte als Maßstab für Verteilung von Vorteilen und Lasten und für die Stimmberechtigung 112.
Umwandlung eines Privatgewässers in ein öffentliches Gewässer. Wirkung auf das FRecht 9, 23, 30.
Unbefugtes Fischen 189.
Unterpacht s. Pachtvertrag.
Unterstützungen, staatliche der Fischzucht 299.
Ursprungszeugnisse im Vollzuge der LFO. 250.

V.

Verfahren in Verwaltungssachen 171 f.
— in Verwaltungsrechtssachen 171, 172, 173, 180.
— in Schätzungssachen 173, 182.
— in Strafsachen 191.
Verjährung, unvordenkliche, als Rechtserwerbungsgrund 28.
— als Gegensatz zum Herkommen 28.
Verkehrsverbote der LFO. 242 f.
Vertreter des FBerechtigten, rechtliche Stellung 18.
— der Koppel-FBerechtigten 65, 69.
Verwaltungsbehörden, Abgrenzung

ihrer Zuständigkeit von der gerichtlichen 170.
Verwaltungsgerichte, Abgrenzung ihrer Zuständigkeit 171.
Verwaltungsrechtssachen, Aufzählung der Fälle 180.
Vogelschutz und Fischerei 158.
Vollzug des Gesetzes liegt zunächst den Verwaltungsbehörden ob 170.
Vorkaufsrecht der Koppel-FBerechtigten 66.

W.

Wasseramsel, Fang und Erlegen 157, 158.
Wasserbenützungsanlagen und FRecht 11.
Wasserbetretungsrecht des Fischers 21, 132.
Wasserentziehung aus Fischwassern 144 f.
Wassergesetz und Fischereigesetz, Allgemeines 8.
— Stellung der FBerechtigten im Wassergesetze 9 f.
Wassergrundstück, Betreten durch den Fischer 21, 132.
Wasserinsekten nicht Gegenstand des Fischereirechts 22.
Wasserpflanzen, Räumung aus Fischwassern 149.
— aus Laichschonstätten 152.
— aus Winterlagern 156.
Wassertiere, nutzbare, Gegenstand des FRechts 20.
Wässerungsberechtigte, Einschränkung ihrer Befugnis zugunsten der FBerechtigten 145.
Weiher als geschlossene Gewässer 26.
Wildenten, Fang und Erlegen 157.
— Verscheuchen 160.
Wildfangsaibling 237.
Winterlager der Fische 156.
— Wiederaufhebung 156.

Z.

Zander, Schonzeit 234.
— Mindestmaß 236.
— Verkauf von ausländischem 242.
Zerstörung von Vogelnestern und -Eiern 160.
Zeugenvernehmung im Verfahren 172, 174.
Zivilliste, Fischwasser der Z., Sonderstellung bei Verpachtung und Ausstellung von Erlaubnisscheinen 87.
— Vertretung 173.
Zivilrecht, älteres, Außerkrafttreten 204.
— Uebersicht über die Quellen 2 f.
Zuführung von Stoffen in Fischwasser 10, 11.
Zuständigkeit, Allgemeines für die Abgrenzung 170.
— sachliche Zuständigkeit der Verwaltungsbehörden 171.
— örtliche Zuständigkeit der Verwaltungsbehörden 171.
Zustellung von Bescheiden 175.
Zwangsgenossenschaft s. Genossenschaften des FG.
Zwangsgewalt der Verwaltungsbehörden 179.
Zwangsrechte im Ausgleichsverfahren 12.

FSC
www.fsc.org
MIX
Papier | Fördert
gute Waldnutzung
FSC® C083411

Kolibri 360 GmbH
Ferdinand-Jühlke-Straße 7
99095 Erfurt, Deutschland
produktsicherheit@kolibri360.de